Leanne Payne
Verändernde Gegenwart

Leanne Payne

Verändernde Gegenwart

Selbstannahme, Heilung und Vergebung

Titel der amerikanischen Originalausgabe: Restoring the Christian Soul
Copyright © 1991 by Leanne Payne

Die amerikanische Originalausgabe ist erschienen bei:
BAKER BOOKS, a division of Baker Book House Company,
P.O. Box 6287, Grand Rapids, MI, USA.

Aus dem Amerikanischen übersetzt von Manfred Schmidt.

2. Auflage 2004

Copyright © der deutschen Ausgabe 1998 by ASAPH Verlag

Satz: Satz & Medien Wieser, D-Stolberg
Umschlag: IMAGE Grafik-Design, D-Landsberg
Druck: Breklumer Druckerei M. Siegel, D-Breklum

ISBN: 3-931025-32-2
Best.-Nr. 147532

Printed in the EU

Für kostenlose Informationen über unser umfangreiches Lieferprogramm
an Büchern, Musik und Medien wenden Sie sich bitte an:
ASAPH, D-58478 Lüdenscheid
asaph@asaph.net – www.asaph.net

Den verehrten Kollegen in unserem gemeinsamen Dienst
Mario Bergner, Jean Holt und Clay McLean

Inhalt

Ist beim Herrn etwas unmöglich?

(1. Mose 18,14)

*Seelsorge ist unvollständig, solange sie das Böse,
das uns angetan wurde, nicht ebenso gründlich
bearbeiten kann, wie die Sünden, die wir begangen haben.*

Frank Lake, *Clinical Theology*

Dank

Verändernde Gegenwart ist ein Buch über die gewaltige Macht des Gebets, die wir erleben, wenn wir im Namen Christi zusammenkommen. Die Schule des Gebets ist eine, die wir in diesem Leben mit Sicherheit nicht abschließen werden. Immer gibt es Neues in Lobpreis, Dank, Fürbitte, Flehen und im Glauben zu lernen und zu erfahren. Die Gebetsform, mit der wir uns am stärksten in diesem Buch beschäftigen werden, ist das Gebet um die Heilung der Seele, die Vergebung der Sünden. Dieses Werk des Gebets ist für das christliche Leben und das Evangelium nichts Nebensächliches. Es sollte eigentlich ein Teil des Werkes der Taufe und unseres Hineingenommenwerdens in Christus sein; das ist auch tatsächlich der Fall. Allerdings wurde es lange vernachlässigt, und wer von Berufs wegen mit Heilung zu tun hat, hat heute die Konsequenzen dieser Vernachlässigung zu tragen.

Für die Heilung des inneren Menschen wirksam zu beten, bedeutet zu sehen, wie das Werk des Kreuzes (die Passion Christi) im Leben des Betreffenden offenbar wird, und wie die Gaben und die Frucht des Heiligen Geistes im Leib Christi aufblühen. Es bedeutet, daß Menschen zur Reife und Ganzheitlichkeit finden. Damit finden sie dann auch die Kraft zur Evangelisation und zum helfenden Handeln in einer Welt, die an Hunger nach Liebe, Wahrheit und Licht zugrundegeht. Zu zweit oder im Team zusammen zu beten, ist deshalb die aufregendste Sache der Welt. Gott wartet nur darauf, diejenigen zu erhören, die ernsthaft nach seinem Willen beten wollen.

Weiter sage ich euch: Alles, was zwei von euch auf Erden gemeinsam erbitten, werden sie von meinem himmlischen Vater erhalten. Denn wo zwei oder drei in meinem Namen versammelt sind, da bin ich mitten unter ihnen. (Matthäus 18,19-20)

Dieses Buch ist wie meine anderen aus vielen Jahren des Lernens entstanden, wie man mit anderen und für andere betet. Deshalb möchte ich zuallererst meinen Dank an das Team von Pastoral Care Ministries (PCM) aussprechen, in dem meine Gebetspartner mitarbeiten, die mich auch auf meinen Reisen begleiten. Das sind Pfr.

William und Ann Beasley, Pfr. Mario Bergner, Lynne und Paul Berendsen, Pfr. Conlee und Signa Bodishbaugh, Connie und Bob Boerner, Patsy Casey, John Fawcett, Jean Holt, Clay McLean, Mary Pomrenning und Ted und Lucy Smith. Was für außergewöhnliche Partner im Gebet und Pilger auf dem gemeinsamen Weg! Ich möchte ihnen für das, was und wer sie sind, danken. Und ich danke Gott unablässig für ihr Herz voller Mut und Liebe, und für ihren Glauben.

Innerhalb dieses Teams gibt es noch eine kleinere Gebetsgruppe, die aus Lynne, Connie, Lucy und Patsy besteht. Mehr als zwölf Jahre haben sie sich nun regelmäßig mit mir zum Gebet getroffen; mir fällt nicht viel ein, was wir in diesen Zeiten nicht zusammen durchgemacht und -gebetet hätten. Der Glaube, die Wahrheitsliebe, die Aufrichtigkeit und die enorme Ausdauer dieser bemerkenswerten Frauen tragen und segnen mich und die anderen Teammitglieder jedesmal aufs Neue. Und die Ewigkeit wird erst deutlich machen, was ihre Ehemänner für diesen Dienst gegeben (und gelitten!) haben. So blieb etwa Bob Boerner mit fünf Töchtern im Teenageralter zu Hause und betete für uns, während Connie mehrmals im Jahr verreiste, um bei unseren Heilungsseminaren die Anbetung zu leiten und für Menschen zu beten. Jetzt, wo die Kinder erwachsen sind, schließt er sich uns an, wenn es ihm die Arbeit erlaubt. Paul Berendsen hat immer seine Frau unterstützt, wenn sie jahrein, jahraus brillant die Verwaltung unseres Dienstes durchgeführt hat – und er hat darüber hinaus noch den harten Job bewältigt, unsere Finanzen zu strecken und unsere Buchhaltung zu führen. Ted Smith ist zur Vaterfigur für die ganze Gruppe geworden, und hat uns und alle anderen mit seiner Weisheit, Führung und besonderem Glauben im Gebet gesegnet.

Pfr. Andy Comiskey und sein Team von *Desert Stream* sind so häufig bei uns, daß wir sie als Teil der PCM-Familie betrachten; gleiches gilt für Pfr. Jerry Soviar von Toledo, Ohio. Auch sie sind für uns wichtige Gebetspartner. Aus der Zeit vor dreißig Jahren möchte ich Lenora Runge danken, und aus der Zeit vor fünfundzwanzig Jahren Elinor Price. Obwohl wir schon lange räumlich getrennt sind, haben sie mir doch weiterhin im Gebet beigestanden. Gayle Sampson und Carol Kraft sind zwei, die geographisch leichter erreichbar sind, und deren Gemeinschaft mit mir im Gebet ebenfalls Jahrzehnte umfaßt. Mike Casey, Dr. Bernie Klamecki, Ivy Upton und John und Mary Stocking sind andere, die nie vergessen, voller Liebe für unseren Dienst zu beten; sie stellen viel mehr, als sie das merken, eine einzigartige und heilsame Unterstüzung für mich dar. Wir haben spezielle Gebetspartner, Übersetzer und Teammitglieder in anderen Ländern; einige davon werden in dem Buch „Heilende Gegenwart" erwähnt. Die Liste wird allerdings länger, und die Betreffenden wissen, wer gemeint ist. Wir sind so dankbar für jeden, der für und mit uns betet. Zusammen haben wir einen Schatz erhörter Gebete, und ich könnte ganze Bücher mit all diesen Wundern füllen.

Ich vertraue darauf, daß auf den folgenden Seiten der Vater verherrlicht und das Kreuz Seines Sohnes gerühmt wird. Wenn das der Fall ist, wird Sein Heiliger Geist durch dieses Buch segnen und heilen. Dafür danken wir Gott, dem Vater, dem Sohn, und dem Heiligen Geist, im voraus.

Vorwort

Und ich, wenn ich über die Erde erhöht bin, werde alle zu mir ziehen.

Jesus in Johannes 12,32

Diese Buch ist der Folgeband zu „Heilende Gegenwart" und baut auf die dort gelegten theologischen und psychologischen Grundlagen auf. Man kann es aber auch gut und gerne für sich lesen, da die beiden Bücher keine Zwillinge sind. Dieser Band stellt eine Weiterführung des vorhergehenden dar und bildet mit ihm zusammen den Grundstock für den Dienst in unseren Heilungsseminaren und Schulungsprogrammen von Pastoral Care Ministries.

Im Heilungsgebet für die Seele helfen wir Christen kontinuierlich, das eine oder andere der drei großen Hindernisse zu überwinden, die dem Heilwerden von Geist und Person in Christus entgegenstehen. Dabei handelt es sich um a) das Fehlen der großen christlichen Tugend der Selbstannahme, b) mangelnde Vergebung für andere und c) das Versagen darin, für sich selbst Vergebung zu empfangen.

Jedesmal, wenn wir unsre wahre Identität in Christus tiefer verstehen und *annehmen,* wenn wir einander vergeben oder eine Sünde bekennen, fallen Barrieren, die uns hindern, reife Jünger zu werden – wozu wir erschaffen wurden. Aber manchmal sind wir alleine unfähig, zu verstehen, was uns blockiert, geschweige denn, daß wir in der Lage wären, diese Dinge zu beseitigen. Dann brauchen wir den Dienst der anderen, um in Freiheit leben zu können, Gottes Liebe ist blockiert und kann in unserer Gebrochenheit nicht frei fließen; einer seiner Diener muß uns deshalb helfen, die Heilung zu empfangen. Und so gehört es zum Prozeß der Jüngerschaft, anderen zu helfen, ihre Barrieren zu verstehen, und sie durch das Heilungsgebet aus ihrem Gefängnis in die Freiheit und Reife in Christus hineinzuleiten.

„Unser Werk beginnt, wo Gottes Gnade schon das Fundament gelegt hat; wir sollen nicht Menschen retten, sondern zu

Jüngern machen. Errettung und Heiligung sind das Werk der souveränen Gnade Gottes; unser Werk als seine Nachfolger ist es, andere in die Nachfolge zu führen, bis sie sich vollständig Gott hingegeben haben." [1]

Die erste und grundlegende Heilung

„Wahrer Glaube ist die Einheit des Geistes Gottes mit dem menschlichen Geist; dies wird in und durch Jesus Christus bewirkt. ‚Wer sich an den Herrn bindet, ist ein Geist mit ihm.' Jesus ist der Mittler zwischen Gott und Mensch. Er offenbart den Vater, vereint uns mit dem Vater, und kommt zusammen mit dem Vater, um bei uns Wohnung zu machen (Johannes 14,21-23)." [2]

Oswald Chambers und F. B. Meyer erinnern uns in diesen beiden Zitaten daran, daß die erste und grundlegende Heilung, aus der heraus alle anderen Heilungen hervorgehen, die neue Geburt ist. Wenn Christus in uns wohnt, eins ist mit unserem Geist, dann kann sein Leben durch unsere Seele – das heißt, unser Herz und unser Denken – strahlen. Das schließt unsere Erinnerungen, unseren Willen, unsere Gefühle und unsere Fantasie ein, ja geht sogar noch darüber hinaus, bis in unsere Sinne und unseren Körper hinein. Wenn dann sein Licht auf die dunklen Stellen der Verletzungen und Unversöhnlichkeit in uns fällt, kann Heilung stattfinden.

Ich möchte mit dem Mangel an Selbstannahme beginnen, denn so viele Christen bleiben heute an diesem Punkt stecken. Wenn diese Hürde einmal genommen ist, dann können wir auch vergeben und Vergebung empfangen, weil wir in unserer *Identität in Christus* zur Reife gefunden haben. Sich selbst anzunehmen bedeutet, aus der eigenen wahren Mitte heraus zu leben, aus dem „neuen Menschen", dem neuen Selbst in Christus. Die wahre Mitte, das wahre Zentrum ist der Ort, wo wir in Christus *bleiben*. Wer dort wohnt, „wandelt im Geist", und steht nicht mehr unter der Herrschaft des sündigen Wesens; er *bleibt* in Einheit mit dem Einen, der ihn ganz und vollständig macht. Solch ein Mensch trägt das Gewand der Gerechtigkeit Christi; er versteht ganz tief seine Rechtfertigung und seine Ver-Söhn-ung in Christus. Deshalb kann er sich in Wahrheit immer des Kreuzes Christi rühmen. Er weiß jenseits allen Schattens eines Zweifels: „Jetzt gibt es keine

Verurteilung mehr für die, die in Christus Jesus sind. Denn das Gesetz des Geistes und des Lebens in Christus Jesus hat mich frei gemacht vom Gesetz der Sünde und des Todes" (Römer 8,1-2).

Heute gibt es eine Menge Christen, deren mangelnde Selbstannahme durch ein ständiges, nutzloses Gefühl von Scham und Schuld zum Ausdruck kommt, oder, was noch kritischer ist, durch einen intensiven, manchmal sogar pathologischen Selbsthaß. Oft kommen solche Menschen aus dysfunktionalen Familien oder einem Umfeld, wo das Böse, offen oder in subtiler Form, schalten und walten konnte und ihrem Geist, vielleicht sogar ihrem Körper, Schaden zugefügt hat. Diesen Menschen waren noch nicht einmal die einfachsten Freuden der Kindheit vergönnt, ja, sie hatten oft gar nicht die Erfahrung einer Kindheit. Scham und Selbsthaß können so intensiv werden, daß der Betreffende kaum Lehre oder Heilungsgebet annehmen kann, wenn wir ihm nicht zuerst geholfen haben, seinen Selbsthaß vor Christus einzugestehen. Dann erfolgt in Seiner Gegenwart der große Schritt der Absage an diesen Selbsthaß. Wenn man sich mit dieser seelischen Krankheit auseinandergesetzt und sie bewältigt hat, dann kann man sich öffnen und beginnen, von Gott die notwendige Heilung zu empfangen.

Deshalb möchte ich mit dem Problem des Selbsthasses und der Absage daran beginnen, damit sich alle auf die Lehre über Selbstannahme einlassen und die nötigen Schritte dazu unternehmen können.

Das Kreuz, mit der dadurch bewirkten Vergebung der Sünde und der Übertragung des ureigenen Lebens Gottes durch das vergossene Blut Christi, ist die Tür für die Überwindung aller drei Barrieren. Es ist tatsächlich die Tür für alles, was authentisch christlich ist.

TEIL I

DIE TUGEND DER SELBSTANNAHME

*Oft wird heute gesagt . . ., daß wir uns selbst lieben müssen, bevor
wir frei werden können, andere zu lieben. Sicher müssen wir
danach trachten, die uns anvertrauten Menschen in diese Freiheit
zu führen. Aber kein Mensch, der Realist ist, findet es leicht, sich zu
lieben oder sich zu vergeben; deshalb muß die eigene Selbstannahme in dem Bewußtsein gründen, daß Gott mich in Christus
annimmt. In bestimmter Hinsicht ist auch die stärkste Selbstliebe
(im Sinne der agape), die wir aufbringen können, nur das Spiegelbild der lebendigen Überzeugung, daß Gott uns liebt. Über diese
Tatsache wird in der Kirche zwar endlos geredet, aber unter
Christen gibt es wenig offensichtlichen Glauben daran. Und das
trotz einer bewußten Selbstzufriedenheit, die aber nur eine unbewußte Verzweiflung verhüllt, welche Kierkegaard „die Krankheit
zum Tode" nannte.*

(Richard Lovelace, Dynamics of Spiritual Life:
An Evangelical Theology of Renewal) [1]

KAPITEL 1

Selbsthaß: Der Verräter in Zeiten der Versuchung

Die alte puritanische Vorstellung, daß der Teufel Menschen versucht, hatte eine bemerkenswerte Auswirkung: Sie führte zu einem eisernen Menschen, der kämpfte. Die moderne Vorstellung, die die Schuld dem Erbgut oder den Umständen zuschreibt, führt zu einem Menschen, der sofort nachgibt. [1)]

(Oswald Chambers)

Vor einer großen Auslandskonferenz unserer Arbeit Pastoral Care Ministries (PCM) fuhr Clay McLean eine längere Strecke über Land zu einem Ort, wo er, wie sich dann herausstellte, wichtige und fruchtbare Veranstaltungen durchführen sollte. Danach wollte er sich dem Team für den Auslandseinsatz anschließen. Er war nicht lange unterwegs, als er sich plötzlich mitten im geistlichen Kampf wiederfand, und zwar in Form einer sehr starken sexuellen Versuchung. Er sah in seinem Geist sogar dunkle Gestalten, die für ihn mehr als gewöhnliche Dämonen waren, nämlich dunkle „Mächte", die ihm folgten.

Bei dieser Gelegenheit mußte Clay alleine reisen, was ihm schon immer schwer gefallen war. Schon als er in sein Auto stieg, wurde er angesichts der langen Reise irgendwie ängstlich. Einige seiner alten Gefühle von intensiver Einsamkeit und Ablehnung quälten ihn. In der Vergangenheit hatte er insbesondere an Selbsthaß gelitten. Nun kamen einige dieser alten Verhaltensmuster wieder hoch.

Clay überlegte an diesem Punkt nicht rational und erkannte auch nicht klar, was ablief. Es war der Feind, der ihn in die Versuchung führen wollte, sich wieder in Selbsthaß und das damit einhergehende destruktive Selbstmitleid zu verstricken. Der Verkläger seiner Seele erinnerte ihn dabei an die Verletzungen und Ablehnung der Vergangenheit, an Sünden und schwere Fehler; alle diese Dinge waren geschehen, bevor Gott begonnen hatte, ihn emotional zu heilen und in ihm das Gefühl inneren Wohlergehens zu verankern.

Dieser Angriff war der letzte verzweifelte Versuch, Clays ureigenen Besitz als Person zu rauben – nämlich, erstens, sein *Einssein* mit Gott und das darin enthaltene neue Selbst, und, zweitens, seine schöpferische Fähigkeit zur Zusammenarbeit mit Gott, durch die bleibende Frucht für das Reich Gottes entsteht. Oswald Chambers hatte einen klaren Blick für dieses Phänomen: „Versuchung ist, wenn eine fremde Macht das, was ein Mensch als Person besitzt, auf die Probe stellt."

„In der Versuchung (Christi) kämpfte der Teufel gegen das gleiche wie bei der Versuchung des ersten Adams, nämlich das Einssein mit Gott." [2]

„Satan führt uns nicht in Versuchung, damit wir das Falsche tun; er führt uns in Versuchung, damit wir das verlieren, was Gott durch die Wiedergeburt in uns hineingelegt hat, nämlich die Möglichkeit, für Gott von Wert zu sein." [3]

Warum Versuchung?
Nun gibt es da noch eine weitere Seite, nämlich das Wissen, daß Gott nicht nur Bescheid weiß, sondern solche Dinge sogar (wie bei Hiob) zugelassen hat. Warum erlaubt Gott dem Teufel, uns zu versuchen? Zum einen: Wir geraten in einer gefallenen Welt notwendigerweise in Versuchung, nicht nur durch die Sünde von außen, sondern auch durch die (wenn auch unbewußte) Sünde im Innern. Als Christen, die nicht bewußt und willentlich sündigen, vergessen wir allzuleicht die Tiefe der Sünde im menschlichen Herzen. Und modernen Menschen, die mit einer stetigen Diät säkularer psychologischer Weisheit gefüttert werden, fällt es noch leichter, die eigenen Sünden und Defizite zu rationalisieren, um die Schuld dafür anderen zuzuschieben. Wenn wir unsere Sünden

rationalisieren, schauen wir nicht auf Gott, vertrauen nicht auf Ihn und hören nicht auf Sein heilendes Wort. Deshalb sind Versuchungen und Prüfungen nötig – sie zwingen uns dazu, ehrlich dem ins Auge zu sehen, was in unseren Herzen da ist. Dies geschieht, wie Chambers sagt, „damit ein höherer und edlerer Charakter aus der Prüfung hervorgeht." [4]

Keiner, der einen geistlichen Dienst hat, der diesen Namen verdient, ist solch einer Prüfung entgangen. Die Prüfungen unterscheiden sich je nach unseren Schwächen – das sind jene Bereiche in uns, die der Heilung bedürfen. Aus diesem Grund rufen wir mit größter Freude und ohne Zögern oder Entschuldigung Menschen zu einem radikalen Gehorsam gegenüber Christus. [5] Solch ein Gehorsam erfordert es, daß wir unsere Sünden und die Neigung dazu sofort, wenn sie uns bewußt werden, anpacken, indem wir sie zugeben und uns davon abwenden. Dadurch bleiben uns schlimmes Leiden, demütigende Abstürze und vielleicht ein lebenslanges Bedauern erspart. Wir entdecken für uns die Bedeutung der Worte des Paulus: „Noch ist keine Versuchung über euch gekommen, die den Menschen überfordert. Gott ist treu; er wird nicht zulassen, daß ihr über eure Kraft hinaus versucht werdet. Er wird euch in der Versuchung einen Ausweg schaffen, so daß ihr sie bestehen könnt" (1. Korinther 10,13).

Wenn wir es lernen, die Art von Prüfung auf uns zu nehmen, die unsere inneren Schwächen offenbart, dann haben wir, wenn wir sie frühzeitig korrigieren, den enormen Vorteil, daß wir es vermeiden können, andere in die Irre zu führen. Das Gebet, das David formulierte, als er gesündigt hatte, nimmt einen wichtigen Platz in meinem Gebetstagebuch ein. Sollte ich vergessen, es zu beten, dann werde ich oft daran erinnert: „Wer auf dich hofft, du Herr der Heere, soll durch mich nicht scheitern; wer dich sucht, Gott Israels, gerate durch mich nicht in Schande" (Psalm 69,7).

Der Ausweg
Auf unseren Konferenzen spreche ich viel über Kreativität. Wir erleben, wie Menschen in ihrer Fähigkeit, mit Gott zusammenzuarbeiten, enorm bestärkt werden und dadurch zu dem „Erschaffer" [6] werden, zu dem Gott sie gemacht hat. Dies steht immer im Gegensatz zu der dämonischen Versuchung zu Selbsthaß, Selbstmitleid und einem lähmenden Gefühl von Scham und Minderwertigkeit. Ich habe es gelernt, Menschen anzuweisen, sobald sie in

diese Versuchung geraten, die Gegenwart Gottes mit den Worten anzurufen, „Komm, Herr Jesus!" und dann *die Gegenwart Gottes* bei, in und um sich herum *zu praktizieren*. Dadurch findet man sofort die eigene Mitte, man wird „zentriert" und *bleibt* in Gott. Dadurch weiß man um seine Stellung in Gott und bekräftigt sie – daß man *in Christus* ist und Er *in einem*. Dann geht das Ausmaß der dämonischen Angriffe zurück – manchmal sofort, aber immer auf erstaunliche Weise. Was zuerst als übermächtige Kraft scheint, die überwältigt, beschmutzt, und uns in ihren üblen Klauen hält, verblaßt dann einfach, wird selbst schwach und ohnmächtig. Oswald Chambers beschreibt das so:

> *„Wenn Versuchung kommt, dann stehe in absoluter Treue zu Gott, egal, was es dich kostet, und du wirst feststellen, daß der Angriff in dir höhere und reinere Neigungen hinterläßt, als du sie vorher hattest."* [7]

Das tat auch Clay. Der Vorfall geschah kurz bevor Gott Segen über Segen über ihm ausschüttete und den Weg für zwei weitere bemerkenswerte Heilungen vorbereitete, über die ich später berichten werde. So war dieses Ringen mit der Versuchung nur ein Vorspiel für den kraft- und wirkungsvollen Dienst, den er jetzt ausübt.

Eine Absage an den Selbsthaß ist keine Kleinigkeit, vor allem nicht für Menschen, deren Persönlichkeit schon früh durch diese Haltung geprägt wurde. Sie erfordert, daß wir uns für das ganze Ausmaß der Bedeutung des Kreuzes öffnen, und daß wir es zulassen, mit dem gekreuzigten Christus konfrontiert zu werden, nicht nur in bezug auf unsere Sünde, sondern auch in bezug auf das Böse, das wir erlitten haben. Wir rufen, „Herr, ich glaube! Hilf meinem Unglauben!" und empfangen dann alles, was seine Versöhnung bewirkt, und zwar in Fülle: Rechtfertigung, Heiligung, die volle Inkarnation des Heiligen Geistes (Taufe oder Einwohnung), Autorität in persönlichen und geistlichen Auseinandersetzungen: d. h. Erlösung, Heilung und die volle Bejahung dessen, was wir in Gott sind. [8]

Die Absage an den Selbsthaß ist ein bewußter (willentlicher) Schritt, den wir machen, und wir richten dabei unsere Augen auf die Quelle unserer Erlösung, nicht auf unsere subjektiven Gefühle; sie sind unzuverlässig, ja, aufgrund der Gewohnheiten und

Haltungen, die wir uns zugelegt haben, sogar „krankhaft". Wenn wir das tun, so ehrt Gott unseren Willensschritt und läßt seine Gnade auf uns regnen. Dann nehmen wir den Kampf mit all den krankhaften und negativen Gedanken und Vorstellungen auf; wir halten sie Ihm jedesmal hin, sobald sie in unseren Herzen aufsteigen.

Natürlich braucht das bei einigen Christen länger – beispielsweise bei denen, die übermäßig an Skrupeln oder Perfektionismus leiden, oder deren Hintergrund von krasser Sünde und/oder Perversion geprägt ist. Bei ihnen sind die Ursachen für ihren Selbsthaß, sowohl die psychologischen als auch die geistlichen, einfach komplizierter und verwickelter. Auf dem Weg zur Selbstannahme tritt das dann zutage, um vor Gott im Gebet ausgebreitet zu werden.

Als Clay zum erstenmal einen PCM-Kurs besuchte, saß er in der letzten Reihe. Nach der fünften oder sechsten Einheit bat ich ihn, sich vorne hinzusetzen. Dadurch fand ich heraus, wie er sich selbst „empfand", sogar als Christ. Obwohl ein Diener des Evangeliums, der den Bedürftigsten half, fühlte er sich so schlecht, daß er das Gefühl hatte, er würde das Mitarbeiterteam verunreinigen, wenn er ihnen zu nahe käme.

Gewöhnlicherweise gibt es (wie in Clays Fall) mehrere Schlüsselheilungen, bevor solch tief verletzte Menschen zu einer vollen Selbstannahme finden und sich als Person sicher fühlen. In der Zwischenzeit müssen wir als Seelsorger und Menschen im geistlichen Dienst ihnen helfen zu verstehen, wie gefährlich, ja sogar sündhaft der Selbsthaß ist, und wie sehr der Böse die mangelnde Annahme des neuen Selbsts in Christus benutzt, um sie zur Sünde zu versuchen. Selbsthaß ist, zusammen mit seinen Begleiterscheinungen Selbstmitleid und Scham, eine mächtige Waffe des Feindes. Dadurch führt er begabte und kostbare Menschen in die Versuchung, aus ihrem wahren Selbst ganz herauszutreten und in das alte Selbst mit all seinen destruktiven Verhaltensweisen und Sünden einzutreten.

Clay war aus den Fängen Baals, des Götzen sexueller Orgien, Zwangsvorstellungen und Neurosen, gerettet worden.[9] Hätte Clay der Versuchung nachgegeben und in dieser Prüfung sexuell gesündigt, hätte er sich wieder in den Fängen Baals befunden. Aufgrund der emotionalen Verletzungen und Defizite seiner Kindheit war sein Ringen mit diesem abscheulichen Götzen so heftig gewesen, daß es jeder Beschreibung spottet; der Kampf hatte ihn fast das Leben gekostet. Und es waren genau diese Umstände und Verletzungen gewesen, die zu seinem schweren Selbsthaß geführt hatten. Nicht nur, daß er erneut um seine mentale Gesundheit hätte kämpfen müssen, er hätte sich auch noch mit dem Problem des Götzendienstes auseinanderzusetzen gehabt, denn „eine Versuchung, der man nachgegeben hat, bedeutet die Vergötzung der Lust."[10]

Es ist tragisch zu sehen, wie christliche Leiter fallen. Es gibt keine Notwendigkeit, wie Paulus gesagt hat, aus dem niederen Selbst heraus zu leben und seinen Trieben zu gehorchen: „Wir sind also nicht dem Fleisch verpflichtet, Brüder, so daß wir nach dem Fleisch leben müßten. Wenn ihr nach dem Fleisch lebt, müßt ihr sterben; wenn ihr aber durch den Geist die (sündigen) Taten des Leibes tötet, werdet ihr leben" (Römer 8,12-13). Christen müssen sich aber eingestehen, daß sie emotionale Heilung brauchen, und danach streben. Das Versagen im Umgang mit innerer Unsicherheit und Selbsthaß und der daraus folgende Mangel einer sicheren Identität in Christus sind die häufigsten Schwächen, die zu solchen Sünden führen.

Clay hat gelernt, die Gegenwart Gottes zu praktizieren, und damit auch seine Ver-Söhnung mit Ihm. Das bedeutet, die tiefe und gewichtige Lehre unserer Rechtfertigung in Ihm verstehen zu lernen. Mit einer Freude, die ihn immer noch überrascht, ruft mich Clay nun oft aus den unterschiedlichsten Ecken der Welt an, nur um begeistert etwa folgendes von sich zu geben: „Ich bin der glücklichste Mensch in ganz Texas. Nein, in der ganzen Welt bin ich der gesegnetste Mensch!" So wird sich jemand fühlen, der so begabt in Christus ist, und der nun frei ist, diese Kreativität fließen zu lassen; so wird sich jeder Mann und jede Frau fühlen, wenn er oder sie einmal aus der Hölle des Selbsthasses erlöst ist. Diese Heilung ist unser durch das Kreuz Christi; sie ist schon durch Christi Tod und Auferstehung vollbracht.

Wir müssen sie lediglich empfangen, wenn die volle Botschaft und Wirkamkeit seines Kreuzes auf unsere Wunden wie auf unsere Sünden angewendet wird.

Denn Gott ließ Christus, der in sich nichts von der Sünde wußte, um unseretwillen Sünde sein, damit wir in Christus durch die Güte Gottes selbst gut gemacht würden. (2. Korinther 5,21, nach der freien Wiedergabe der englischen Phillips-Übersetzung).

Dankgebet

„Heiliger Vater, ich danke Dir, daß ich durch den Tod Deines Sohnes mit Dir versöhnt bin. Durch den Glauben an Ihn als meinen Erlöser von der Sünde wird mein Herz nicht nur von meiner eigenen Sünde befreit und gereinigt, sondern auch von den schwerwiegenden Reaktionen auf die Sünden und Defizite anderer. Aufgrund Deines Sohnes, o Vater, kann ich zu Dir aufschauen und es wagen, alle diese Gefühle hochkommen zu lassen. Das tue ich jetzt in dem Wissen, daß Christus bereitsteht, um sie zu nehmen und mir im Tausch Sein Leben und Deine Sicht von mir und anderen zu geben. Nimm meinen Dank an, o Gott, unser Vater. Ich danke Dir für Christus, der mich von Sünde und Tod erlöst hat, und der in diesem Moment Sein ewiges Leben in mich hineingießt.

Herr Jesus Christus, Du Sohn des Vaters, in dem ich bleiben will, in dem ich voll und ganz leben will und in dem ich mein wahres und neues Selbst finden will, ich bringe Dir meinen Dank dar. Ich beuge mich vor Dir als dem Herrn meines Lebens, und ich danke Dir, Du Heiliger, der für mich gekreuzigt wurde, daß Dein Blut mich rechtfertigt, und daß Dein Gut zu meinem wird, wenn ich mit Dir eins bin.

Heiliger Geist, der Du so beständig und treu uns die Liebe des Vaters und des Sohnes vermittelst, ich danke Dir jetzt für die Gnade, all das zu empfangen, was mir als Kind Gottes zusteht. Verleihe mir jetzt Deine Kraft, wenn ich der Sünde des Selbsthasses absage und auf das Ziel zugehe, meine wahre Identität als Kind Gottes, des Vaters, des Sohnes und des Heiligen Geistes anzunehmen.“

Beten Sie leise und danken Sie Gott. Wenn krankhafte Gefühle aufzusteigen beginnen, lassen Sie sie einfach eines nach dem anderen aus Ihrem Herzen und Ihren Gedanken in den Gekreuzigten hineinfließen. Notieren Sie sie später in Ihrem Gebetstagebuch, nicht nur, um mit Gott darüber zu reden, sondern um sie erkennen und sich ihnen verweigern zu können, wenn sie wieder in Ihr Herz zurückkommen wollen. Jetzt stellen Sie sich vor, wie Jesus am Kreuz stirbt, um dies alles in sich aufzunehmen. Schauen Sie dann auf Ihn als den Auferstandenen, der zum Vater erhöht wurde, um dort fürbittend für Sie einzutreten, Seinen Geist auf Sie auszugießen, und Ihnen Worte des Lebens zu senden, die in Ihnen neue, gesunde Gefühle und Einstellungen hervorbringen. Danken Sie Ihm dafür.

Bittgebet

Sie können jetzt Ihre Bitten einfach und klar dem Herrn bringen. Ein Gebet wie das folgende kann dabei nützlich sein. Es hilft Ihnen, sich besser auf die Absage an den Selbsthaß vorzubereiten.

„Du weißt, Herr, daß ich unfähig war, mir Deine Heiligkeit und Gerechtigkeit anzueignen, wie ich mir das gewünscht hätte. Ich war nicht in der Lage, Deine Gegenwart zu praktizieren, weil meine Gefühle in bezug auf mich selbst so krankhaft sind. Ich habe jetzt meine Augen auf Dich gerichtet, den sterbenden Erlöser, der meine Sünde und Dunkelheit, meine krankhaften Gefühle Dir, anderen und mir selbst gegenüber in sich aufnimmt. Ich danke Dir, daß Du das getan hast, und daß mit der Zeit selbst meine Gefühle dies widerspiegeln werden. Herr, ich habe meine Augen von Dir und von der objektiven Wahrheit abgewendet, bin hinuntergestiegen zu meinem ungeheilten Gefühlsselbst und habe aus ihm heraus gelebt. Mit Deiner Hilfe, Herr, werde ich damit aufhören. Ich will darauf achten, wenn ich wieder aus diesen subjektiven, verletzten Gefühle heraus lebe, und will dann zu Dir aufschauen und auf das heilende Wort warten, das Du immer schon sendest. Ich bekenne Dir die Sünde des Stolzes, die in meinem Selbsthaß steckt. Ich danke Dir für Deine Vergebung und völlige Befreiung davon."

Zu einem tieferen Verständnis der Demut, die an die Stelle des Stolzes tritt, kommen wir weiter unten noch.

Absagegebet

„Herr, in Deinem Namen und in der Gnade, die Du über mir ausgießt, sage ich mich jetzt los von der Sünde des Selbsthasses."

Danken Sie Gott in der Stille für Seine Vergebung.

Mit diesem Absagegebet können eine Menge anklagender Gedanken oder sogar tiefe Ursachen, die hinter dem Selbsthaß liegen, ans Licht kommen. Gestehen Sie sich das einfach ein, schreiben Sie sie in Ihrem Gebetstagebuch auf und hören Sie auf den Gedanken oder die Erleuchtung, die Gott Ihnen dazu sendet; dies ist das Wort, das nicht nur die krankhaften Gedankenmuster ersetzt, sondern Ihnen ein tieferes Verständnis vermittelt.

Das erste große Hindernis: Mangelnde Selbstannahme

Darauf sagte Jesus zu seinen Jüngern: Wer mein Jünger sein will, der verleugne sich selbst, nehme sein Kreuz auf sich und folge mir nach: Denn wer sein Leben retten will, wird es verlieren; wer aber sein Leben um meinetwillen verliert, wird es gewinnen. Was nützt es einem Menschen, wenn er die ganze Welt gewinnt, dabei aber sein Leben einbüßt? Um welchen Preis kann ein Mensch sein Leben zurückkaufen?

(Matthäus 16,24-26)

Wenn ihr euch aber vom Geist führen laßt, dann steht ihr nicht unter dem Gesetz.

(Galater 5,18)

Es gibt eine Linie, die die meisten von uns nie überschreiten. Es ist die Trennlinie zwischen

Unreife

———

Reife

Unter „dem Gesetz", einem Gesetz, oder vielen Gesetzen zu stehen

---

Auf Gott zu hören

Es die Linie zwischen Gebundenheit und Freiheit. Die Selbstannahme ist der entscheidende Schritt, um diese Linie zu überschreiten.

Ein einfühlsamer, liebevoller Priester sagte mir einmal: „Es gibt anscheinend viele Menschen, die von mir irgendwie *noch etwas anderes* erwarten – nachdem sie alle ihre Sünden gebeichtet, Heilung der Erinnerungen erlebt und die Freisetzung des Geistes in ihrem Leben erfahren haben. Sie schauen auf vom Abendmahlskelch, von der Handauflegung ... Was suchen sie nur?" Ich wußte die Antwort: Sie suchen danach, in die Freiheit hineinzukommen, die ihnen tatsächlich zusteht – aber sie konnten die Linie nicht überschreiten. Sie sind in bestimmter Weise immer noch abhängig und unreif. Sie warten auf die Erlaubnis zu handeln, zu sein.

Diese Leute müssen die hohe Hürde mangelnder Selbstannahme überwinden; sie müssen den Schritt in die Reife hinein tun, zu der Christus sie beruft.

Jemand nimmt sich selbst nicht an, wenn er sehr selbstzentriert und selbstsüchtig ist und dem alten Selbst nicht abgestorben ist. Er erfährt echte Schuldgefühle, und es ist gut, daß ihm das wirklich unter die Haut geht. Er kann nicht mit Paulus sagen: „Wir wissen doch: Unser alter Mensch wurde mitgekreuzigt, damit der von der Sünde beherrschte Leib vernichtet werde und wir nicht Sklaven der Sünde bleiben" (Römer 6,6).

Es ist deshalb ein Zeichen von Barmherzigkeit, daß er von Herzen dieses Selbst nicht mag und es nicht annimmt. Negative Gedanken sind hier ein gutes Zeichen. Aber wir müssen differenzieren zwischen dem Selbst, das mit dem Prinzip des Bösen und der Selbstsucht zusammenarbeitet, und dem Selbst, das in Christus bleibt und mit Ihm zusammenarbeitet. Das ist das wahre Selbst. Das ist die gerechtfertigte, neue Schöpfung, die Seele, die erlöst ist und ewig lebt. Dem früheren Selbst sterben wir bewußt immer wieder ab; das andere nehmen wir voll Freude und in großer Demut und Dankbarkeit an.

Es ist richtig, daß wir dazu neigen, diese neue Schöpfung als solche zu vergessen, wenn wir einmal das neue Selbst freudig annehmen können. Wir sind nämlich auf Christus konzentriert, der unser Leitstern und (weit über alles hinaus, was wir uns denken oder ausmalen können) unser Leben ist. Wir sind einfach zu sehr damit beschäftigt, auf Ihn zu schauen, Ihm zu gehorchen und bei Seinem Auftrag, die Welt durch uns zu lieben, mitzuarbeiten. Und wir sagen mit Paulus „Christus ist mein Leben". Aber nur durch die volle Annahme dieses neuen Selbsts finden wir unsere wahre Mitte, jenen Ort stiller Stärke und stabilen *Seins,* jenes Zentrum, von dem aus wir uns als Menschen erkennen, die mit den weißen Gewändern der Gerechtigkeit Christi bekleidet sind. Aus dieser Mitte des Einsseins mit Christus können wir mit Jesaja und den Heiligen der Vergangenheit rufen: „Von Herzen will ich mich freuen über den Herrn. Meine Seele soll jubeln über meinen Gott. Er hüllt mich in Gewänder des Heils, er hüllt mich in den Mantel der Gerechtigkeit, wie ein Bräutigam sich festlich schmückt und wie eine Braut ihr Geschmeide anlegt" (Jesaja 61,10).

Wir müssen erkennen, wenn diese Ausrichtung nach außen auf Christus durch mangelnde Selbstannahme blockiert ist. [1] Wir müssen die krankhaften Einstellungen gegenüber dem Selbst, geformt im Schmelzofen der verschiedenen Ereignisse und Mängel unserer Vergangenheit, erkennen und etwas dagegen tun.

Ich kann Christ und mit dem Geist Gottes erfüllt sein, aber wenn ich mich selbst hasse, dann wird das Licht Gottes nur in entstellter Form von mir ausstrahlen. Ich werde mich immer noch durch die Augen der anderen um mich herum sehen, die mich vielleicht nicht annehmen oder lieben konnten. Ich werde mich nicht mit den Augen Gottes sehen; ich höre dann nicht auf die bejahenden und die korrigierenden Worte, die Er ständig zu mir, seinem geliebten Kind, spricht. Ich werde die Bestätigung der anderen suchen, ihre Wertschätzung, ja sogar ihre Erlaubnis für jede meiner Handlungen. Nehme ich mich selbst nicht an, so habe ich keine feste Mitte und werde deshalb „neben mir selbst gehen". [2]

Ich werde an dem, was die Schrift einen Mangel an Reife und Freiheit nennt, leiden und werde Menschen statt Gott gefallen wollen. Ja, „zur Freiheit hat uns Christus befreit" (Galater 5,1), aber ich werde wenig wissen vom Wandel im Geist. Mein Geist, unfähig, sich im hellen Sonnenlicht dessen emporzuschwingen, was Gott für mich getan hat, wird vergeblich gegen die Gitterstäbe seines Gefängnisses flattern.

Die anderen großen Hürden für das ganzheitliche Heil in Christus – fehlende Vergebung für andere, mangelnde Annahme der Vergebung für sich selbst – haben mit mehr oder weniger konkreten Erinnerungen und Erfahrungen von Ablehnung zu tun. Demgegenüber ist fehlende Selbstannahme eine Einstellungsblokkade. Sie hat mit dem zu tun, wie wir uns selbst und andere wahrnehmen und empfinden. Haben wir nicht zu einer reifen Selbstannahme gefunden, dann entwickeln wir unreife, negative Beziehungsmuster gegenüber Gott und anderen. Die innere Sicht unserer selbst ist krankhaft. Das heißt nicht, daß wir die Tiefe der Sünde des menschlichen Herzens besser als andere Christen verstehen würden. Solch eine mangelhafte Sicht des Selbsts kann die eigene Rechtfertigung in Christus weder erkennen noch verstehen, geschweige denn umsetzen; statt dessen ist man in narzißtischer Weise auf sich selbst fixiert. [3]

Fr. Michael Scanlon schreibt in seinem Buch *Inner Healing:* „Unsere Einstellungen bilden ein eigenes Leben, das im Zentrum unseres Wesens am Werk ist ... Dieses Leben bestimmt unsere allgemeinen Beziehungsmuster gegenüber Gott und anderen." Dann beschreibt er fünf verschiedene Problembereiche, die ihn auf die Notwendigkeit aufmerksam machen, für eine „Herzensheilung", wie er es nennt, zu beten:

1) Ein kritischer, richtender Geist, der sich selbst und anderen gegenüber hart und anspruchsvoll ist.
2) Eine stark perfektionistische Einstellung, die von sich und anderen Unmögliches verlangt.
3) Starke Angst vor zukünftigen Ereignissen.
4) Das Gefühl, in Entscheidungssituationen allein und verlassen zu sein.
5) Eine übermäßige Beschäftigung mit der eigenen Schuld und ein zwanghaftes Konkurrenzdenken, wenn es um die eigene Position und Erfolg geht. [4]

Alle diese Muster werden von der Unfähigkeit überwölbt, sich selbst anzunehmen und so emotionale und seelische Freiheit zu finden. Ist auch nur ein einziges dieser Verhaltensmuster im Leben eines Menschen vorhanden, dann zeigt das, daß der Betreffende den wichtigen Schritt der Selbstannahme nicht vollzogen hat.

In schmerzlicheren Fällen höre ich dann Bemerkungen wie die folgende: „Ich habe mich noch nie gemocht; ich bin ein Fehler; ich hätte nie geboren werden sollen; ich scheine einfach nirgendwo hineinzupassen."

Wie Fr. Scanlon beobachtet hat, treten diese Muster in einem ansonsten tiefgläubigen Leben auf. Gewöhnlich gibt es auch eine ständige Erwartung von Wachstum oder Durchbruch zu einer neuen geistlichen Freiheit, aber es kommt nicht dazu. Warum? Weil, wie er sagt, das Herz verletzt ist. Und es wird weiterhin verletzt bleiben, solange diese krankhaften Einstellungen bleiben.

Diese Menschen kommen oft zu mir oder jemand anderem, der im Heilungsdienst steht, und bitten um „noch ein weiteres Gebet" für die Heilung der Erinnerungen. „Bitte", so sagen sie, „es muß noch eine Erinnerung geben, die Heilung braucht." Ihre Ausdauer, ja ausgesprochene Hartnäckigkeit, bei der Suche nach Heilung (was für sie der magische Durchbruch wäre) ist erstaunlich, und anscheinend unendlich. Das deshalb, weil ihr Schmerz unendlich und ihr Herz eingeschnürt ist; der Schmerz wächst daher über die Jahre eher noch, statt abzunehmen. Daran ist die Gebundenheit schuld, die aus der fehlenden Selbstannahme als Mann oder Frau, als eigenständige Person, herrührt.

Wie werden diese Menschen geheilt? Was sind ihre Bedürfnisse? Ihre vordringlichste Not ist es, die alten Lebensmuster gegen neue einzutauschen, neue Denk- und Beziehungsstrukturen sich und anderen gegenüber aufzubauen. Um dies zu tun, müssen sie es lernen, zuzuhören – Gott und ihrem eigenen Herzen. Es gibt nichts, was sie aus der fehlenden Selbstannahme schneller und gründlicher herausbringt, als das Praktizieren des „hörenden Gebets". Dadurch werden sie anfangen, sich selbst mit den Augen des Großen Bejahers, unseres himmlischen Vaters, zu sehen.

Dieses Hören schließt natürlich ein, in die Gegenwart Gottes zu treten und dort Sein Wort und Seine Erleuchtung darüber zu empfangen, warum wir so fühlen und handeln. Es beinhaltet auch, alle negativen, unwahren und irrationalen Gedanken- und Verhaltensmuster aufzuschreiben, sobald sie uns bewußt werden. Für einige ist das anfänglich fast eine Vollzeitaufgabe. Ich habe erlebt, wie eine Reihe von Leuten ausrief: „Ach, Sie verstehen nicht! Jeder Gedanke, den ich habe, ist negativ!" O ja, ich verstehe sehr wohl, und deswegen muß so jemand umso mehr die eigenen Prioritäten klären und in das Gespräch mit Gott eintreten, als wäre dies seine einzige Rettung.

Das ist wahrscheinlich auch der Fall. Die Alternative, nämlich nicht zu verstehen, warum wir so denken und verletzt sind, ist zu furchtbar, um sie sich vorzustellen.

Wenn wir unsere krankhaften Gedankenmuster aufschreiben, müssen wir ständig auf Ihn hören, auf Seine heilenden, positiven, wahren Worte, die die dunklen, negativen ersetzen sollen! So bekommen wir „den Sinn Christi" und werden die krankhaften Gedankenmuster los. Zuerst *gestehen wir ein,* daß wir sie haben, dann finden wir heraus, worin sie wurzeln und warum wir sie haben. Schließlich bekennen wir sie und werden sie los, indem wir sie Gott überlassen und im Gegenzug das wahre Wort annehmen, das Er sendet.

Wenn wir das tun, so fangen wir an zu erkennen, wie wir an einigen dieser alten Muster festhalten, und daß wir einen echten Widerstand empfinden, sie loszulassen. Wir stellen fest, daß sie in Wirklichkeit oftmals Verteidigungsmechanismen sind, mit denen wir uns gegen den Schmerz des Erwachsenwerdens, des Verletzbar- und des Verantwortlichseins schützen. Zuerst merken wir nicht, wie Fr. Scanlon sagt, worum es sich eigentlich handelt – nämlich um alte Wunden und den Versuch, der Wirklichkeit zu entkommen, Versagen zu rechtfertigen, Aufmersamkeit und Zuneigung zu erhalten.

Einer der Heiligen hat uns gewarnt: „Achte darauf, wenn es dir nicht gut geht!" Ich mußte persönlich sehr auf körperliche Schwäche achten. Ihr Sirenengesang verlockt mich, mich zurückzulehnen und mich nur ein bißchen „zur Ruhe zu setzen". Tief in der amerikanischen Psyche ist nämlich diese Vorstellung verankert, sich in einem gewissen Alter zur Ruhe zu setzen, auf den Lorbeeren auszuruhen, „andere die Arbeit tun zu lassen". Wir müssen tatsächlich auch auf kleine körperliche Krankheiten aufpassen und darauf achten, ob und wie wir es ihnen erlauben, unser Leben zu bestimmen. Das gilt noch mehr, so scheint mir, für emotionale Schmerzen. Ob die Schwäche körperlich, emotional oder geistlich ist, wir müssen Gott suchen und fragen: „Was hat es mit diesem Schmerz auf sich? Was sagst Du mir damit?"

Es ist bemerkenswert, wie oft der Schmerz ein Signal dafür ist, hinzuhören, um herauszufinden, was der nächste Schritt zum Heilwerden sein soll. Das folgende Beispiel erläutert diesen Punkt. Ein junger Mann aus einer sehr leistungsorientierten Familie hatte von früher Kindheit an unter Depressionen und schweren Angstzuständen gelitten. Die Wurzeln dafür wurden gefunden und er erlebte eine große Heilung. Er war sogar zum erstenmal, solange er denken konnte, frei von Angst und Depressionen.

Eines Tages nahm er Kontakt zu mir auf und erzählte mir, daß seine Depression zurückgekommen war. Ich fragte ihn: „Was passierte unmittelbar bevor Sie wieder in Depression verfielen?" Nach kurzem Nachdenken meinte er, das sei geschehen, nachdem ihn seine Freunde gefragt hatten, wofür sie beten könnten, und ihm nichts eingefallen war. Von diesem Moment an war er deprimiert. Er war ziemlich überrascht, als ich dann ausrief: „Preis dem Herrn! Jetzt wissen wir, wofür wir beten müssen!"

Der nächste Schritt in seinem Gesundungsprozeß war die Erkenntnis, daß er zu anderen Menschen nur als kranke Person in Beziehung treten konnte. Er hatte schon begonnen, alte Bewältigungsmechanismen zu erkennen, die es ihm ermöglichten, sich vor dem Schmerz des Heranwachsens zu schützen und seinen Mangel an Verantwortlichkeit zu rechtfertigen; sie trugen ihm Sympathie und Zuneigung ein. Dieser Schmerz nun signalisierte das Bedürfnis, zu anderen nicht als Bedürftiger, sondern als Person in Beziehung treten zu lernen – mit anderen Worten: sich als gesunde Person anzunehmen zu lernen. Wenn wir lernen zu hören, werden wir des Krankseins müde. Wir lernen zu erkennen, was der Schmerz ist und was er uns sagt.

KAPITEL 3

Das Ringen um die Selbstannahme

Sally, eine junge Frau und Mutter, kam zu mir, nachdem ich über das Thema der Selbstannahme gesprochen hatte, und erzählte mir ihre Geschichte. Als Teenager konnte sie ihren „großen Körper", wie sie ihn nannte, nicht akzeptieren. Sie glaubte, ihre ungewöhnliche Größe würde ihre Heiratsaussichten schmälern. Aber sie wandte schon früh den richtigen Schlüssel an, einen Schlüssel, der jedem Christen gegeben ist – *sie rang im Gebet vor Gott darum, bis sie ihre Größe akzeptieren konnte.* Mit anderen Worten, sie ging zu dem Meister der Bejahung, Gott selbst, und ließ sich in liebevollem Gehorsam auf ein tiefes Gespräch mit Ihm ein. In Seiner Gegenwart akzeptierte sie nicht nur ihre Körpergröße, sondern traf weitere wichtige Entscheidungen; eine davon war, daß sie nur dann heiraten würde, wenn der Mann die Anforderungen für einen guten Ehemann erfüllte. Diese Entscheidung hätte sie nicht treffen können, wenn sie nicht zuerst sich selbst angenommen hätte. Sie war jetzt liebenswert, gelassen, selbstsicher und hatte einen besonders netten Ehemann, eine gute Ehe, und gutaussehende, großgewachsene Söhne! Andere akzeptieren ihre Körpergröße, weil sie sie selbst akzeptiert.

Ihre Selbstannahme machte den entscheidenden Unterschied aus; nun war sie in der Lage, die Segnungen, die Gott ihr in ihrem Leben gegeben hatte, anzunehmen. Wenn wir uns ganz oder teilweise ablehnen, dann kommunizieren wir dies an andere weiter. In den allermeisten Fällen übernehmen sie unsere Selbsteinschätzung. Darum ist es für Leute im Heilungsdienst wichtig, Menschen mit Problemen so zu sehen, wie Gott sie sieht (die *wirkliche* Person hinter der äußeren Erscheinung), nicht wie sie selbst sich sehen.

Romano Guardini, der katholische Theologe und Philosoph, schreibt in dem Aufsatz „Die Annahme seiner selbst":

„Der Akt der Selbstannahme ist die Wurzel für alles. Ich muß zustimmen, die Person zu sein, die ich bin. Zustimmen zu den Eigenschaften die ich habe. Zustimmen, in den mir gesetzten Grenzen zu leben ... Die Klarheit und Mutigkeit dieser Annahme ist die Grundlage aller Existenz." [1]

Nichtannahme reicht von der Ablehnung bestimmter körperlicher Merkmale bis zu einem umfassenden Haß, einer gänzlichen Selbstablehnung. Heute wird dies oft mit Begriffen wie niedriges Selbstvertrauen, Mangel an Bestätigung, ungestillte emotionale Bedürfnisse oder Liebeshunger bezeichnet. Solche Menschen stammen aus einer dysfunktionalen Familie und schaffen es nicht, sich selbst zu mögen oder zu lieben. [2]

Ich benütze den älteren Begriff der Selbstannahme absichtlich, und zwar aus mehreren Gründen. Zum einen verwende ich ihn als Oberbegriff für alle anderen. Unter seinem Dach können wir uns mit den verschiedenen Traumata, den ungestillten Bedürfnissen und Nöten beschäftigen, die zu einer verzerrten Selbstwahrnehmung und zu einer falschen Sicht anderer Menschen geführt haben. Beim Heilungsgebet haben wir es mit grundlegenden Liebesdefiziten zu tun, die den Menschen unfähig gemacht haben, andere zu lieben oder selbst die uns zustehende Liebe zu empfangen. Gott sehnt sich danach, Zugang zu diesen klaffenden Löchern in der menschlichen Seele zu bekommen, um Sein heilendes Leben hineinzugießen.

Darüber hinaus verwende ich den Begriff *Selbstannahme,* weil er ein positives Ziel beschreibt, das wir als Christen erreichen sollen. Er beschreibt eine authentische und notwendige christliche Tugend, die allen erreichbar ist, die danach streben.

Es gibt noch einen weiteren, praktischen Grund. Wir leben in einer narzißtischen Zeit, in der eine sündhafte, unverfrorene Selbstzentriertheit *in* ist und lauthals angepriesen wird. Manche, die über Selbstwertschätzung und Selbstliebe schreiben, verwechseln vereinfachende oder sündhafte Ansätze mit gesunder Selbstannahme. Andere schreiben über *Selbstverwirklichung* – was nichts mit Christsein zu tun hat. „Wir sind nicht zur Selbstverwirklichung berufen, sondern zur Identifikation mit Christus." [3]

Ein zeitgenössisches Beispiel für einen verkehrten Versuch der Selbstverwirklichung stellt die Suche nach „meinem verlorenen Kind" dar. Damit ist das Kind gemeint, das ich einst war, oder das ich hätte sein können, wenn die Umstände nicht so nachteilig gewesen wären. Das Selbst hat auf jeder Entwicklungsstufe etwas Flüchtiges an sich. Wenn ein Mensch, der in seiner Kindheit vernachlässigt oder mißhandelt worden war, zu Christus aufschaut, anderen vergibt und selbst Vergebung empfängt, kann er Heilung von seinen Kindheitserinnerungen erfahren. Auf diese Weise wird die Gegenwart des Herrn für das verletzte „innere Kind" sehr real. Aber Gott behandelt den Betreffenden als den Erwachsenen, der er ist, und wenn Er unsere Erinnerungen (aus jeder Altersstufe) heilt, dann finden wir einfach eine stärkere Selbstintegration in Ihm. Aber wir werden niemals unser „verlorenes Kind" finden, indem wir danach suchen. Unser wahres Selbst ist auf jeder Stufe seines Werdens in Christus. Er ist der Weg heraus aus der Hölle des selbstzentrierten Lebens.

„Dein wahres neues Selbst wird nicht kommen, solange du danach suchst. Es wird erst dann kommen, wenn du nach Ihm suchst..." [4]

„In der Liebe entkommen wir aus unserem Selbst in Ihn und den anderen hinein." [5]

Diese christliche Sicht steht in Kontrast, ja in klarem Gegensatz, zu den verschiedenen Arten weltlicher Selbstverwirklichung.

Auf der anderen Seite sind Selbsthaß und Selbstverachtung als Begleiterscheinungen unserer fehlenden Selbstannahme ebenfalls nichts Christliches, sie sind Selbst-zerstörerisch. Es gibt nichts, aber auch gar nichts Gutes daran. Erst wenn wir uns selbst angenommen haben, sind wir frei, andere zu lieben. Wenn wir damit beschäftigt sind, die Seele, die Gott liebt und die er gerade in Ordnung bringen möchte, zu hassen, können wir anderen nicht helfen. Unser Denken dreht sich dann um uns selbst, nicht um Christus, der unsere Gesundheit und unser Heil ist. Wenn wir das Selbst hassen, dann praktizieren wir in Wahrheit die Gegenwart des alten Selbsts; wir sind *selbst*-zentriert statt *Gott*-zentriert. Agnes Sanford, die viel über heilendes Gebet geschrieben hat, sagt: „Jesus starb nicht deshalb für uns, damit unsere Seele sterben soll, sondern damit sie lebt! Es ist nur unser ererbter Trieb zum Bösen, der potentiell zerstört wird."

In der einen oder anderen Form sind solche gravierenden unchristlichen Irrlehren über Selbstverleugnung und Selbsthaß lange in bestimmten christlichen Kreisen propagiert worden. Dabei unterscheidet man nicht zwischen den beiden Formen des Selbsts – dem alten Selbst, das in den Tod gegeben, und dem neuen, das aufgebaut werden muß.[6] Wer solche Mißverständnisse pflegt, wird natürlich eine falsche Form von Selbstliebe dadurch zu bekämpfen suchen, daß er lehrt, andere statt sich selbst zu lieben. Diese Irrtümer sind zwar nicht schriftgemäß, aber trotzdem tief verwurzelt. Ihre Vertreter gehen manchmal sogar soweit, gegen jeden zu wettern, der in der menschlichen Seele nicht nur Dunkles, sondern auch Schönes sieht. Dabei wird dann oft Paulus zitiert, „Ich weiß, daß in mir nichts Gutes wohnt"; die Erklärung dazu aber wird eigentümlicherweise übergangen. Paulus nennt nämlich auch das Subjekt: das alte sündhafte Wesen; in *ihm* liegt nach Meinung des Paulus nichts Gutes: „Ich weiß, daß in mir, *das heißt in meinem Fleisch,* nichts Gutes wohnt" (Römer 7,18).

Es ist einfach eine Tatsache, daß wir andere nicht annehmen und lieben können, wenn wir uns selbst nicht in Demut annehmen. Wenn wir uns gegenüber überkritisch sind, werden wir auch andere kritisieren. Walter Trobisch zitiert den deutschen Psychotherapeuten Dr. Guido Groeger mit der Aussage:

> *„Weil diese Bestätigung oftmals vorenthalten wird – vor allem in christliche Kreisen – kommt es zu einem Typ Christen, der aus Pflicht heraus liebt und auf diese Weise nicht nur andere quält, sondern auch sich selbst."* [7]

Diese verkehrte Sicht bringt Menschen nicht nur dazu, Dinge, die recht und gut sind, abzuwerten und zu mißachten (Gaben und Talente von Gott), sondern erzieht sie richtiggehend in der tragischen Kunst, nicht das alte, sondern das neue, kreative Selbst zu töten. Die Auswirkungen dieser Sicht werden von Generation zu Generation gravierender.

Als Seelsorger müssen wir wissen:

> *An der Wurzel jeder Depression liegt das Gefühl, etwas verloren zu haben ... Die tiefste Wurzel der Depression ist das*

Gefühl, daß ich mich selbst verloren und die Hoffnung aufgegeben habe, mich je wiederzufinden. Es gibt nichts in mir, das es wert ist, geliebt zu werden ... Das bedeutet, daß Selbstannahme und Depression in einem engen Zusammenhang stehen. " [8]

Vor kurzem sprach ich auf einem PCM-Seminar vor einer großen Gruppe tief verletzter Menschen über Selbstannahme; anschließend beteten wir für Heilung. Dieses Seminar war von Andy Comiskey und seiner Arbeit *Desert Stream,* einem Dienst an Menschen in sexueller Gebrochenheit, veranstaltet worden. Viele hatten eine lange Geschichte von Depressionen, die das Ergebnis einer verlorenen Kindheit sind. Als dann Andy Comiskey und Fr. William Beasley aufstanden, um für diese Menschen zu beten, kam von einem jungen Mann ein tiefgequältes Heulen; bald hörten wir das dann auch von anderen. Die tiefste Wurzel ihrer Depression war angerührt worden, und der Heilige Geist begann, dort machtvoll zu wirken. Für viele wurde eine unüberwindlich erscheinende Barriere an jenem Abend aufgehoben. Die Gegenwart Christi trat in ihre schlimmsten Erinnerungen ein; sie wurden fähig, sie Ihm zu überlassen. Aus der Depression kamen sie ins Licht.

Statt neurotisch auf das verletzte „innere Kind" fixiert zu sein, richtet sich der Blick des leidenden Christen auf die Wunden Christi. Dort liegt unsere Heilung. Er nimmt unsere Dunkelheit und Depression auf sich und in sich hinein; im Gegenzug gibt Er uns Sein Licht und Sein Leben.

Um uns annehmen zu können, müssen wir mit C. S. Lewis die folgende Lektion lernen:

„Seit ich zu beten begonnen habe, stelle ich fest, daß sich meine extreme Sicht der Persönlichkeit ändert. Mein eigenes empirisches Selbst wird immer wichtiger, das ist das Gegenteil von Selbstliebe. Man lehrt ein Samenkorn nicht, in sein ‚Baumsein' hineinzusterben, indem man es ins Feuer wirft – außerdem muß es ein gutes Samenkorn werden, bevor es wert ist, begraben zu werden." [9]

Ich habe für Menschen gebetet, denen die Eltern aus religiösen Prinzipien heraus *jede* Bestätigung vorenthielten. Erst vor kurzem betete ich mit einem Mann, der von seiner Gefühlsseite völlig abgeschnitten ist. Er kann nichts fühlen – weder Traurigkeit, noch Freude, noch Zorn ... obwohl er oft traurig oder zornig ist, und immer ohne Freude. Er lernte, mit der systematischen Nichtbestätigung seiner Eltern fertigzuwerden, indem er seinen Gefühlen völlig abstarb. Er dient Christus so gut er kann, aber ohne die Fähigkeit, Emotionen zu empfinden oder zu benennen. Ich betete dann für die Heilung seiner Gefühlswelt – sie hätte auch nicht stärker geschädigt sein können, wären seine Eltern Alkoholiker gewesen oder er sexuell mißbraucht worden.

Eltern symbolisieren für ihre Kinder Gott. Wenn der Vater, der seinen Sohn oder seine Tochter über Gott lehrt, selbst ein strenger, gefühlloser Richter ist, dann wird das Kind auch Gott, den Vater, so sehen – außer bei ungewöhnlich glücklichen Umständen. Wenn das Kind seine Eltern in keiner Weise zufriedenstellen kann, dann wird das Kind mit Sicherheit auch Gott so sehen. Solange keine Heilung stattfindet und das Herz mit neuen Symbolen ausgestattet („resymbolisiert") wird [10], kann so jemand nicht hören, wie Gott ein „Gut gemacht!" über ihm ausspricht. Er kann die Bestätigung, die der himmlische Vater ständig auf Seine Kinder ausgießt, nicht verstehen und empfangen. Das gilt genauso für die Verheißungen der „Herrlichkeit" – denn dieser Begriff bedeutet Zustimmung, Gunst, Wertschätzung und sogar Ansehen bei Gott!

„Als ich begann, mich näher mit dieser Sache zu beschäftigen, schockierte es mich, wie so unterschiedliche Männer wie Thomas von Aquin, Milton und Johnson die himmlische Herrlichkeit recht freimütig im Sinn von Ansehen oder gutes Zeugnis verstanden. Aber nicht ein Ansehen, das von den Mitgeschöpfen kommt – sondern Ansehen bei Gott, Seine Zustimmung, oder, so könnte man sagen, Seine ‚Wertschätzung'. Und als ich mir das genauer überlegte, sah ich, daß diese Sicht schriftgemäß war. Nichts kann aus dem Gleichnis das göttliche Lob streichen, ‚Gut gemacht, du guter und treuer Knecht!'. Damit stürzte ein Gutteil dessen, was ich mein ganzes Leben lang gedacht hatte, wie ein Kartenhaus zusammen. Ich dachte plötzlich daran, daß niemand in den Himmel kommt, außer als Kind; und nichts ist bei einem Kind offensichtlicher als das große, unverstellte Vergnügen daran, gelobt zu werden – jedenfalls bei einem guten Kind, das nicht eingebildet ist. Und das trifft nicht nur bei einem Kind zu, sondern sogar bei einem Hund oder einem

Pferd. Offensichtlich hatte mich das, was ich all die Jahre fälschlicherweise für Demut gehalten hatte, daran gehindert, die demütigste, kindlichste, geschöpflichste aller Freuden zu verstehen – die besondere Freude des Geringeren: die Freude eines Tieres vor dem Menschen, eines Kindes vor seinem Vater, eines Schülers vor seinem Lehrer, eines Geschöpfes vor seinem Schöpfer. [11]

In seinem Buch *The Healing of Memories* schreibt Dr. David Seamands zwei Kapitel über verzerrte Gottesbilder; er beschreibt ihre Entstehung und erklärt, wie der Seelsorger diese als seelische Schwächen verstehen und in rechter Weise damit umgehen kann. Der Schlüssel, um diejenigen zu verstehen, deren „Fähigkeit zur Liebeswahrnehmung" so verzerrt ist, daß es zu einer „Entstellung des Charakters Gottes" kommt, liegt darin, sich die

„... ungeheilten interpersonalen Beziehungen, vor allem während der Entwicklung in der frühen Kindheit und der Adoleszenz [anzusehen]. Mehr als jeder andere Faktor verursachen diese Beziehungsdefizite emotionale Schäden, die die geistliche Wahrnehmung entstellen." [12]

Wer sich mit verzerrten Gottesvorstellungen auseinandersetzen muß, dem empfehle ich, diese Kapitel von David Seamands unter Gebet zu lesen, und sich gleichzeitig gründlich mit der Liebe Gottes, des Vaters, in der Bibel zu beschäftigen. Lesen Sie diese Stellen nach, schreiben Sie sie in Ihr Gebetstagebuch und wenden Sie sie persönlich auf sich selbst an. Zusätzlich können Sie auch noch weitere Bücher lesen. [13]

Molly, das Scheidungskind

Sie war vaterlos und ohne Bestätigung aufgewachsen. Als christliche Frau und Mutter, die einen erfolgreichen Dienst für andere hatte, brauchte Molly (Name geändert) doch dringend die Fähigkeit zur Selbstannahme. Sie hatte alles versucht, was sie wußte, doch verstrickte sie sich nur zunehmend mehr in emotionale und geistliche Verwirrung. Sie hatte auch ernste körperliche Probleme, die ihre Ärzte auf ihre andauernde, tiefe emotionale Unruhe zurückführten.

Als sie schließlich genug Ruhe und Mut fand, sich dem zu

stellen, was in ihrem Herzen war, kam folgende Schüsselaussage: „Ich habe mich immer gehaßt!" Sie kannte sich in der Bibel gut aus, aber sie kam nicht weiter als bis zu der Aussage, „dem alten Menschen abzusterben". Das hatte sie mit aller ihr zu Gebote stehenden Kraft versucht. Sie hatte es aber nur geschafft, dem wahren Selbst abzusterben, da sie sich nie selbst angenommen hatte.

Mollys Eltern ließen sich scheiden, als sie noch ziemlich klein war. Ihr Vater hatte die Familie im Stich gelassen. Das hatte sie als eine furchtbare persönliche Ablehnung erlebt, die ihr ganzes Leben prägen sollte. Dies wollte sie aber weitgehend nicht wahrhaben. Aus dem Bedürfnis heraus, eine Art idealisiertes Bild des abwesenden Vaters zu bewahren, schob sie die Schuld für ihre Verletzung und Verwirrung der Mutter zu. So warf sie ihr beispielsweise vor, „mich zu verlassen und zur Arbeit zu gehen". Darauf angesprochen, erkannte sie, daß das irrational war. Ihre Mutter war gezwungen zu arbeiten, um ihren Lebensunterhalt zu verdienen.

Ein Kind erlebt den Verlust eines Elternteils, ob durch Tod, Scheidung oder einen anderen Grund, als persönliche Ablehnung. Ungeheilte Ablehnung wird zum Saatbeet für krankhafte „Dinge", wie Bitterkeit, Neid, Wut, Angst vor Ablehnung und Minderwertigkeitsgefühle. Wenn solche Dinge wie eine schwärende Wunde in uns vorhanden sind, dann beeinflussen sie sehr stark die Art und Weise, wie wir andere Menschen hören und wahrnehmen. Sie werden dann ihrerseits zur Zielscheibe für die „Geschosse", die von diesen krankhaften Haltungen und Gefühle nach außen abgefeuert werden. Wie giftgetränkte Pfeile finden Neid, Bitterkeit etc. ihr Ziel im Denken und Herzen derer, die wir am meisten lieben. Dies ist einer der Gründe, warum wir nicht nur für uns selbst, sondern auch für andere gefährlich sind, solange wir uns nicht selbst annehmen. Wir neigen dazu, ihre besten Absichten falsch zu verstehen und schlecht über sie zu reden. Das schließt natürlich die Art und Weise, wie wir Gott sehen, mit ein. [14)]

Geschichten wie die von Molly gibt es unzählige. In unserer dysfunktionalen Gesellschaft ist ihre Geschichte mehr oder weniger die Regel, statt die Ausnahme. Viele Kinder von Alleinerziehenden „projizieren" in dieser Weise auf den vorhandenen Elternteil. Bei Molly wurde der treue Elternteil zum Sündenbock gemacht. Molly brauchte dringend die Heilung der frühen Erinnerungen der Ablehnung durch den Vater. Man sieht leicht, wie ein verletztes Kind auf diese Weise nicht nur einen, sondern letztlich beide Eltern verliert. [15)]

Für Molly gab es also keine Vaterfigur, keinen schützenden, fürsorglichen Mann, mit dem sie sich identifizieren konnte. Jedes Kind braucht einen Vater, zu dem es aufschauen kann; wenn der Vater nicht da ist, oder nicht auf das Kind reagiert, dann wird es nicht aus dem „Nest", dem femininen Milieu, herausgelockt. Das Kind löst sich nicht von der Mutter, der Quelle des Seins im zwischenmenschlichen Bereich. Diese Dynamik stellt ein wichtiges Element dar, wenn ein junger Mann nicht in der Lage ist, sich selbst als Mann zu akzeptieren; das gilt auch bei männlicher Homosexualität. Der junge Mann ist nicht in der Lage, seine Identität von seiner Mutter, die das Feminine verkörpert, zu lösen. Er ist von der notwendigen Identifikation mit dem Maskulinen abgeschnitten; seine eigene Männlichkeit geht sozusagen „betteln". Sie wird nicht ins Leben hineingerufen. Er bleibt in seiner geschlechtlichen Identität unbestätigt.

Auch das junge Mädchen wird durch den Vater aus dem Kindsein heraus in das volle Frausein hineingerufen; dazu braucht der Vater die Fähigkeit, sie in jeder Entwicklungsphase als feminines Wesen zu bestätigen. Auf diese Weise hilft er ihr, ihre Identität von der ihrer Mutter zu lösen, und bejaht sie als eigenständige Person. Ohne die Hilfe des Vaters wir das Ringen darum länger und schwieriger.

Dr. Daniel Trobisch beschreibt das maskuline Prinzip als das Prinzip der Orientierung, Richtungsweisung, Ordnung und Verantwortlichkeit. Im liebevollen Gespräch mit seinen Kindern ruft der Vater sie „heraus und weist den Weg in eine größere Welt." Die Mutter, so schreibt er , ist „wie ein Kreis; der Vater ist derjenige, der die Kinder aus diesem Kreis herausholt und auf ein Ziel hin ausrichtet." [16)] Dieser Prozeß der Ausrichtung auf ein Ziel ist für das Kind, das einen guten Vater hat, eine psychologische ebenso wie eine körperliche, geistliche und intellektuelle Realität.

Daniel Trobisch weist dann auf eine ungeheur lebenswichtige Wahrheit hin, die wir im zwanzigsten Jahrhundert nicht wirklich verstehen.: „Der Vater zieht auch den Kreis (das Feminine) in die größere Welt." Heutzutage stecken wir hauptsächlich deshalb so in Schwierigkeiten, weil die Männer sich auf der Flucht vor femininen Werten befinden. (Mehr über Maskulinität und Femininität in den Büchern *Heilende Gegenwart* und *Krise der Männlichkeit.*) Sie bringen keine Bedeutung (feminine Werte) mehr in die größere Welt. Mit ein paar rühmlichen Ausnahmen wird so der Weg für das wahre Feminine blockiert, den eher maskulinen Qualitäten von Orientierung, Richtungsweisung, Ordnung und Verantwortlichkeit zu begegnen und sie zu formen.

So viele Bereiche seelischer Heilung haben mit der Tatsache zu tun, daß in dem Prozeß der Identifikationsfindung etwas schiefgelaufen ist. Wir haben es nicht geschafft, mit der Mutter, dem Vater oder beiden eine tiefe Bindung einzugehen und uns mit ihnen zu identifizieren. Andererseits haben wir die „schlimme" Mutter bzw. den „schlimmen" Vater verinnerlicht; wir sind so verstrickt in ihre krankhaften Gedanken- und Verhaltensmuster, daß wir nicht mehr fähig sind, uns in rechter Weise von ihnen zu lösen. Als Konsequenz leiden wir auf emotionaler Ebene, bleiben als Personen zutiefst unbestätigt und scheitern in unseren Beziehungen. Das zieht alle Bereiche unseres Wesens in Mitleidenschaft. Unausgewogen und unbestätigt in der femininen wie maskulinen Seite unseres Wesens, leiden wir unvermeidlich auch an Ambivalenz dem gleichen oder dem anderen Geschlecht gegenüber. Mit anderen Worten: Wir haben irrationale Vorurteile gegenüber anderen und tun uns schwer, mit ihnen auf der Basis ihrer Geschlechtszugehörigkeit in Beziehung zu treten. Wie Karl Stern schreibt:

„Im Vergleich zu der objektiven Realität, in der wir als Erwachsene leben, bekommen die Personen unserer Kindheit eine übergroße emotionale Bedeutung. Sie sind überlebensgroß. Und sie haben die ganz spezielle Eigenschaft, das Bild von Menschen zu verzerren, denen wir später im Leben begegnen." [17]

Obwohl Molly kaum Einsicht hatte, wie der Verlust des Vaters in ihr zum Selbsthaß führte, litt sie trotzdem schwer an diesem inneren Defizit nicht erlebter Vaterschaft. Und auch ihre überarbeitete, schutzlose und unter Einschränkungen leidende Mutter konnte ihr kein stabiles Familienleben bieten. So kam Molly in die Adoleszenz, ohne durch einen Vater oder Vaterersatz als Frau und eigenständige Person bestätigt worden zu sein.

Heutzutage endet die Suche nach Bestätigung und Liebe nur

allzuleicht in sexueller Freizügigkeit. Diesen Weg war auch Molly gegangen. Deswegen tat sie als Jugendliche Dinge, die ihr Selbstbild immer noch prägten. Wegen dieser Dinge verachtete und mißtraute sie sich selbst immer noch, obwohl sie schon lange um Vergebung dafür gebeten hatte und sich von allem, was ihr als Unrecht bewußt war, abgewandt hatte. Doch sah sie sich aufgrund ihrer Vergangenheit als minderwertig, ja gemein. Sie haßte sich. Sie war in ihrer *Stellung des Unbestätigtseins* gefangen. Obwohl sie sich ganz zu Christus bekehrt hatte, war sie psychologisch nicht geheilt.

Offensichtlich gab es in ihrer „praktischen" Theologie ein Problem. Sie hatte die Vergebung, die Gott ihr schon längst angeboten hatte, nicht *angenommen*. Und sie hatte auch sich selbst nicht angenommen – ein psychologisches wie geistliches Problem.

Selbstannahme – eine christliche Tugend

Selbstannahme wurde einst als erstrebenswerte Tugend gelehrt. Neben den Kardinaltugenden (Glaube, Hoffnung, Liebe, Weisheit, Gerechtigkeit, Maß und Mut) lehrten unser Väter im Glauben weitere Tugenden, wie etwa die *Geduld im Umgang mit dem Selbst*. Über diese große Tugend schreibt Romano Guardini: „So muß der, der weiterkommen will, immer wieder von neuem beginnen ... Geduld mit sich selbst ... ist die Grundlage allen Fortschritts." Andre Tugenden, die neben der so wichtigen Selbstannahme gelehrt wurden, waren zum Beispiel Wahrhaftigkeit, Loyalität, Ordentlichkeit, Unparteilichkeit, Dankbarkeit, Schweigen. [18]

Warum wurde die Tugend der Selbstannahme gelehrt? Einfach deshalb, weil niemand mit der Fähigkeit dazu geboren wird. Selbstannahme wird jetzt (wenn überhaupt) als psychosozialer Entwicklungsschritt in der Erziehungspsychologie gelehrt. Die Psychologen weisen auf mehrere Übergangsphasen zwischen der frühen Kindheit und dem Erwachsenenalter hin, die viele Schritte psychosozialer Entwicklung beinhalten. Verpassen wir einen Schritt, dann geraten wir in Probleme.

Im Idealfall kommt der Schritt der Selbstannahme kurz nach der Pubertät. Er kann aber kaum vollzogen werden, wenn wir frühere wichtige Schritte im Identifikationsprozeß ausgelassen haben, oder wenn in der Pubertät die bejahende männliche Vaterfigur fehlt. (Mehr dazu in meinen Büchern *Krise der Männ-*

lichkeit und *Du kannst heil werden,* bzw. unter dem früheren Titel *Das zerbrochene Bild.)* In diesen Fällen kommt es zu einem grundlegenden ungestillten Liebesbedürfnis. [19] Es braucht Einsicht und Heilung, um den Weg für die Selbstannahme freizumachen. Aller Wahrscheinlichkeit nach liegen schwere ungeheilte Erinnerungen an Ablehnung in der Vergangenheit vor.

Pubertät und Adoleszenz ist für uns alle die narzißtische Phase. Wir beschäftigen uns vor allem mit unserem Körper. Wir betrachten uns im Spiegel, prüfen jede kleine Erhebung in unserem Gesicht, betrachten jeden Zentimeter unseres Körpers. Wir möchten wissen, ob wir zum Mann- oder Frausein die richtige Ausstattung haben, und haben Angst, daß etwas nicht stimmen könnte. Mädchen mögen die Größe ihrer Brüste nicht (sie sind entweder zu klein oder zu groß), die Form ihrer Beine, die Farbe und Struktur ihrer Haare, und so weiter, ad infinitum. Jungen konzentrieren sich oft auf die Größe (ihres Körpers und ihrer Genitalien), ihre körperliche Kraft und ihre Fähigkeiten im Sport. In dieser Kultur leiden sie oft an schweren sexuellen Minderwertigkeitsgefühlen, wenn sie sich mit anderen vergleichen.

In dem Maß, wie wir es nicht schaffen, diese Phase narzißtischer Adoleszenz hinter uns zu lassen, werden wir in einer Form falscher Selbstliebe steckenbleiben. Schaffen wir es nicht, uns in rechter Weise zu lieben, dann werden wir es in falscher Weise tun. Die weitverbreitete morbide Praxis von Introspektion (Selbstbespiegelung) [20] ist eine der häufigsten Manifestationen von Narzißmus. Sie kann für die Persönlichkeitsentwicklung genauso schädlich sein wie Selbstbefriedigung, die über die Pubertät hinaus fortgesetzt wird, und Homosexualität – zwei der offensichtlicheren Beispiel einer nach innen gerichteten Liebe. [21]

Um zu einer gesunden Persönlichkeit zu werden, müssen wir von dieser selbstzentrierten Phase zu einer vollen und sicheren Selbstannahme gelangen. Jeder, der sich nicht annimmt, ist in sich selbst gefangen.

Der Mythos von Narzissus ist die Geschichte der Adoleszenz. Der Jüngling Narzissus sieht sein eigenes Spiegelbild im Wasser und verliebt sich in sich selbst. Seine Aufmerksamkeit ist so sehr auf sein eigenes Bild gerichtet, daß er ins Stolpern gerät, ins Wasser fällt und ertrinkt. Die allermeisten Menschen haben diese Phase narzißtischer Adoleszenz, die C. S. Lewis das „finstere Mittelalter in jedem Leben" nennt, nicht wirklich hinter sich gelassen; es ist die Zeit, in der die „höchst unidealistischen Sinne und Bestrebungen ruhelos, ja manisch wach sind." Er beklagt das Verschwinden der „Dimension der wahren Phantasie", wenn die Seele in der Adoleszenz in die auto-erotische Phase kommt. [22)]

Aber die Tatsache, daß sich ein Christ nicht angenommen hat und diesen unreifen Narzißmus tatsächlich nicht ganz hinter sich gelassen hat, ist nicht immer so offensichtlich. Als Mann kann er, auch wenn er in seinem Mannsein unbestätigt ist, sehr wohl auf das Bild des erfolgreichen Geschäftsmanns, Finanzmagiers, Priesters oder was auch immer fixiert sein. Wie Narzissus ist er „in sein eigenes Bild gestürzt", und das authentische Selbst (mit allem seinem authentischen Verlangen) ist ertrunken. Dieser Mann kennt seine Identität als *Person in Christus* nicht; er erkennt sich noch nicht einmal als eine authentische Person. Er ist ein Mann mit einer Maske, dessen Wert und Identität in seinen Rollen liegen. Wie er gesellschaftlich wahrgenommen wird, ist für ihn wichtiger, als das, was er im Privaten *ist*. Mit seinen Rollen verdeckt er seine fehlende Selbstannahme. Seine Kinder aber wissen schmerzhaft um die Wahrheit. Solch ein Vater kann seine Kinder nicht bestätigen, kann sie nicht aus der Pubertät und Adoleszenz heraus zur Reife rufen. Er ist selbst ohne Bestätigung.

Karl Stern beschreibt, was mit einem Kind geschieht, das sich mit einem der Eltern nur über eine Rolle identifizieren kann. Das ist dann der Fall, wenn

„... eine markante Diskrepanz zwischen der gesellschaftlichen Rolle einer Person und der wahren Person vorliegt ... Solch eine Kluft zwischen der äußeren Erscheinung und dem inneren Charakter existiert bei vielen von uns. Viele Psychologen treffen eine Unterscheidung zwischen dem ‚sozialen Ego' und dem eigentlichen Ego, zwischen ‚Rolle' und Person. Jung nannte das soziale Ego ‚persona' im Unterschied zur eigentlichen Persönlichkeit. Das Wort persona hat mit der Vorstellung einer Maske zu tun. Die Schauspieler im antiken Rom trugen Masken mit Mundstücken, durch die die Worte ‚hindurch-klangen' (personare). Die Person in ihrer gesellschaftlichen Rolle unterscheidet sich oftmals beträchtlich von der Person in ihrem Privatleben. Viele Menschen werden von ihrer eigenen persona immer abhängiger. Ihr gesellschaftliches Ego, ihre Rolle als Bankpräsident oder Zugschaffner hat die gleiche Funktion wie

das außenliegende Skelett der Schalentiere. Sie sind so sehr mit ihrem gesellschaftlichen Ideal eins, daß sie zusammenbrechen würden, wenn man ihnen ihre Stellung in der Gesellschaft nehmen würde; nur wenig bliebe dann überhaupt übrig. Das heranwachsende kindliche Selbst ist für diese Diskrepanz sehr empfänglich. Durch eine Reihe von Faktoren identifiziert es sich mit ihren gesellschaftlichen Idealen, statt mit Menschen aus Fleisch und Blut." [23] *(Hervorhebung L. P.)*

"Während des Prozesses der Identifikation absorbieren die Kinder unser Wertempfinden wie in einer Art Osmose. Wenn unsere Wertskala von einer äußeren Hierarchie geprägt ist, können unsere Kinder nicht wachsen. Niemand kann von Unechtem leben." [24]

Man muß es eigentlich nicht extra erwähnen, daß auch Frauen in der Kirche lange gelehrt wurden (und zwar nicht durch die Schrift, sondern von denjenigen, die die Lehre über die Unterordnung der Frau mißverstehen), ihre Identität nicht in Christus, sondern in ihrer Rolle als Ehefrau und Mutter zu finden. [25] Wir haben ständig mit den Kindern solcher Mütter zu tun, wie auch mit den Müttern selbst. Wurde die Mutter nicht genügend bestätigt, so daß die Kluft zwischen der wirklichen Frau und der Rollenmaske zu groß wurde, dann identifiziert sich das Kind nicht mit der Frau, sondern mit ihrem gesellschaftlichen Idealbild einer Frau. Das Folgende wird dies hoffentlich deutlich machen.

Eine Frau, die inzwischen älter war, konnte keine Beziehung zu ihrer Mutter als einem Wesen aus Fleisch und Blut haben. Das gleiche Problem hatten die anderen Kinder in der Familie. Sie hatte insofern Glück, als sie einen warmen, liebevollen Vater hatte, der sich um seine Söhne und Töchter kümmerte. Gleichzeitig aber hatte sie darunter zu leiden, daß er seine Frau idealisierte und als "gesellschaftlich" höherstehend behandelte. Er muß diese Einstellung an seine Kinder weitergegeben haben, denn sie alle respektierten sie aus den gleichen Gründen, wenn auch aus der Distanz.

Später hatte diese Tochter dann trotz ihrer guten Beziehung zu ihrem Vater ein idealisiertes und oberflächliches Selbstbild. Der Grund dafür war, daß sie sich nicht mit ihrer Mutter, sondern ihrem gesellschaftlichen Ideal von Frausein identifiziert hatte. Das lebte sie ihr ganzes Leben lang aus. Sie konnte etwa einen Mann nicht als eine reale Person sehen, sondern nur als jemanden, der das zu leben hatte, was sie als angemessene gesellschaftliche Rolle in bezug auf ihr falsches Selbstbild als Frau ansah. Weil ihre Beziehungen zu anderen so verdreht waren, kämpfte diese gute Frau ihr ganzes Leben lang darum, sich selbst anzunehmen. Ihre Loyalität ihren Eltern und deren Sicht von Realität gegenüber war aber so stark, daß sie sich nie der Wahrheit über ihre Bedürfnisse stellen konnte.

Haben wir nicht gelernt, uns selbst anzunehmen, so ist es für uns wie auch für unsere Kinder von entscheidender Wichtigkeit, daß wir die große christliche Tugend der Selbstannahme suchen und finden. In dem Maß, in dem wir das nicht schaffen, vollziehen wir auch den der Pubertät folgenden Entwicklungsschritt nicht. Wir lassen die narzißtische Periode nicht hinter uns und bleiben in einer falschen Form von Selbstliebe stecken, selbst wenn das nur die Sorge über unsere eigene „Minderwertigkeit" oder Mängel sein sollte. Wir werden nicht in der Lage sein, unsere eigenen Unzulänglichkeiten, unsere „Kleinheit", freudig in dem Bewußtsein anzunehmen, daß Christus genug für uns ist. Wir können anderen keine Annahme schenken, wenn wir sie selbst nicht empfangen haben. In dem Maß, wie wir uns selbst nicht annehmen können, werden wir auch unsere Söhne und Töchter nicht bestätigen können; wir sind unfähig, die wahre Person im anderen zu sehen und herauszurufen.

Die Bedeutung des Vaters für die Selbstannahme

So ist die Liebe und Bestätigung eines Vaters auf menschlicher Ebene der Schlüssel für den Übergang von der Adoleszenz zur Selbstannahme. Sally mit ihrem „langen Körper" hatte einen reifen, liebevoll bestätigenden Vater zuhause. Er repräsentierte – symbolisierte – für sie Gott, den Vater, in der rechten Weise. Zur gleichen Zeit, als sie die Schwierigkeiten mit der Selbstannahme durchbetete, empfing sie weiterhin den Segen eines christlichen Vaters. Er tat das, was nur ein Vater oder ein guter Vaterersatz tun kann – er bestätigte sie in ihrer Weiblichkeit, in dem, was *anders* war, als er selbst, und was deshalb entscheidend für seine Ergänzung und die des wahren Maskulinen überall ist. Indem er das tat, setzte er ihre Andersartigkeit und ihr „Geheimnis" – ihre wahre feminine Begabung und Weisheit – frei. Dies wiederum machte es für sie unendlich viel leichter, die ganze Frage ihrer Körpergröße mit ihrem himmlischen Vater zu klären. Sie konnte voller Gelassenheit auf Ihn antworten, in dem Wissen, daß Sein Segen immer auf ihr ruht, und daß Er nur gute Gaben für sie hat.

Demgegenüber verschwand Mollys Vater von der Bildfläche, als sie noch ein Säugling war; die wenigen Male, wo sie ihn gesehen hatte, war er nicht in der Lage, dauerhaft Interesse an ihr zu zeigen. Er war für sie nie in irgendeiner Weise eine Hilfe gewesen. Die maskuline Stimme und Begabung, die er vermitteln hätte sollen, fehlten; damit fehlte all das, was das wahre Feminine in ihr erst segnen und dann in Ehrfurcht hätte *heiligen* sollen. Ihr Geheimnis blieb vom maskulinen *Anderen* unberührt; es wurde nicht geweckt, nicht anerkannt und nicht gesegnet. Es gab keine Freisetzung ihres inneren Menschen, der dann in Freude, in Vertrauen und ohne Angst auf Gott und andere hätte reagieren können. Bis sie Heilung findet, wird sie Angst haben, im Stich gelassen zu werden; sie wird sogar erwarten, daß sie das verdient hätte.

Für Molly gab es keine Freisetzung des wahren Femininen, keinen Finger eines Vaters, der den Weg hinauf und hinaus in eine größere Welt weisen konnte, um dort dann einen Platz für sie zu sichern. Obwohl sie Christ war, kam sie kaum in Gott, dem Vater, zur Ruhe – die Ergänzung der einzigartig femininen Fähigkeit, einfach zu sein. Sie hatte wenig echtes Verständnis, daß sie zu Ihm aufschauen und empfangen konnte, was in ihrem Leben gefehlt hatte. Andererseits spürte sie ein zwanghaftes Bedürfnis, ihre Vergangenheit und ihre Sünde zu verleugnen und die Schuld dafür anderen zuzuschieben. Sie litt unter dem schmerzhaften Streben, selbst perfekt sein zu wollen, um die Liebe und Annahme Gottes und anderer Menschen zu gewinnen.

Eine Mutter kann, ganz egal wie liebevoll und bestätigend sie ist, das Loch, das ein fehlender Vater hinterläßt, nicht schließen. Solch ein Loch kann entstehen, wenn der Vater zwar anwesend, aber unfähig zur Liebe und Bestätigung gewesen war, oder wenn er feindselig, schwach oder beruflich zu sehr eingespannt war. Es ist extrem ungewöhnlich und unvernünftig, wenn Leute die Überzeugung vertreten, eine Mutter könnte den Vater ersetzen.

Der Vater kann seinerseits nicht die Leere füllen, die das Fehlen einer gesunden, liebevollen Mutter hinterläßt. In der Liebe einer Mutter, in ihrem Sich-selbst-Schenken, ihrer schützenden Pflege, finden wir nämlich alle das unglaublich wichtige *Seinsgefühl* oder *Daseinsempfinden* (das Gefühl zu *sein,* eine eigene Daseinsberechtigung zu haben) bzw. des Empfinden des *Wohlseins.* Fehlt dies und kommt es zu keiner Heilung, dann kann auch der beste Vater das Kind nicht in seiner persönlichen und geschlechtlichen Identität bestätigen. [26)] In solchen Fällen kommt es zu einem intensiven Gefühl des Mangels, zusammen mit Anfällen von Depression und Trennungsangst. Das schmerzende Gefühl des *Nichtseins* muß in der Gegenwart Gottes des Vaters angesprochen werden, denn nur Er allein kann das eigene Daseinsempfinden erschaffen, wenn man einen solch schwierigen Start ins Leben hatte.

Aber wie die Mutter für jene ersten Lebensmonate und sogar -jahre entscheidend ist (der Säugling weiß nicht, daß er ein separates Wesen unabhängig von seiner Mutter ist, so daß er in ihrer Liebe sein Daseinsempfinden findet), so ist der Vater ausschlaggebend für die Bestätigung der geschlechtlichen Identität des Kindes.

Damit soll nicht gesagt werden, daß die Liebe und Bestätigung beider Eltern nicht zu jeder Zeit ganz entscheidend wichtig wäre. Es soll nur gesagt werden, daß die Eltern bei den Entwicklungsschritten des Kindes eine unterschiedliche Rolle übernehmen. Im Alter zwischen drei und sechs Jahren kommt es dann erneut zu einer Phase, die für die Entwicklung der geschlechtlichen Identität des Kindes extrem wichtig ist. Hier ist wiederum der Vater entscheidend. Er ruft hier, wie auch später, das Kind aus dem Umfeld der Mutter heraus und weist ihm den Weg hinaus in die Welt. Wenn ich mit Männern betete, die an einer homosexuellen Neurose litten, stellte ich oft fest, daß dies der Punkt war, an dem etwas Traumatisches geschehen war. Im Gebet durchleben sie die Erinnerung an die Ablehnung durch den Vater, wodurch sie gehindert wurden, ihre feminin geprägte Umgebung und Identität hinter sich zu lassen. Zwar muß das Kind sein Daseinsempfinden in der Liebe der Mutter finden, doch dann muß es seine Identität von der ihren lösen. Und hier ist die Rolle, die der Vater spielt, von entscheidender Bedeutung. Es ist natürlich klar, daß ein Vater, der zwar anwesend ist, aber keine Beziehung zum Kind hat, in diesen Entwicklungsphasen nichts zu geben hat.

Wenn alles gut geht, muß der Vater während und nach der Pubertät wirkungsvoll zwischen den Sohn und die Mutter „dazwischentreten". Auf diese Weise hilft er seiner Frau, ihren Sohn freizugeben; ihre Hauptaufgabe, mütterlich für ihr Kind zu sorgen, ist beendet. Der Vater ermöglicht es dem Sohn, seine sexuelle und geschlechtliche Identität vollständig von der seiner Mutter zu lösen, indem er ihn *als Mann* bestätigt. Ähnliches tut er für seine Tochter, nur daß ihr Bedürfnis nicht ganz so tief wie bei ihrem Bruder ist, da sie der Mutter *gleicht*. Und doch ist der Vater der Schlüssel, seine Tochter als eigenständige Person zu bestätigen; durch seine Bestätigung wird sie in ihrer eigenen femininen Identität Sicherheit finden.

Im Dialog mit anderen werden wir ins Leben gerufen. [27] Unsere Eltern sind unsere ersten Dialogpartner; von der Empfängnis bis zur Adoleszenz ist ihre Kommunikation mit uns entscheidend für unsere Entwicklung. Sie ruft uns entweder ins Leben hinein, oder sie versagt. Wenn unsere Eltern mit uns nicht oder in der falschen Weise kommunizierten, müssen wir dieses Defizit auf eine gesunde Weise wettmachen. Wir müssen auf unsere Reaktionen auf elterliches Kommunikationsversagen achten und sie korrigieren. Wir dürfen schwerwiegende Defizite nicht leugnen, sondern müssen sie anerkennen und es lernen, mit ihnen zurechtzukommen. Wesentlich ist dabei natürlich, daß wir unseren Eltern vergeben. [28] Unsere tiefgreifenden Reaktionen auf die Mängel und Sünden anderer gegen uns machen einen Großteil dessen aus, was im Heilungsgebet zu bearbeiten ist. Wenn diese subjektiven Reaktionen erst einmal identifiziert sind, und wir uns mit der Hilfe Gottes daran machen, sie zu ändern, dann sind wir auf dem Weg, heil zu werden. In der tiefen und guten Kommunikation mit weisen Menschen und (in erster Linie) mit unserem himmlischen Vater kommt es dazu, daß wir mit diesen Dingen richtig umgehen können und beginnen, die Heilung, die wir brauchen, zu empfangen. Wenn unser innerer Mensch an einer klaffenden Wunde der Leere, einem Gefühl des Nichtseins, leidet, dann wartet er vor allem darauf, das Wort, Christus selbst, zu empfangen. Und dann, mit Ihm, alle *Worte* des Lebens. Wahrheit, Liebe, Verstehen, Licht, Freude, Aufrichtigkeit demgegenüber, wie die Dinge wirklich sind – alle dies und noch vieles andere beginnt dann auf den Flügeln echter Kommunikation mit anderen in unsere Seele zu fließen. In diesem Gespräch mit Gott, mit dem, der anders ist als wir, WERDEN wir.

Der Grund, warum so wenige aus Pubertät und Adoleszenz zur

Selbstannahme finden, hat mit dem Zerbruch der Familie zu tun. Dadurch kommt es zu der immer stärker eingeschränkten Fähigkeit der Mutter, ihren Säugling liebevoll zu pflegen und dem Fehlen gesunder Väter, die bestätigen können. Zusätzlich bewirkt das gesellschaftliche Umfeld von heute mit seinen überhitzten, ja pornographischen Medien, den autonomen und völlig säkularisierten Schulen und einer Kultur, die in aktiver Feindseligkeit auf die jüdisch-christliche Moral und ihre Werte reagiert, daß junge Menschen dem Einfluß ihrer Eltern entzogen werden, bevor es zu der notwendigen Bestätigung gekommen ist. In solchen Umständen verliert der Vater seine Kinder an die Gruppe Gleichaltriger, und es kommt zu schlimmen psychischen Schädigungen durch Drogen, Sex usw. bevor die Adoleszenz noch abgeschlossen ist.

KAPITEL 4

Die Bedeutung von Bestätigung und wie man sie empfängt

Wenn wir heranwachsen, gewinnen wir durch die Liebe und Bestätigung der Menschen um uns herum eine vernünftige Selbstsicherheit. Wenn die für uns zuständigen Menschen uns bejahten, dann haben wir das Privileg, uns durch ihre Augen zu sehen; dadurch bekommen wir das Gefühl, daß es gut und recht ist, wie wir sind. Mangelt es an Bejahung, so kann dieser Mangel unterschiedliche Grade aufweisen. Deshalb unterscheiden sich auch die dadurch angerichteten Schäden.

In bestimmter Hinsicht können wir die Wichtigkeit liebender Annahme und Bestätigung gar nicht genug betonen, wenn es um Selbstannahme geht. Andererseits reicht diese Bestätigung nie völlig aus, um zu einer vollen Selbstannahme zu führen. Selbst wenn wir von Liebe umgeben sind, kann die Ablehnung, die wir in einer gefallenen Welt immer erfahren, uns daran hindern, sie zu empfangen; das ändert sich erst, wenn wir geheilt sind. Wir gleichen einem autistischen Baby, das immer irgendwie verletzt wird, egal wie sehr die Mutter es liebt; es kann ihre Liebe nicht empfangen. Wir sind wie ein adoptiertes Kind, das durch den Verlust seiner natürlichen Eltern so sehr verletzt ist, daß es seine Adoptiveltern nicht lieben kann; und genausowenig kann es die Liebe annehmen, die sie ihm so gerne erweisen würden.

Wir leben in einer gefallenen Welt. Wir sind selbst gefallen. Wir können noch nicht einmal diejenigen, die uns am nächsten stehen, so lieben, wie wir das uns wünschen. Könnten wir es, dann würden sie uns vielleicht vergöttern; wir würden zu ihrem Gott. So etwas passiert ohnehin und ist auch so ein Übel. Wir müssen letztlich alle zu dem großen Meister der Bejahung kommen, zu Gott, dem Vater, um unsere wahre Identität, unser wirkliches, authentisches Selbst zu finden. Er heilt das Unbejahte, indem Er Sein Wort der Bestätigung sendet. Und wir müssen es alle empfangen: die, die wegen der erfahrenen Bestätigung durch Mitmenschen psychologisch gesehen gesund sind, ebenso wie die, für die das nicht zutrifft. Wir sind in einem höheren Sinn alle nicht genügend bejaht, bis wir in Ihm unsere Ergänzung finden.

Sie können sich jetzt die Frage stellen: „Welche Person in meinem Leben hat mir ein gutes Selbstgefühl vermittelt?" Und bevor Sie weiterlesen, schreiben Sie in Ihr Gebetstagebuch, was diese Person getan hat.

In meinem Leben war Tante Rhoda solch ein Mensch, der immer da war und mich bestätigte. Als ich ein kleines Kind war, während der Pubertät und darüber hinaus mein ganzes Leben lang, hörte sie nie auf, mir ein gutes Selbstwertgefühl zu vermitteln. Dabei unternahm sie nie bewußt den Versuch, mich zu bestätigen. Dieses Wort war noch nicht einmal ein Teil ihres Vokabulars. Sie selbst mochte Komplimente gerne und nahm sie an, wie das ein Kind tun würde – mit einer Art Begeisterung: „Meine Güte! Das ist aber eine großartige Aussage über jemand! Ob das mal stimmt!" Sie nahm solche Komplimente mit Freude und Anmut an. So lehrte sie mich, selbst Komplimente zu machen – eine wichtige Lektion, so glaube ich, weitaus wichtiger, als die meisten denken. Tante Rhoda ging aber nicht herum und dachte, *ich muß jetzt diese oder jene Person bestätigen.* Diesen Irrweg schlagen manche Eltern ein, aber ihre Kinder spüren das sofort. Bestätigung als Mittel zum Zweck oder als Pflicht funktioniert nicht. Es ist einfach zu oberflächlich.

Tante Rhoda liebte Wahrheit und Güte. Der Grund, warum ich immer mit einem Gefühl der Ermutigung von ihr wegging, war, daß sie es irgendwie schaffte, in mir das zu sehen, *was recht und gut war,* und das zu loben. Menschen, die bestätigen, loben das Gute, wo immer sie es sehen – und sie halten immer danach Ausschau. In dieser Hinsicht war Tante Rhoda Gott sehr ähnlich, denn genau dasselbe tut Er auch. Die meisten Leute denken eher das Gegenteil, aber in den vielen Jahren, in denen ich ein Gebetstagebuch geführt habe, habe ich festgestellt, daß Er mit unglaublich ermutigenden Worten bestätigt. Meine Aufgabe ist lediglich, das zu empfangen.

Menschen, die gerne bestätigen, haben noch ein weiteres Kennzeichen. Es gibt keine Spur von Gemeinheit oder Neid in ihnen. Sie haben sich selbst angenommen und helfen deshalb anderen, das gleiche zu tun. Sie haben es nicht nötig, andere kleiner zu machen, um sich selbst im Vergleich dazu größer dastehen zu lassen.

Selbst die Schrift erinnert uns daran: „Torheit steckt im Herzen des Knaben" (Sprüche 22,15). Um überhaupt etwas Gutes an mir zu sehen, mußte Tante Rhoda durch die zahlreichen äußerlichen Torheiten (und Gott allein weiß, was sonst noch) hindurch in mein kindisches Herz sehen, später dann in das einer Pubertierenden und dann das der jungen Erwachsenen. Beim „Hindurchsehen" ignorierte sie nichts; sie nannte Torheit (oder was es war) einfach beim Namen. Aber sie hielt das nie für mein wahres Ich. [1]

Die wahrhaft bestätigende Person, so scheint mir, sieht das Gute und Wahre in einem Menschen und ruft es ans Licht. Tante Rhoda tat das in einem fort, nicht nur bei mir, sondern bei jedem, der das Glück hatte, sich in ihrer Umlaufbahn zu befinden. Sie, eine authentische Person, suchte immer die Beziehung zu der authentischen Person im anderen. Sie rief sie hervor.

Manch einer denkt jetzt: „Nun, die Umstände im Leben von Tante Rhoda müssen ungewöhnlich gut gewesen sein." Tatsache aber ist, daß nur wenige Frauen eine Situation wie die ihre psychisch oder geistlich überlebt hätten. Sie war mit Onkel Gus verheiratet, der extrem unangenehm, pessimistisch und voller Vorurteile gegenüber anderen war, wie meine Tante angenehm, positiv und großherzig. Sie lebten in unserer Nähe; „wir", das waren meine Mutter, Schwester und Großmutter. Weil Gus und Rhoda kinderlos waren, hatten sie Zeit und Interesse, sich um mich und meine Schwester zu kümmern. Wir liebten sie sehr, waren uns aber auch bewußt, daß Tante Rhoda unser Zufluchtsort der Normalität und Sicherheit war angesichts der Unvernünftigkeit unseres Onkels. Erst als ich Tolstois *Krieg und Frieden* las, ist mir je wieder solch ein Charakter wie Onkel Gus begegnet. Dort war das der alte Graf Bolkonskij, ein Mann der alles aus Ärger und Zorn tat (so schien es mir wenigstens), zumindest wenn es um seine Tochter ging.

Mein Onkel Gus war zwar alles andere als ein Fürst, aber in seinem eigenen Umfeld lebte er wie einer. Obwohl er sich mit der ganzen Welt überworfen hatte, war er völlig mit sich zufrieden. Er besaß und leitete eine Autowerkstatt, und wenn ihm das Auftreten eines Kunden (aus welchem Grund auch immer) mißfiel, weigerte er sich, an seinem Auto etwas zu tun. Als ob das noch nicht genug wäre, beleidigte er ihn oft bei den Geschäftsverhandlungen. Onkel Gus war ein „Plattmacher". Er machte alle anderen platt, bis auf Bodenhöhe, und das aus Prinzip.

Wenn ich als Kind gelegentlich Zeuge seines unvernünftigen Umgangs mit einer anderen Person wurde, starb ich fast vor Scham. Es tat mir bis ins Zentrum meines Wesens hinein weh, wie er sein Gegenüber verletzte, und so flüchtete ich mich zu Tante Rhoda, um dort Hilfe zu suchen. Wenn sie sah, was vorgefallen war, dann blickte sie ihn einfach an und sagte: „Nun, Gus, wenn du ein Esel sein willst, mach' nur. Aber Leanne und ich, wir lassen uns den Tag dadurch nicht ruinieren, stimmt's Leanne?" Und dann sah sie, den Arm um meine Schultern gelegt, an mir herunter und sagte mit ihrem liebenswerten südlichen Akzent etwa Folgendes: „Das ist nicht dein Bier, weißt du." Nach einem letzten Blick zu Gus und seinem Gegenüber ging sie weg und überließ es ihm, selbst mit den Folgen seiner Eselei fertigzuwerden.

Auf diese Weise ging sie immer mit solchen Situationen um; sie blieb frei von schmerzhaften subjektiven Reaktionen. Indem sie die Wahrheit sagte, rückte alles in die richtige Perspektive. Dadurch wurde das Problem nicht nur beim richtigen Namen genannt, sondern wir wurden zugleich daran erinnert, daß Gus nicht aus seinem niederen Selbst zu leben hatte. Tat er es doch, so waren nicht wir verantwortlich, weder für seine Handlungen, noch dafür, daß er sich änderte. Darin, daß Tante Rhoda Handlungen und Situationen beim richtigen Namen nannte – und nicht durch den Versuch, die Dinge zu vertuschen oder „hinzuzubiegen" – diente Tante Rhoda der verletzten Person und mir tiefgehend. Sie hat mir damit immer wieder eine Lektion gegeben, wie man solche Dinge handhabt – nämlich stets, wie ich jetzt weiß, mit Objektivität.

Als Frau von Gus war es ihr Los, solche Szenen immer wieder mitmachen zu müssen. Immer wenn ich dabei war, fand sie eine Gelegenheit, mich an die guten Seiten von Gus zu erinnern. „Er ist ein moralisch aufrechter Mann und ein treuer Gatte", und so weiter, wenn es mir auch im jeweiligen Zusammenhang recht weit hergeholt schien. Meine ehrliche, allerdings unausgesprochene Reaktion war: „Wen kümmert es schon, ob ein Mann treu und aufrecht ist, wenn er sich so benimmt!" Sie rief mir auch immer wieder in Erinnerung: „Er liebt dich und deine kleine Schwester, Leanne" – und natürlich versuchte ich, das anzunehmen.

Tante Rhoda behandelte Onkel Gus wie jeden anderen auch – mit Achtung und nie weniger als eine Person. Und auch wenn das nicht jedermann glauben wird: Ich hörte sie nie ein kritisches Wort über ihn sagen oder sich über die Schwierigkeiten beklagen, die er anrichtete. Sie nannte einfach nur das Unvernünftige beim Namen, das sich in Gus' Verhalten zeigte.

Tante Rhoda sah und bestätigte das Gute in Gus, und sie liebte ihn. Irgendwie sah sie den wahren Gus, wie Gott ihn sich gedacht hatte. Deshalb konnte sie ihm seinen ständigen Mangel an Einfühlungsvermögen und Intelligenz vergeben. Er war, was ich inzwischen weiß, ein „trockener Alkoholiker" [2]. Lange bevor man den Angehörigen von Alkoholikern riet, diese nicht in ihren Gewohnheiten zu unterstützen, verstand Tante Rhoda das Prinzip. Der Vater von Gus war schwerer Alkoholiker gewesen, und wäre Rhoda nicht gewesen, dann wäre auch Gus einer geworden. So blieb er ein nicht geheilter, aber „trockener Alkoholiker" bis an sein Lebensende. Er wußte nie, was normal ist, und war immer zufrieden, seinen Lebenssinn darin zu finden, jeden plattzumachen. Das Wunder war, daß er meine Tante, die er so sehr liebte, wie er es überhaupt nur vermochte, nie herabsetzte. Und sie ließ sich nie auf seine Krankheit ein, indem sie Verantwortung für sein Verhalten übernahm. Sie wußte, wer sie war. Sie hatte sich angenommen. Sie stand ihr ganzes Leben lang aufrecht da, ja sogar in Freude.

Gus war der eine Mann, der in der Zeit, in der ich heranwuchs, immer in der Nähe war. Wären Tante Rhoda oder meine Mutter ko-abhängig gewesen, d. h., hätten sie subjektiv auf seine Probleme reagiert und ihr Leben von seinen Problemen bestimmen lassen, dann hätten sie sich auf ihn hin „verkrümmt" und wären unter dieser schweren Last zerbrochen. Hätten sie auf manche der damaligen Pastoren gehört, dann hätten sie die ihnen als Frauen zugedachte Rolle zu spielen versucht. Sie hätten versucht, ihm zu helfen, indem sie ihr wahres Selbst aufgegeben hätten. Damit wären sie nicht das geworden, wozu Gott sie geschaffen hatte. Beide wußten es sehr viel besser; sie unterstellten sich nicht der geistlichen und seelischen Finsternis, die ihn so entwürdigt hatte. Und eben deshalb sündigten sie nicht gegen ihn. Hätten sie sich anders verhalten und nicht ihr wahres Selbst gelebt, dann wäre es sehr die Frage gewesen, wie sich die Dinge für meine Schwester und mich entwickelt hätten. Wären wir als Jugendliche früh unter den Einfluß des „Plattmachers" oder „Esels" in Gus gekommen, dann glaube ich, hätten wir schwere emotionale Schäden davongetragen. So aber hatten wir in unserer Tante und unserer Mutter außergewöhnliche Vorbilder. Wie sie liebten auch wir Gus und kümmerten uns um ihn bis zu seinem Ende. Er war ein Mann, der außer uns buchstäblich keine Freunde hatte oder Menschen, die ihm nahestanden. Tante Rhoda war in der Lage, ihn zu lieben, und wir waren es dann auch – weil wir nie der Illusion erlagen, Torheit, Sünde, Arroganz und Vorurteile nicht beim Namen zu nennen. Wir hatten keine falsche Vorstellung über die Unterordnung der Frau unter die Sünde des Mannes; deshalb opferten wir nicht unser neues, wahres Selbst auf dem Altar der Krankheit von Onkel Gus.

Gott, der große Bejaher

In der Gegenwart Gottes, des großen Bejahers, tritt das wahre Selbst in seiner Einheit mit Christus hervor. Er sieht seinen Sohn in uns. Er ruft uns hervor.

Obwohl Tante Rhoda wie auch meine Mutter gesunde, bejahende und freie Frauen waren, die mich in vielerlei Hinsicht bestätigten, konnten sie mich als Frau, und somit als eigenständige Person, nicht bestätigen. Sie konnten mir nicht aus der Pubertät zur Selbstannahme verhelfen, wie es ein bestätigender Vater bzw. eine Vaterfigur gekonnt hätte. Ich war über dreißig Jahre alt, als ich begann, meine fehlende Selbstannahme aufzuarbeiten. Ich lernte es, mir meine Bestätigung von Gott, dem Vater, zu holen. Er bestätigte mich dann nicht nur als Frau und volle, eigenständige Person, sondern schenkte mir auch die maskulinen Gaben, die ich aufgrund meiner Vaterlosigkeit nicht entwickeln konnte. Er gab mir die Kraft, mit der ich der femininen Welt der Bedeutung und des Sinns einen stabileren Rahmen geben konnte – sie ordnen, auf ein Ziel ausrichten und dann die volle Verantwortung für meine Gabe übernehmen. Gott hat mich berufen, Er hat mich begabt. Ich kann die Gabe nicht verleugnen; ich kann sie nicht auf andere projizieren und verlangen, daß sie sie für mich ausleben. Ich habe die Erlaubnis, zu sein, zu handeln und mit Gott zu vorwärts zu gehen.

Zurück zu Molly

Molly war nicht in der Lage, die Bestätigung, die ihre Mutter und andere ihr gaben, anzunehmen. Sie war wegen des Bruchs in ihrer Familie viel zu sehr verletzt. Es ergab sich dann, daß sich ein junger Geistlicher in sie verliebte und sie heiratete. Nichts von ihren Schmerzen war geklärt worden. Sie nahm ihre Schuldgefühle und ihren Selbsthaß wegen ihres früheren sexuellen Verhaltens mit in die Ehe.

Zufällig betonte ihr Mann auch noch die „Unterordnung" (d. h., die Unterwerfung) der Frau unter ihren Ehemann. Er lehrte das nicht im biblischen Sinn, sondern in vereinfachender und damit verfälschender Weise, wie Leute es tun, die ein falsches Verständnis von Autorität haben. Weil sie sich selbst haßte, akzeptierte Molly diese extremen Lehren über die Unterordnung unter den Ehemann bereitwillig, ja sogar freudig. Auf diese Weise ließ sie ihre Persönlichkeit in der seinen aufgehen.

Ihr Mann war als Junge und Teenager ein Vorzeigechrist gewesen. Er war gut, sie war schlecht (jedenfalls dachte sie so). So kam es zu einer Art geistlicher Schizophrenie: „Als ich mehr und mehr in den geistlichen Dienst hineinwuchs, haßte ich mich nur noch mehr ... es gibt zwei Seiten in mir ... Die Menschen sehen das nicht; ich kann einfach nicht mehr." Molly versuchte, anderen zu dienen, „zu geben", während sie sich gleichzeitig, so ihre eigenen Worte, mehr und mehr gespalten fühlte. Ohne den entscheidenden Schritt der Selbstannahme war sie gelähmt; sie blieb in falschen, unreifen Verhaltensmustern sich selbst gegenüber stecken – bis zu dem Punkt, daß es kaum mehr ein Selbst gab, aus dem heraus sie handeln und sein konnte.

Haben Sie eine Ahnung, wie viele christliche Leiter genau an diesem Punkt stehen? Wie viele gehen nach einem erfolgreichen Gottesdienst, nach einer erfolgreichen Predigt nach Hause und leiden die Qualen der Verdammten, wenn alle Stimmen des Selbsthasses aus ihrem ungeheilten Herzen aufsteigen, um sie anzuklagen?

Bei Molly war der Selbsthaß so groß, ihre Gespaltenheit so tief, daß inzwischen auch ihr Körper Auswirkungen zeigte. Es gab für sie kein wahres Selbst – kein Gefühl einer stabilen inneren Mitte, aus der heraus sie leben konnte.

Überall treffe ich solche Christen. Sie kennen vielleicht sogar die Bibel auswendig; sie haben ihre theologischen Lektionen parat.

Und sie können anderen eine gewisse Zeit lang predigen. Dann aber wird der Schmerz unerträglich. Sie beginnen auseinanderzufallen, wenn ihr Bewußtsein vor lauter Erschöpfung seine Fähigkeit verliert, den Schmerz aus den tieferen Schichten des Herzens zu kontrollieren und niederzuhalten. Der Schmerz fängt dann an, wie das Feuer unter einem Ofen, Rauchzeichen zwanghaften Verhaltens von sich zu geben. Man fällt in Sünde, in anomales Verhalten, um den Schmerz des unbejahten, verlorenen Selbsts zu lindern. Fehlende Selbstannahme – das ist die Krise der Unbestätigten.

Die Heilung für die Mollys dieser Welt

Als Jesus aus der Schriftrolle des Propheten Jesaja die Worte las „Der Geist des Herrn ruht auf mir, denn der Herr hat mich gesalbt. Er hat mich gesandt, damit ich den Armen eine gute Nachricht bringe; damit ich den Gefangenen die Entlassung verkünde", da sprach er über die Mollys dieser Welt. Die gute Nachricht für Molly ist die Erlösung, nicht nur von Sünde, sondern auch von den Auswirkungen der Sünde anderer. Wir proklamieren diese Freiheit für sie so, daß sie aus ihren Gefängnissen laufen, fliegen, gehen oder auf Krücken humpeln kann. Das Tempo ist unterschiedlich, aber die gute Nachricht ist, daß sie aus der Finsternis der Gebundenheit heraus in das Sonnenlicht der Freiheit und Identität geführt werden.

Manche versuchen, sie ohne Heilung in die Freiheit zu führen – aber das war nie Gottes Weg. Er lehrt uns, Seine verletzten Kinder nicht nur zu Jüngern zu machen, sondern auch zu heilen. Zuerst müssen wir ihre Wunden verbinden.

Molly brauchte die Heilung des „inneren Menschen" ganz dringend, obwohl sie aufgrund eines eher engen religiösen Hintergrunds Vorurteile gegen diese Form von Heilung hatte. Sie mußte verstehen, warum es ihr so schlechtging; dann brauchte sie das Gebet um Heilung der Erinnerungen – ein tiefgehendes Vergeben und Annehmen der Vergebung.

Das wird bei der Besprechung der anderen beiden Hindernisse für unser Heilwerden noch deutlich. Sie mußte ihre Lebensumstände vergeben – alles, was damit zusammenhing, daß sie Kind geschiedener Eltern war und unter schwierigen wirtschaftlichen Bedingungen aufgewachsen war. Und als das geschehen war, mußte sie sich mit der theologischen Antwort auf das Dilemma auseinandersetzen, warum sie nicht in der Lage gewesen war, sich selbst anzunehmen.

Die theologische Lösung für ein seelisches und geistliches Problem

„Was unser Herr von uns möchte ist nicht Gutsein oder Ehrlichkeit oder Unternehmungslust, sondern reale, handfeste Sünde; das ist alles, was Er von uns annehmen kann. Und was gibt Er uns im Tausch für unsere Sünde? Reale, handfeste Gerechtigkeit." [3]

Nachdem wir uns mit Mollys seelischer Not beschäftigt haben, müssen wir uns nun ihrer schreienden geistlichen Not zuwenden: Sie muß die Sünde des Stolzes bekennen. Molly muß erneut an den Fuß des Kreuzes kommen und dort zum Gekreuzigten aufschauen. Sie muß Ihm sagen: „Dein Tod für meine Sünde reicht aus." Sie muß Ihn anschließend als ihre Gerechtigkeit anerkennen. „Er hat den, der keine Sünde kannte, für uns zur Sünde gemacht, damit wir in ihm Gerechtigkeit Gottes würden" (2. Korinther 5,21).

Sie muß dann noch einmal ihre sexuellen Sünden bekennen, aber dieses Mal auch die Vergebung dafür annehmen. Durch Selbstablehnung und Selbsthaß war sie stolz geworden. Ihr Stolz lag darin: Sie wollte aus eigener Kraft gut genug sein. Es ist so abscheulich hart für Menschen zuzugeben, daß sie nicht gut genug sind – daß das Kreuz Christi wirklich nötig war, auch für sie persönlich.

Molly muß dann einen langen, tiefen Blick auf das Kreuz Christi werfen; dabei muß sie das Wissen um die Tiefe und den Ernst der Rechtfertigung durch und in dem vergossenen Blut Christi in ihr emotionales und geistliches Leben integrieren. Zugleich muß sie sich mit der Tiefe der Sünde in ihrem Herzen auseinandersetzen und ihre Selbsttäuschung anerkennen.

So wie Kinder manchmal den Rest ihres Lebens versuchen, die Anerkennung ihrer Eltern zu gewinnen, die sie nicht bestätigt haben – etwa indem sie Großes bewerkstelligen –, so versuchen Menschen, das Gesetz aus eigener Kraft zu halten und dadurch Gottes Liebe zu gewinnen. Kurz gesagt wollen sie ihre eigene Gerechtigkeit, nicht die Seine. Und das ist der Punkt, an dem der Stolz ins Spiel kommt.

Die Demut, in der wir uns als wahrhaft gefallene Menschen anerkennen, hat allererste Priorität, wenn wir uns selbst annehmen wollen. Sie fragen vielleicht: „Jemandem, der sich selbst haßt, soll man noch Demut nahelegen?" Ja, denn beim Christen ist Selbsthaß der Ersatz für Demut; er ist Zeichen von Stolz.

Ich glaube, daß das Bekennen des Stolzes hier die Grundlage für alle weiteren Fortschritte ist, im geistlichen Bereich wie auch anderswo. Wir müssen alle unseren Stolz bekennen, der sich weigert anzuerkennen, daß wir wirklich die göttliche Herrlichkeit verloren haben. Wir sind tatsächlich gefallen und haben aus unserer Gefallenheit heraus gelebt.

„Geistlich ist das Wissen, daß wir hilflos und verlassen sind, der größte Segen; solange wir nicht an diesen Punkt kommen, ist unser Herr machtlos." [4]

Ohne Gott sind wir in vieler Hinsicht wie Monster gewesen und sind es noch immer; wir tun monströse Dinge. Wenn wir in der rechten Beziehung zu Gott stehen, bringen wir den Verkläger unserer Seele zum Schweigen, indem wir zugeben: „Ja, ich bin fähig, kleinlich und selbstsüchtig zu sein; ich bin zu Monströsem fähig. Und wenn Er mich auch nur für einen Moment verläßt, dann werde ich noch Schlimmeres tun."

Wenn ich mich selbst demütig als einen gefallenen Menschen akzeptiere, der durch einen Anderen gerechtfertigt ist, so daß Er jetzt meine Gerechtigkeit ist, dann ist damit die Grundlage geschaffen, auf der ich mich selbst annehmen kann. Auf dieser Basis kann ich es lernen, über mich zu lachen und Geduld mit mir zu haben.

Und dann, Wunder über Wunder, komme ich in die Lage, zumindest zeitweise mich selbst zu vergessen. „Demütigt euch – in dem Gefühl, sehr unbedeutend zu sein – in der Gegenwart des Herrn, und Er wird euch erhöhen. Er wird euch emporheben und eurem Leben Bedeutung verleihen" (Jakobus 4,10 nach der freien Übersetzung der englischen *Amplified Bible*).

Paulus erinnert uns daran: „Denn durch Werke des Gesetzes wird niemand vor ihm gerecht werden; durch das Gesetz kommt es vielmehr zur Erkenntnis der Sünde" (Römer 3,20). Molly war sich ihrer vergangenen Sünden voll bewußt – ihr gesamtes Selbstbild war von ihnen durchtränkt. Das Halten des Gesetzes (in der

Gegenwart oder der Vergangenheit!) verhindert nicht den Stolz; das bewirkt nur der Glaube, wie der Apostel sagt – der Glaube an einen Anderen, der allein meine Gerechtigkeit ist.

Der Weg der Selbstannahme

Neigt euer Ohr mir zu und kommt zu mir, hört, dann werdet ihr leben. (Jesaja 55,3)

Niemand kann mich an meiner Stelle annehmen, niemand kann Sie an Ihrer Stelle annehmen. Wir müssen alle wie Molly unseren Stolz bekennen und dann das heilende Wort Gottes empfangen, um uns selbst anzunehmen. Es ist unumgänglich, daß wir anfangen, auf Gott, den Vater, zu hören, auf den Einen, der nur darauf wartet, uns aus unseren angstvollen, abhängigen Beziehungen heraus in die richtige Beziehung zu uns selbst und zu anderen zu führen. Wenn wir alle krankhaften Gedanken, Einstellungen und Verhaltensweisen vor Ihm ausbreiten, wird das ganz natürlich geschehen. Dann hören wir, als Seine kostbaren und erwählten Kinder, und empfangen das Geschenk Seiner Wahrheit und Realität, um das Alte zu ersetzen. Auf diese Weise unterstellen wir unsere dysfunktionalen, sündigen und stolzen Gedanken und Vorstellungen Christus. Auf diese Weise werden fleischliche und dämonische ‚Festungen' in unserem Denken und unserer Phantasie niedergerissen.

Was Molly anbelangt: Gott, der Vater, wird sie in diesem Prozeß als Frau und als Person bestätigen. Das authentische Selbst, die *wirkliche* Molly, wird ganz natürlich und mehr oder weniger unbewußt zum Vorschein kommen. Wenn Molly sich nach innen wendet, um durch Selbstbespiegelung diese Bestätigung zu beobachten, wird sie ihre Heilung blockieren. An diesem Punkt soll sie lieber auf die „verbogenen", abhängigen Verhaltensweisen achten, vor allem in der Beziehung zu ihrem Mann, aber sie soll darüber nicht verzweifeln. Statt dessen soll sie sie vor Gott ausbreiten und von Ihm und anderen, die in der Freiheit leben, lernen, wie man aus dieser Haltung herauskommt; sie stellt nämlich eine Art unbewußten Götzendienst dar. Ihre Konzentration soll sich in liebendem, hörenden Gehorsam von sich weg auf Gott richten; in dieser Stellung wird sie alle Verheißungen Gottes empfangen, auch Seinen ewigen Bund der Treue, Liebe und Barmherzigkeit. Was in ihr hungrig, durstig und unbestätigt war, bekommt zu essen und zu trinken.

> *Auf, ihr Durstigen, kommt alle zum Wasser!*
> *Auch wer kein Geld hat, soll kommen.*
> *Kauft Getreide, und eßt, kommt und kauft ohne Geld,*
> *kauft Wein und Milch ohne Bezahlung! ...*
> *Hört auf mich, dann bekommt ihr das Beste zu essen*
> *und könnt euch laben an fetten Speisen.* (Jesaja 55,1-3)

In dieser Haltung des hörenden Gebets wird jeder Gedanke, jede Vorstellung in Christus gefangen genommen. Vieles davon wird völlig ausgelöscht; was übrigbleibt, wird verwandelt. Kommt die Beziehung zu Gott in Ordnung, so werden auch die Beziehungen zu anderen Menschen sich verändern; dies kann recht bedrohlich und aufwühlend sein. So mußte Molly beispielsweise erkennen, daß sie ihren Mann nicht richtig gesehen hatte. Sie hatte ihn als „den perfekten christlichen Mann" idealisiert. Ihre Beziehung galt nicht dem wirklichen Mann, der er war, sondern einer „persona", einem „Image", das er aufrechterhalten hatte. Sie hatte Angst davor, von ihm verlassen zu werden, während sie ihm gegenüber gleichzeitig ambivalente Gefühle empfand – sie liebte und haßte ihn gleichzeitig. Dies ließ sie wiederum anfällig werden für die Aufmerksamkeit anderer Männer, was sie an sich fürchtete und haßte.

Vielleicht das Überraschendste, das sie lernte, war, daß er genausoviel, wenn nicht sogar noch mehr Hilfe benötigte wie sie selbst. Aber er war weit davon entfernt, seine Not zu sehen. Hatte er nicht das Gesetz perfekt gehalten? Seine strengen, ja pharisäischen Einstellungen wurden offensichtlich, als sie sich aus ihrer Verkrümmung auf ihn hin aufrichtete und ihre wahre Identität in Christus fand. Sie mußte ihr Leugnen aufgeben und anerkennen, daß er emotional distanziert und von vielem abgeschnitten war, was liebevolles Verhalten und Menschsein ausmacht. Er war auf bestem Weg, religiös bigott zu werden, und sie hatte ihn darin unterstützt und bestätigt.

Solche Einsichten brauchen ihre Zeit. Zum Glück müssen wir normalerweise nicht über Nacht aus all unserem Nichtwahrhabenwollen herauskommen. Um ganzheitliches Heil für sich und ihre Ehe zu finden, mußte sich Molly aber all dem stellen. Sie mußte über ihren Anteil komplett Buße tun und ihre Selbsttäuschung sowie ihre Verantwortung für ihre Schwierigkeiten anerkennen. Hörendes Gebet ist für uns alle unerläßlich. Im Falle einer Molly, die im Namen der Religion ihr wahres Selbst getötet hatte, ist es ein Rettungsring, der einem Ertrinkenden zugeworfen wird. Wenn man ihn ergriffen hat, wird man geistlich und seelisch lebendig werden.

Mit Paulus Schritt halten

Christen verstehen im allgemeinen weder den Römer- noch Galaterbrief, in denen ihre Freiheit in Christus dargelegt wird. Sie neigen dazu, entweder gleich unter Gesetz und Verdammnis zu bleiben, oder wieder dorthin zurückzukehren, statt im Geist zu leben, auf ihren Herrn zu hören und Ihm zu gehorchen.

Paulus rief den Römern zu: „Jetzt gibt es keine Verurteilung mehr für die, welche in Christus Jesus sind. Denn das Gesetz des Geistes und des Lebens in Christus hat dich frei gemacht vom Gesetz der Sünde und des Todes" (Römer 8,1-2).

Der Anlaß dafür: Die Römer neigten aufgrund der „Judaisten" unter ihnen dazu, wieder unter das Gesetz zu kommen, statt im Geist zu leben. Im Geist zu leben bedeutet, sich nicht mehr aus eigener Kraft und Gutheit abzumühen, sondern aus Seiner Kraft, Seinem Gutsein heraus zu leben. Es bedeutet, freudig zu bejahen, daß wir ohne Ihn klein und unzulänglich sind. Es bedeutet zuzugeben, daß Er allein unsere Gerechtigkeit ist. Wir können das Gesetz nicht halten. Ein *Anderer*, der Heilige Andere, muß das für uns tun. Im Geist zu leben bedeutet, im gegenwärtigen Moment zu leben, im ständigen Aufblick auf Christus, im beständigen Praktizieren Seiner Gegenwart, im ständigen Gleichklang mit Ihm.

Die Rolle von Menschen im geistlichen Dienst

Als Menschen im geistlichen Dienst können wir diese Entscheidung nie für einen anderen treffen; die Person, die sie braucht, muß selbst wählen. Wir können um Heilung für einen passiven und/oder rebellischen Willen beten [5], und dadurch den Betreffenden zum richtigen Wählen freimachen, wenn er das wünscht. Aber wir können einander nicht zwingen. Jesus tat das nie. Wie Oswald Chambers gesagt hat: „Christus hat niemanden beschwatzt." Christliche Seelsorger stehen oft wie Eltern in der schweren Versuchung, diese Verantwortung auf sich zu nehmen. Aber wir können einen Menschen niemals verändern. Wir können und müssen aber die Wahrheit sagen. Wahrheit, die in der Kraft des Geistes verkündet wird, verändert Menschen. Sie haben dann die Verantwortung, zu hören und den Boden ihres Herzens zuzubereiten, so daß er das goldene Samenkorn der Wahrheit aufnehmen kann, das Gott immerzu sät.

Die Annahme des eigenen Selbsts kann wie alles, was von bleibender Bedeutung im christlichen Leben ist, nie eine Erfahrung aus zweiter Hand sein. Jeder von uns muß Christus und die Fülle Seines Heils für sich selbst ergreifen. Ihn zu ergreifen bedeutet, in unsere volle Einzigartigkeit einzutreten. Anderen dabei zu helfen bedeutet, unablässig und unbeirrbar auf Ihn und auf die persönliche Kommunikation mit Ihm hinzuweisen.

Im Aufschauen zu Ihm werden wir Ihm ähnlich! Tyrannen gleichen sich in geradezu monotoner Weise, wie C. S. Lewis festgestellt hat; ihre Gedanken richten sich nur auf sich selbst und ihren eigenen Ruhm. Aber bei den großen Heiligen sieht das ganz anders aus. Hier herrscht eine unglaubliche Verschiedenheit. Wir brauchen nur an die zwölf Apostel zu denken, an Augustin, Franziskus von Assisi, Luther, Ignatius von Loyola, die Heilige Theresa, D. L. Moody, C. S. Lewis, um nur ein paar Namen zu nennen.

Ich möchte ein Jünger Jesu sein. Adam Clarke, C. S. Lewis, Oswald Chambers, Agnes Sanford, F. B. Meyer, Thomas von Kempen und insbesondere meine eigene Mutter – sie alle (und noch viele andere) bedeuten sehr viel für mich. Ich danke Gott regelmäßig für sie. Ihr Glaube, ihr scharfer Verstand, ihr Leben und ihre Weisheit haben mich genährt. Sie waren allerdings nur Diener, um mich zu Christus zu führen.

Der Jünger eines Jüngers zu sein ist wahrhaft ein blasses Unterfangen. Ich will aber kein blasser Christ sein. Mit Paulus sage ich: „Zu leben heißt für mich Christus." Mit Johannes lehne ich mein Haupt an Christi Brust und höre, was Er mir sagt. Das ist das Leben im Geist. Das ist die Weise, wie wir von der Herrschaft des Gesetzes oder der vielen Gesetze frei werden, um in Christus zu bleiben. Das ist der Weg, auf dem wir zu einer gelassenen Selbstannahme gelangen und die Freiheit eines verwirklichten, wahren Selbsts in Christus finden, egal, was unsere seelischen Nöte gewesen sind.

Die Scham erschlagen

Denn als ihr Sklaven der Sünde wart, da wart ihr der Gerechtigkeit gegenüber frei. Welchen Gewinn hattet ihr damals? Es waren Dinge, derer ihr euch jetzt schämt; denn sie bringen den Tod. Jetzt, da ihr aus der Macht der Sünde befreit und zu Sklaven Gottes geworden seid, habt ihr einen Gewinn, der zu eurer Heiligung führt und das ewige Leben bringt. (Römer 6,20-22)

Bei einigen Menschen ist es wie bei Molly: Nachdem der Stolz bekannt worden war, mußte der Riese der Scham erschlagen werden. In den Konferenzen von Pastoral Care Ministries haben wir über die Jahre alle möglichen Arten von sexueller Gebrochenheit gesehen. Wir kennen jede Scham und haben selbst Dinge getan, für die wir uns schämen. Aber für sexuell mißbrauchte Menschen oder solche, die ihren Körper durch häufigen Partnerwechsel oder pervertierten Sex mißbraucht haben, kann die davon herrührende Scham eine sehr hohe Hürde für die Selbstannahme sein.

Die gute Nachricht ist, daß wir ein Gegenmittel gegen Scham haben. Ich war mit meinen Partnern am Beten, das Wort *Scham* war dabei noch gar nicht gefallen. Aber wir beteten über den Selbsthaß und die Tatsache, daß so viele Christen darin feststecken und es nicht schaffen, zu einer sicheren Selbstannahme in Christus zu finden. Als ich den Herrn um Gnade bat, es so aufschreiben zu können, daß Menschen freiwerden konnten, empfing Connie Boerner ein starkes Wort vom Herrn. Es kam in der Form einer Vision, in der die volle Bedeutung des Kreuzes zum Ausdruck kam. Sie teilte sie uns so lebhaft mit, daß wir das Gefühl hatten, wir hätten sie selbst gesehen. Connie hatte zwei mittelalterliche Soldaten im Kampf gesehen. Einer war voller Licht, sein Schild war erleuchtet. Er hielt ein Schwert in seiner rechten Hand. Ein Name war über ihm geschrieben: VERGEBUNG.

Der andere Soldat war grau und schemenhaft, fast als ob er aus Nebel wäre, aber er war sehr mächtig. Er hatte ebenfalls Schild und Schwert, aber sein Schild war schwarz. Sein Name war SCHAM.

Dann trat VERGEBUNG nach vorne und stieß sein Schwert in SCHAM, so wurde SCHAM erschlagen.

Genauso verhält es sich, wenn wir endlich unsere Sünde anerkennen und rufen: „Herr, ich habe gegen Dich und meinen eigenen Leib gesündigt!" Dann öffnen wir uns ganz, um in den Tiefen unseres Wesens Seine Vergebung für alle unsere Sünde zu empfangen. Von da an gehen wir weiter, um, wie C. S. Lewis gesagt hat, in der gleichen Tiefe zu vergeben und sie ganz freizusetzen.

Wenn Menschen sich tief schämen, dann projizieren sie gewöhnlich auch ein beträchtliches Maß an Schuld auf andere. König David, der Mann nach dem Herzen Gottes, ist uns in dieser Hinsicht ein großes Vorbild. Als er zur Rede gestellt wurde, übernahm er sofort die volle Verantwortung für seine Sünde.

Gegen dich allein habe ich gesündigt,
ich habe getan, was dir mißfällt.
So behältst du recht mit deinem Urteil,
rein stehst du als Richter da.
Denn ich bin in Schuld geboren;
in Sünde hat mich meine Mutter empfangen.
Lauterer Sinn im Verborgenen gefällt dir,
im Geheimen lehrst du mich Weisheit. (Psalm 51,6-8)

Wer mit Stolz und der damit einhergehenden Schuldübertragung bzw. -leugnung zu kämpfen hat, kann Heilung finden, wenn er das Gebet Davids in Psalm 51 betet.

Darum geht es beim Kreuz Christi. Es bringt uns dazu, unseren sündigen Zustand anzuerkennen, und erlaubt uns, Seinen Sühnetod für unsere Sünde und Sein Leben im Tausch für unseren Tod wahrzunehmen.

Mehrfach habe ich kürzlich im Gebet, ob allein oder im Team, mit meinem Herzen einen außerordentlich großen Kelch gesehen, der überfloß, ja sogar in Brand gesteckt war, von dem LEBEN Gottes, das in uns hineinkommen soll. So wie wir sehen, wie beim Sündenbekenntnis unsere Sünden in Christus, den für uns Gekreuzigten, hineinfließen, so empfangen wir im Tausch das ewige Leben, den ewigen Kelch und das Brot, vom Auferstandenen. Wir können diesen riesigen Kelch mit den Augen unseres Herzens sehen, den Kelch, den Er uns auch jetzt darreicht mit den Worten: „Nehmt und trinkt; dies ist mein Blut, das für euch vergossen wurde." Dies ist Mein LEBEN, ewiges Leben, das in Dich hineinfließt, das Dich reinigt und jeden Flecken wegwäscht, das Vergebung und Leben bringt. Egal wie tief die Wunde und wie entsetzlich die Sünde: die Anerkennung, daß wir von Geburt an Sünder sind, die Annahme der Vergebung Christi, und die Vergebung gegenüber anderen befreit uns von Selbsthaß und Scham. Ja, wahrlich,

VERGEBUNG erschlägt SCHAM.

KAPITEL 5

Hörendes Gebet: Der Weg der Gnade und das Leben im Geist

Denkt nicht, ich sei gekommen, um das Gesetz und die Propheten aufzuheben. Ich bin nicht gekommen, um aufzuheben, sondern um zu erfüllen. Amen, das sage ich euch: Bis Himmel und Erde vergehen, wird auch nicht der kleinste Buchstabe des Gesetzes vergehen, bevor nicht alles geschehen ist. Wer auch nur eines von den kleinsten Geboten aufhebt und die Menschen entsprechend lehrt, der wird im Himmelreich der Kleinste sein. Wer sie aber hält und halten lehrt, der wird groß sein im Himmelreich.

(Matthäus 5,17-20)

Besonders kostbar beim hörenden Gebet ist die Tatsache, daß es nicht nur ein lebenswichtiger Schritt zur Selbstannahme ist, sondern daß eben dieser Schritt für alle von uns den Beginn des Lebens im Geist darstellt, egal, was unsere seelischen Nöte sein mögen. Drei Kapitel meines Buches *Du kannst heil werden* (früherer deutscher Titel: *Das zerbrochene Bild*) beschäftigen sich mit dem hörenden Gebet. Es empfiehlt sich, sie im Zusammenhang mit dem so wichtigen Thema der Selbstannahme zu lesen. Dabei handelt es sich um „Aussagen der Bibel zur Identitätskrise" (Kapitel 5), „Hören auf das heilende Wort Gottes" (Kapitel 6), sowie den Anhang „Wie wir auf Träume hören". Noch ausführlicher findet sich die ganze Thematik in meinem Buch *Ich will dich hören.*

Eine Aufgabe zu Beginn

Erinnern Sie sich: Weder ich noch sonst jemand kann an Ihrer Stelle den alten, krankhaften Haltungen absterben, niemand kann das magische Gebet für Sie sprechen, das eine sofortige Veränderung bewirkt. Aber ich kann Ihnen ein anderes Wunder aufzeigen: das Geschöpf, das in einer heiligen Kommunikation mit seinem Schöpfer steht.

Wenn Molly ihren Stolz bekennt, dann muß sie ihr Gesicht weiter aufwärts richten (nicht auf mich oder irgendeinen menschlichen Seelsorger, sondern auf Gott). Wenn sie sich zu mir wendet, verweise ich sie auf Gott und lehre sie, auf Ihn zu hören.

Die erste Aufgabe, die ich jemand wie Molly gebe, ist, die Evangelien durchzugehen und jede Verheißung und jedes Gebot Christi an seine Jünger ganz persönlich für sich zu formulieren. Ich bitte sie, diese Aussagen als Anrede an sich selbst aufzuschreiben und dabei den eigenen Namen einzusetzen; dazu soll sie ein frisches, neues Gebetstagebuch verwenden. „Frisch" und „neu" muß es sein, denn wenn jemand, der sich selbst annehmen lernen muß, bereits ein Tagebuch geführt hat, dann ist es aller Wahrscheinlichkeit nach mit Gedanken der Selbstbespiegelung angefüllt. Das bedeutet mehr oder weniger das „Praktizieren der Gegenwart des alten Selbsts" in seiner Isolation von Gott und Seinen Worten. Es spiegelt damit eine verlorene Schlacht gegen bedrückende Gedanken wider, gegen die alten Reflexionen auf krankhafte Verhaltensmuster.

Das neue Gebetstagebuch aber wird das wahre Gebet widerspiegeln. Es ist ein Ort, an dem der Betreffende seine krankhaftesten Gedanken und Verhaltensmuster vor Gott bringen, sie objektiv betrachten und dann das empfangen kann, was Gott in die Situation hinein spricht. Dadurch vertauscht die Person seine alte Betrachtungsweise mit der Gottes, seine alten Muster mit neuen. Und die neuen müssen aufgeschrieben werden. Diese erste Übung wird, außer daß sie den Betreffenden in eine wechselseitige Kommunikation mit Gott bringt, ihn zugleich dazu bringen, sich mit all den „Ich kann's nicht" in seinem Leben auseinanderzusetzen. Es wird ihn in einen radikalen Gehorsam gegenüber Christus führen; dieser Gehorsam bereitet uns für das weitere Hören vor, das noch geschehen muß.

Die Kraft des rechten Denkens

„Wenn Ihre Selbstannahme darauf beruht, ein Bild von sich als einer netten, guten Person aufrechtzuerhalten, die nie absichtlich etwas Falsches gemacht hat, dann dürfen Sie nicht allzuviel Wahrheit in Ihr Blickfeld lassen. Wahre Selbstannahme steht zu einer solchen Selbsttäuschung in einem starken Kontrast. Selbstannahme hält es nicht nur aus, wenn wir aufrichtig sind; sie setzt diese Aufrichtigkeit geradezu voraus. Ein Christ ist nicht jemand, der so tapfer oder dickhäutig ist, daß er der Wahrheit über sich ohne Angst in die Augen sehen kann; er ist vielmehr ein Sünder, der seiner Sünde mit Zuversicht ins Auge sehen kann, weil Gott ihm vergeben und ihn trotzdem angenommen hat." [1]

Wenn wir Heilung in unseren Gefühlen und Empfindungen brauchen, dann haben wir automatisch negative, verdrehte Gedanken über uns selbst und andere. Wir ignorieren oder leugnen sie nicht, sondern wir schreiben sie so konkret wie nur möglich auf (genauso wie wir das auch mit unseren Sünden tun) und sagen zu Gott: „Schau dir das an. Ich will das nicht. Nimm es bitte!" Wir nennen diese verdrehten Gedanken als solche beim Namen. Dann ersetzen wir sie durch die richtigen Gedanken – die lichterfüllten Gedanken und Verhaltensweisen, die im Einklang mit der Wahrheit (dem, wie die Dinge *wirklich* sind) stehen. Denken Sie daran: Die Natur verabscheut ein Vakuum. Deshalb fließen andere negative Muster nach, wenn die alten krankhaften nicht durch wahre ersetzt werden.

Es sollten vor allem die Christen sein, die positiv denken. Wir allein haben Grund, nie zu verzweifeln. Glaube und Hoffnung sind unser, und sie scheinen wie Leuchttürme in finsteren Umständen. Wenn unsere negativen Gedanken über uns selbst ihre Ursache in unvergebener Schuld haben, dann bekennen wir diese sofort und bitten um Reinigung. Und anschließend müssen wir darauf achten, daß wir uns nicht mehr für unsere vergangenen Fehler verachten, wenn wir hören, was Gott zu unserer gereinigten Seele spricht.

Negative Gedanken gegenüber dem Selbst, die nicht auf echter Schuld beruhen, kommen aus Stolz und Rebellion, nicht aus Demut (wie manche glauben und lehren). Unser Gewissen braucht Reinigung, Heiligung und Befreiung. Schuld und Negativität treiben uns zur Sünde und Verzweiflung, nicht davon weg. Freiheit von Schuld, die volle Annahme der Vergebung, verhindert, daß wir das Kreuz Christi verleumden und sagen „Jesus und sein Blut reichen nicht für mich!" Das ist die „Demut" des Selbsthasses, die jedenfalls nicht in christlicher Theologie wurzelt.

In alledem erkennen wir die Wahrheit der Schrift und die Tatsache, welche Kraft das Denken hat, an. „Wie man in seinem Herzen denkt, so ist man." Es ist erstaunlich, was wir lediglich durch die Macht positiven Denkens bewirken können, um unsere alten negativen Einstellungen in positive zu verwandeln.

Hoffentlich verstehen wir, daß wir unser Denken dazu erziehen müssen, richtig zu funktionieren; daran führt kein Weg vorbei. Hoffentlich gehören wir auch nicht zu jenen Christen, die meinen, der Glaube befreie sie vom Denken. In der Geschichte wurden Christen des *Fideismus* angeklagt, der Überzeugung, daß der Glaube allein, ohne den Einsatz der Vernunft, die Grundlage der Erkenntnis sei; dies stellt eine der möglichen falschen Reaktionen auf die Spaltung zwischen Glaube und Vernunft dar (vgl. dazu *Heilende Gegenwart,* Kapitel 10). Aber lange bevor es solche verwirrten Christen gab, sagte schon Sokrates: „Die meisten Menschen sind Misologen", d. h., die meisten Menschen hassen das Denken. Sie sind zu passiv und träge, ihre Probleme mit Gott zu durchdenken. Das ist mentale Trägheit, sie ist Sünde und muß als solche bekannt werden. In der Schrift aber lesen wir: „Wohlan, wir wollen miteinander diskutieren, spricht der Herr" (Jesaja 1,18).

Wenn wir diese bemerkenswerte Einladung Gottes annehmen, mit Ihm zu diskutieren, dann verschafft uns das einen enormen Vorsprung gegenüber bloß positivem Denken. Wir denken positiv, das ist richtig, mit all dem Glauben und der Hoffnung, die in Christus unser sind, aber indem wir das tun, denken wir alle Angelegenheiten unseres Lebens mit Gott durch. Und wenn wir dann lernen, Gott zu hören, werden wir von Ihm das wahre Wort empfangen, und die alten krankhaften Dinge durch das positive Wort ersetzen, das Er immerzu sendet.

Schwester Penelope lernt das Hören
Das folgende Beispiel für hörendes Gebet macht deutlich, wie Gott Schriftstellen, die wir in unseren Herzen aufbewahren, machtvoll gebraucht. Manchmal hören wir Worte von Ihm, die nicht aus Schriftstellen bestehen, aber sie sind immer *schriftgemäß*. Mit

78

anderen Worten: Sie stehen nicht im Gegensatz, sondern in vollem Einklang mit der Schrift. Alles, was wir hören, muß deshalb immer an der Schrift geprüft werden.

Diese Geschichte handelt von Sr. Penelope, einer attraktiven, kecken Nonne, die nie mit sich zufrieden war. Es gab, so sagte sie, bestimmte Sünden in ihrem Leben, die sie einfach nicht überwinden konnte. Sie wollte unbedingt Gott lieben und Seinen Willen tun („Ich habe mein ganzes Leben Gott geweiht, ich möchte nichts zurückhalten"), aber sie fühlte sich rebellisch und nicht liebenswert. Sie fühlte sich Ihrem Gott, dem sie diente, nie nahe. Sie und die anderen Nonnen des Konvents kamen regelmäßig zum Gebet zusammen. Zwanzig Jahre lang waren ihre privaten und gemeinschaftlichen Gebete von negativen Gedanken über sich und ihren Gott, dem sie alles gegeben hatte, erfüllt.

Als ich zum erstenmal für sie betete, hatte sie bereits verschiedene Arten von „Therapie" für ihre „Probleme" durchlaufen. Ich war tatsächlich ihre letzte Hoffnung. Sie hätte allerdings den Rest ihres Lebens Gott sicherlich so gut gedient, wie sie nur konnte, auch wenn sie sich Ihm entfremdet fühlte und sich selbst haßte.

Ich betete mit ihr, half ihr, Vergebung zu empfangen und bat sie, bewußt und gezielt die Gegenwart Christi zu praktizieren. Dem stimmte sie zu. Dann bat ich sie, auf ihre negativen Gedanken und Gedankenmuster zu achten und sie in einem neuen Gebetstagebuch aufzuschreiben. Dann sollte sie auf die Worte hören, die Gott zu ihr spricht – jene Worte von Ihm, die die negativen, krankhaften Gedankenmuster ersetzen würden. Ich bat sie, herauszufinden, woher die negativen Worte in ihr kamen – aus der Welt, aus dem Fleisch oder vom Teufel. Auch dem stimmte sie zu. Ich bat sie, ihren Stolz zu bekennen, der sie von ihrer Selbstannahme abgehalten hatte, und sie tat es. Es dauerte dann nicht lange, bis ich einen Brief von ihr erhielt.

„Es dauerte nicht länger als ein paar Minuten, um zehn negative Gedanken aufzuschreiben, an denen ich arbeiten konnte. Ich bin mir sicher, ich kann noch mehr finden, aber das reicht erst einmal! Ich entschied mich, einen pro Tag zu vernichten. Wunderbare, tolle Gelegenheit! Der erste schwarze Gedanke, der zu vernichten war, lautete: Gott wird nie zu mir sprechen. *Wenn das nicht gelöscht werden konnte, würde ich*

offensichtlich eine Menge Schwierigkeiten haben, irgend etwas anderes zu tun! Die ‚Antwort‘ war nicht eine direkte Verneinung meiner Beschwerde; sie wurde eher in dem Vers aus Psalm 85 ertränkt, wo es heißt ‚Ich will hören, was Gott redet: Frieden verkündet der Herr seinem Volk und seinen Frommen, den Menschen mit redlichem Herzen.‘

Das nächste war: Gott kann nichts mit mir tun; ich bin zu egoistisch. *Ich schmolz dahin vor den Versen ‚Allen aber, die ihn aufnahmen, gab er Macht, Kinder Gottes zu werden‘ (Johannes 1,12) und ‚Er bringt deine Gerechtigkeit heraus wie das Licht und dein Recht so hell wie den Mittag‘ (Psalm 37,6).*

Gestern aber eine Operation und Heilung auf der Herzensebene. Ich werde mich nie Gott unterordnen können *stieß auf Hesekiel 36,16-36, aber vor allem auf die Verse 25-27: ‚Ich gieße reines Wasser über euch aus, dann werdet ihr rein. Ich reinige euch von aller Unreinheit und von allen euren Götzen. Ich schenke euch ein neues Herz und lege einen neuen Geist in euch. Ich nehme das Herz von Stein aus eurer Brust und gebe euch ein Herz von Fleisch. Ich lege meinen Geist in euch und bewirke, daß ihr meinen Gesetzen folgt und auf meine Gebote achtet und sie erfüllt.‘*

Die Unterordnungssache liegt mir schon ewig im Magen. Ich habe mich gefühlt, als ob sich meine Hände hoffnungslos am Leben, an der Kontrolle, am Steuerrad, an einem Seil festgeklammert hätten – an irgendwas, *das ich loslassen mußte, aber ich konnte meinen Griff nicht lockern. Beichtväter, die eine verbale Unterordnung unter Gott verlangten, erzeugten nur noch* größere *Schuldgefühle; ich fühlte mich frustriert und als Heuchlerin, weil ich wußte, die Worte konnten die Wirklichkeit nicht beeinflussen. Und jetzt – spielt das alles keine Rolle mehr! Es ist Gottes Verantwortung. Ich kann Ihm vertrauen, mir das Herz und den Geist der Unterordnung zu geben, wenn es Ihm gefällt . . .“*

Sobald sie durch die zehn negativen Gedanken bei sich selbst durch war, schrieb sie wieder voll Begeisterung:

„Freude steigt immer wieder in mir auf. Die negativen Gedanken können einfach nirgends mehr einhaken, und ich werde weniger Lea und mehr Rahel . . .“

Dann erhielt ich nach ein paar weiteren Tagen dieses bemerkenswerte Wort von ihr:

> *„Was Sie mir gaben, war Eheseelsorge – Sie haben mich auf eine Hochzeit vorbereitet!"*

Danach hörte ich von einer anderen Nonne aus dem Konvent: „Schwester Penelope ist so voll Freude, der Konvent wird richtig durchgeschüttelt!"

Die mystische Hochzeit

Hier sehen wir die mystische Hochzeit – die Hochzeit der Seele mit Christus. Genau darum geht es im hörenden Gebet. Darum geht es in jedem Tagebuch, das die Bezeichnung ‚christlich' zu Recht trägt. Dazu kommt es, wenn wir uns entscheiden, nicht mehr auf die anderen Stimmen der Welt, des Fleisches und des Teufels zu hören – wenn wir sie erkennen, uns von ihnen lossagen, wo es nötig ist, und anfangen, wirklich auf Gott zu hören und von Ihm zu empfangen. Diese Verheißung aus der Schrift wird eintreffen – sogar in *meinem* Leben!

> *„Ich traue dich mir an auf ewig; ich traue dich mir an um den Brautpreis von Gerechtigkeit und Recht, von Liebe und Erbarmen, ich traue dich mir an um den Brautpreis meiner Treue: Dann wirst du den Herrn erkennen." (Hosea 2,21-22)*

Das Kruzifix und das bunte Glasfenster

Je mehr wir unseren Platz in Christus einnehmen, um so mehr Aspekte unseres wahren Selbsts gibt es, die wir annehmen müssen. Obwohl der große Schritt der Selbstannahme es uns ermöglicht, von der Unreife zur Reife, von der Gebundenheit zur Freiheit zu gelangen, werden wir in einer sehr realen Weise auch weiterhin dem alten Selbst absterben und das neue annehmen müssen.

Im Geist zu leben bedeutet, gleichzeitig dem alten Menschen abzusterben. Das ist eine automatische Begleiterscheinung. Manche, die Jahr um Jahr hart darum ringen, dem alten Menschen abzusterben, müssen es einfach lernen, im Geist zu leben! So wird man von Gott „erfüllt"; es spart uns die quälende Arbeit, uns so oft „entleeren" zu müssen. Aber auch dann müssen wir, da wir zugleich Sünder und Heilige sind, eine feste Zeit in unserem Leben haben, in der wir uns als Sünder vor Gott hinknien, um dann neu in unserer primären Identität als Kinder Gottes wieder aufzustehen.

Damit unser Wandel im Geist frisch und lebendig bleibt, müssen wir es dem Geist erlauben, zu prüfen und offenbar zu machen, was in unserem Herzen da ist, und uns dem stellen. Das bedeutet, aufs Neue unseren Platz in Tod und Auferstehung Christi einzunehmen. Später werde ich darüber noch mehr schreiben, aber hier möchte ich das im Zusammenhang der Selbstannahme und der ständigen Notwendigkeit erwähnen, dem alten Selbst abzusterben und für das neue zu leben.

C. S. Lewis beschreibt besser als jeder ander, den ich kenne, den alten Menschen, das Selbst in uns, das an erster Stelle stehen und Gott sein will. Es hat eine Art Schwerkraft weg von Gott, die zur „Heimreise zum Selbst der Gewohnheit" verleitet. Geben wir dem nach, dann merken wir, daß wir aus einem ganz anderen Geist heraus leben. Dies ist nach dem Johannesevangelium der Geist und das Wesen des Teufels, der in uns wirkt. Lassen wir uns darauf ein, so werden wir schließlich Jesus sagen hören: „Ihr habt den Teufel zum Vater, und ihr wollt das tun, wonach es euren Vater verlangt" (Johannes 8,44). Das Verlangen des Geschöpfs, wie der Schöpfer zu sein, ist die tiefste Wurzel des Stolzes. Wir müssen ständig zu Gott rufen, damit Er uns unseren Stolz zeigt, so daß wir ihn bekennen und ihn Ihm hinlegen können:

„Von dem Moment an, in dem ein Geschöpf Gott als Gott und sich selbst als selbst erkennt, tut sich vor ihm die furchtbare Alternative auf, Gott oder das Selbst als Mittelpunkt zu erwählen. Diese Sünde wird täglich von jungen Kindern oder unwissenden Landarbeitern genauso wie von gebildeten Personen begangen, von Einsiedlern ebenso wie von jenen, die in Gesellschaft leben. Das ist der Sündenfall im Leben jedes Einzelnen, an jedem Tag seines Lebens, die Grundsünde hinter allen konkreten Einzelsünden. In diesem Moment begehen Sie und ich sie entweder soeben, oder wir werden es gleich tun, oder wir tun Buße darüber." [2)]

„In der Liebe entkommen wir aus unserem Selbst in den anderen hinein ... Der primäre Impuls eines jeden ist es, sich selbst zu erhalten und auszudehnen. Der sekundäre Impuls ist, aus dem Selbst herauszugehen, seinen Provinzialismus zu

korrigieren und seine Einsamkeit zu heilen. In der Liebe, der Tugend, im Streben nach Erkenntnis und in der Begegnung mit der Kunst tun wir das. Offensichtlich kann man diesen Prozeß entweder als eine Erweiterung oder aber als eine zeitweilige Vernichtung des Selbsts beschreiben. Aber das ist ein altes Paradox: „Wer sein Leben verliert, wird es gewinnen.“ [3]

Es ist eine furchtbare Eigenschaft des alten Selbsts, daß es ebenfalls beten kann, wie ein Vers von Lewis drastisch deutlich macht:

„Du Herr, der den Drachen erschaffen hat,
schenke mir Deinen Frieden,
aber sage nicht, daß ich das Gold aufgeben soll,
mich wegbegeben oder sterben. Andere besäßen das Gold.
Lieber töte, Herr, die Menschen und die anderen Drachen;
dann kann ich schlafen; gehen, wann ich will, um zu trinken.“
(*C. S. Lewis, The Dragon Speaks*) [4]

Diese „grimmige Gefangenschaft im (alten) Selbst ist das genaue Gegenteil der Selbstweggabe, die die absolute Wirklichkeit ist.“

„Denn nur in der Selbstweggabe kommen wir mit einem der Rhythmen nicht nur der Schöpfung, sondern allen Seins, in Berührung. Denn das Ewige Wort verschenkt sich ebenfalls im Opfer; und das nicht nur auf Golgatha … Schon vor der Grundlegung der Welt gab Er gezeugte Gottheit der zeugenden Gottheit im Gehorsam zurück … Vom Höchsten zum Niedrigsten existiert das Selbst, um aufgegeben zu werden; durch dieses Aufgeben wird es umso wahrer das Selbst, um daraufhin nur noch mehr aufgegeben zu werden, und so fort in Ewigkeit. Dies ist weder ein himmlisches Gesetz, dem wir entgehen könnten, indem wir irdisch bleiben, noch ein irdisches Gesetz, dem wir entgehen, indem wir erlöst werden. Was außerhalb des Systems der Selbstweggabe liegt, ist weder Erde, noch Natur, noch ,normales Leben', sondern einzig und allein Hölle.“ [5]

In einer Stadt, in der ich einst lebte, gab es eine stille kleine Kapelle als Nebenraum der Kirche. Dort hing über dem Altar ein wunderbares Kruzifix, über dem wiederum ein außerordentlich schönes buntes Glasfenster den auferstandenen Christus darstellte. Ich hatte gelernt, im Geist zu leben und kannte die Freude des Herrn. Der Dienst, den Er mir anvertraut hatte, wuchs sehr schnell. Damals lernte ich, wie Agnes Sanford es bezeichnet, den Rhythmus von Buße und Auferstehung in mein Leben zu integrieren. Ich war so beschäftigt, dem Herrn und anderen zu dienen, daß ich gewöhnlich wenig oder kein Bewußtsein von Sünde und Stolz in meinem Herzen hatte. Aber ich lernte es, mir viel Zeit für Stille zu nehmen, und ließ Ihn mir zeigen, was ich an Buße zu tun hatte und was ich in meinem Leben verändern mußte. In solchen Zeiten ging ich zu dieser kleinen Kapelle und schaute mir dort das Kruzifix an.

Wenn ich dann wußte, worüber ich Buße tun sollte, nahm ich zusammen mit Ihm im Gebet meinen Platz in Seinem Kreuz ein, um diesen Dingen abzusterben. Manchmal dauerte das eine Weile. War ich dann wieder mit Ihm zusammen dem alten Menschen oder Selbst abgestorben, dann sah ich (noch bevor ich von meinen Knien aufstand!) zu dem bunten Glasfenster mit dem auferstandenen Erlöser auf und nahm meinen Platz in Seiner Auferweckung ein; dabei jubelte ich innerlich über meine Vergebung und meine wahre Identität in Ihm.

Ich habe leider keine Möglichkeit mehr, diese wunderbare kleine Kapelle zu besuchen, aber das, was ich dort getan habe, ist fest in meinem Herzen eingewurzelt. Wir alle haben einen Zugang zum Kreuz Christi; so ist dieser Rhythmus des Sterbens und Auferstehens mit Christus ganz gewiß der Weg, auf dem wir geistlich und seelisch gesund bleiben. Auf diese Weise vermeiden wir auch den Burn-out. Wir vergessen niemals, daß wir sowohl Sünder (wenn auch gerechtfertigte) wie Heilige sind. Unsere Hauptidentität ist die des Heiligen, des Kindes Gottes, aber wir behalten sie nur, indem wir uns daran erinnern, daß wir noch nicht die sind, die wir sein werden, wenn diese Welt neu geworden ist. Dann werden wir uns nicht mehr länger um das tägliche Absterben des alten Menschen kümmern müssen. All dies gehört zum hörenden Gebet und zum Leben im Geist.

Diese kleine Kapelle hatte mir sehr viel bedeutet, und ich denke, dort habe ich es gelernt, anderen nahezulegen, beim Bekennen der Sünde und Empfangen der Heilung zu dem für sie gekreuzigten und auferstandenen Christus aufzuschauen. Durch diesen Prozeß des Betens mit anderen bin ich mir einer Sache immer sicherer geworden: Unsere Herzen müssen diese großen und gewichtigen Taten Christi richtig sehen, denn sie bilden die große Geschichte unserer Erlösung ab. Der Kopf weiß vielleicht sehr gut über die christliche Lehre Bescheid, während gleichzeitig das Herz vor Hunger nach der Geschichte und der Erfahrung der Liebe und der damit verbundenen Vergebung zugrundegeht. Es ist, als ob Gott darauf gewartet hätte, daß wir noch einmal in die Lage versetzt werden, mit unserem Herzen die großen Wahrheiten unseres Glaubens zu sehen und das heilende Wort und die heilende Vision, die Er immerzu sendet, zu empfangen.

Je näher wir Gott kommen, desto voller erkennen wir, daß Er allein unsere Gerechtigkeit ist. Zu versuchen, gut genug zu werden, damit wir uns selbst annehmen, bedeutet soviel wie den Weg des Kreuzes zu umgehen.

Christus sagt immer und allezeit: „Gib mir deinen Schmerz, deine Sünde, dein Leid. Mein Leben gebe ich zum Tausch für alles, was dich bindet." Es war tatsächlich Seine Berufung, zu jener Sünde, jenem Leid zu werden, die uns so schwer verletzt haben, ob das nun bereits in unseren Erinnerungen begraben ist, oder ob es jetzt im Moment erst geschieht. Und wenn wir unseren Platz in Seinem Kreuz einnehmen, das heißt in Seinem Tod und Sterben, und so vergeben, wie Er vergeben hat, dann werden wir „die Gerechtigkeit Gottes" in Ihm. Auf diese Art und Weise können wir alles, was uns je gebunden und befleckt hat, zu Ihm hin und in Ihn hinein loslassen. Wir können die tiefsten, schmerzhaftesten Erfahrungen von Ablehnung und Mangelhaftigkeit vergeben. Wir tun das in dem Bewußtsein, daß auch wir schwer gegen uns und andere gesündigt haben. Wir sind selbst gefallene Menschen und leben in einer gefallenen Welt. „Ich habe andere verletzt, Herr; ich habe Dich und andere nicht so geliebt, wie ich es sollte; vergib mir, o Herr, so wie auch ich anderen vergebe, ja wie ich sogar alle meine Lebensumstände vergebe." Dieses Gebet wird ein Teil unseres Lebens im Geist bleiben; Er erneuert uns ständig in Seiner Liebe und Gerechtigkeit.

TEIL II

DIE VERGEBUNG DER SÜNDE

Vergebung ist das ausschließliche Vorrecht des Christentums. Die antiken Moralschulen kannten vier Kardinaltugenden – Gerechtigkeit in menschlichen Beziehungen, Klugheit in den eigenen Tätigkeiten, Tapferkeit im Ertragen von Schwierigkeiten oder Schmerz sowie Mäßigung oder Selbstzucht. Aber sie wußten nichts von Barmherzigkeit oder Vergebung, die für das menschliche Herz nichts Natürliches sind. Vergebung ist etwas Exotisches, das Christus aus dem Himmel brachte. [1)]

(F. B. Meyer)

·Darum sage ich euch: Alles, worum ihr betet und bittet – glaubt nur, daß ihr es schon erhalten habt, dann wird es euch zuteil. Und wenn ihr beten wollt und ihr habt einem anderen etwas vorzuwerfen, dann dann vergebt ihm, damit auch euer Vater im Himmel euch eure Verfehlungen vergibt.

(Markus 11,24-25)

KAPITEL 6

Heilung der Erinnerungen: Die Vergebung der Sünde

Der Geist Gottes, des Herrn, ruht auf mir;
denn der Herr hat mich gesalbt.
Er hat mich gesandt, damit ich den Armen
eine frohe Botschaft bringe
und alle heile, deren Herz zerbrochen ist,
damit ich den Gefangenen die Entlassung verkünde
und den Gefesselten die Befreiung,
damit ich ein Gnadenjahr des Herrn ausrufe,
einen Tag der Vergeltung unseres Gottes,
damit ich alle Trauernden tröste,
die Trauernden Zions erfreue,
ihnen Schmuck bringe anstelle von Schmutz,
Freudenöl statt Trauergewand,
Jubel statt der Verzweiflung.
Man wird sie „Die Eichen der Gerechtigkeit" nennen,
„Die Pflanzung, durch die der Herr seine Herrlichkeit zeigt".
Dann bauen sie die uralten Trümmerstätten wieder auf
und richten die Ruinen ihrer Vorfahren wieder her.
Die verödeten Städte erbauen sie neu,
die Ruinen vergangener Generationen.

(Jesaja 61,1-4)

Wenn ihr betet, so sprecht: „Vater, dein Name werde geheiligt. Dein Reich komme. Gib uns täglich das Brot, das wir brauchen. Und erlaß uns unsere Sünden; denn auch wir erlassen jedem, was er uns schuldig ist. Und führe uns nicht in Versuchung."

(Lukas 11,2-4)

Heilung der Erinnerungen bedeutet die Vergebung der Sünde. In ihr erfährt das Herz die Vergebung der Sünde genau an dem schmerzenden Ort, an dem sie benötigt wird. Dadurch wird die Seele in ihrer Gesamtheit beeinflußt – in ihren emotionalen, gefühlsmäßigen, intuitiven und imaginativen ebenso wie in ihren eher bewußten, willensmäßigen und denkerischen Fähigkeiten. Das kann auf jeder Ebene des Bewußtseins oder Unterbewußtseins geschehen. Nichts bezeugt Gottes heilende Gegenwart wunderbarer als die Art und Weise, in der Er die tiefsten Erinnerungen und Verletzungen des Menschen heilt.

Agnes Sanford prägte den Begriff „Heilung der Erinnerungen" zu einer Zeit, als sehr wenig Heilung durch die offizielle kirchliche Beichte oder in den privaten Gebetsgruppen geschah. Der Grund war, daß die zentrale Wahrheit von Gottes Sündenvergebung zusammen mit allen großen geistlichen Realitäten des Reiches Gottes weitgehend abstrakt aufgefaßt wurden. Wir waren Opfer der Spaltung zwischen Kopf und Herz und konnten somit zwar „die Lehre darlegen", aber ihre heilende Kraft nicht *erfahren*. Wir bekamen sie nicht aus dem Kopf ins Herz.

Einige konnten zwar noch in großartiger Weise über Sündenvergebung predigen, aber sie konnten sie nicht mehr dem Herzen, das sie so dringend gebraucht hätte, *vermitteln*. In der heutigen Kirche gilt dies immer noch weitgehend.

Die Seele, die Heilung braucht, leidet an der gleichen Spaltung. Kopf und Herz wirken einfach nicht in einer einander ergänzenden Art. Das Herz weiß vielleicht etwas, das der Kopf nicht weiß. Oder umgekehrt: Der Kopf muß das, was im Herzen ist, richtig verstehen und dann beurteilen.

Die Reise des Lebens wird unternommen, um, wie Fr. Alan Jones sagt, „die Liebe in Ordnung zu bringen".[1] Ein Großteil dessen hat damit zu tun, unsere beiden „Denkweisen"[2] in Ordnung und Harmonie zu bringen, was durch die Sündenvergebung geschieht:

„Die Wahrheit ist, daß jede seelische Wunde, die so tief ist, daß sie nicht durch Selbsterforschung und eigenes Gebet geheilt wird, unweigerlich mit einer unbewußten Sündenwahrnehmung gekoppelt ist; dabei kann es sich um unsere eigene Sünde oder um unsere schmerzhaften Reaktionen auf die Sünden anderer handeln. Die Therapie, die diese tiefen Wunden heilt, könnte man Sündenvergebung nennen, oder man kann sie als Heilung der Erinnerungen bezeichnen. Wie immer man sie nennt, in vielen von uns gibt es solche tiefen Wunden, daß wir nur durch die Vermittlung von jemand anderem, dem wir unseren Schmerz bringen können, geheilt werden können.“ [3]

Wenn jemand uns seinen Schmerz bringt, egal ob wir Priester, Psychologe, Geistlicher, Seelsorger oder Laie sind, dann müssen wir diese Person in ein Beichtgebet leiten. Wir müssen dann auch lernen, für die Vergebung von allem möglichen in der vergangenen Geschichte seiner Familie zu beten. So betet beispielsweise Nehemia, ähnlich wie die alttestamentlichen Propheten, Folgendes: „Ich lege ein Bekenntnis ab wegen der Sünden der Söhne Israels. Wir haben gegen dich gesündigt; auch ich und meine Familie haben gegen dich gesündigt“ (Nehemia 1,6b). Oder wir müssen dem Betreffenden vielleicht helfen, die Umstände eines ganzen Lebens zu vergeben. Mir geht es darum, daß wir Sündenbekenntnisse hören. Nach dem Anerkennen der Sünden und der Buße darüber dürfen wir nie vergessen, die Vergebung dieser Sünde sowie die Befreiung von den Bindungen durch die Sünden anderer zu proklamieren. Auf diese Weise findet die Seele Heilung. Es ist erschreckend, wie selten dies in einer wirksamen Weise geschieht, selbst bei einer formellen Beichte.

In den meisten Fällen leitet der Heilige Geist sehr konkret in dem, was zu bekennen und wem zu vergeben ist. Wenn der Fall allerdings nicht so klar ist (wenn beispielsweise eine ganze Familie aufgrund nicht bekannter Sünde, die über Generationen zurückreicht, krank ist), dann müssen wir von Gott Weisung suchen, damit durch das rechte Sündenbekenntnis und die entsprechende Vergebung die Macht nicht bekannter Sünde über unserem Leben gebrochen wird. Das ist nötig, weil unsere Verletztheit und Sünde unsere Beziehungen zerstören. Damit das wieder in Ordnung kommt, müssen wir die Sünde bekennen. Liegt der Bruch zwischen mir und Gott? Zwischen mir und anderen? Lebe ich in meinem

Inneren mit mir selbst im Kampf? Der Zustand des gefallenen Menschen ist von einer *Trennungskrise* gekennzeichnet; in dem Trauma zerbrochener Beziehungen nisten unsere Krankheiten und unsere Identitätskrisen. Durch Gebet werden Beziehungen geheilt (oder zumindest Vergebung für die Gebrochenheit gewährt) und unsere Seele von ihren schmerzlichen Defiziten aufgrund fehlgeschlagener Beziehungen in der Vergangenheit geheilt.

König David verstand etwas von dieser Form von Heilung: „Ich erkannte meine Sünden vor Dir an, und meine Verfehlung verbarg ich nicht. Ich sagte, ich will dem Herrn meine Übertretungen bekennen (und dabei beständig die Vergangenheit entfalten, bis alles gesagt ist); da vergabst du mir (sofort) die Schuld und die Verfehlung meiner Sünde" (Psalm 32,5 nach der freien Übertragung der englischen *Amplified Bible*).

Man muß sich klarmachen, daß Gott die Sünde sofort vergibt. Heilungen der Seele, die in erster Linie mit Vergebung von Sünde zu tun haben, welche nach langer Zeit gewährt oder empfangen wird, können recht dramatisch verlaufen. Sehr schnell tritt Erleichterung ein; die Freude ist in vielen Fällen wirklich außerordentlich.

C. S. Lewis schrieb seiner Bekannten und Vertrauten Sr. Penelope, nachdem er endlich für etwas, das ihn seit Jahren beunruhigt hatte, Vergebung empfangen hatte:

> *„Was mich betrifft, so brauche ich Ihre Gebete, weil ich (wie die Pilger bei Bunyan) über „eine Ebene namens Leichtigkeit" reise. Alles Äußere, und vieles im Inneren, läuft gegenwärtig wunderbar gut: In der Tat ... merke ich, daß ich bis vor einem Monat nie wirklich an Gottes Vergebung glaubte (obwohl ich das dachte). Was für ein Esel bin ich gewesen, daß ich es nicht wußte, aber dachte, ich wüßte es. Ich habe jetzt das Gefühl, daß man nie sagen darf, man glaube oder verstehe etwas; jeden Morgen kann eine Glaubenslehre, von der ich dachte, ich hätte sie mir schon zu eigen gemacht, in diese neue Wirklichkeit erblühen."* [4]

In einer solchen Zeit mag man denken, daß Gott nicht mehr viel an unserer Seele zu tun hat. Aber die meisten von uns stellen fest, wenn sie wieder auf dem Erdboden angekommen sind, daß dies nur die erste Heilung von mehreren ist – vielleicht eine, die den Weg für die Heilung von zutiefst verletzten Emotionen und/oder krankhaften Haltungen bahnt.

Wir müssen das Gebet um Heilung der Erinnerungen im Zusammenhang des Heilungsgebets allgemein verstehen. Für die Heilung der Erinnerungen eines Menschen zu beten heißt, für die Heilung seiner Seele zu beten, und dies unterscheidet sich vom Gebet für die Heilung seines Geistes oder seines Körpers. [5]

Der Geist des Menschen

Ist der Geist des Menschen Gott fern, so ist er krank; dementsprechend findet die Heilung des Geistes statt, wenn er mit dem Geist Gottes vereint wird. Die Evangelisten sind deshalb die großen Heiler des Geistes, da sie ständig die Botschaft des Heils proklamieren. Jedesmal, wenn wir einen Menschen zu Christus führen, erleben wir, wie diese wesentliche Heilung stattfindet. Gottes Geist kommt in seinen Geist herab und schafft eine Verbindung zu dem neuen Gläubigen. Dabei wird man „von oben geboren" und trägt jetzt einen Ort in sich, in dem der Heilige Geist lebt. Von diesem Ort der Heiligkeit und Gerechtigkeit aus strahlt er durch die Seele wie auch durch den physischen Körper hindurch. Vom Moment der Neugeburt an können und sollen also die Gläubigen Seine Gegenwart in sich praktizieren. Dies ist zugleich die erste und grundlegendste Heilung der menschlichen Seele; sie ist die Basis für sein weiteres Werden in Christus.

Die Seele

„In bezug zu ... der physischen Natur des Menschen bezeichnet der Begriff ,Geist' das Leben, das seinen Ursprung in Gott hat, und der Begriff ,Seele' dasselbe Leben, wie es sich im Menschen konstituiert. Geist ist die innere Tiefe des menschlichen Wesens, der höhere Aspekt seiner Persönlichkeit. Seele bringt die konkrete und unterscheidende Individualität des Menschen zum Ausdruck. Das pneuma *(Geist) ist das nichtmaterielle Wesen des Menschen in seiner Gottausrichtung; die* psyche *ist dieses gleiche Wesen des Menschen in seiner irdischen Ausrichtung auf die sinnlich wahrnehmbaren Dinge."* [6]

Die Schrift verwendet beide Begriffe austauschbar, auch wenn zwischen Geist und Seele differenziert wird. Von der Seele zu reden, heißt auch, vom Geist zu reden, insofern er sich durch die Seele ausdrückt. Umgekehrt gilt das gleiche: Vom Geist zu reden, heißt, von der Seele zu reden, da beide im Menschen untrennbar verknüpft sind. Wir wissen nichts von einem menschlichen Geist in Isolation von einer Seele oder einer Seele getrennt von einem menschlichen Geist.

Das Gebet für die Heilung der Seele ist in erster Linie ein Gebet um Befreiung von seelischer Krankheit und emotionalem Schmerz durch Verletzungen und Mängel der Vergangenheit. Das Gebet um die Heilung der Erinnerungen gehört in diese Kategorie. Wenn jemand dies braucht, dann hat er eine psychische Barriere, die seine Freiheit in Christus blockiert. Obwohl der menschliche Geist mit Christus vereint ist, kann Gottes Geist solange nicht durch dieses Problemgebiet „hindurchscheinen", bis der Betreffende Hilfe bekommt, sein Problem zu verstehen und es zu bewältigen. An diesem Punkt benötigt man die Gaben der Seelsorge und Heilung; der Betreffende muß sich im Gebet öffnen, um sie zu empfangen. Solange das nicht geschieht, wird er von den Schwierigkeiten der Vergangenheit bestimmt und findet keine Freiheit.

Es gibt andere psychische Barrieren für die Freiheit; auch sie fallen in den Bereich der Heilung der Seele. Sie beinhalten beispielsweise die Auswirkungen von Unwissenheit und schlimmer Armut. Zudem ist es heutzutage möglich, Christ zu sein, und nichts von den dazugehörigen moralischen Werten und Tugenden zu wissen; diese aber sind für unsere Personwerdung notwendig. Durch den bestmöglichen Gehorsam erwerben wir uns einen moralischen Charakter, ein moralisches Selbst.

Die Schrift sieht den Menschen als eine Ganzheit. Wir täuschen uns, wenn wir versuchen, zwischen den verschiedenen Aspekten zu trennen und zu genau die Unterschiede zwischen den Fähigkeiten des Bewußtseins (bewußt und unbewußt) zu definieren und etwa zu verstehen, wo das eine aufhört und das andere beginnt. Das gleiche gilt für das Verhältnis von Seele und Geist. Geist und Seele unterscheiden sich, wie sich auch die Aspekte unseres Bewußtseins unterscheiden. Nehmen wir nun aber eine Unterscheidung in der Weise vor, daß man sie zu scharf voneinander trennt, so tun wir eben das, was die Schrift nicht tut, und wozu auch große christliche

Denker wie etwa Augustin (in bezug auf Seele und Geist) nicht in der Lage waren.

Trotzdem haben alle, die sich wirksam um einen Menschen kümmern wollen, angefangen von Paulus bis heute, mit dem eigentlichen Wesen des Menschen zu tun. Um richtig zu beten und Heilung zu erleben, müssen wir zuerst feststellen, wo die Not liegt. Wir tun keinem etwas Gutes, wir fügen ihm höchstens viel Schaden zu, wenn wir um seine Erlösung beten (also um die Heilung seines Geistes), wenn er Christus schon angenommen hat und emotionale oder körperliche Heilung braucht. Und wir leben in einer Zeit, in der in diesem Bereich in der Kirche ein großes Durcheinander herrscht. Ein Teil weigert sich, die Notwendigkeit der Heilung der Seele überhaupt anzuerkennen (als ob es im Moment unserer Wiedergeburt zu einer vollständigen Heiligung käme), während ein anderer praktisch sogar die Notwendigkeit der Wiedergeburt leugnet (die zentrale Heilung des menschlichen Geistes). Darüber hinaus können nur wenig Christen zwischen dem Seelischen und dem Geistlichen unterscheiden; sie denken, genauso wie früher die Heiden, daß der Verstand die höchste Instanz im Menschen ist. Das ist nur eine andere Form zu sagen, daß wir als Christen des zwanzigsten Jahrhunderts das Verständnis für die *Inkarnatorische Realität* verloren haben.

Mit diesen Gedanken im Blick möchte ich Folgendes für alle betonen, die für die Heilung eines Menschen beten. Es ist entscheidend, daß der Christ, der Heilung braucht, die Gegenwart Christi in sich erkennt und praktiziert. Er muß wissen und daran erinnert werden, daß sein Geist „eingegottet" ist: Er ist und bleibt der „heile Ort" in ihm, während jener Teil seiner Seele, der Heilung braucht, ins Licht kommt und Heilung empfängt. Je verletzter die Person, umso nötiger ist es, daß sie versteht und immer wieder bekräftigt, daß Christus in ihr lebt.

So kann beispielsweise ein Christ, der für schweren Mißbrauch oder Defizite irgendeiner Art emotionale Heilung erfährt, unglaubliche Schmerzen und Verwirrung in seiner Seele durchleben. Wenn er nicht um den Unterschied zwischen seiner Seele und seinem Geist weiß, kann das zur Verzweiflung führen; er glaubt dann, es gebe keine Hoffnung mehr für ihn. Jedes verdrängte Gefühl, jede Erinnerung und Emotion wird an die Oberfläche kommen, zusammen mit all den damit verbundenen dunklen Stimmen. Wenn er diesen sturmgeschüttelten Teil seiner Seele für sein eigentliches Selbst bzw. Wesen hält (statt für den verletzten Teil seiner Seele, den Gott gerade heilt), dann wird er nicht in der Lage sein, die Gegenwart Gottes innerlich zu praktizieren. Er wird sogar glauben, Gott sei sehr weit weg von ihm. Er wird denken, daß Gott niemanden, der so chaotisch und kaputt ist wie er, je lieben kann.

All das ändert sich in dem Moment, wo wir den Betreffenden an den Punkt bringen, an dem er still bejaht: „Ein Anderer lebt in mir. Mein Geist ist eins mit Seinem. Das ist der Ort in mir, der heil ist. Alles andere in mir und um mich herum ist in Aufruhr, aber ich kann jetzt zuversichtlich dastehen und zusehen, wie Gott diesen so verletzten Teil in mir heilt." Ich möchte betonen, wie gefährlich es ist, zu sagen, daß die Probleme beim Geist des Menschen liegen, wenn das wahre Problem das Bedürfnis nach emotionaler und seelischer Heilung ist. Das läßt den Menschen nämlich gelähmt und verkrüppelt zurück; er ist nicht mehr in der Lage, weiterzugehen. Und was noch wichtiger ist: Wir erkennen den Schlüssel für die Heilung dieses Menschen nicht – das Praktizieren der Gegenwart dessen, der ihn erlöst hat und jetzt dabei ist, ihn zu heilen.

Ich hatte erst vor kurzem mit mehreren Menschen zu tun, die an ihrem Leben verzweifelten und am Rand des Selbstmords standen, weil sie diese Wahrheit nicht erkannten. Wenn ich sie bat, die Gegenwart des Herrn zu praktizieren, gaben sie zur Antwort: „Ich kann es nicht, mein Geist ist . . ." und beschrieben ein Leiden ihres Geistes. Sobald ich Gewißheit hatte, daß sie tatsächlich Christen waren, sagte ich: „Nein, das ist nicht der Fall. Christus lebt in Ihrem Geist und ist bereit, in Ihrem innersten Wesen aufzuleuchten und durch es hindurch zu scheinen. In Ihnen gibt es einen Ort, der heil ist. Sie gehören dem Herrn." Dann betete ich für sie; so wurden sie in die Lage versetzt, sich den tiefen Verletzungen ihres Lebens und ihrer Seele zu stellen ohne daran zu verzweifeln.

Vor kurzem betete ich mit einer christlichen Leiterin, die zwar Seele und Geist nicht bewußt verwechselte, aber doch unter einem enormen seelischen Streß stand. Sie stammte aus einer schwer dysfunktionalen Familie und hatte ihre Gefühle unterdrückt, um zu überleben. Inzwischen kann sie diese Gefühle nicht mehr alle unterdrücken, sie kommen auf eine äußerst furchterregende Weise hoch. Sie war voller Angst und fühlte sich von Gott verlassen. Ich erzählte ihr, was ich hier beschrieben habe; sie nahm es eifrig auf und schrieb in ihr Tagebuch: „Gott ist in meinem Geist; mein Geist ist heil, während meine Seele im Prozeß des Geheiltwerdens steht.

Ich kann die Gegenwart Gottes praktizieren, und ich werde das tun!" Dann sagte sie: „Das ist genau das, was ich hören mußte", und ihr Gesichtsausdruck veränderte sich völlig. Wir müssen alle an diese grundlegende Wahrheit der Inkarnation erinnert werden.

Wir haben als Christen eine inkarnatorische Sicht des Menschen und der Wirklichkeit. Christus ist, wie F. B. Meyer sagte, „die lebendige Quelle, die aus dem Brunnen unserer Persönlichkeit hervorquillt."[7] Er ist jetzt gegenwärtig. Er, unser Heiler, ist bereits Fleisch geworden, hat schon Sein Werk am Kreuz vollbracht, hat schon die Fülle Seines Geistes auf uns ausgegossen. Solange wir in der Zeit leben, werden wir nie mehr von Ihm bekommen können, als jetzt in diesem Moment. Unser Leben mit ihm, das Anerkennen dessen, daß Er bei uns ist, in uns lebt, und doch allmächtig bleibt – das alles im Hier und Jetzt – das ist es, was der Glaube wahrnimmt und ergreift. Gott hat sich uns verfügbar gemacht. Jesus ist tatsächlich der lebendige Quell in uns, wenn wir wiedergeboren sind. Wir praktizieren Seine Gegenwart. Diese Wahrheit halten wir bei dem Gebet um die Heilung der Seele hoch, wenn es darum geht, die Hindernisse für unser Werden in Christus zu entfernen.

Der Körper des Menschen
Leidet jemand an einer Krankheit oder den Folgen eines Unfalls, dann beten wir in anderer Weise als bei der Heilung der Seele. Doch gibt es ein gemeinsames und wirkungsvolles Prinzip für das Gebet um Heilung, ob es sich nun um den Körper, die Seele oder den Geist handelt: die Anrufung und Bekräftigung der Gegenwart Gottes in uns. „Wenn der Geist dessen in euch wohnt, der Jesus von den Toten auferweckt hat, dann wird er, der Christus Jesus von den Toten auferweckt hat, auch euren sterblichen Leib lebendig machen, durch seinen Geist, der in euch wohnt" (Römer 8,11).

Die Krankheiten von Geist, Seele und Körper überlappen sich. Es ist nichts Ungewöhnliches, für die Heilung einer Erinnerung zu beten und dabei zu erleben, daß auch der Körper geheilt wird.

Oder man betet um körperliche Heilung und stellt fest, daß Probleme im Bereich der Seele und des Geistes zum Vorschein kommen. In jedem dieser Bereiche kann das Gebet um Befreiung von dämonischer Aktivität nötig werden; das muß aber nicht so sein. Heilung von Körper, Seele und Geist ist einfach, wie John Gaynor Banks und Agnes Sanford gesagt haben, eine „Gebetserhörung".

Heilung der Erinnerungen

Beim Gebet um Heilung der Erinnerungen bekennen wir nicht nur unsere Sünde, sondern wir vergeben denjenigen Menschen und Umständen, die uns so schmerzlich verletzt haben. Oftmals müssen wir dabei aufhören zu leugnen, daß gegen uns gesündigt wurde.

Manchmal reichen die Erinnerungen, die Heilung brauchen, zeitlich weit zurück, sogar weiter noch als unsere bewußten Erinnerungen. Aber das Herz weiß darum; es vergißt nicht. Es bewahrt die Erinnerungen auf. Die schmerz- und schamerfüllten Erinnerungen werden unterdrückt. Sie verschwinden aber nicht, sondern brauchen Heilung.

Intellekt und Herz, unsere beiden „Bewußtseinsformen", stehen in einer Antithese. In ihrer Gegensätzlichkeit ergänzen sie sich; ihre Funktionsweise läßt sich nicht vergleichen. Das Herz als Sitz der Erinnerungen ist das „fühlende Bewußtsein". Es ist nur insofern irrational, als es in Symbolen „denkt". „Gefühle sind", wie Robert M. Doran, S. J., schreibt, „bewußt gewordene Energie. Gefühle sind eine Sache der psychischen Energie." Weiter schreibt er:

> „Gefühle gelangen immer in unser Bewußtsein, indem sie sich mit irgendeiner Repräsentation verbinden. Nun besteht die grundlegendste Form von Repräsentation in Symbolen. Ein Symbol, sagt (Bernard) Lonergan, ist ein Bild eines realen oder eines vorgestellten Objekts, das Gefühle hervorruft oder von Gefühlen hervorgerufen wird; damit ist gesagt, daß es kein Gefühl ohne symbolische Bedeutung gibt, kein Symbol ohne ein Gefühl. Das eigene Gefühl beim Namen zu nennen bedeutet, die damit verbundenen dynamischen Bilder, die Symbole, zu entdecken. Einsicht in seine Gefühle zu haben heißt, die Symbolassoziation zu verstehen. Die eigene Geschichte zu erzählen bedeutet, den Verlauf der eigenen elementaren Symbolisierung zu berichten." [8)]

In meinen Vorträgen und in meiner Seelsorgearbeit spreche ich weniger als die meisten anderen über Gefühle und den Umgang mit ihnen. Ich glaube, ich tue das deshalb, weil ich so viel über Symbole und den Umgang mit ihnen spreche. Wenn man jemandem hilft, sich die Bilder bewußt zu machen und zu verstehen, die sein eigenes Herz automatisch hervorbringt, dann bringt ihn das in Kontakt mit seinen Gefühlen. Ich halte es für besser, das Augenmerk des Betreffenden auf das Symbol statt auf das Gefühl zu richten. Auf diese Weise objektiviert er das Gefühl und versteht es schneller. Denn das Gefühl kann als solches überlebensgroß erscheinen, ja ihn völlig beherrschen.

Das Herz oder das „fühlende Bewußtsein", der Sitz der Erinnerungen, ist subjektiv. Wir können nicht mit ihm argumentieren oder ihm Befehle erteilen. Alle, die bei dem Namen einer Person schon einmal innerlich blockiert waren oder plötzlich in einer Prüfung nicht mehr in der Lage waren, die sorgfältig gelernten Antworten zu reproduzieren, verstehen diese Seite des Unterbewußten sehr wohl. Wir können dann versuchen, vernünftig oder im Befehlston mit ihm zu reden, aber es blockiert dann einfach.

Agnes Sanford nannte dieses, ihr subjektives Bewußtsein, „Junior" und hatte Freude daran, anderen beizubringen, wie man damit umgeht. Wenn man eine Prüfung ablegt und sich nicht mehr an die richtige Antwort erinnern kann, dann müsse man sanft mit Junior sprechen (an diesem Punkt legte sie dann ihre Hand über ihr Herz, wie um das scheuende Herz zu beruhigen) und sagen: „Es ist ok, Junior, stochere nur noch ein Weilchen herum und finde die Antwort, während ich zur nächsten Frage übergehe. Dann komme ich wieder und du kannst sie mir geben." Das hat sie dann auch so gemacht. Und natürlich fand „Junior" die Antwort, wenn Agnes aufgehört hatte, sie erzwingen zu wollen.

Der Mediziner, Psychiater und Missionar Dr. James Stringham spricht in seinen Vorträgen über Schuld und die Notwendigkeit des Sündenbekenntnisses für die Heilung der *psyche* vom Unterbewußten als dem ursprünglichen Computer. Selbst wenn die gesamten Finanzen der letzten fünfzig Jahre dort gespeichert wären, so würde es doch sofort angezeigt, wenn die Person einmal vergißt, eine Rechnung zu bezahlen. Genauso verhält es sich mit Schuldgefühlen und Erfahrungen von Ablehnung, wie auch mit krankhaften oder unnatürlichen Gefühlen im Unterbewußten. Das Unterbewußtsein speichert unsere Emotionen, unsere Gefühle von Wut, Haß, Verlangen, Freude und Liebe, wie auch unsere Erinnerungen. Und wie der Computer vergißt es nie eine „unbezahlte Rechnung", etwas das nicht geheilt oder vergeben wurde. Verlangen oder Gedanken, die das Bewußtsein unterdrückt hat, sind im Unterbewußten noch sehr aktiv. Was das Ganze aber noch komplizierter macht: Die wirklich unterdrückten Materialien treten im Bewußtsein nur in verkleideter, nicht ohne weiteres erkennbarer Form auf, eben in Symbolen. Solche Bilder dürfen nicht wörtlich genommen werden, sondern müssen als Symbole entschlüsselt werden; dann werden sie verstehbar. Wie Karl Stern in seinem wertvollen Buch *The Third Revolution* schreibt:

> *„Dieses riesige dunkle Universum des ‚Sinnlosen‘, das außerhalb der von der Logik erhellten Welt existiert, wird zu einer sinnvollen Struktur, wenn wir bestimmte vorläufige Prämissen einführen. Bevor wir Konzepte formen, bevor wir in Worten denken und bevor wir anfangen, in logischen Abstraktionen zu denken, gehen wir durch eine frühkindliche Phase, in der das Universum unseres Bewußtseins aus Empfindungen und Bildern besteht. Die Verbindung zwischen diesem vorkonzeptionellen Felsengrund und der oberen Schicht konzeptionellen Denkens ist mysteriös.* Aber sie ist nicht unerforschbar.[9] *(Hervorhebung von mir)*

So ist das „fühlende Bewußtsein", die Tiefendimension des Herzens, sozusagen der Sitz der Intuition, der wahren Imagination (der Vorstellungskraft), und der Erinnerungen.

Erinnerung

Die Kraft der Erinnerung, uns das Vergangene auf sehr reale Weise zu vergegenwärtigen, ist außerordentlich. Das griechische Wort *Anamnesis,* das auch in der Theologie des Abendmahls verwendet wird, liefert dafür ein sehr gutes Beispiel. Es bezeichnet, daß ein Ereignis aus der Vergangenheit nach vorne in die Gegenwart hineingebracht wird; dabei handelt es sich wie bei den Worten Jesu „Dies ist mein Leib, dies ist mein Blut" nicht nur um einen Akt psychologischer Erinnerung.

Selbst uralte Erinnerungen vergangener Generationen kommen in Zeiten der Heilung manchmal hoch; zu anderen Zeiten sind es ungewöhnliche Dinge, die wir höchstpersönlich erleben, wie ich selbst herausgefunden habe. Das erste Mal als ich nach Schottland kam, war ich viel in entlegenen Teile der Welt unterwegs gewesen. Zufällig reiste ich zu einer Zeit ins schottischen Hochland, als die Heide auf den Bergen purpurn blühte und der Rauch von Torffeuern über dem Land lag. Da erkannte ich tief in mir irgendwie diesen Ort wieder, obwohl ich noch nie vorher da gewesen war, und wußte, daß ich nach Hause gekommen war. Es war, als ob meine Wurzeln dort bis zum Mittelpunkt der Erde hinabreichten. Bei meiner Rückkehr nach Hause stellte ich Nachforschungen zu unserer Familiengeschichte an und fand heraus, daß die überwiegende Zahl meiner Vorfahren Schotten aus dem Hochland gewesen waren. Seitdem ich davon erzählt habe, haben mir zahlreiche Menschen von ähnlichen Erfahrungen berichtet.

Solch eine Erfahrung hat nichts mit Reinkarnation zu tun; das ist lediglich ein heidnischer Erklärungsversuch für solche Phänomene. Es kann vielleicht etwas mit dem genetischen Code zu tun haben, einer Art „Grunderinnerung", die in den Zellen unseres Wesens eingeprägt ist. Eine enge Freundin und Mitarbeiterin von mir hat eine Colliehündin. Ihre Vorfahren waren seit Jahrhunderten daraufhin abgerichtet worden, im Zickzack hinter den Schafen her zu laufen, um damit die gesamte Herde in die vom Hirten gewünschte Richtung zu treiben. Obwohl das nun schon Generationen zurücklag und dieses bemerkenswerte Tier so „vermenschlicht" war, daß ich sie liebevoll „Beastie" nenne, nur um mich daran zu erinnern, daß sie tatsächlich ein Tier ist, läuft sie doch immer noch im Zickzack, sei es hinter einer Person her, einer Beute oder einfach, wenn sie über die Felder streunt. Irgendwie ist das in ihrem Gehirnstamm oder den genetischen „Erinnerungen" festgelegt. Vielleicht habe ich einen kleinen Teil dessen, was ich in Schottland erlebte, mit Beastie und dem Rest des Tierreiches gemein. Aber der bedeutsamere Teil der Erklärung hat mit dem *Wesen von Zeit* zu tun sowie mit der Tatsache, daß wir, obwohl wir Geschöpfe in der Zeit sind, doch zum Ebenbild Gottes erschaffen sind. Für uns als Christen gelten diese Wahrheiten in einer besonderen Weise, denn Christus wohnt in uns. C. S. Lewis deutet Derartiges in einem bemerkenswerten Abschnitt über das Erinnerungsvermögen an.

„Die Erinnerung, wie wir sie kennen, ist ein schwacher Vorgeschmack, ja eher noch ein Trugbild, von einer Kraft, die die Seele, oder vielmehr Christus in der Seele (Er ging, um ‚uns einen Platz zu bereiten') nach unserem Weggang von hier ausüben wird. Sie wird dann nicht mehr länger ausschließlich in der Seele, in der sie auftritt, vorhanden sein. Ich kann Ihnen

jetzt nur einen unvollkommenen Eindruck der Felder meiner
Kindheit vermitteln – sie sind jetzt nämlich zu Wohngebieten
umgewandelt. Vielleicht kommt aber der Tag, an dem ich Sie auf
einen Spaziergang dorthin mitnehmen kann." [10]

Wir wissen inzwischen, daß Instrumente von Chirurgen bei der
Berührung bestimmter Teile des Gehirns „alte Erinnerungen"
auslösen; in diesen Erinnerungen durchlebt die Person Vorfälle aus
einer längst vergessenen Vergangenheit, voller Töne, Farben und
Gerüche. Dies ist ein konkretes Beispiel dafür, daß das Bewußtsein
tatsächlich die Erinnerungen aufbewahrt. Aber darüber hinaus
illustriert das für mich die Tatsache, daß dann, wenn schon
Chirurgen, die zufällig das Gehirn berühren, eine Erinnerung
hervorholen können, Gott erst recht solche Erinnerungen, die
Vergebung und Heilung brauchen, anrühren kann.

Der Heilige Geist ist Gottes Finger auf wunden Erinnerungen.
Wenn die Notwendigkeit der Vergebung für Sünde über Generationen
zurückreicht, wie leicht ist es dann für Gott, unsere Gebete zu
erhören und diese Erinnerung der Vorfahren anzurühren. Dann
nimmt Er die Last dieser Sache von uns, die unsere Familien so
verletzt hat. [11]

Zeit

Unser Erinnerungsvermögen hilft uns, die Grenzen, die wir als
Wesen in der Zeit haben, zu überwinden. Auch die Zeit selbst ist
ein Geschöpf, sie wurde erschaffen. Dieser Gedanke mag atembe-
raubend sein, aber er stimmt. Jesus, der Unendliche, steht außerhalb der Zeit, und alle Zeiten sind gleichermaßen vor Ihm
gegenwärtig.

„Gott zu sein bedeutet, eine unendliche Gegenwart zu genießen,
in der nichts schon vergangen ist und nichts erst noch kommen
muß." [12]

Das heißt, daß alle unsere Zeiten, zusammen mit allem, was wir
sind, vor Gott ewig gegenwärtig sind.

Mehrere Jahre, bevor ich lernte, für die Heilung der Erinnerungen zu beten, machte ich eine sehr ungewöhnliche Erfahrung,
die ich über eine ganze Reihe von Jahren nicht weitererzählte. Ich
war beim Campen in Oklahoma und hatte beim Aufräumen des

Camps einen riesigen Felsblock bestiegen. Als meine Arbeit fertig war, trat ich einen Schritt zurück und machte damit zugleich einen Schritt zurück in der Zeit. Ich sah zwei Indianer – und sie sahen mich. Ich sah das Gelände, wie es vor Hunderten von Jahren gewesen war. Ich wußte augenblicklich, daß das lange vor dem Kommen des weißen Mannes gewesen sein mußte, und daß diese Indianer nie zuvor einen Weißen gesehen hatten. Das Erstaunen war gegenseitig.

All dies geschah in einem Augenblick, und es war auch genauso schnell wieder vorüber. Verblüfft rannte ich zu meinem Camper zurück und betete. Ich fragte den Herrn, was da geschehen war, und wußte dann, daß es genauso war, wie es den Anschein gehabt hatte. Ich hatte einen Blick durch die Zeit geworfen; die Indianer hatten das in der anderen Richtung getan und mich dabei gesehen. Ich verstand diese Erfahrung lange Zeit nicht, aber als ich betete, versicherte mir der Herr, daß Er selbst das zugelassen hatte und es in keiner Weise von den Mächten der Finsternis herbeigeführt worden war.

Zu dieser Zeit war ich zutiefst ratlos, was Edie anbelangte, ein junges Mädchen, für die ich gebetet hatte, aber der ich nicht helfen konnte. Sie fiel immer wieder in sexuelle Sünde, tat dann von ganzem Herzen darüber Buße und bat mich, mit ihr zu beten. Ich kannte die Kraft der Vergebung Gottes in meinem eigenen Leben jenseits des Schattens eines Zweifels; so konnte ich angesichts ihres Verlangens, sich zu ändern, ihre Unfähigkeit nicht verstehen, ihren Stand in Christus zu behalten. Ich verstand ihren Schmerz nicht, der in sexuelle Zwänge mündete, sich immer wieder Männern hinzugeben.

Edie war als kleines Mädchen adoptiert worden, und unvermeidlich kamen, als wir längere Zeit zusammen beteten, schmerzhafte Erinnerungen hoch. Sie und ihre gleichaltrigen Brüder lagen dabei in einer Wiege und waren naß, schmutzig und hungrig. Die Polizei kam und führte ihre betrunkene Mutter und ihren betrunkenen Vater in unterschiedliche Richtungen ab. Sie litt innerlich enorm darunter und schluchzte unter Zuckungen, wenn diese Erinnerung hochkam. Diesen Verlust hatte sie als tiefste Form der persönlichen Ablehnung erfahren. In ihrem Herzen empfand sie, daß niemand sie lieben konnte, wenn es schon ihre Eltern nicht getan hatten. Hatten diese sie im Stich gelassen, so würden das alle Menschen tun. Das war die Wurzelerinnerung hinter ihren Zwängen. Hätte ich damals gewußt, was ich später lernte, dann hätte sie eine Heilung erlebt, mit der sie den seelischen Stürmen widerstehen hätte können, die ihr entgegenbliesen, als ihre Seele Heilung von ihren tiefen Defiziten erlebte.

Als ich auf dieser Campingtour war, fragte ich den Herrn, warum dieses Mädchen nicht aus seinen Schwierigkeiten herausfand, warum sie nicht das von Ihm empfangen konnte, was sie brauchte. Der Herr zeigte mir dann durch diese Erfahrung wie auch durch das Schottlanderlebnis, daß vor Ihm alle Zeiten eins sind; daß Er ewig in allen diesen Momenten anwesend ist, wo Vergebung und Heilung nötig sind.

Hätte ich damals schon etwas von der Heilung der Erinnerungen verstanden, hätte Edie von ihren sexuellen Zwängen geheilt werden können, um dann zu einer vollen Selbstannahme zu finden. Ich hätte Gott in all Seiner heilenden Kraft in diese Erinnerung einladen können. Dort lag nicht nur das Wurzeltrauma, sondern sie war zugleich höchstwahrscheinlich das Symbol für alle elterliche Vernachlässigung und Ablehnung, die sie je erfahren hatte. Die Ablehnung hatte sie unfähig gemacht, von Gott oder anderen Menschen Liebe annehmen zu können. Wir hätten zusammen unter der Führung des Heiligen Geistes die furchtbaren Sünden des Alkoholismus, der fehlenden elterlichen Liebe und Fürsorge usw. bekannt. Dann hätte ich sie eng an mich gedrückt (den kleinen Säugling, der immer noch nach den Armen der Mutter schrie), und ihr geholfen, ihrer Mutter, ihrem Vater und ihren kleinen Brüdern zu vergeben, daß sie sie verlassen hatten. Dadurch hätte sie von Gott Erleuchtung und Heilung empfangen können, und Er hätte dann die furchtbare Last der elterlichen Sünden von ihr genommen. Gott war auch in diesem schlimmsten Moment, als sie ihre Eltern und Brüder verlor, bei ihr gewesen. Wäre jemand dagewesen, der gewußt hätte, wie man mit einer Hand Gott ergreift und mit der anderen Edie, dann hätte sie damals schon getröstet werden können. Als Säugling hätte sie dringend jemanden gebraucht, der ihr die heilende Liebe Christi hätte bringen können. Leider denken nur sehr wenige Christen in solchen Zusammenhängen und können dafür beten, selbst für ein kleines Baby. Mehrere Jahre später war Edie dann von Christen adoptiert worden und fand zu Christus, weil sie in dieser Familie das Evangelium hörte. Jetzt lebte Christus in ihr und war bereit, jene schlimmsten Erinnerungen zu heilen und ihr zu helfen, mit den tiefen Verletzungen ihrer Seele zurechtzukommen. Sie hätte aber das Verständnis und den Dienst eines anderen Menschen gebraucht – jemanden, der nicht nur ihre Augen auf Gott gelenkt hätte, sondern auch in einer Art und Weise gebetet hätte, daß Christus Zugang zu den Wurzelerinnerungen bekommen und sie geheilt hätte. Als keine Heilung eintrat, versuchte sie weiterhin in der Überzeugung, sie tauge nur dazu, verlassen zu werden, Liebe zu finden, wenn auch nur für einen Moment, indem sie ihren Körper zwanghaft einem Fremden nach dem anderen hingab.

War sie für ihre Sünde verantwortlich, für die Art und Weise, wie sie zwanghaft versuchte, ihre innere Einsamkeit und Schmerzen zu lindern? Ja. Aber als Christ brauchte sie unbedingt die heilende Kraft, die Gott der Kirche anvertraut hat. Doch die Kirche um sie herum hatte ihre Kraft zur Heilung der Seele verloren.

Gott heilt sogar die Traumata, an die wir uns nicht erinnern können. Er will alles heilen. Die gute Nachricht ist, daß alle unseren Zeiten vor Ihm Gegenwart sind – die Gegenwart ebensosehr wie die Vergangenheit und die Zukunft. Wir müssen es einfach lernen, mit Ihm im Gebet zusammenzuarbeiten.

Zeit und Raum

Mensch zu sein bedeutet, mit Zeit und Raum beschenkt zu sein, aber auch dadurch begrenzt zu werden. Wir müssen verstehen, wie die Gabe des Gebets uns hilft, diese Hindernisse zu überwinden. Das Gebet um die Heilung der Erinnerungen, also die Tiefenvergebung von Sünde, ist der Weg, auf dem wir unsere Begrenzungen als Geschöpfe in der Zeit überwinden. Das *Fürbittegebet* – etwas, das wir nie vernachlässigen sollten – ist das Mittel, das uns gegeben ist, die Grenzen des Raums zu überwinden. Füreinander in der Fürbitte einzutreten bedeutet sozusagen, für den anderen gegenwärtig zu sein, egal wo auf dem Globus (oder im Weltraum!) er sich befindet. „Auch wenn ich fern von euch weile, bin ich im Geist bei euch", schrieb Paulus, der voller Eifer für die ihm anvertrauten Christen betete (Kolosser 2,5; vgl. auch 1. Korinther 5,3-5). Ich füge diese Ermahnung zur Fürbitte hier ein, weil es einfach ist, diese Form des Gebets zu vernachlässigen, wenn wir einmal die unglaublichen Ergebnisse des Gebets um die Heilung der Erinnerungen gesehen haben. Wir müssen dann dieses Ungleichgewicht korrigieren. Aber unsere Illusion im Blick auf die

Zeit scheint das Schwierigere. C. S. Lewis kommentiert diese anhaltende Blindheit unter den Christen treffend:

> *„Wir haben die eigenartige Illusion, daß die Zeit als solche die Sünde löscht. Ich habe gehört, wie andere (und auch ich selbst) von in der Kindheit begangenen Grausamkeiten und Falschheiten erzählt haben, als ob sie mit dem gegenwärtigen Sprecher nichts zu tun hätten; er konnte sogar darüber lachen. Aber die Zeit allein bewirkt überhaupt nichts, weder in bezug auf die Tatsache, noch auf den Schuldcharakter der Sünde. Schuld wird nicht durch die Zeit weggewaschen, sondern durch Buße und das Blut Christi."* [13]

Zeit, selbst ein Geschöpf, löscht unsere Sünde nicht aus. Nur durch Umkehr und das Blut Christi werden Sünde und Schuld aus Vergangenheit und Gegenwart weggenommen. Das ist dann auch der Grund, warum *Unglaubliches* passiert, wenn eine Kirche, eine Nation oder auch ein einzelner Buße tut.

Eine Warnung in bezug auf falsche Lehren

Die gewaltige Wahrheit, daß Christi Blut ausreicht, die Macht der Sünde zunichte zu machen, wird heute durch bestimmte Menschen, die den Dienst der inneren Heilung ausüben, schwer verdunkelt. Sie erkennen zwar die Notwendigkeit der Vergebung der Sünde an, aber präsentieren in ihren Vorträgen und Büchern doch etwas anderes als diese großartige, traditionelle Lehre. Sie fügen okkulte Lehren hinzu, die für keinen Zweig der Kirche akzeptabel sind, ob katholisch oder protestantisch. Diese Lehren unterminieren geradezu die Lehre von Buße und Vergebung, während sie gleichzeitig die Tür zum Universalismus und Spiritismus öffnen.

Die Hauptthesen? Man schlägt eine direkte Verbindung von der christlichen Wahrheit der Allgenügsamkeit der Sündenvergebung, wie sie vor allem in der eucharistischen Liturgie des Abendmahls zum Ausdruck kommt, zu der Welt der Geister – ruheloser Geister. Die Toten, so sagt man, versuchten, mit den Lebenden Kontakt aufzunehmen. Die Lebenden hätten eine Verantwortung, mit den Abgeschiedenen in eine dauerhafte Beziehung zu treten. Statt Heilung durch die Sündenvergebung eines heiligen und gerechten Gottes anzubieten, wird hier eine neue Gnosis vertreten (die neue

Form eines alten Okkultismus), der mit Familiengeistern zu tun hat, die die Lebenden heimsuchen. Dies öffnet unvorsichtige Menschen für den Bereich des Spiritismus und für das Wirken der ‚Ahnengeister' – Dämonen, die die Toten verkörpern.

Dadurch wird versucht, dem Christentum Gedanken zu vermitteln, die schon lange Teil der angloamerikanischen okkulten Tradition sind. Edgar Cayce und Ruth Montgomery würden sich bei dem, was hier praktiziert wird, sicher sehr wohl fühlen.

Während des Zweiten Weltkriegs, als die amerikanischen Piloten im Fernen Osten auf Einsatz waren, kam es immer wieder vor, daß Eingeborene, die lange im Ahnenkult gelebt hatten, auf das Flugfeld rannten, um so nahe wie möglich an die Propeller heranzukommen; dadurch hofften sie, von den „Geistern" ihrer Ahnen freizuwerden. Sie kamen dabei öfters um; die Piloten konnten aber nichts dagegen unternehmen. Von den dämonischen Bindungen, zu denen solche Praktiken führen, müssen heidnische Stämme fast immer befreit werden, wenn sie sich zu Christus bekehren, ganz zu schweigen von all dem Aberglauben, der damit einhergeht.

Eines Tages kam eine nette chinesische Frau mit ihrer ganzen Familie auf eine meiner Konferenzen. Sie war zutiefst beunruhigt, daß diese heidnischen Lehren in ihre Diözese strömten, und ihr Bischof die Gefahren nicht sah, geschweige denn, daß er seine Herde davor schützte. Als junge Christin aus dem Fernen Osten war sie (unter großen dämonisch verursachten Schmerzen und Leiden) aus all diesen irreführenden Praktiken herausgekommen, die mit dem Beschwichtigen der Totengeister zu tun haben. Sie war jetzt völlig erstaunt, daß solche Dinge in ihrem christlichen Umfeld gelehrt und empfohlen wurden. [14]

Während diese Lehre zum Teil zurückgegangen ist, bricht sie doch immer wieder periodisch in christlichen Kreisen durch. Wir müssen darauf achthaben und einfach immer wieder bekräftigen, daß allein die Umkehr und die Vergebung der Sünde uns von den Auswirkungen unserer eigenen Sünden wie auch der anderer befreit, selbst wenn nicht vergebene Sünde, Flüche und anderes über Generationen hinweg weitergegeben wurden. Christi Blut ist genug. Es reicht völlig aus. Wir müssen nichts hinzufügen. Dann werden wir das Wunder geistlicher und seelischer Heilung erleben, ohne daß schlechte Früchte wegen des Unkrauts aufblühen, das unter den Weizen gesät wurde.

Dämonische Lehren führen zur Dämonisierung von Menschen. Was wir glauben, ist wirklich wichtig. In einer Zeit, in der der Naturalismus mit seinen materialistischen Ideologien und Epistemologien versagt hat und zerbricht, können wir eine Flut von schlammigem Mystizismus erwarten. Der einzige Schutz gegen das Falsche ist das Wahre – die Kraft des Namens Christi, die alle Christen erfahren, wenn sie Christus gehorchen und mit Seinem Geist zusammenarbeiten lernen – bei der Predigt, beim Lehren und im Heilungsdienst. Wir wandeln in den *Geistesgaben*, den Gaben, die der Heilige Geist schenkt, und wir hören auf, Gottes Werk in unserer eigenen Kraft zu tun. Wahrhaft und gehorsam im Reich Gottes zu leben bedeutet, ganz „natürlich" und voller Freude in der Dimension von *Wundern* zu leben. Aber die Kirche hat vor dem Materialismus und den Ideologien dieser Welt kapituliert; sie hat darin versagt, in der Kraft Gottes zu leben, wie sie es eigentlich sollte. In dem Maß, wie diese Kraft wiederhergestellt wird, die Kraft wahrer Umkehr und Vergebung, werden wir uns zunehmend mit dem Mystizismus auseinanderzusetzen haben, der hereingeströmt ist, um das Vakuum zu füllen. Die verschiedenen Formen des Mystizismus enthalten fast immer viel Wahres, vor allem in bezug auf diejenigen Aspekte, die die Kirche gegenwärtig vernachlässigt. Sie enthalten aber immer auch etwas, das nicht im Einklang mit der *Inkarnatorischen Realität* steht, der Wirklichkeit Christi in uns – der uns vergibt, uns von Sünde befreit, uns durch Seinen Geist mit dem Vater vereint, und uns einzeln und als Leib Christi Seine Kraft verleiht.

Auf der anderen Seite werden wir es zunehmend mit neuen Anti-Supernaturalisten, Dispensationalisten und sonstigen zu tun bekommen, die Angst vor der wahren Kraft Gottes haben und Falsches und Wahres wild durcheinanderwerfen. Hier ist Christi Lehre vom Unkraut unter dem Weizen angebracht (vgl. Matthäus 13,36-43). Solche Menschen, die Zitate aus dem Zusammenhang reißen, ohne das Gesamtbild der Werke und Schriften eines Mitchristen zu sehen, reißen rücksichtslos und ignorant den Weizen mit dem Unkraut aus. Sie säen selbst schlechte Saat. Sie säen (unter anderem) Furcht und Haß gegenüber der wahren Imagination, von der sie keine Ahnung haben, aber panische Angst, und sie säen Furcht und Haß gegenüber Mitchristen. Sie verleumden große Diener des Herrn, deren Werk und Frucht für sich spricht und keine Rechtfertigung braucht. Sie säen zugleich den Samen schlechter Wissenschaft, schlechter Theologie und schlechter Psychologie – und darin gleichen sie denjenigen, die den Mystizismus vertreten.

Wir können nicht länger naiv die Ideologien von heute übersehen, und Christen, die darin gefangen sind, weiter vergeblich im Bereich der Heilung herumdoktern lassen. Wir können nicht länger eine gesunde Theologie ignorieren, die lehrt, wie man wahrhaft in der Kraft Gottes lebt. Das war immer schon schädlich, aber heute wird es kritisch. Es hat sicherlich noch kaum eine Zeit gegeben, in der die Menschen (einschließlich der Verantwortlichen) so leicht und mit solch fatalen Konsequenzen in die Irre geführt werden konnten. Möge der Herr uns alle stärken, Seinen Willen zu tun.

KAPITEL 7

Das zweite große Hindernis: Mangelnde Vergebung

Denn wenn ihr den Menschen ihre Verfehlungen vergebt, dann wird der himmlischer Vater auch euch vergeben. Wenn ihr aber den Menschen nicht vergebt, dann wir euch euer Vater eure Verfehlungen auch nicht vergeben.

(Matthäus 6,14-15)

Mangelnde Vergebung für andere ist eine gewaltige Hürde für ein umfassendes Heilwerden. Man fängt vielleicht an, die darin liegende Gefahr für die Seele zu erfassen, wenn man über die oben angeführten Worte Christi nachdenkt. Die meisten modernen Menschen, auch Christen, haben sogar die Sprache verloren, mit der sie über die Seele reden könnten. So entgehen ihnen weitestgehend die Regungen der Seele. Aus diesem Grund möchte ich mich kurz mit einer der für mich häufigsten „Kategorien" in diesem Bereich beschäftigen, um uns die Notwendigkeit, selbst zu vergeben, vor Augen zu führen, und um uns zu einer größeren Hilfe für diejenigen werden zu lassen, für die wir beten.

Immer finden wir unter dem Strich bei allem, was nicht recht ist, Stolz. Diesen Stolz müssen wir als Sünde bekennen. Das gilt genauso für unseren Mangel an Vergebung für die kleinen Dinge im Leben. Schauen wir uns diese Kategorie also zuerst an.

Die Kleinigkeiten vergeben

Wir neigen dazu, beim Gebet für andere diese Kategorie zu übersehen, aber oftmals besteht gerade hier eine besondere Notwendigkeit zu vergeben. Es ist die *Alltäglichkeit* des Ärgers und der kleinen Verfehlungen, die uns nervt, und wir können leicht an den Punkt kommen, wo wir diejenigen verachten, die uns auf diese Weise Anstoß geben.

Darüber hinaus sollten wir sehr darauf achten, welche Personen uns häufiger Anstoß geben. Denn damit ist natürlich impliziert, daß der Betreffende in irgendeiner Weise weit unter uns steht. Deswegen müssen wir ausdrücklich die Sünde des *Stolzes* bekennen und dann dem anderen vergeben.

Christus sieht die anderen nicht so, wie wir sie sehen. Halten Sie einen Moment inne, praktizieren Sie Seine Gegenwart und bitten Sie darum, den Betreffenden durch Seine Augen zu sehen – das kann uns eine völlig andere Perspektive geben. Tun wir das, so sehen wir oftmals übersehene Stärken beim anderen, während wir gleichzeitig schmerzlich an unsere eigenen Schwächen und Christi Geduld gegenüber all unserer Kleinkariertheit erinnert werden.

Ich wurde bei einer Frau, die erkannte, daß sie solch eine Kleinigkeit vergeben mußte, Zeugin einer bemerkenswerten körperlichen Heilung. Sie war in einer Gebetsgruppe, die sich regelmäßig traf, um für die Heilung von Kranken zu beten. Sie litt selbst zunehmend unter Arthritis. Egal, wie oft man für sie betete, es wurde allmählich schlimmer. Mehrere Jahre später beteten wir wieder einmal für ihre Heilung; dabei fiel ihr plötzlich die Sache mit ihrer Nachbarin in der Wohnung über ihr ein. Diese Frau war gehbehindert, weshalb sie ihr jeden Mittag ihr Mittagessen hochbrachte. Trotzdem rief diese Frau sie jedesmal ein paar Minuten, bevor sie den dampfenden Teller bringen konnte, an, um mit klagender Stimme zu fragen: „Kommen Sie denn?"

Als das immer so weiter ging, wurden ihre Gedanken über die Nachbarin immer negativer. Statt ihr aber zu erklären, daß ihr diese tägliche Anruferei auf die Nerven ging, hielt sie den Mund und schluckte den ganzen Ärger hinunter. „Denken" tat sie allerdings, und zwar laut genug! Nach mehreren Jahren schrie sie innerlich: „Komme ich denn nicht jedesmal? Bin ich schon irgendwann einmal nicht gekommen?" Schließlich stand sie innerlich jedesmal total unter Spannung, bevor sie hochging. So ging das tagaus, tagein.

Am Tag ihrer Heilung beugte sie mit schmerzverzerrtem Gesicht ihre Knie vor dem Altar, und erkannte während des Gebets, daß sie ihrer Nachbarin vergeben und Gott selbst um

Vergebung für ihre eigenen Reaktionen bitten mußte. Das tat sie und war augenblicklich von ihrer äußerst schmerzhaften Arthritis geheilt. Wer so etwas noch nie selbst gesehen hat, wird es kaum glauben können. Eine solche Heilung veranschaulicht in drastischer Weise die Kraft der Vergebung und zeigt, wie sie uns für Gottes Heilende Gegenwart öffnen kann.

Demut und Langmut, diese großen christlichen Tugenden, werden heute nur selten verstanden oder gelehrt. Nicht alle, die sie zu haben scheinen (etwa indem sie nie an sich denken), haben sie auch tatsächlich. Christen, die in koabhängiger und letztlich götzendienerischer Weise „auf andere hin verkrümmt" sind, halten diese Einstellung manchmal fälschlich für Demut und Dienst an anderen. Tatsächlich aber ermöglichen sie damit nur krankhaftes und sündiges Verhalten bei anderen. [1] „Demütigt euch – fühlt euch unbedeutend – in der Gegenwart des Herrn, dann wird Er euch erhöhen. Er wird euch emporheben und eurem Leben Bedeutung verleihen." (Jakobus 4,10 nach der *Amplified Bible*).

Es ist wunderbar einfach, die Sünde des Stolzes zu bekennen und dann zu vergeben, aber zu viele geraten schon an diesem Punkt ins Stolpern. Wir stellen fest, daß wir erst einmal die erste Klasse in der Gebetsschule des Heiligen Geistes besuchen müssen. „Vater, ohne Dich bin ich nichts, erbarme Dich über mich; ich habe *ohne Dich* gelebt; wenn Du mich auch nur für einen Augenblick verläßt, werde ich noch stolzer und selbstsüchtiger." Wenn wir es lernen, dieses Gebet ohne die geringste Spur von Selbsthaß oder Überlegenheitsgefühl zu beten, dann sind wir auf einem guten Weg – dem Weg zur Reife in Christus.

Wenn wir immer wieder an solchen kleinkarierten Dingen Anstoß nehmen, ist es wichtig, unsere subjektiven Reaktionen aufzugeben und – im Hören auf Gottes Anweisungen – in die freie Luft einer objektiven Sicht hinauszutreten. Auf diese Weise hätte diese Frau mit dem täglichen Jammern ihrer Nachbarin ehrlich umgehen und Christi Liebe für das eigentliche Problem bringen können – der enormen Einsamkeit der Kranken und ihrer Angst vor dem Verlassenwerden.

Mangelnde Vergebung, weil man nicht mit dem eigenen Herzen in Kontakt ist

Heute, wo das, was im Kopf und was im Herzen ist, weit auseinanderklafft, leben viele Menschen in einer Haltung der

Unversöhnlichkeit, ohne es zu merken; erst im Gebet wird das durch den Heiligen Geist offenbart.

Oft stelle ich beim Gebet mit solchen Menschen fest, daß eine Erinnerung an Mißhandlung oder ein anderes abnormales Verhalten hochkommt. Der Betreffende weiß nicht, daß er dem Täter vergeben muß. Ich muß ihm dann sagen: „Sie müssen das als Sünde gegen sich bekennen, und zwar ganz konkret mit Namen – denn es ist wirklich Sünde –, und dann vor Gott dem/der … vergeben." Es ist wichtig, daß Sünde und Täter konkret beim Namen genannt werden. Es geht hier nämlich um keinen abstrakten Vorgang, sondern um eine sehr reale Transaktion vor und mit unserem Gott.

Unweigerlich wird die Person überrascht sein; meist hat sie die Sache noch nie in diesem Licht gesehen. Das trifft vor allem dann zu, wenn man einem Elternteil vergeben muß. Wenn aber die Tat oder die Umstände einmal klar als Vergehen benannt und die Vergebung für den Betreffenden ausgesprochen wurden, dann tritt auch die Heilung schnell ein.

Oft wissen solche Leute nicht, was normal ist. Sie stammen aus dysfunktionalen Elternhäusern, in denen es keine gesunden Beziehungen untereinander gab. Zusätzlich wurde ihnen gewöhnlich beigebracht, die eigenen Gefühle zu leugnen. Selbst wenn man normale Gefühle und Gedanken ausdrücken wollte, wurde ihnen kein Wert beigemessen. So kommt es zu einem tiefen inneren Wissen um Ungerechtigkeit und/oder einer Frustration; irgendwo weiß man auch um die Notwendigkeit von Vergebung. Für mich wird das deutlich, wenn die Person auf meine Bitte hin die Sache nochmals beim Namen nennt und Vergebung dafür ausspricht, und dann eine große Wut ans Licht kommt. Ich lasse sie dann ihre Hände zu Christus am Kreuz hin ausstrecken und leite sie an, zu „sehen", wie ihr Ärger und ihre Unversöhnlichkeit aus ihr heraus in Christus hineinfließen, der an unserer Stelle alle unsere Sünde und Dunkelheit nimmt und trägt. Nachdem das geschehen ist, bitten wir Christus, mit Seiner heilenden Liebe und Seinem Licht alle Orte auszufüllen, an denen dieser Schmerz, der Zorn und die Unversöhnlichkeit wohnten.

Judys Geschichte aus Kapitel 6 in *Krise der Männlichkeit* ist ein gutes Beispiel dafür, wie emotional krank und verwirrt Menschen sein können, wenn sie vergeben müssen, das aber nicht erkennen. Die Geschichte zeigt auch, daß wir solange an unsere Eltern gebunden bleiben, bis wir ihnen vergeben. Solange lösen wir uns nämlich in unserer Identität nicht völlig von ihnen und werden schlußendlich uns selbst hassen.

Das Unvergebbare vergeben

Nicht ein Bote oder ein Engel, sondern sein Angesicht hat sie gerettet. In seiner Liebe und seinem Mitleid hat er selbst sie erlöst. (Jesaja 63,9)

„Agonie bedeutet ein schweres Leiden, in dem etwas stirbt – entweder das Gemeine oder das Gute. Kein Mensch ist nach einer solchen Agonie noch der gleiche; er ist entweder besser oder schlimmer. Die Erfahrung der Agonie ist fast immer das erste, was das Verständnis für die Notwendigkeit der durch Jesus Christus bewirkten Erlösung eröffnet." [2]

Manchmal müssen wir Handlungen vergeben, die weit über die Kleinigkeiten hinausreichen, an denen unser Stolz und unsere Vorurteile Anstoß nehmen. Für einen jungen Menschen, der in seinem Geist verbogen und selbst der einfachsten Freuden der Kindheit und Jugend beraubt wurde, weil ihn perverse oder wahnsinnig gewordene Eltern haßten und mißbrauchten, kann Vergebung zuerst als ein Ding der Unmöglichkeit erscheinen. Und auch die zahlreichen unterschiedlichen, eher subtilen Sünden gegen Seele und Geist sind ebenso schwer zu vergeben. Man geht fehl, wenn man solchen Personen gegenüber einfach die Schriftstelle zitiert „Vergebt euren Feinden", ohne ihnen in die Gegenwart Gottes zu helfen, so daß sie sowohl vergeben, als auch Heilung und Trost empfangen können.

Oft haben mir Leute gesagt, „Ich kann nicht vergeben." Und wenn sie mir dann die Umstände schildern, verstehe ich ihre Schwierigkeiten voll. In Kapitel sieben des Buches *Heilende Gegenwart* erzähle ich von meiner eigenen Erfahrung, das „Unvergebbare" zu vergeben. Einen ganzen Nachmittag lang schrie ich zu Gott um die Kraft, vergeben zu können; ich wußte nur zu gut, wie hilflos ich ohne Seine Gnade war. Ich schrieb:

„Es gab furchtbare Momente an jenem unendlich langen Nachmittag, als ich mich fragte, was ich tun sollte, wenn Gott

mir nicht helfen würde – wenn ich einfach den Rest meines Lebens weiter so zu Ihm schreien müßte. Dann kam ein Moment, als mein Betteln plötzlich von einem erstaunlichen Bewußtsein, daß Christus in mir lebt, unterbrochen wurde. Aus dieser inneren Mitte heraus, wo Er und ich geheimnisvoll eins waren, geschah dann die Vergebung für meinen Feind. Es war, als ob Christus in mir und durch mich der Person vergab (wer kann so etwas überhaupt erklären?) – und doch vergab auch ich. "[3]

Man beachte: Erst als ich zur vollen Identifikation mit Christus kam, war ich in der Lage, zu vergeben. Am Kreuz identifizierte Er sich mit meiner Sünde und meinem Leiden – auch dem Schmerz, den ich gerade durchlebte. An diesem Punkt der Identifikation mit Ihm konnte ich tatsächlich am, ja, im Kreuz stehen und mein Verletztsein tragen – zusammen mit Ihm.[4] Eins mit Ihm in Seinem Sterben war ich fähig, meine Unversöhnlichkeit loszulassen, mit all ihren Gefühlen der Wut und Verletztheit, und sie Ihm in völligem Vertrauen zu überlassen. Im Einklang mit Ihm konnte ich beten: „Vater vergib ihnen, denn sie wissen nicht, was sie tun!" Alle meine Verletzung, Angst und Unfähigkeit, zu vergeben, strömte in Ihn hinein; an ihrer Stelle gab Er mir Freiheit. Nachdem ich meinen Platz in Seinem Sterben eingenommen hatte und eins mit Ihm geworden war, nahm ich nun auch meinen Platz in Seiner Auferstehung ein. Und ich erlebte Freude. Es gibt keine bessere Theologie als diese. Das ist die Botschaft vom Kreuz; sie gilt für uns alle. Dies ist der Weg der christlichen Vergebung.

Aus der Schrift heraus, aus meiner eigenen persönlichen Erfahrung sowie auf dem Hintergrund dessen, daß ich vielen, vielen anderen in den schlimmsten nur vorstellbaren Situationen geholfen habe, kann ich solchen Menschen immer versichern: „O ja, Du kannst vergeben. Und ich zeige Dir gerne wie. Wir werden ins Gebet gehen, und Du ‚wirst Kraft empfangen' (Apostelgeschichte 1,8) – die Kraft, selbst Deinem schlimmsten Feind zu vergeben." Dieser Feind wird oftmals der „geliebte Feind" sein. Es sind die, die uns am nächsten stehen, die die größte Kraft haben, uns zu verletzen und zu verstümmeln.

Johnnys Geschichte, die zuerst in Kapitel 4 des Buches *Du kannst heil werden* (früher: *Das zerbrochene Bild*) erschien und hier noch einmal abgedruckt wird, illustriert, wie das Gebet um

Heilung der Erinnerungen einer leidenden Seele helfen kann, das „Unvergebbare" zu vergeben. Diese Geschichte zeigt zudem beispielhaft, welch wichtige Rolle Johnnys Wille und seine Imagination (durch die sein Herz in der Gegenwart Gottes fähig wird, zu sehen) spielten, als es darum ging, einem äußerst verkommenem Vater zu vergeben.

JOHNNYS GESCHICHTE

Johnny war Mitte zwanzig und bereits verheiratet, als sein Vater starb. Dieser Verlust belastete ihn so stark, daß er sich auf homosexuelle Handlungen einließ und diese zwei Jahre lang praktizierte.

Sein tiefes inneres Verlangen blieb jedoch ungestillt, und seine Ehe geriet in ernste Schwierigkeiten. Johnny versuchte daraufhin, sich von seinen homosexuellen Handlungen zu lösen. Er fand in dieser Zeit zum Glauben an Jesus Christus und wurde nach seiner Umkehr zu einem leidenschaftlichen Nachfolger Jesu.

Zehn Jahre nach seiner Umkehr – Jahre, in denen er als tiefgläubiger und verantwortungsvoller Christ gelebt hatte – zerbrach Johnny jedoch innerlich. Er hatte Angst, seine Kinder könnten herausfinden, was er gewesen war, und seine Frau könne ihn verlassen; doch vor allem hatte er schreckliche Versagensängste. Darüber hinaus wurden seine homosexuellen Zwangsvorstellungen wieder so stark, daß er sie nicht mehr leugnen oder aus seinem Bewußtsein verdrängen konnte. Schließlich fürchtete er, wirklich sexuell unnormal zu sein. Er steckte mitten in einem Nervenzusammenbruch.

In diesem Zustand des inneren Zerbruchs suchte er auf Drängen seiner Frau Hilfe. Sein Bewußtsein war durch die Verdrängung all der alten Ängste, Verleugnungen und schlechten Erinnerungen überlastet und nicht mehr funktionstüchtig. Johnny mußte sich nun seiner inneren Einsamkeit, den Ängsten und der Finsternis stellen, die er solange nicht hatte sehen wollen.

Seine Geschichte ist erschreckend. Sie berichtet von einem brutalen Vater und älteren Brüdern, die die Homosexualität als Teil ihrer Hackordnung am Arbeitsplatz und zu Hause praktizierten.

117

Sein Vater hatte ihm nie ein Lächeln oder ein freundliches Wort geschenkt – Dinge, nach denen er sich ein Leben lang gesehnt hatte. Er erlebte, wie seine Schwestern in ihrer Jugend vom Vater sexuell belästigt wurden, und konnte nichts dagegen tun. Er beobachtete auch, wie sein Vater Freundinnen für seine älteren Bruder aussuchte, nur um sie dann selbst zu verführen. Diese durch ihren Vater brutalisierten Söhne saßen Gefängnisstrafen ab und lernten die brutale Art von Homosexualität kennen, wie sie in Gefängnissen grassiert. Dann kehrten sie nach Hause zurück und mißbrauchten die jüngeren Söhne auf ähnliche Weise. Johnny scheint als Jüngster den schlimmsten Teil ihres entwürdigenden Verhaltens abbekommen zu haben.

Kein Wunder, daß Johnny innerlich zerbrach. All diese ungeheilten Erinnerungen waren in seinem Innern wie eiternde Geschwüre. Seine Maskulinität war natürlich in dem Umfeld, in dem er aufgewachsen war, unterdrückt worden.

Nachdem er seine Geschichte erzählt hatte, was ihm bis dahin noch nie gelungen war, wollten wir beten. Obwohl er wußte, daß ihm nur durch Gebet geholfen werden konnte, sperrte er sich zunächst dagegen. Das lag daran, daß er das Gebet mehr oder weniger für eine Tätigkeit des Bewußtseins hielt und glaubte, er müsse wieder versuchen, das ganze Problem bewußt zu verstehen und anzugehen. Aber genau das konnte er nicht länger tun, und der Versuch, seine Probleme auf diese Weise zu lösen, hatte ihn mürbe gemacht. Ich bat ihn daher, sich völlig zu entspannen und mir das Beten zu überlassen, während er einfach mit den Augen seines Herzens auf Jesus blicken sollte. Seine Heilung zeigt, welchen unschätzbaren Wert es hat, sich etwas „auszumalen" oder bildhaft vorzustellen. Es ist nicht nur eine legitime Art, etwas zu „sehen", es öffnet unser Herz auch für die Bilder, die Gott uns schenken will. Gott sendet uns seine Hilfe und Wahrheit oft in Form von „Bildern".

Johnnys Geschichte zeigt auch, wie nahe Haß und Liebe beieinanderliegen. Da mir bewußt wurde, daß er seinen Vater haßte, forderte ich Johnny auf, sich vorzustellen, daß sein Vater neben Jesus stand. Es ist sehr schwer, aufzublicken und Jesus anzuschauen, wenn das eigene Herz voller Haß ist. Und es ist ebenso schwer, sich das Gesicht des Menschen vorzustellen, den man haßt. Wir neigen dazu, dieses Gesicht auszuradieren.

Johnny konnte nicht aufsehen, er konnte sich weder Jesus noch seinen Vater vorstellen, doch er setzte sich der liebenden Gegenwart des Herrn aus. Sein Kopf neigte sich fast bis zum Boden hinab und er fing an, unkontrolliert zu schluchzen, während der tiefsitzende Haß gegen seinen Vater in ihm hochstieg und von ihm wich. Nun mußte er seinem Vater vergeben, und diese Vergebung mußte aus dem tiefsten Winkel seines verwundeten Herzens kommen. Das erschien ihm völlig unmöglich. Doch er wußte auch, daß er aus dieser Sackgasse ausbrechen mußte, denn er konnte nicht länger mit der alten Verzweiflung leben. Ich versicherte ihm, daß die Liebe und Vergebung anderen gegenüber eine Sache des Willens und nicht der Emotionen seien, und daß es ganz natürlich sei, wenn seine Gefühle das Resultat des väterlichen Mißbrauchs in seinen ersten Lebensjahren waren.

Während ich für die Stärkung seines *Willens* betete, und meine Aufforderung wiederholte, er solle sich seinen Vater vorstellen, bat ich ihn, Kraft seines *Willens* die Hand aus-zustrecken und die Hand seines Vaters zu ergreifen. Sein Kopf war immer noch gesenkt, aber er hob langsam seinen Arm, als wolle er die Hand seines Vaters ergreifen. Er schluchzte: „Ich will dir vergeben, Dad. Ich *will* es." Ich forderte ihn auf, seinem Vater ins Gesicht zu schauen und zu sagen: „Vater, *ich vergebe dir."* In diesem Augenblick brachen zu meinem Erstaunen wahre Ströme verdrängter Liebe los. Johnny weinte immer und immer wieder: „Daddy, ich liebe dich. Daddy, ich liebe dich. Ich vergebe dir. Jesus, vergib mir, daß ich ihn gehaßt habe. Jesus, vergib mir. Jesus, hilf mir." Dann sagte er zu seinem Vater gewandt: „Ach, hättest du doch nur ein freundliches Wort für mich gehabt." Er blickte auf, um in das Gesicht zu schauen, das ihm im wahren Leben immer so streng und feindselig erschienen war. Ich werde nie vergessen, wie erstaunt er war, als er das Gesicht seines Vaters „sah". „Mein Vater *lächelt mir zu! Er lächelt mir zu!",* rief er aus.

Ich verstehe das Lächeln nicht ganz, das Johnnys lebens-lange Sehnsucht zu stillen schien. Aber ich habe so etwas schon viel zu oft erlebt – und auch die positiven Folgen –, um es anzweifeln zu wollen. Könnte es sein, daß die Vergebung nicht nur die Lebenden frei macht, sondern auch die Toten? Können die Toten erfahren, daß ihnen vergeben wurde und sie dadurch frei werden? Es ist wunderbar, Spekulationen darüber anzustellen, und natürlich können wir hier nur spekulieren. Aber soviel weiß ich: Wenn wir in Jesu Namen heilen, schenkt er uns heilende Bilder und auch heilende Worte. Jesus war für dieses Lächeln verantwortlich. Und noch eines weiß ich: Während Johnny im Gebet seinem Vater die Vergebung zusprach, fand er zu einer Beziehung zu seinem Vater, die er zu dessen Lebzeiten nie erlangt hatte.

Sie erinnern sich sicher daran, daß Johnny erst nach dem Tod seines Vaters homosexuelle Partner gesucht hatte. In seinem Herzen hatte er sich immer nach der Liebe und Anerkennung seines Vaters gesehnt – nach diesem einen Lächeln.

Noch bevor das geschah, starb sein Vater und ließ den kleinen verletzten Jungen in Johnny allein zurück – den Jungen, der nach Vaterliebe schrie und nach der maskulinen Identität, die daraus hätte entstehen können. Vielleicht suchte er in diesen Beziehungen zum Teil auch seinen Vater. Mit Sicherheit jedoch suchte er, ähnlich wie Matthew, in den anderen Männern sich selbst. Auch er befand sich in einer akuten Identitätskrise.

Als Johnny seinem Vater vergab, schuf er sich eine Möglichkeit, um von seinen Versagensängsten befreit zu werden. Diese Angst war nicht nur ein „Unkraut" im „Garten" seines Herzens, sondern eine alles erstickende Wurzel, die sein ganzes Innenleben bedrohte; und als solche tauchte sie auch in einem Bild während des Gebets auf. Gott zu bitten, diese Angst wegzunehmen, erschien mir wie der Versuch, einen häßlichen alten Baum mit Stumpf und Stiel auszureißen. Ich bat Gott, durch seine Liebe und Kraft die Wurzeln aus dem Erdreich zu lösen. Und das geschah dann auch. Ich sah, wie die Angst in Johnny hochstieg und ihn verließ. Dann bat ich Jesus, all die Löcher, die anstelle der schrecklichen Wurzelgebilde entstanden waren, mit seiner befreienden, heilenden Liebe zu erfüllen. Wir warteten betend ab, während dies geschah, bis seine Angst schließlich verschwunden war.

Wie der Lahme, der nach seiner Heilung tanzend und Gott lobend in den Tempel lief (vgl. Apg 3,1-10), reagierte auch Johnny ekstatisch auf seine Freisetzung, d. h. Befreiung von seinem Haß und seinen Ängsten. Er hatte sich schon so lange nach Gott und dieser Heilung gesehnt und nun war er überwältigt davon, daß es Wirklichkeit geworden war. Seine Freude mitzuerleben war ein reiner Segen.

An Johnnys Geschichte konnten wir das Trauma einer homosexuellen Vergewaltigung im Kindesalter beobachten, wie auch die völlige Unterdrückung der Maskulinität durch einen feindseligen Vater und ein lebensfeindliches Umfeld. Wir konnten ebenso die unglaubliche Sehnsucht nach Vaterliebe und der eigenen Identität beobachten. Der wichtigste Abschnitt seiner Heilung war der Augenblick, als er von dem verdrängten Haß auf seinen Vater frei und zur Vergebung befähigt wurde.

Die Geschichte vom „Arzt, der sein Gesicht im Spiegel haßte" wurde zuerst in dem Buch *Die Krise der Männlichkeit* erzählt; sie illustriert, wie man anderen hilft, die subtilen, aber ebenso verheerenden Sünden der eigenen Eltern zu vergeben. In dieser Geschichte haben wir es mit einem Kindheitsschwur zu tun; es geht um die Angst, daß Vergebung heißen könnte, sich nur wieder der Macht eines anderen Menschen zu öffnen, der einen verletzen kann.

DIE GESCHICHTE DES ARZTES

Ein bei allen beliebter Arzt und Christ hatte große Schwierigkeiten, sich selbst ganz anzunehmen. Jeden Morgen beim Rasieren wurde er an diese Not erinnert, denn er konnte sein Spiegelbild einfach nicht sehen. Er ist ein Mann, den Gott auf wunderbare Weise einsetzt, und deshalb betet er immer wieder um die Gnade, dieses Problem des Selbsthasses überwinden zu können – und wenn es nur dazu dienen sollte, seine Berufung von Gott annehmen zu können. Weil er von Gott beauftragt und befähigt war, für Kranke zu beten, *mußte* er, zumindest zeitweise, aus seiner Mitte heraus leben. Aber er *kennt* die Gefahr, vor dem vollkommenen Willen Gottes davonzulaufen, indem er sich selbst nicht annimmt, neben sich selbst steht und sich selbst voller Mißtrauen und Lieblosigkeit betrachtet.

Je mehr er von anderen geliebt und bewundert wurde und je erfolgreicher er als Arzt und Christ in der Öffentlichkeit wirkte, desto mehr quälte ihn sein Selbsthaß. Alle möglichen Ängste stürmten auf ihn ein: „Warum suche ich gerade die Freundschaft gutaussehender, athletischer Männer?" Bevor er sich in der christlichen Arbeit engagiert hatte, hatte er seine Gefühle, seine Ängste und Sehnsüchte, sein Nöte und seine Einsamkeit für sich behalten. In der Tat hatte er vor seiner Erfahrung der Erneuerung im Heiligen Geist ein hartes, autoritäres Regiment über sich und seine Familie ausgeübt, eine Art Alleinherrschaft, die kein echtes Gespräch und keine Nähe mit ihnen zuließ. Nur sehr selten gab es deshalb für ihn so etwas wie echten Austausch, denn auch mit seiner Frau sprach er kaum.Wenn er sich geöffnet hätte, wären seine Ängste, wenn auch nur für einen Augenblick, sichtbar geworden, und dann hätte er noch Schlimmeres von sich denken müssen. Aber ganz allmählich, während er in die Gegenwart des Herrn kam, sah er auch sein eigenes Herz und fand den Mut, seine Gefühle und seine Ängste anzusehen. Nachdem er einen Vortrag von mir gehört und das Buch *Das zerbrochene Bild* [neuer Titel: *Du kannst heil werden*] gelesen hatte, erkannte und stellte er sich der Tatsache, daß er von seiner maskulinen Seite abgeschnitten war, auch wenn sich das nicht in Form einer sexuellen Störung äußerte. Er konnte sich einfach nicht als Mann akzeptieren.

Er kam, um mit mir über seine Ängste zu sprechen. Seine größte Angst wurde durch die Frage hervorgerufen: „Warum sehne ich mich so verzweifelt nach männlicher Freundschaft? Stimmt da wirklich etwas nicht mit mir? Ich habe mich selbst nie als männlich betrachtet; ich meine: nicht als ‚gutaussehend, robust, athletisch‘. Ich betrachte mich als anders, als etwas sonderbar, als jemand, der sich nach männlicher Anerkennung und Kameradschaft sehnt. Ich bin gern kreativ, ich liebe Gartenarbeit, Bücher, Reisen, ziehe mich gerne gut an, ich mag Menschen, umarme meine Freunde gern. Ich habe dauernd das Gefühl, ich müßte mich dafür entschuldigen, daß ich so bin, ich müßte versuchen, meine Kreativität und meine Gaben zu verstecken."

Während unseres Gesprächs wurde schnell klar, daß der Gedanke an seinen Vater ihn belastete: „Ich habe mich von meinem Vater nie geliebt oder bestätigt gefühlt. Ich kann mich nicht erinnern, daß er mich je umarmt oder mir gesagt hat, daß er mich liebe, daß ich ein guter Sohn sein oder daß er stolz auf mich sei."

Wenn es jemals einen Mann gegeben hat, der seinem Vater gegenüber von einer subjektiven in eine objektive Haltung gebracht werden mußte, dann war es dieser Mann. Er sehnte sich noch immer nach der Liebe und Bestätigung seines Vaters; immer noch wurde er wütend auf den Vater, weil er ihm diese Liebe nicht gab. Er wartete darauf, daß sein Vater sich änderte, und immer wieder durchlief er die ganze Bandbreite der Gefühle, wenn er auf seinen Vater zuging, der jedoch genauso war wie immer, nämlich lieblos, verständnislos, voller Vorwürfe gegen andere, daß sie ihn vernachlässigten. Als ich ihm nahelegte, daß er als Arzt doch in der Lage sein müßte, zu so viel Objektivität zu gelangen, daß er seinen Vater als den sehen und annehmen könnte, der er war, und daß wir dafür beten könnten, ging seine Stimme eine Oktav höher: „Sie wissen ja gar nicht, um was sie da bitten! Wir können ihn doch nicht einfach *so* akzeptieren."

Und jetzt folgte, was es für ihn bedeutet hatte, inmitten von Verkehrtheit und Verdrehtheit zu einem aufrechten Menschen heranzuwachsen. Sein Vater war reich, aber gleichzeitig ein Geizhals. Obwohl er in Oregon Tausende von Hektar fruchtbarer Obstplantagen besaß, gab er seiner Frau oder seinen Kindern nie etwas, das etwas kostete – weder in Form einer liebevollen Tat noch in Form eines auch noch so kleinen Geschenkes. Einer der bittersten Vorwürfe gegen seinen Vater lautete: „Er hat mir nicht ein einziges Mal etwas geschenkt. Er war ein reicher Mann, aber zum Geburtstag gab er mir Gutscheine, die ihn keinen Pfennig gekostet hatten." Seine ganze Schul- und Collegezeit hindurch hatte der Sohn in den Ferien auf den Obstplantagen seines Vaters gearbeitet. Obwohl er gut bezahlt worden war, hatte er nie das Gefühl gehabt, daß sein Vater und er in dem Betrieb Partner waren. Sein Vater verhielt sich ihm gegenüber genauso distanziert wie den anderen Arbeitern gegenüber. Durch seine Arbeit lernte er das Ausmaß des väterlichen Besitzes kennen, und er bemerkte bitter: „Meine Mutter starb, ohne auch nur die primitivsten Haushaltsgeräte gehabt zu haben und ohne einen Pfennig in ihrer Tasche. Er kaufte sogar die Lebensmittel ein."

Während er mir erzählte, wie sein Vater mit ihm gesprochen und sich ihm gegenüber verhalten hatte, kam es mir wie ein Wunder vor, daß er so vor mir saß. Wirklich ein „Wunder", das allerdings in seiner männlichen Identität und als Person noch bestätigt werden mußte und dem außerdem noch die Objektivität fehlte, um mit dem Problem seiner Vaterbeziehung kreativ umgehen zu können. Es gibt sicher nur wenige Söhne, die eine Negation wie diese überleben. Als ein Mann, der das Leben und die Liebe verneinte, hatte dieser Vater es dennoch nicht vermocht, den Geist, das *Leben* in seinem Sohn zu ersticken. Es schien fast, als hätte er eben das versucht, wenn auch unbewußt. Er hatte seinen Sohn schrecklich verwundet, und wenn Gott diesem Sohn nicht geholfen hätte, wäre er wohl seinem Vater immer ähnlicher geworden durch den Haß oder die Unfähigkeit zu vergeben.

Das ist nämlich das Problem des Kindheitsschwurs, des festen Entschlusses eines Kindes, „niemals wie der Vater zu werden". Wenn wir unsere Eltern nicht annehmen, *so wie sie sind*, und ihnen vergeben, ist es unmöglich, unsere Identität von der ihren zu trennen und uns selbst anzunehmen. Wir laufen dann Gefahr, ihnen immer ähnlicher zu werden. Vollständige Vergebung ist ein göttlicher Akt, und zur vollständigen Vergebung brauchen wir das Eingreifen Gottes. „Das stimmt", sagte der Arzt zu dieser Erkenntnis, „bevor ich Christ wurde und mit der Arbeit des Vergebens begann, bin ich ihm jedes Jahr ein bißchen ähnlicher geworden."

Die Arbeit der Vergebung war in Dr. L.'s Leben jedoch noch nicht beendet. Er war jetzt mit der Notwendigkeit konfrontiert, die Gabe der Objektivität Gottes zu erhalten, um aus der subjektiven Kleiner-Junge-Haltung seinem Vater gegenüber zur Mündigkeit des Erwachsenen zu gelangen, die es ihm ermöglichen würde, sich über ein Problem zu stellen, realistisch zu erkennen, was es ist, es vor Gott zu benennen, es von ganzem Herzen zu vergeben und nicht mehr voller Bitterkeit darin gefangen zu sein. Es ist ein Unterschied, ob man von einer hohen Warte aus auf ein Problem hinunterblickt, unter dem man leidet, oder ob man wie ein gefangener Vogel seine Füße im Netz hat. Um die objektive Haltung einnehmen zu können, mußte Dr. L. nun seinen Vater als den Mann annehmen, der er wirklich ist und schon immer war. Nachdem ich ihm diese Notwendigkeit erklärt hatte, half ich ihm beim folgenden Gebet:

„Vater, ich vergebe dir, daß du mich nicht lieben konntest; daß du unfähig warst zu geben – mir, meiner Mutter, meinem Bruder oder meiner Schwester. Ich sehe das Krankhafte und

Böse deiner besonderen Art von Geiz, so wie sie ist, und ich benenne sie als das Böse, das sie sind, das Böse, das die Macht hatte, meine Mutter, meine Schwester und mich zu verwunden (sie vielleicht sogar tödlich, denn sie starben beide früh an physischen Krankheiten). Daß du uns nie als *Personen* sehen oder behandeln konntest, daß du nie das Leben bestätigen konntest, das uns gegeben war, sondern daß du alles nur auf dem Hintergrund deiner kleinlichen und auch pervertierten Wünsche sehen konntest, vergebe ich dir. Ich vergebe dir, daß du nicht das geworden bist, wozu Gott dich geschaffen hat; ich nehme dich so an, wie du eben beschlossen hast zu sein. Ich werde meinen nutzlosen Kampf aufgeben und nicht mehr verlangen, daß du dich änderst, daß du mich liebst, daß du mich anerkennst als eine Person mit Bedürfnissen, Gefühlen, Hoffnungen und Wünschen. Aber weil ich dir jetzt wirklich vergeben habe, werde ich dir nicht mehr die Macht geben, mich oder meine Frau und meine Kinder zu verletzen. Wir nennen das Böse beim Namen, und im Namen dessen, der unser Licht und Leben ist, überwinden wir es, wir schreiten darüber hinaus in der Kraft des Heiligen Geistes. Wenn du es zuläßt, können wir dich jetzt segnen, ohne etwas dafür zu erwarten. Wir weisen deine Versuche ab, uns zum Sündenbock zu machen, sondern durch das Wort der Wahrheit, die Weisheit, die von Gott kommt, richten wir die Anschuldigungen und Projektionen zurück auf dich, und wir überlassen es dir, damit fertig zu werden. Wir wissen jetzt, daß das die wahre Liebe ist, eine Liebe, ,die härter und herrlicher ist als bloße Güte'. Es ist die Liebe, dieses Wort der Wahrheit, die dir helfen wird, das Böse zu überwinden, das dich an dich selbst fesselt. Wir verurteilen nicht dich, Vater, aber wir verurteilen das Böse, das uns alle verletzt hat.

Und jetzt danke ich dir, himmlischer Vater, daß Du dieses Gebet hörst; daß Du mir hilfst, meinen Vater anzunehmen und ihm von Herzen zu vergeben; daß Du mir die Kraft gibst, nicht länger subjektiv unter dem Bösen, das uns alle gequält hat, zu leiden, sondern mich zu der echten Objektivität zu erheben, die mir eines Tages vielleicht dazu helfen wird, für meinen Vater ein Vermittler für Deine heilende Liebe zu werden."

Auf diese Weise gelangte Dr. L. in den weiten Raum, wo er langsam die Bestätigung als Sohn und Mann durch Gott, den

Vater kennenlernte – des größten „Bestätigers". Er hörte die Stimme Gottes, der höchsten Autorität im Bestätigen: „Als ich das erste Mal eine Woche in der Stille verbrachte, hörte ich den himmlischen Vater sagen, daß Er mich liebt, daß ich wertgeachtet bin in Seinen Augen, daß Er mich braucht, um Sein Werk zu tun. Das Gehörte durchdrang mein ganzes Sein ... ,Ich liebe dich, und bringe jetzt deine Sexualität (Männlichkeit) in die Ordnung, damit du in meiner Liebe wachsen und dann den Männern dienen kannst, zu denen ich dich sende.'"

Indem er so auf die bestätigenden Worte Gottes, des Vaters, hörte, begann er eine persönliche, emotionale Beziehung zu ihm anzugehen; so kam er in Verbindung mit der Männlichkeit schlechthin, und diese wiederum entfachte seine eigene Männlichkeit. Und ganz langsam gewann er so die Gabe der göttlichen Objektivität.

Dr. L. konnte jetzt sehen, daß sein tiefes Verlangen nach männlicher Kameradschaft, das ja an sich nie schlecht ist, sondern vielmehr notwendig und gesund für alle Männer, ihn deshalb so erschreckt hatte, weil er erstens Angst davor hatte, von anderen Männern abgelehnt zu werden, und weil er zweitens ein so überwältigendes Bedürfnis nach Bestätigung als Mann durch andere Männer hatte. Zu seinem Vater hatte er nie eine Beziehung gehabt, und so hatte er unbewußt diese Beziehung zum Männlichen bei anderen Männern gesucht. Sein Bedürfnis nach männlicher Bestätigung und Liebe war so stark gewesen, daß er es immer hatte unterdrücken müssen. Da es aber tief in seinem Unterbewußten weitergewuchert hatte, tauchte es immer wieder auf in Form von Angst, Schuldgefühlen, sonderbaren Gedanken, genitalen Reaktionen, Impotenz im Zusammensein mit seiner Frau, und schließlich war es zu ungesunden Phantasien gekommen, um überhaupt sexuell zu funktionieren.

Als Dr. L. sein eigenes Herz sehen und verstehen konnte, brauchte er sein Bedürfnis nach Vaterliebe und männlicher Bestätigung nicht mehr zu unterdrücken. Denn als es erst einmal ins Bewußtsein gerückt worden war und nun vor Gott gebracht wurde, konnte es nicht mehr in allen möglichen sonderbaren Formen hervorbrechen. Durch Buße konnte er die Phantasien überwinden, die er sich als Reaktion auf seine Angst und die Schuldgefühle angewöhnt hatte. Sein Problem mit der

Impotenz, den unangebrachten genitalen Reaktionen und den sonderbaren Gedanken klangen ab und verschwanden schließlich ganz.

Von da an wurde er zur Beziehung zu Männern fähig. Er hatte keine Angst mehr, einen Mann zu umarmen, der seine Berührung brauchte, ihn fest an sich zu drücken und mit ihm zu beten – egal, ob in der Funktion als Arzt, der einen kranken Menschen behandelte, oder als Laie, der dazu berufen ist, mit anderen und für andere zu beten. Dr. L. hatte eine große Praxis in einer großen Hafenstadt an der Westküste. Männer und Frauen mit allen möglichen Problemen kamen dorthin. Als Facharzt hat er oft mit medizinischen Problemen zu tun, die spezifisch sind für homosexuelle Männer. Vor seiner eigenen inneren Heilung lösten solche Fälle schreckliche Ängste in ihm aus. „Aber jetzt", so sagte er mit seinen eigenen Worten, „kann ich mit den homosexuellen Menschen sprechen, beten und weinen. Ich bin liebevoll strenger, oder wenn sie so wollen, fester geworden im Gespräch mit diesen Männern über Sexualverhalten." Dr. L. tut jetzt eine wichtige Arbeit an Männern, die unter sexuellen Störungen leiden, und weil er in einer Weltmetropole lebt und arbeitet, hat er schon Menschen aus vielen Ländern geholfen.

Söhne und Töchter werden gleichermaßen in ihrer femininen Seite bestätigt, wenn sie als Kinder in den Armen ihrer Mutter Geborgenheit bekommen. Wir bekommen dabei ganz engen Kontakt mit dem Femininen unserer Mütter und somit auch mit dem Femininen in uns selbst. Da Dr. L. eine liebevolle und verständnisvolle Mutter gehabt hatte, war seine feminine Seite stark entwickelt und das war wirklich etwas Gutes. Weil er sich jedoch in seiner maskulinen Seite unsicher fühlte, hatte er Angst und schämte sich seiner Begabungen. Er hatte sogar versucht, seine Kreativität zu verbergen, die dem engen Kontakt mit seinem intuitiven, empfindsamen und mitfühlenden Selbst entsprang.

„Als Leanne und ich über die Ausgewogenheit von Maskulinem und Femininem beteten, fing ich an, mich anders zu sehen. Ich sah mich im Lichte Jesu. Ich sah auch diese Ausgewogenheit in Jesus, das Maskuline und das Feminine in ihm wurden deutlicher, ebenso seine Beziehungen zu Männern und zu Frauen."

Als der Arzt das begriff, erkannte und akzeptierte er auch seine eigenen einzigartigen Gaben.

Ein wichtiges Gebet, das wir über jemand beten, der so tief durch die Sünden und Krankheiten anderer verletzt ist, ist das des „Bindens und Lösens" (vgl. Matthäus 18,18). In der Schrift beziehen sich diese Begriffe darauf, Menschen von ihren eigenen Sünden und den Auswirkungen der Sünden anderer zu lösen.

Wenn wir das wirkungsvoll tun, dann greifen wir damit ein wichtiges Prinzip der alten Propheten auf, die sich als so eins mit ihrem Volk sahen, daß sie ihren Anteil an der korporativen Sünde der Nation anerkannten. Daniels Gebet (Daniel 9,4-19) ist eines der schönsten Beispiele dafür, ebenso das Gebet Nehemias (Nehemia 1,5-11).

Ich lege ein Bekenntnis ab wegen der Sünden der Söhne Israels. Wir haben gegen dich gesündigt; auch ich und meine Familie haben gesündigt. (Nehemia 1,6)

Sie traten vor und bekannten ihre Sünden und die Vergehen ihrer Väter. (Nehemia 9,2b)

Beim Gebet für jemanden, an dem schwer gesündigt wurde, bekennen wir vor Gott diese Sünden, die seine Seele so tief verletzt haben. Das bedeutet nicht, daß damit die Sünde des Übeltäters erlassen wäre. Es bedeutet aber, daß die Macht der Sünde, den unter ihr Leidenden weiterhin zu verletzen und zu prägen, gebrochen ist. Das geschieht durch dieses Bekennen und das Aussprechen der Vergebung.

Hier werde ich an ein extremes Beispiel erinnert. Eine Frau hatte als Kind die schlimmste Form von Ritualmißbrauch durchgemacht; dies war durch ihre eigene Mutter geschehen, die mit Hexerei zu tun hatte. Als sie dann auf eine unserer Konferenzen kam, hatte sie bereits viel Hilfe in der Kirche empfangen; sie kam nun mit der Hoffnung gegen alle Hoffnung, von den noch lebendigen Schrecken ihrer Erinnerung an Folterung und Mißbrauch frei zu werden. Wenn man solchen Menschen gegenüber auch nur erwähnt, „das Unvergebbare zu vergeben", dann fangen sie schon an, den Schrecken erneut zu durchleben. Das war auch bei ihr der Fall. Sie fing an zu schreien, „Ich halte den Schmerz nicht aus; Gott muß mich befreien", während ihre Augen wie die eines Tiers in panischer Angst in alle Richtungen blickten. Ich hielt sie so fest an mich gedrückt, wie ich nur konnte, während sie völlig traumatisiert von Kopf bis Fuß zitterte. Aus dem Wissen heraus, daß sie ihrer Mutter zuerst vergeben mußte, bevor sie selbst in Freiheit kommen konnte, wollte ich ihr aber unbedingt helfen, zu vergeben. Ich versicherte ihr, daß wir damit

1) nicht das Böse als solches vergeben,

2) Satan nicht vergeben, und

3) nicht Dämonen oder bösen Mächten und Gewalten vergeben.

Aber wir vergeben den *Menschen,* die sich in den Klauen dieses Bösen befinden. Bei diesem Gedanken beruhigte sie sich etwas, und dann konnten wir konkret die Sünden der Hexerei und das, was ihre Mutter ihr damit angetan hatte, bekennen. Durch dieses Bekenntnis und durch die folgende Vergebung für ihre Mutter (was nicht ohne einen unglaublichen Kampf geschah), war ich in der Lage, die ihr angetanen unaussprechlichen Sünden von ihr zu nehmen und sie davon zu lösen. Sie wurde an diesem Tag von dem Schrecken frei, der sie ein ganzes Leben lang überschattet hatte. Nur in der heilenden Gegenwart Gottes können wir so beten. Aber auch diese Sünde hat Er für uns durchlitten; Er hat erlebt, wie Sein Vater furchtbarerweise Sein Angesicht von Ihm abwandte, als Er die Sünde einer gefallenen Welt in sich hinein aufnahm.

Ein reinigender Schmerz

Johnny, der Arzt und wir alle finden heraus, daß wir als Christen dann, wenn wir durch Schmerz und Verlust gedemütigt zu Boden gehen, tatsächlich sowohl die Möglichkeit wie die Gnade finden können, vor dem allmächtigen Gott unsere Sünden, unser Leid, unsere schmerzlichen Verluste und das erlittene Unrecht zu betrauern. Aus solch einer Position heraus erkennen wir den Zustand des Menschen mit größerer Schärfe; wir erkennen, daß auch wir Sünder sind, und fähig, andere zu verletzen. Wir wissen, daß Kälte und Härte in unseren Herzen zunehmen werden, wenn wir nicht die Gnade finden, zu vergeben, und daß wir dann als Sünder noch ungeheuerlicher werden. Wenn wir aber in diesem Zustand der Verletztheit und der Trauer zu Ihm um die Kraft der Vergebung schreien, dann empfangen wir Heilung und Erbarmen. Unser Herz ist jetzt in einer Art und Weise weich und fügsam geworden, wie das die größten Erfolge nie zuwege gebracht hätten.

Deshalb leben wir jetzt mehr und mehr im wahren Sieg über die Welt, das Fleisch und den Teufel. Und deshalb finden wir unser wahrstes Selbst nicht in unseren Erfolgen und Siegen, sondern in den Feuern des Leids. Wenn wir wahrhaft vergeben (das ist das entscheidende Prinzip des Kreuzes Christi, das Zentrum des christlichen Evangeliums), dann stellen wir fest, daß Er bei uns ist (und schon immer gewesen ist) auch im schlimmen Leiden. Wenn ich nicht vergebe, dann wende ich mich von Ihm ab und verliere mein wahres „Ich". Eine eisige Härte beginnt sich in meinem Herzen auszubreiten, und ich bin derjenige, der verliert.

Obwohl Leiden der beste Weg ist, um zu lernen, hilft er nicht allen. Wie Oswald Chambers gesagt hat „macht es einige Menschen zu Teufeln".

„Wir alle kennen Menschen, die durch Leiden viel gemeiner, reizbarer und unausstehlicher im Umgang mit anderen geworden sind. Leiden führt nur eine Art von Menschen zur Vollkommenheit – die, die den Ruf Gottes in Christus annehmen." [5]

Johnny, der Arzt oder die durch Hexerei verletzte Frau hätten sich weigern können, zu vergeben. Gott sei Dank habe ich nur wenige Menschen gesehen, die sich weigern, das zu tun, nachdem sie verstanden haben, daß ihnen die Gnade dazu und zum Empfangen der Vergebung geschenkt ist. Ab und zu aber erlebe ich das. So etwas vergißt man nicht leicht; von allen Tragödien ist das die schlimmste. Oswald Chambers schreibt:

„Es gibt kein Leiden, das dem Leiden der Selbstliebe gleichkommt; dies entsteht aus einem unabhängigen Individualismus heraus, der sich weigert, sich Gott oder dem eigenen edleren Selbst zu unterstellen." [6]

Vergebung auf der Ebene des Unterbewußtseins

„Vergib deinem Vater dafür, daß er gestorben ist." Ich werde diese Worte nie vergessen, die der Heilige Geist beim ersten Mal zu mir sprach, als ich Gebet um Heilung der Erinnerungen empfing. Mein Vater war gestorben, als ich gerade drei Jahre alt geworden war, und hinterließ meine Mutter, mich und meine achtzehn Monate alte Schwester; wir trauerten um seinen Verlust.

Ich war mit einer Gruppe von Geistlichen (Mönchen, Nonnen, Lehrern, Diakonen) sowie Menschen aus dem Bereich des Gesundheits- und Erziehungswesens zusammen. Wir waren als Christen zusammengekommen, um füreinander zu beten und mehr über das Heilungsgebet zu lernen. Ich war bereits stark im Dienst des Gebets an anderen engagiert. Und ich hatte selbst die Heilung aller mir bekannten Verletzungen und Enttäuschungen empfangen; dies war dadurch geschehen, daß ich jede mir bewußte Sünde in allen Phasen meines Lebens bekannte, Gottes Vergebung aus ganzem Herzen annahm, Wiedergutmachung leistete, wo es notwendig und möglich war, und im Gebet auf Gott wartete und auf Ihn hörte.

Das tiefe Gefühl von Ablehnung, das ich aufgrund des Todes meines Vaters empfand, war mir allerdings nicht bewußt, und dies war der tiefste Grund, warum ich selbst notwendig Heilung brauchte. Ich war völlig erstaunt über das, was mit mir in diesem Gebet um die Heilung der Erinnerungen geschah. Noch wichtiger war im Blick auf den Heilungsdienst, daß der Herr mir über jeden Zweifel erhaben den Wert des Gebets für seelische Heilung bewies – daß Er nicht nur in der Lage ist, sondern sogar Freude daran hat, unsere Wurzeltraumata aufzuzeigen und ans Licht zu bringen, egal in welchem Alter wir sie erlebt haben. Und daß das darüber hinaus nicht etwas ist, was *wir* tun; vielmehr ist es, was wir *Ihm* zu tun erlauben!

An jenem Tag betete ein Geistlicher für uns, indem er bei der Gegenwart begann und dann durch die Jahre zurückging bis zur Geburt und Empfängnis. Da ich schon so viel Heilung erlebt hatte, geschah bei mir nichts, bis wir zum Alter von drei Jahren kamen. Dann sprach plötzlich eine Stimme in meinem Herzen so deutlich, wie man sich das nur vorstellen kann, „Vergib deinem Vater dafür, daß er gestorben ist!" *Wie lächerlich,* dachte ich mir, *dem eigenen Vater zu vergeben, daß er gestorben ist.* Aber ich tat es trotzdem. Und zwar inständig. Diesen Befehl, der wie ein Posaunenstoß kam, werde ich nie vergessen, geschweige denn anzweifeln oder leugnen. Die Tatsache, daß Kinder den Verlust von Eltern, egal, wodurch er herbeigeführt wird, als eine persönliche Ablehnung erfahren, war dann das Thema des folgenden Tages – genau das, was Gott mir so klar gezeigt hatte.

Es war mir überhaupt nicht bewußt gewesen, daß ich den Verlust meines Vaters als persönliche Ablehnung erlebt hatte. Und dies trotz der Tatsache, daß ich in meiner Kindheit und auch als

Erwachsene immer wieder einen Traum hatte, in dem ich nach meinem Vater suchte; ich fand dann seinen Sarg und hoffte gegen allen Augenschein, daß er irgendwie noch am Leben wäre. Aber als die Erinnerung an seinen Tod mir wieder bewußt wurde, konnte ich auch die Ablehnung wieder lebhaft in mir spüren. Seitdem Christus diese Erinnerung anrührte, kam dieser Traum nie wieder.

Durch diese Heilung verstand ich auch endlich, was Gott mir auf dem Camping-Trip und durch die eigenartige Erfahrung des Nachhausekommens in Schottland gezeigt hatte. Gott steht außerhalb der Zeit; alle Zeiten sind vor dem Schöpfer der Zeit vereint. Dies ist ein wichtiger Aspekt des jüdisch-christlichen Weltbilds. Es widerspricht den heidnischen und/oder okkulten Erklärungsversuchen, die ähnliche Phänomene durch Konzepte wie Reinkarnation, außerkörperliche Reisen oder ähnliches erklären wollen. Gott konnte endlich meine ängstlichen Fragen bezüglich Edie beantworten, dem jungen Mädchen, das wiederholt in sexuelle Sünde fiel. Ich konnte klar sehen, wie seelische Wunden durch Gebet geheilt werden können. Es ist etwas Wunderbares, zu wissen, daß Gott auch jetzt in diesem Moment in ausnahmslos jedem Trauma gegenwärtig ist, das wir je erlebt haben. Wenn wir es lernen, Ihn dorthin einzuladen, uns zusammen mit Ihm der Dunkelheit, der Einsamkeit und den Verletzungen zu stellen, und wenn wir dann unser Herz darauf richten, zu vergeben und Vergebung zu empfangen, dann heilt und befreit Er uns. Es ist ein tiefgreifender Dienst, der in engem Zusammenhang mit der christlichen Beichte steht, ob sie nun in aller Form geschieht, oder nicht.

Ohne die heilende Kraft Gottes lassen sich eine Heilung der Erinnerungen und die Größe der damit möglicherweise einhergehenden Veränderungen nicht erklären. Durch den schlichten Gehorsam, der sagte, „Papa, ich vergebe dir dafür, daß du gestorben bist", öffnete ich Christus die Tür, um in alle meine Reaktionen auf den Schmerz und die dramatisch veränderten Lebensumstände meiner Kindheit hineinzukommen.

Als ich meinem Vater vergab und auch die Begleitumstände vergab, wurde ich augenblicklich von den emotionalen Bindungen frei, die ich bisher noch nicht einmal wahrgenommen hatte. Gleichzeitig wurde auch ein neuer Dienst in mich hineingelegt (oder freigesetzt, je nachdem, wie man das sehen will). Er hatte mit einer speziellen Einsicht in bezug auf die Heilung von Männern zu tun. Vorher hatte ich hauptsächlich mit Frauen gebetet, und zwar nicht nur aufgrund einer kirchlichen Sitte, wie ich später erkannte („Frauen beten nur mit Frauen"), sondern auch aufgrund von unbewußter, ja verdrängter Angst und Mißtrauen gegenüber Männern. All dies stand in Beziehung zu der frühen seelischen Verletzung – dem traumatischen Gefühl von Ablehnung aufgrund des plötzlichen Verlusts meines Vaters.

Ich war wie Edie: Hätte ich mein eigenes Herz gekannt, dann hätte ich gesagt, „Papa, hättest du mich geliebt, dann hättest du mich nicht verlassen". Mein Schmerz und mein Trauma war nicht annähernd so lebensbedrohlich wie ihres. Mit einer Alkoholikerin als Mutter erlebte Edie ein riesiges Defizit an fürsorglich-mütterlicher Liebe, die dem Kind ein stabiles Gefühl der eigenen Daseinsberechtigung vermittelt. Anders als ich blieb sie innerlich leer; ihr Hunger nach Berührung und einer starken, schützenden Umarmung blieb ungestillt. Aber beide wurden wir auf die genau gleiche Weise geheilt: Durch Vergebung und den Tausch unserer alten Verletzung und Ablehnung gegen das Leben und das Licht Gottes, das Er so gerne in all die verfinsterten Orte unserer Seele hineinfließen lassen möchte.

Jedes Ablehnungstrauma, ob bewußt oder unbewußt, wird in irgendeiner negativen Weise ausgelebt, wenn es nicht mit der lebenswichtigen Vergebung des Kreuzes in Berührung kommt. Wir lehnen dann vielleicht andere ab – bevor unsere Befürchtung eintreffen kann, selbst abgelehnt zu werden. Ich selbst lehnte Männer in gewisser Weise ab: Ich betete nicht mit ihnen. Dieser Zug war nie besonders ausgeprägt (er dürfte dem entsprechen, was die meisten Frauen in der heutigen vaterlosen Zeit empfinden), aber er bestimmte auf subtile Weise meinen Dienst. Außerdem konnte ich von Männern nichts empfangen, obwohl ich das gebraucht hätte. Nach meiner Heilung hatte ich die Freiheit, Männern genauso wie Frauen zu helfen; mit zunehmendem Verständnis hatte ich auch keine Angst mehr vor ihrer Ablehnung oder vor Übertragungsphänomenen. Durch diesen Prozeß fing ich an, den nötigen maskulinen Input von Männern zu erhalten. Das weckte neue Bereiche in meinem Geist und meiner Seele und schuf eine gesunde Balance für die hochentwickelten sensiblen Reaktionen meiner femininen Identität.

Diese Heilung bereitete zugleich für eine weitere den Weg. Sie bedeutete die Aufhebung meiner Schreibblockade; diesen Prozeß habe ich im Anhang „*Wie wir auf Träume hören*" des Buches *Du kannst heil werden* (früher: *Das zerbrochene Bild*) beschrieben. Die Heilung beinhaltete auch das Eingeständnis, daß ich einen Teil meiner Persönlichkeit nie akzeptiert hatte. Nach einer schmerzhaften Zeit der „Schwangerschaft" mit meinem ersten Buch, in der ich es einfach nicht schreiben konnte, erkannte ich, daß ich Gebet brauchte, um den Teil meines Wesens, der in der Schriftstellerei seine Erfüllung findet, anzunehmen – es ist ein Teil dessen, „wer ich bin", und ist für die Erfüllung der Aufgabe, die Gott mir gegeben hat, wichtig.

Durch eine Serie von sechs Träumen stand die Schriftstellerin in mir vor meinen Augen, auch wenn ich sie zuerst nicht als solche erkannte. Sie kam in diesen Träumen direkt aus den Tiefen meines Unterbewußtseins und präsentierte sich meinem erstaunten Bewußtsein. Sie erschien zuerst als eine schlecht ausgerüstete weibliche Gestalt, die überlegte, ob sie einen angeschwollenen Bach überspringen sollte, über den einst eine inzwischen längst weggespülte Brücke geführt hatte. Trotz aller Widrigkeiten sprang sie und verletzte sich dabei schwer, wenn nicht sogar tödlich.

Dieser und ein weiterer Traum offenbarte meine inneren Ängste, in denen die Schreibblockade wurzelte. Die Brücke über den Strom des Lebens war weggespült, und beim Springen verletzte sich das Mädchen. Mein Vater war diese Brücke gewesen; der Strom des Todes hatte ihn hinweggerissen. Aber weder in diesem noch in den anderen Träumen kam der Verlust meines Vaters richtig vor. Sie offenbarten hingegen immer wieder meine *Angst, bloßgestellt zu werden,* zusammen mit den *Gefühlen der Unzulänglichkeit und Minderwertigkeit,* dem direkten Ergebnis meiner Vaterlosigkeit. Und das kleine Mädchen in mir, das all dies fühlte, war unauflöslich mit der Schriftstellerin verbunden.

In einem anderen Traum erschien sie als eine Gestalt, die bereit war, einen gefährlichen Fluß zu überqueren, aber Angst vor Bloßstellung hatte. In einem weiteren Traum war sie eine begabte, akrobatische Tänzerin, die aber Angst vor der Öffentlichkeit hatte. Und schließlich trat sie als eine Hochseilartistin auf, die ihre Übungen in der Öffentlichkeit mit Geschick und Präzision vorführte und keine Angst mehr vor Bloßstellung hatte. Träume sind furchtbar ehrlich: Meine Angst davor, bloßgestellt zu werden, wurde durch eine spärliche Bekleidung symbolisiert – was beim Bodenturnen oder der Hochseilakrobatik ja nichts Ungewöhnliches darstellt. In der letzten Gestalt fanden die Schriftstellerin, die sich ja notwendigerweise bloßstellt, und mein Ich zueinander. Dieses Verständnis führte in Verbindung mit Gebet zu einer unglaublichen Heilung.

Die Träume, die ich hier so kurz beschrieben habe, offenbaren, daß meine Angst vor Bloßstellung in den Folgen, die meine Familie durch den Verlust meines Vaters zu tragen hatten, wurzelte, und nicht in dem Verlust als solchem, der schon von Gott angerührt worden war. Durch seinen Tod wurden wir in die Welt hinausgeworfen und waren davon abhängig, daß andere uns den nötigen Schutz gaben. Die erste Heilung, die Heilung der Erinnerungen, identifizierte und berührte mein Gefühl des Abgelehntseins; diese Heilung zielte auf die Mechanismen, die ich entwickelt hatte, um mit dem Verlust von Liebe und Sicherheit zurechtzukommen. Wie ein guter Stoiker wollte ich einfach alles nicht wahrhaben. Ich leugnete mein Leben lang konsequent und hartnäckig das kleine Mädchen in mir, das seine Angst vor Ablehnung, Bloßstellung, Unzulänglichkeit und Minderwertigkeit angesichts des Fehlen eines Vaters gezeigt hätte. Ich leugnete diesen kostbaren Teil meines Selbsts recht erfolgreich. Und es war die Stoikerin in mir, die versuchte, den angeschwollenen Fluß zu überspringen, statt zuzugeben, daß das Fehlen der Brücke dies unmöglich gemacht hatte.

So mußte ich meinen Stolz bekennen und Vergebung dafür empfangen. Gefühle von Unzulänglichkeit und Minderwertigkeit (wie die der Überlegenheit und Anmaßung) wurzeln letztlich immer in Stolz, egal, aus welchen seelischen Verletzungen sie herrühren. Ich glaube, daß es bei jeder Schreibblockade, ja bei jedem Bedürfnis nach seelischer Heilung nötig ist, zu bekennen: „Herr, es gibt in mir einen Teil, der noch nie seine Bedürftigkeit und seinen Stolz bekannt hat. Deshalb versucht dieser Teil immer noch, allen Anforderungen ohne Dich zu genügen. Er hat immer noch Angst und ist unfähig, sich völlig auf Dich zu verlassen."

Als meine Träume mir diesen inneren Zustand enthüllten, wäre es einfach gewesen, diese Ängste weiterhin zu leugnen (wie ich es ja mein ganzes Leben getan hatte), statt sie Gott zu bekennen. Hätte ich meine Einsichten nicht sofort in mein Gebetstagebuch geschrieben, dann wären sie ins Unterbewußtsein zurückgeglitten; damit wären sie für mich genauso verloren gewesen, als wenn sie mir nie ins Bewußtsein gekommen wären.

Ich denke, meine Heilung dürfte ziemlich typisch für das sein, was in den meisten Fällen geschieht. Wir erleben am Anfang eine

Sofortheilung der Erinnerungen, die auf dem Empfangen und Gewähren von Vergebung beruht. Ich kann nicht sagen, was alles geschah, als ich meinem Vater vergab, daß er gestorben war. Diese Einsichten liegen einfach jenseits unserer menschlichen Fähigkeiten. Wir können solche Dinge nie genauer analysieren und kategorisieren; wir sollten das auch gar nicht. Wir sind alle sehr unterschiedlich; einige sind bereit, mehr zu empfangen, andere weniger. Aber die Heilung der Erinnerungen, die so entscheidend in Fällen früher und unbewußter Traumatisierung ist, stellt die Grundheilung dar und bildet damit die Basis für alle später noch nötigen Heilungen.

Diese weiteren Heilungen brauchen Zeit, sie geschehen in einem Prozeß. Man stößt dabei auf tief verletzte und abgespaltene Gefühle, die sich in Trennungsangst und Verlassenheitsdepression äußern. Man bekommt es dabei auch mit fehlender Selbstannahme und den darin wurzelnden negativen Gefühlen und Haltungen zu tun, den Resultaten einer frühen Traumatisierung.

Diese Unterscheidung zwischen Sofortheilung und Prozeßheilung ist nötig, da man uns im Heilungsdienst oft vorwirft, wir würden leichtfertig über den schnellen Erfolg dieser tiefen Anfangsheilungen sprechen. Ich stelle fest, daß wir die Größe dessen, was Gott da tut, öfters eher untertreiben als übertreiben. Zugleich erkennen wir die Bedeutung an, die diese Anfangsheilungen für die folgenden haben. Manche brauchen einen qualvoll langen Zeitraum, um die lange unterdrückten Emotionen aufzuarbeiten; das gleiche gilt auch für die manchmal schwierigen und schmerzhaften Verhaltensänderungen in der Beziehung zu Gott, zu anderen Menschen und zu sich selbst. So würde ich mich immer noch mit meiner Schreibblockade herumschlagen, hätte ich nicht gelernt, auf Gott zu hören und weise Menschen aufzusuchen, die etwas von Traumsymbolik verstanden und mir im Gebet halfen, sie richtig zu deuten. Außerdem ist es harte Arbeit und erfordert viele Opfer, ein gutes Buch zu schreiben – also ein Buch, das im Einklang mit der Wirklichkeit steht. Vielleicht hätte ich für die erforderliche Disziplin nicht den nötigen Willen aufgebracht und dies dann auf die „Schreibblockade" geschoben. Auch dies ist eine Seite der menschlichen Natur, die der Hilfe durchs Gebet bedarf. Aber meine Grundbotschaft ist für jeden: „Hoffen Sie auf Gott!" „Vertrauen Sie völlig auf Ihn!" Es gibt Antworten, es gibt Heilung. Bleiben Sie auf der Suche danach.

Gebet für Gruppen

In unseren Programmen von Pastoral Care Ministries führen wir immer einen „Gebetsworkshop" durch, in dem wir für die Heilung der Erinnerungen der Gruppenmitglieder beten. Wir empfehlen das nicht unbedingt für andere, aber wir sind so geführt worden, und die Ergebnisse sind wirklich erstaunlich. Es dürfte schwerfallen, die positiven Auswirkungen dieser Gebetssitzungen zu überschätzen und zu übertreiben, was geschieht, wenn Gott Seine Hand ausstreckt, um die Verwundeten zu heilen. Wir erleben die Heilung von pränatalen Verletzungen, Geburtstraumata [7] und Traumata aus allen Stadien der Kindheit. Tief verdrängte Erinnerungen kommen hoch und werden bearbeitet. [8] In diesen Sitzungen dient der Geist Gottes Menschen mit allen möglichen emotionalen Problemen.

Auch nur die Not eines einzelnen ist, menschlich gesprochen, schon überwältigend; auf unseren Veranstaltungen sind aber manchmal mehrere hundert solcher Menschen mit tiefen Nöten anwesend. Wir wissen: Wenn Gott nicht kommt und Sein Volk heilt, dann nützen keine noch so zahlreichen und ausführlichen Vorträge und Predigten etwas. Hier kommt nun das Wissen um die Zusammenarbeit mit Gott ins Spiel. Das normale Vorgehen wäre individuelle Seelsorge und Gebet, wobei jedesmal die Nöte eines einzelnen bearbeitet werden. Unser Ansatz geht hingegen von dem *Wirken der Charismen der Heilung im Kontext des versammelten Volkes Gottes* aus. Professionelle Mediziner und Seelsorger sind erstaunt und zutiefst dankbar, wenn sie sehen, was der Herr auf solchen Veranstaltungen tut. Die Gebetsprinzipien, die sie dort erleben, revolutionieren oftmals ihren eigenen Ansatz. Sie wissen sehr gut, wie enorm die Nöte sind, die der Geist Gottes hier souverän angeht. Trotzdem arbeiten sie meistens weiterhin mit der Form der Einzeltherapie. Ich sage das, um zu betonen, daß nicht jeder die gleiche Berufung hat wie wir. Aber die Prinzipien sind die gleichen. Wir beten, „Komm, Heiliger Geist, komm!" Und dann laden wir den Notleidenden in die Gegenwart Gottes ein.

Wenn Gott das Sagen hat, werden wir nie „gabenorientiert" oder „gabenzentriert". Wenn wir uns nur Gedanken darüber machen, mit welcher Gabe wir gerade dienen, geraten wir in Schwierigkeiten und auf fleischliche Abwege. Wir bestimmen dann von uns aus, was Gott tun möchte. Statt dessen sollten wir immer „Gegenwarts-orientiert" sein. Wenn Gott nichts tut, geschieht nichts. Wir holen deshalb Erinnerungen nicht vorzeitig hoch.

Ebenso wichtig ist es, Schutzmechanismen, die für das psychische Überleben der Person notwendig sind, nicht vorzeitig abzubauen. Kurz: Wir dürfen nicht selbst manipulierend eingreifen. Wir arbeiten mit dem Heiligen Geist zusammen und machen das Kreuz Christi groß mit seiner umfassenden guten Nachricht für alle Leidenden; wir laden Ihn ein, in die Erinnerungen derer einzutreten, die bereit sind, zu vergeben und Heilung zu empfangen. In diesem Dienst wachsen wir mit. Anfangs haben wir es nicht erlebt, daß voll ausgebildete homosexuelle Neurosen geheilt wurden oder verdrängte Erinnerungen ans Licht kamen. Wir begannen allerdings mit dem Wissen, daß hinter der gequälten Aussage „Ich kann nicht lieben" oder „Ich hätte nie geboren werden sollen" eine Reihe schmerzlicher Erinnerungen liegen, die Gott heilen möchte; irgendwie haben wir es dann gelernt, in der rechten Weise dafür zu beten.

Frühkindliche Bedürfnisse

Die meisten haben inzwischen von den „lebensbedrohlichen" wissenschaftlichen Experimenten mit Pflanzen gehört, die vor einigen Jahrzehnten durchgeführt wurden. Mit äußerst sensiblen Instrumenten wurden dabei die Reaktionen von Pflanzen auf Bedrohung gemessen. Die Forscher stellten mit Erstaunen fest, daß auch Pflanzen auf Bedrohungen reagieren. Um wieviel mehr gilt das für das Kind im Mutterschoß oder auf unseren Armen! Die Gedanken, Gefühle und Worte, die wir aussenden, bringen Leben oder Tod. Wir sind entweder Kanäle der Liebe Gottes, oder – wenn wir andere nicht annehmen und lieben – der Zerstörung.

Wir haben ein langes finsteres Zeitalter hinter uns, in dem man wenig von Traumata bei Embryos, Säuglingen oder kleinen Kindern wußte. Die Praxis, einen Säugling einem Kindermädchen nach dem anderen zu überlassen und damit seine Fähigkeit zur Bindung an eine Mutterfigur zu beschädigen, ist nicht nur Laster der Wohlhabenden oder unvermeidliches Elend der Armen von heute. Viele christliche Frauen haben beim Stillen ihrer Kinder das Gefühl der Zeitverschwendung; sie würden lieber in einem sinnvollen oder lukrativen Job arbeiten. Und wir bezahlen auch den Preis für außerordentlich kurzsichtige medizinische Praktiken, wie die, das Neugeborene gleich nach der Geburt von seiner Mutter zu trennen. Wir haben nichts von der tiefen Ablehnung verstanden, die Adoptivkinder durch den Verlust ihrer natürlichen Eltern erfahren, noch von den Folgen dessen, daß sich die Eltern lieber ein Mädchen statt eines Jungen gewünscht hatten oder umgekehrt. Wir haben nicht verstanden, wie tief sich ein emotionales Trauma der Mutter auf ihr ungeborenes Kind auswirkt, geschweige denn, wie man dafür später beten kann.

Meine Freundin, die Afrikamissionarin Ingrid Trobisch, erzählt gerne von einem Stamm in Afrika, den sie sehr schätzt. Der Häuptling und der ganze Stamm wissen, daß die wichtigsten Leute unter ihnen die schwangeren Frauen sind. Die Zukunft des Stammes hängt davon ab, daß sie Kinder zur Welt bringen, die seelisch und körperlich stark sind. Deshalb bekommt eine schwangere Mutter einen Ehrenplatz im Stamm und steht unter einem besonderen Schutz.

Es macht mir große Sorgen, daß christliche Eltern nicht genügend Verständnis für die Notwendigkeit aufbringen, daß ihr Kind im Säuglingsalter psychisch stark wird und dadurch in der Lage ist, die entscheidenden Entwicklungsphasen gut zu durchlaufen. Das geschieht dann, wenn es sich mit seinen Eltern identifiziert und eine innere Bindung zu ihnen eingeht. Die Daten über die psychische und körperliche Entwicklung stehen uns inzwischen zur Verfügung und ermöglichen es uns, einige schwere Fehler im Umgang mit unseren Kindern zu vermeiden. Doch scheinen sie sich nur schwer bei der Mehrzahl der christlichen Eltern durchzusetzen. Unsere falschen Vorstellungen beispielsweise, wie ein Kleinkind „verwöhnt" wird, kann uns dazu führen, echte Bedürfnisse falsch zu interpretieren oder zu ignorieren. Die alte Sitte, Säuglinge allein vor sich hin schreien zu lassen, selbst wenn das der tiefsten Intuition der Mutter zuwiderläuft, zeigt auf tragische Weise, daß wir keine Ahnung haben, wie ein solches Alleingelassensein die Identität des Säuglings bedroht. Dr. Frank Lake beschreibt die psychologische Erkenntnis, daß das Baby das Leben durch die Identifikation mit seiner Mutter erfährt:

„Solange die Mutter genügend anwesend ist, erlebt das Baby sein Sein als ein Wohlgefühl in der Identifikation mit ihr. Es kann sich das Leben nicht ohne die Mutter vorstellen, außer wenn sich ihr Kommen einmal kurz verzögert. So abhängig ist das Baby von ihrer Gegenwart, daß seine Fähigkeit des Seins-in-Beziehung-zu-ihr in eine gefährliche Form von Hoffnungslosigkeit umschlägt, wenn sie nicht rechtzeitig zurückkehrt.

Freudige Erwartung weicht der Verzweiflung und einer wachsenden Trennungsangst.“ [9]

Wer eine lange Erfahrung in Seelsorge hat, weiß nur zu gut, wie zutreffend auch die folgende Bemerkung von Lake ist:

> *„Selbst wenn an diesem Punkt maximal erträglicher Panik die Mutter zurückkehrt und diese Erfahrung abgespalten und verdrängt wird, bleibt sie ein unzerstörbarer Teil der persönlichen Identität.“* [10]

Es ist keine Kleinigkeit, wenn in einem Mensch beim Gebet um Heilung der Erinnerungen frühkindliche Erinnerungen an Isolation hochsteigen, und er dann die bisher abgespaltenen und verdrängten Qualen der Furcht und Panik wieder durchlebt, die bisher in seinem Unterbewußtsein so zerstörerisch am Werk waren.

Ich hatte die wunderbare Gelegenheit, bei einer jungen Mutter und Frau eines Pastors, die zusammen mit ihrem Mann in einer wachsenden Gemeinde aktiv war, zu beobachten, wie sie mit ihren kleinen Neugeborenen umging, auch dann, wenn sie größer wurden – eins nach dem anderen. Inzwischen sind es drei; sie ist in jeder Hinsicht eine vielbeschäftigte Frau.

Ich war erstaunt zu sehen, wie sie, obwohl sie sehr müde sein mußte, immer wieder ihren Säugling in die Arme nahm, auch wenn er nicht hungrig oder am Weinen war. Das tat sie selbst dann noch, wenn die anderen Kinder an ihr zerrten. Sie „packte sie in Watte“, wie es so schön heißt. Sie stillte ihre Babys und kümmerte sich immer voll Zärtlichkeit um sie. Und sie weiß, was völlige Erschöpfung bedeutet. Aber sie hat die besten Babys. Sie weinen kaum einmal. Sie lachen und lieben. Sie hat sie nicht „verzogen“. Sie gab ihnen den Start ins Leben, den ein Säugling braucht. Sie weiß intuitiv, wie die indianische Mutter, die sich ihr Baby auf den Rücken bindet, daß das Alarmsignal des Kindes eine Bedeutung hat, und daß es liebevollen Kontakt braucht, um zu wachsen.

Und sie wird später jede Menge Ruhe haben, wenn Mütter, die sich weniger Zeit für ihre Säuglinge nahmen, schlaflose Nächte durchleben, weil ihre Kinder Schwierigkeiten haben, sich anzupassen, zu lernen und Beziehung zu anderen aufzunehmen.

Christen, die falsch mit der Schriftstelle umgehen, die davon spricht „die Rute ersparen heißt, das Kind zu verderben“, können ein weiteres Trauma bei ihren Kindern bewirken. Eltern irren sich leicht, weil sie die grundlegenden Entwicklungsschritte eines Kindes nicht verstehen oder ihm etwas Böses unterstellen, wo das gar nicht beabsichtigt war. Ich erinnere mich mit Entsetzen an eine Situation, in der ein zweijähriges Mädchen, das für sein Alter recht groß war, auf mich zugelaufen kam. Dabei stolperte sie nämlich genau über ihren Babybruder, der mitten auf dem Boden saß. Ihre Raumwahrnehmung war noch nicht voll entwickelt, und sie konnte ihrem Alter entsprechend nur ihr Ziel sehen. Ihr kleiner Bruder war eben zufällig im Weg gewesen. Ihre Mutter packte sie und schlug sie. Wahrscheinlich noch schlimmer war, daß sie glaubte, das Mädchen habe aus Eifersucht so gehandelt, und sie entsprechend schimpfte. Ich kann immer noch die Verwirrung und das Entsetzen auf dem Gesicht des Mädchens sehen. Der Gedanke macht einen traurig, daß ihr Charakter später einmal diese Art Fehlurteil widerspiegeln wird. Diese Eltern ließen sich auch nichts sagen; nichts brachte sie von der Ansicht ab, „die Rute ersparen heißt, das Kind zu verderben". Bloß wandten sie den Vers völlig falsch an, nämlich auf ein sehr kleines Kind, und hatten keine Ahnung von grundlegenden Entwicklungsphasen. Tragischerweise hatten sie kein Verständnis für die Auswirkungen ihres Handelns auf ihre Kinder.

Diese Art von Fehlern bei wohlmeinenden christlichen Eltern könnte durch Kurse in den örtlichen Gemeinden gelindert oder vermieden werden. Denn es steht sehr viel auf dem Spiel: die mentale Gesundheit unserer Kinder, ganz zu schweigen von Fragen der simplen Gerechtigkeit. Verhielten die Eltern sich richtig, dann wären die Kinder in der Lage, die notwendige Disziplin, die wir alle als Eltern ausüben müssen, anzunehmen und davon zu profitieren.

Unser langes finsteres Zeitalter geht vielleicht in mancherlei Hinsicht auf sein Ende zu, beispielsweise durch bessere wissenschaftliche und medizinische Einsichten und Behandlungsmethoden für Säuglinge. In anderer Hinsicht aber wird es nur noch finsterer. Mehr und mehr Frauen sind von ihrer wahren femininen Identität abgeschnitten und nicht mehr in der Lage, richtig mit ihren Kindern umzugehen. Wenn zu viele christliche Frauen das Gefühl der Zeitverschwendung haben, wenn sie sich intensiv um ihre Kinder kümmern, dann werden wir nicht nur keine gesunden Kinder mehr haben, sondern auch die Fähigkeit verlieren, in der

Familie, der Gemeinde und dem Staat Leitung auszuüben. Mehr, als uns bewußt ist, entscheidet „die Hand, die die Wiege schaukelt", letztendlich das Schicksal einer Nachbarschaft, einer Sippe, einer Nation oder sogar der Welt.

Wenn die Heilung der Erinnerungen länger dauert: Probleme mit Verlassenheit und Verdrängung

„Wenn wir mehr über die Heilungsprozesse in der Seele lernen, stellen wir oft fest, daß die Fähigkeit, den Schmerz zu fühlen, selbst schon ein wichtiger Teil der Heilung ist. Der Leidende hat ihn genau deshalb bisher verdrängt und verleugnet; das Ganz war einfach zu schmerzhaft. Aber jetzt muß er ihn hochkommen und herauskommen lassen. Er muß verstehen lernen, daß es einen Ort gibt, wo die Schmerzen hingehen können und so ein Ende finden; dazu muß er seinen Platz unter dem Kreuz einnehmen und zu seinen Verletzungen stehen. Dieser scheinbar endlose Schmerz ist der Weg, mit dem bisher verdrängten Kummer, der Angst, dem Zorn und der Scham, die zur Depression geführt hat, in Kontakt zu kommen und all dem einen Namen zu geben. Um aus bestimmten Formen von Depression herauszukommen, muß man in seinen Gefühlen extrem unangenehmen Schmerz und Kummer zulassen. Oft scheint der Tod noch leichter zu sein. Aber verdrängter Kummer, Schmerz und Verlust beeinträchtigen uns immer in irgendeiner Weise, bis wir sie ‚herausgeschmerzt‘ haben.“ [1]

Bei einigen erfordert die Heilung, daß man die Schmerzen auf sich nimmt, die entstehen, wenn man mit erschütterndem Verlust oder Trauer in Kontakt kommt. Der Schmerz ist ein wichtiger Teil der Heilung – das finden wir zu unserer großen Überraschung heraus. Wenn wir mitten drin stehen und die Gefühle wieder durchleben, die den Säugling dazu brachten, sich für die Liebe anderer oder die Fähigkeit zu Gefühlen überhaupt zu verschließen, dann dauert auch schon die erste grundlegende Heilung der Erinnerungen scheinbar endlos lange. Der Schmerz, den man in solch einem Fall durchmacht, ist für die meisten Menschen unvorstellbar. Ich bekomme praktisch jeden Tag Briefe auf meinem Schreibtisch, die diese Art von Schmerz zum Ausdruck bringen. Einen möchte ich in voller Länge zitieren, weil er viel von dem deutlich macht, was im Gebet zu geschehen hat. Mit Ausnahme einiger kleiner Veränderungen, um die Identität dieser jungen Frau zu schützen, gebe ich den Brief so wieder, wie sie ihn geschrieben hat. Nur den von ihr fälschlich verwendeten Begriff der „Koabhängigkeit" habe ich durch die korrekte Bezeichnung „emotionale Abhängigkeit" ersetzt.

„Liebe Leanne,
ich brauche Ihre Hilfe, wenn Sie sie mir denn geben können. Ich habe mich selbst in solch ein Chaos gebracht, daß ich nicht mehr weiß, wie ich herauskommen kann. Das vergangene Jahr habe ich Jura studiert und habe dabei unheimlich gelitten. Ich hätte nie gedacht, daß Gott mich in meinem Leben noch einmal so leiden lassen würde. Es fällt mir schwer, diesen Brief zu schreiben. Ich bin so voller Schmerzen; aber ein anderer Teil in mir sagt, es ist alles deine Schuld, es muß dein Problem sein, also hör auf, dich so melodramatisch zu bemitleiden. Ich weiß nicht, was die richtige Sicht ist, Leanne. Ich vermute, daß in beidem Wahrheit steckt, aber ich bete, daß der Heilige Geist Ihnen Einsicht gibt, die Wahrheit zu sehen und zu hören, auch wenn ich es nicht richtig schreibe.

Ich weiß nicht, wo ich anfangen soll ... Ich ging zu der PCM in ... bevor ich mit dem Jurastudium anfing, um zu versuchen, wichtige ,Restbestände' aufzuarbeiten, die noch da sind, seitdem ich vor zweieinviertel Jahren den lesbischen Lebensstil aufgegeben habe. Nichts Traumatisches kam hoch. Ich spürte in der Gebetszeit, daß meine wirkliche Aufgabe im Schritt zur Selbstannahme liegt. So fing ich an, das zu üben. Aber im Rückblick merke ich, daß der Kuddelmuddel schon begann, bevor ich zur Uni ging. Ich hatte mich ziemlich auf eine neue Massagetherapeutin fixiert, die ich kurz zuvor getroffen hatte. Und ich weiß nicht, wie ich es beschreiben soll, aber ich sehe nach diesem Jahr, daß ich mit ihr das getan habe, was ich mein ganzes Leben lang mit verschiedenen ,besonderen' Frauen gemacht habe. Ich brauchte sie. Ich brauchte ihr Besonderheit, um mein eigenes Daseinsfeuer anzufachen. Um mich lebendig zu fühlen. Es ist nicht so, daß ich nicht irgendwo wüßte, wie ich mich von ihr trennen und in dieses Für-mich-Sein zurückgehen kann; nur hat dieses Für-mich-Sein kein Leben.

Leanne, ich habe dieses letzte Jahr die Hölle durchgemacht. Ich dachte, ich würde Gott nachfolgen: Vieles hatte sich wie durch Gottes Eingreifen geklärt, einschließlich einer Wohnung, in der ich mit mehreren anderen christlichen Frauen wohne, die den Herrn lieben. Aber von Anfang an merkte ich, wie ich immer mehr an einen Punkt kam, den ich haßte und verachtete.

Ich wurde von einer meiner Mitbewohnerinnen emotional abhängig: Ich wollte das noch nicht einmal; ich habe alles getan, von dem ich wußte, es funktioniert normalerweise [um die Falle der emotionalen Abhängigkeit zu vermeiden] – nur: diesmal funktionierte es einfach nicht. O, es gab eine Sache, die ich sonst immer getan habe, wenn ich mich zu einer Person hingezogen fühlte [und die Gefahr der emotionalen Abhängigkeit bestand], und die ich jetzt nicht tun konnte: Ich konnte nicht weggehen. Normalerweise konnte bzw. wäre ich in solchen Situationen einfach weggegangen, bis diese Anziehung, der ,Hunger‘, aufhörte. Aber hier schaffte ich es nicht. So überschritt ich die Grenze. Und es war chaotisch. Und Lila [ihre Mitbewohnerin] war wütend und konnte nicht gut damit umgehen, daß ich Dinge ,aus dem Bauch heraus‘ anging ...

Ich schämte mich, daß mein tiefstes, peinlichstes, verkehrtestes Verlangen herauskam. Wir trennten uns, aber durch verschiedene Umstände übertrug ich diese Energie nur auf eine andere Mitbewohnerin und investierte alles in sie. Es schien wieder ganz gut anzufangen; als ich erneut den Hunger und das Verlangen spürte, betete ich und faßte noch fester den Entschluß, nicht in die Hölle [der emotionalen Abhängigkeit] hinabzusteigen. Durch solche Entschlüsse war ich in der Vergangenheit bewahrt worden! Aber egal. Ich überschritt wieder die Grenze. Wir mußten es aussprechen, und ich mußte mich eben wieder trennen. Dies alles neben dem ständigen Druck des Studiums, in dem ich den Großteil meiner wachen Zeit verbrachte. Natürlich habe ich es wahrscheinlich übertrieben. Ich hätte es wohl leichter nehmen sollen. Aber ich konnte nicht. Weniger zu studieren hat nur noch mehr statt weniger Streß gebracht, weil ich dann nicht mehr mitkam.

In den Weihnachtsferien wurde ich krank. Kam zurück und wurde nicht gesund. Nichts wirklich Schlimmes, nur ein Virus. Aber irgend etwas tief in mir war so unheimlich müde. Ich fing an, ziemlich verrückt zu werden – für meine Verhältnisse jedenfalls. Ich fing an, wieder zu den Treffen der Anonymen Alkoholiker zu gehen, weil ich einfach irgendeine Selbsthilfegruppe suchte. Ich ging zu einem christlichen Seelsorger, der in einer Ex-Schwulenarbeit steht. Ich hab einfach geheult. Und geheult. Es hat keine Erleichterung gebracht. Als ich so müde und depressiv wurde, daß ich nicht mehr aus dem Bett kam, um nach unten zu meiner Geburtstagsfeier zu gehen, bestand Janice darauf, daß alle hochkämen und für mich beteten. Ich konnte nur schluchzen und sagen, ,Ich weiß nicht, was nicht stimmt. Mir geht's einfach nicht gut.'

Schließlich die Diagnose [des Virus] ... Wurde auf eine strenge, unglaublich teure Diät gesetzt. Kein Zucker, kein Honig, kein Kaffee, keine aufbereiteten Lebensmittel ... ich mußte weinen, wenn ich ein Stück Obst aß – es schien als ob das das einzig Süße noch in meinem Leben war...

Die Depression wird durch die Diät etwas besser. Ich bin nicht mehr ganz so müde. Erstaunlicherweise schaffe ich das Jahr an der Uni, aber Hölle, Hölle, Hölle. Direkt danach gehe ich für drei Wochen nach Hause. Ich bin so müde. So vollgestopft mit allem, was ich durchgegangen bin. Aber meine Heimatgemeinde spricht mich an. Ich fühle mich entschieden besser, als ich zurückkomme – ich fühle sogar ein bißchen Leichtigkeit in meinem Herzen, zum erstenmal seit Monaten – aber innerhalb von drei Tagen, in denen ich voll gearbeitet habe, bin ich wieder in unerträglichem Aufruhr. Depressiv, müde, dann schreie ich wieder zu Gott in Frust, Schmerz und Verzweiflung; schluchzen, schluchzen; ich halte es nicht aus. Ich will, daß es mir gut geht. Ich hasse mein Leben. Schließlich gebe ich nach. Ich kann es nicht. Ich kann das Studium einfach nicht abschließen. Ich kann so einfach nicht leben. Wenn Gott nicht die Heilung und Veränderungen in meinem Leben wirkt, die so notwendig sind, dann kann ich das Studium einfach nicht abschließen. Ich wollte nicht mein ganzes Leben Sekretärin sein. Ich wollte noch nicht einmal mein Leben lang Massagetherapeutin sein, aber vielleicht ist das alles, was ich wirklich schaffen kann, emotional. So ist das Leben.

Einige Zeit danach (am nächsten Morgen?) werde ich von dem Verlangen verzehrt, in den Armen gehalten zu werden, von einer Frau geliebt zu werden. Nichts Neues daran. Ich hatte das ganze Jahr über mit einem fast pausenlosen Hunger gelebt, gehalten zu werden. Ich kann Michelle oder Susan nicht anschauen, ohne die Sehnsucht, den Wunsch, das dringende Verlangen, gehalten zu werden. Was an diesem Morgen anders ist: Das, was dreieinhalb Jahre keine Option war – Sex mit einer Frau – ist plötzlich wieder eine. Ich kann mir nicht helfen. Wie erschreckend. Nun ist alles, woran ich denken kann, zurückzugehen [in den Bundesstaat, aus dem sie stammt] zu der ersten Frau, die ich je wirklich ‚liebte‘, und die sich so gerne um andere kümmert. Ich will unbedingt, daß sich jemand um mich kümmert. Gehalten, geliebt, geküßt, gestreichelt werden … Oder daran zu denken, in Michelles Arme zu kriechen, sich zwischen ihre Brüste zu kuscheln, meine Lippen daranzulegen … Ich habe diese Sache mit Frauenbrüsten. Sie wecken in mir etwas ganz Tiefes. Einen Hunger. Eine so starke Sehnsucht. Leanne, gibt es kein Heilmittel für diesen furchtbaren, nagenden Hunger nach – nach einer Frauenbrust – oder was immer es ist? Ich kann nicht ewig mit diesem Hunger leben, ungestillt. Leanne, ich war ein Vorbild, eine ‚Vorzeige-Ex-Schwule‘ in den letzten dreieinhalb Jahren. Das stimmt wirklich. Ich hatte keine sexuellen Gedanken in bezug auf Frauen, meine Gedanken waren rein. Ich habe nicht mit Fantasien herumgespielt. Bis zu diesem Jahr hat Jesus ausgereicht. Aber diesen Druck halte ich nicht aus. Ich brauche irgendeine Erleichterung.

Gott hat in der Vergangenheit immer wieder zu mir gesprochen, daß ‚Brüste nur ein Symbol für die wahre Nahrung und Fürsorge sind, die ich für dich habe‘. Manchmal dachte ich, ich empfange sie, aber dieses Verlangen ist nie weggegangen. Es war zuzeiten gedämpft, manchmal auch eine Zeitlang unwichtig, aber immer, immer, immer gab es einen weiteren Haken. Immer ist das von einer Zeit von herzzerreißendem Schmerz umgeben, wo ich mich fühle, als ob ich sterben könnte. Es tut so weh.

Aber ich war seit irgendwann im letzten Herbst unfähig, Jesu Fürsorge wirklich zu fühlen. Ich spüre jetzt auch wieder Widerstand gegen männliche Personen … (Das ist eins der

Dinge, die es als ‚meine Schuld' erscheinen lassen – d. h., wenn ich nicht so stur wäre, würde ich die Fürsorge, die ich brauche, von Jesus bekommen). Es fühlt sich an, als ob etwas in mir völlig verkehrt ist, egal, wie ‚gut' ein Teil meines Verstandes ‚drauf' ist.

Leanne, ich merke, daß ich auf irgendeiner wichtigen Ebene nie eine emotionale Beziehung zu Jesus hatte. Ich fühle mich unfähig dazu. Als Lila und Michelle ärgerlich waren, weil sie fühlten, ich würde etwas von ihnen verlangen, was nur Gott mir geben kann – da verstand ich schon, was sie meinten, aber es hört sich wie ein grausamer Witz an, denn ich scheine das von Gott nicht bekommen zu können. Ich bekomme es von Frauen, die eine starke Verbindung zu Gott haben, aber nicht von Gott selbst. Hier könnte man mich ebenfalls beschuldigen, in meiner Beziehung zum Herrn nicht sorgfältig genug zu sein. Deshalb ist es einfach meine Schuld. Meine mangelhafte Hingabe. Aber ich glaube nicht, daß es eine Ausrede von mir ist, wenn ich sage, ich kann es nicht. Wenn es mir gut geht, dann kann ich recht guten Kontakt zum Herrn haben, wie es scheint. Aber wenn ich an den Punkt komme, wo es schwierig ist, dann habe ich einfach keine Verbindung. Ich kann um Erfüllung beten, so lange ich will; ich fühle einfach nichts.

Leanne, ich sehe, wie ich mein ganzes Leben damit verbracht habe, emotionalen Sinn, ja, Leben in anderen Frauen zu finden – auch nachdem ich zu Jesus gekommen war. Das Jurastudium war/ist ein Versuch, meinen eigenen Kurs festzulegen, meine Talente zu nutzen, meinen eigenen Traum zu verfolgen, in mir selbst lebendig zu sein. Aber ich sterbe. Körperlich bin ich krank, emotional bin ich chronisch depressiv; geistlich bin ich am Verzweifeln und reif für den Absturz; aber der wird mir sowieso nie Erfüllung schenken.

Ich bitte Dich inständig, mir zu sagen, wenn es denn stimmt, daß Jesus mich aus dieser Hölle befreien kann. Ich kann es nicht. Leanne, ich kann das nicht ‚im Gebet niederringen'. Jedesmal, wenn ich denke, ich könnte es, dann reißt mich die Flut wieder zu Boden.

Ist es nicht möglich, daß irgend etwas noch in meinem Unterbewußtsein begraben liegt, wodurch das Ganze wenigsten lebbar wird? Das Verlangen gestillt wird? Wo mir Jesus emotional/geistlich zugänglich wird, nicht nur [durch] Seine

Frauen? Oder suche ich nur nach einem bequemen Ausweg? Du weißt schon, dieser ‚Bitte-keine-Mühe-befreie-mich-nur-ein-fach‘-Ansatz. Ich sage Dir, wenn es an diesem Punkt meine Sache ist, dann bin ich zum Untergang verurteilt. Ich habe einfach nicht die Energie oder Kraft oder Bereitschaft, fast nicht.

Ich weine, wenn ich in Das zerbrochene Bild [neuer Titel: Du kannst heil werden] *von Berührungsmangel und dem fehlenden Daseinsempfinden lese. Könnte ich damit gemeint sein? Ich weiß von einer Situation, die der Ursprung sein könnte; damals war ich Säugling. Als ich drei Tage alt war, bekam ich eine ansteckende Infektion und war eine Woche lang auf der Isolierstation, bevor mich meine Mutter nach Hause brachte und mich dort ebenfalls isolierte; natürlich mußte sie auch mit dem Stillen aufhören. Aber das bloße Wissen um diese Tatsachen hat mich nicht geheilt. Bitte schreibe mir, daß Du für mich/mit mir betest. Wenn mein Problem nicht wirklich durch ein Wunder im Gebet bewältigt werden kann, dann bin ich verloren. Schreib mir, bitte. Nur Gott weiß, auf welchem Kontinent Du Dich gerade befindest; wahrscheinlich ertrinkst Du in Post, aber bitte schreib mir schnell ... Bitte hilf mir. Gott, bitte hilf mir.*
Mit freundlichen Grüßen,
Linda

PS: Ich bekenne, daß ich weniger ‚Heilung‘ möchte, als viel lieber Erfülltwerden. Ich kann das nicht erklären; scheinbar bedeutet ‚Heilung‘ einfach nur, daß die Gefühle verschwinden, aber ich immer noch leer bleibe. Ist das denn so richtig?“

Lindas frühkindliche Erinnerungen beinhalten ein unerträgliches Maß an emotionalem Schmerz; die Ursache liegt in einer für sie unendlich langen Zeit von Verlassenheit. Sie haben vielleicht bemerkt, daß sie erst am Ende des Briefes an das eigentliche Problem herankam – die längere Isolation von der Mutter im Säuglingsalter.

Als Embryo spürte sie im Schoß den Herzschlag ihrer Mutter, ihre Fürsorge; als Neugeborenes war sie geliebt und gestillt worden. Am dritten Tag ihres Lebens wurde sie dann plötzlich aufgrund ihrer ansteckenden Infektion an einen völlig einsamen, sterilen Ort gebracht. Daß sie das erst als letzte Möglichkeit erwähnt, obwohl sie alle meine Bücher gelesen und einen PCM-Kurs besucht hatte, wo wir uns mit diesen Dingen auseinandersetzen, paßt zu der Art, wie schmerzhafte Emotionen aufgrund eines frühkindlichen Traumas verdrängt und unterdrückt werden. Verdrängung und Unterdrückung waren die Bewältigungsmechanismen gewesen, durch die sie überlebt hatte; auch jetzt noch, als sie schon am Auseinderbrechen war, waren sie sichtbar.

Dr. Frank Lake, der englische Psychiater und Theologe, beschreibt den Schmerz, den diese junge Frau empfand, so gut das eben geht:

„Die Wurzeln aller Psychoneurosen liegen in frühkindlichen Erfahrungen mentalen Schmerzes von so ungeheurem Ausmaß, daß sie vom Bewußtsein schon zu der Entstehungszeit abgespalten werden mußten. Sie bleiben durch Unterdrückung wie begraben. Die tatsächliche Ursache der Panik mag eine Zeit der Trennungsangst in den ersten Lebensmonaten gewesen sein, wo die Trennung vom Anblick und der sinnlichen Wahrnehmung der Mutter (oder wer ihre Rolle übernommen hatte), der Quelle des „Seins", gleichbedeutend ist mit einem langsamen, tödlichen Erdrosseln des Geistes. Die verschiedenen Muster von Psychoneurosen zeigen eine Reihe unterschiedlicher Schutzmechanismen gegenüber dieser Trennung." [2]*

Leugnen und Verdrängung als Bewältigungsmechanismen

In Lindas Anmeldeformular für die PCM-Konferenz eineinhalb Jahre zuvor gab es starke Hinweise auf ihre Verlassenheitsproblematik. Sie wurde deshalb an ein Teammitglied verwiesen, die ihr Anliegen verstehen konnte. Im Gespräch erkannte diese Gebetsseelsorgerin, daß Lindas Bewältigungsmechanismen noch so stark waren, daß sie nur von „Koabhängigkeit" sprechen konnte und darauf bestand, daß ihr Problem in diesem Bereich läge. Sie hatte in Wahrheit aber ein schweres Problem mit emotionaler Abhängigkeit. Dieser Begriff beschreibt zutreffend einen Großteil ihres Dilemmas, aber das konnte sie kaum je zugeben. Die Gebetsseelsorgerin verstand sofort, daß Linda enorme Angst davor hatte, sich den tiefverwurzelten, aber für sie äußerst nebelhaften Gefühlen zu stellen.

Wie in einem früheren Kapitel beschrieben, ist es Gottes Sache, die Erinnerungen eines Menschen ans Licht zu bringen. Er wählt den perfekten Zeitpunkt. Unsere Aufgabe ist es, so zu beten, daß das Herz des Betreffenden sich öffnet, und dadurch Gott die Gelegenheit bekommt zu heilen. Es stimmt zwar, daß wir keine wichtigen Einsichten zurückhalten sollen. So haben wir beispielsweise Linda gesagt: „Dein Hauptproblem wurzelt wahrscheinlich in deinen ersten Lebensmonaten." Sie hörte das allerdings nur widerstrebend. Wenn das der Fall ist, dann dürfen wir unsere Sicht nicht durchsetzen – sei es mit Willenskraft oder durch kraftvolles Beten im Geist.

Auf Konferenzen kommt der Herr als Antwort auf die gemeinschaftlichen Gebete für die Gruppe und schenkt dabei die nötige Einsicht in dem Maß, wie der einzelne bereit ist, sich ihr zu stellen. Wir können uns deshalb in Gottes Zeitplan entspannen, denn wir wissen um Seine Treue. Wir nehmen einem Menschen seine mental-rationalen Bewältigungsmechanismen nicht mit Gewalt weg, bevor er nicht die Bereitschaft hat, sich dem Unerträglichen zu stellen. Denn dies stellt für ihn eine Art von Tod dar, und so kann er sich oft daran nicht erinnern. Dies mag uns manchmal schwerfallen, vor allem wenn wir erkennen, wie in Lindas Fall, daß die Gefühle, auch wenn sie unbewußt und verdrängt sind, die Betreffende immer noch zwanghaft und unbarmherzig antreiben, ihr Leben steuern und sie der Freiheit berauben.

Leute, die von Berufs wegen im Bereich von Psychologie und Seelsorge arbeiten, gehen sehr vorsichtig mit solchen Verdrängungen um. Nachdem man das Gebet des Glaubens um Heilung gebetet hat – ein machtvolles Gebet, das aber die Bewältigungsmechanismen nicht gewaltsam aufhebt –, empfehlen wir als erstes therapeutische Seelsorge und beten eifrig mit dem Betreffenden, den richtigen Arzt zu finden. Wenn wir mit einem qualifizierten Psychologen oder Psychiater zusammenarbeiten können, umso besser. Dieser braucht ebenso wie der Leidende Unterstützung durch das Gebet und die Einsicht des Leibes Christi. In ähnlicher Weise brauchen wir das Spezialwissen derer, die die nötigen Medikamente verschreiben und die Person in den Depressionen schützen können, die mit einer akuten Deprivations- oder Verlassenheitsneurose einhergehen.

In der Vergangenheit waren wir nicht immer in der Lage, Menschen zu finden, die die entsprechenden Begabungen und Qualifikationen aufwiesen. Vor allem wenn die Schwierigkeiten zu Schutzmechanismen geführt haben, die mit homosexuellem oder lesbischem Verhalten gekoppelt sind, kann vieles in der Praxis eines Therapeuten ernsthaft schief gehen – auch der eines „christlichen". Traurigerweise müssen wir manchmal die Scherben aufklauben, die solch ein Therapeut hinterlassen hat. Vielleicht hat er dem an einer homosexuellen oder lesbischen Neurose Leidenden die unsinnige Überzeugung aufgezwungen, er bzw. sie müsse seine/ihre „sexuelle Orientierung" akzeptieren, mit anderen Worten, seine/ihre Schutzmechanismen. Wenn solche Personen an einer schweren Störung ihrer geschlechtlichen Identität leiden, und vor allem, wenn sie nahe am Zerbrechen sind, wie das Lindas Brief deutlich macht, dann können sie sich kaum gegen starke Argumente derer schützen, die als Experten gelten und ihnen helfen sollten.

Außer dieser Art von Schwierigkeiten finden wir gelegentlich einen verzweifelten Menschen, bei dem die Schutzmechanismen zu früh aufgehoben wurden, der zuständige Therapeut aber nichts Wertvolles an ihre Stelle treten lassen konnte. Das schlimmste Versäumnis ist dabei natürlich das Verschweigen des Evangeliums der Wahrheit, mit seinem Geschenk der Gnade der Vergebung und seiner heilenden Kraft. Dann gibt es auch Therapeuten, die frühkindliche Verletzungen ignorieren. Wieder andere verstehen sie zwar, haben aber Angst, sich damit auseinanderzusetzen, und ziehen Tranquilizer und Beruhigungsmittel vor. Es ist keine Kleinigkeit, sich mit derartigen Nöten zu beschäftigen. Das erfordert echte Weisheit (ein empathisches und intuitives Verstehen eines anderen Menschen), ebenso wie ein selbstloses, fürsorgliches und verantwortliches Geben auf Seiten des Behandelnden und auf Seiten derer, die beten und Seelsorge ausüben.

Inzwischen gibt es aber mehr und mehr christliche Therapeuten, an die wir uns wenden können. Wie die verstorbenen Ärzte Frank Lake und Karl Stern haben sie eine durchgehend inkarnatorische Sicht des Menschen und der Wirklichkeit und sind deshalb offen für Gottes heilende Kraft durch Gebet und Sein Wort. Sie verstehen Christi Werk am Kreuz und setzen es in Beziehung zu den tiefsten Nöte der verwundeten Seele. Sie wissen, daß die besten Anstrengungen und rein menschliche Sympathie keine volle Heilung herbeiführen können, wohl aber Gottes Liebe. Und Er benutzt uns dabei als durchaus menschliche Werkzeuge, um diese Liebe weiterzugeben.

Beim Gebet für die Heilung der Erinnerungen in einer Gruppe

bitte ich den Herrn immer, die jeweiligen Erinnerungen zu schützen, bis der Betreffende in der Lage ist, sich ihnen zu stellen und bis einer unserer Seelsorger in der Nähe ist, der mit dieser Art von emotionalem Schmerz umgehen kann. Und es ist absolut erstaunlich, wie treu Gott diese Gebete jedesmal erhört. Nichts ist anscheinend „zu groß", um hochzukommen, und es kommt zur rechten Zeit, am rechten Ort und bei der rechten Person, die als Beistand benötigt wird.

Trauer

Lindas Heilung wird intensive Trauerprozesse beinhalten. Ihr Bedürfnis läßt sich besser als eine *Heilung der Emotionen* beschreiben, auch wenn sie eine Heilung der Erinnerungen erfordert. Bei der Heilung der Erinnerungen kommt es natürlich auch immer zu einer Heilung der Emotionen. Aber im Fall einer Person wie Linda ist das schmerzhafte Aufarbeiten dieser verdrängten Emotionen der weitaus größere Teil der Aufgabe. Es beinhaltet das In-Kontakt-Kommen mit frühkindlichen, unerträglichen Gefühlen der Trauer über einen Verlust – und diese Gefühle sind heute noch die gleichen. Linda ist jetzt allerdings bereit. Ihr Wille, alles zu leugnen, ist ein- für allemal zusammengebrochen. Sie kann den Schmerz nicht länger abwehren. Vor eineinhalb Jahren war sie nicht in der Lage, sich der Trauer zu stellen. Jetzt hat sie keine Alternative mehr.

Im ersten Abschnitt ihres Briefes pendelt Linda zwischen der Verwunderung, daß Gott ihr Leiden andauern läßt, und der Angst, sie könnte melodramatisch sein und sich nur selbst bemitleiden. Auf einem PCM-Kurs kommt es leicht vor, daß jemand wie Linda die Lehre über die „verkrümmte Haltung" und sogar über „emotionale Abhängigkeit" verkehrt anwendet. Das sind Dinge, mit denen sich Linda herumschlug, und zwar mit aller Kraft. Aber ihre Hauptschwierigkeit lag in der Tatsache, daß die allererste und wichtigste Bindung ihres Lebens traumatisch unterbrochen worden war. Die andauernde, vertrauensvolle Beziehung zur Mutter, die die Grundlage für ein starkes persönliches Selbstwertgefühl, ja das eigene *Dasein* überhaupt darstellt, war abgeschnitten worden. Das bedeutete für sie einen unglaublichen Schmerz, hinter den es kein Zurück mehr gab. Er hinterließ in ihr ein furchtbares Defizit, und es gab keine Brücke mehr zu einem Gefühl von Sicherheit und Geborgenheit. Bis sie geheilt ist muß sie rufen:

153

„Es ist immer dasselbe, wenn ich in hilfloser Abhängigkeit auf jemand anderen warte, zu kommen und mich zu beachten, dann kommt niemand, und die Agonie des Wartens treibt mich in den Wahnsinn." [3)]

Linda glaubte tief in ihrem Herzen, daß sie verlassen sei. Sie litt an Trennungsangst; solange ihr primäres entwicklungsgeschichtliches Defizit nicht gestillt war, würde sie weiterhin in sich die frühkindlichen Verlassenheitsgefühle tragen. Es muß durch Gebet, und in ihrem Fall auch durch eine spezielle Seelsorgetherapie zur Heilung dieser frühen Erinnerungen kommen. Bei einer solchen Heilung wird ein gewisses Vertrauen gegenüber dem Therapeuten oder dem, der betet, aufgebaut, was nicht leicht fällt. Dieses Vertrauen erlaubt es dann dem Leidenden, *wenn die Szene in der Erinnerung noch einmal durchgegangen wird,* den ursprünglichen Verlust zu kompensieren – eine „anfängliche" Bindung an einen „Anderen", dem man vertraut, zu erleben. Unangebrachte Furcht vor dem Verkrümmtsein auf einen anderen hin kann dabei die Heilung gefährden.

Man beachte die obige Betonung auf „wenn die Szene in der Erinnerung noch einmal durchgegangen wird". Wenn die unerträglichen Gefühle aus der frühen Kindheit hochkommen, dann beten wir für das leidende innere Kind. Das schlägt die Brücke zu der Heilung der Erinnerungen, auch wenn diese Heilung länger dauert. Die Betreffenden sind zu solchen Zeiten der Depression *wieder in ihre Verlassenheitserfahrung zurückgefallen* mit all den damit verbundenen Gefühlen.

Ich hatte weiter oben geschrieben, daß ich, während Edie (das adoptierte Mädchen) ihren Eltern vergab, meine Arme um sie gelegt und sie an mich gedrückt hätte, wenn ich damals etwas von der Heilung der Erinnerungen verstanden hätte. Warum wäre das so wichtig gewesen? Weil das kleine Neugeborene in ihr immer noch nach den Armen der Mutter schrie. Gott hätte mich so als „Ersatzmutter" in der Heilung der Erinnerungen gebrauchen können.

Das bringt uns zu zwei wichtigen Punkten. Erstens nimmt Gott die liebevollen Handlungen, die wir in Seinem Namen tun, und vervielfältigt ihre Auswirkungen – so wie Er es mit den Broten und Fischen bei der hungrigen Volksmenge getan hatte. Es ist für mich immer erstaunlich, wie Er solche kleinen und scheinbar unbedeutenden Gesten benützt – angesichts eines ganzen Lebens voller Defizite! – um so viel Heilung zu bewirken. Das Wunder der Speisung der Volksmenge findet sein vollkommenes Gegenstück in der Heilung des hungrigen, unerfüllten, emotionalen Wesens des Menschen.

Der zweite Punkt führt uns in das Gebiet dessen, was die Psychologen „Übertragung" nennen – wir als Helfer *werden* tatsächlich im entscheidenden Zeitpunkt des Heilungsprozesses für einen Moment lang zur Mutter des Betreffenden. (Das ist aber etwas völlig anderes als das sogenannte „Re-Parenting", einer bestimmten Technik des Elternersatzes, die genaugenommen gar nicht möglich ist.) Bei der Heilung der Erinnerungen, in der Gott mächtig wirkt, wird dem Betroffenen ganz tief auf der menschlichen wie der göttlichen Ebene gedient, so daß eine Umarmung durch eine „Ersatzmutter" lebenslange Mängel lindern kann; sie wird zum Kanal, durch den der Heilige Geist Verlust und Defizite heilt.

Auch wenn die Tür zum Selbstmitleid uns allen immer offensteht – bei einigen ist dies eines der Hauptlaster –, waren Lindas Gefühle doch nicht von dieser Art. Ihr Problem rührte von der tiefen inneren Überzeugung her, verlassen zu sein. Diese Überzeugung wurde noch durch den Gedanken verstärkt, sie müsse in der Lage sein, nur auf Jesus und nicht auf andere Menschen zu schauen. Wieder in der rechten Beziehung zu anderen stehen zu können war schließlich einer der Hauptpunkte, der in Ordnung zu bringen war. Weil sie so verletzt war, konnte sie keine engere Beziehung eingehen, ohne daß ihre ungestillten Bedürfnisse ins Spiel kamen. Wie können wir denn auch Freundschaft und eheliche Liebe finden, bevor wir die ursprüngliche Beziehung gefunden haben, die uns Sicherheit im eigenen Selbst vermittelt – das Gefühl, dieses Selbst ist auch wirklich vorhanden, von dem aus wir dann zu anderen Beziehung aufnehmen können? Die Gewißheit des eigenen Selbsts bringt ein Gefühl des Wohl-Seins mit sich, ja, des Seins an sich. Dr. Frank Lake redet hier von der Dimension des „Ich-mein-Selbst".

„Viele von uns hatten das Glück, in der beständigen Gegenwart zuerst unserer Mutter und dann unseres Vaters eine Sicherheit zu empfinden, die unserem Sein zur Stütze wurde. Sie wurde schließlich so sehr zu einem Teil unseres Selbsts, daß wir ,Ich-

mein-Selbst' sagen konnten, ein Ausdruck dafür, daß wir den Geist unserer Mutter und die Stärke unseres Vaters in uns tragen. Wir können immer dieses dreifache ‚Ich-mein-Selbst'-Wesen genießen. Uns ist viel gegeben, unserem Menschsein fehlt nichts Grundlegendes; alles Wesentliche haben wir bekommen.

Bei hysterischen Persönlichkeiten ist das anders. Der Glaube an die eigene grundlegende geistliche Beziehung, an das ‚Selbst', das die Mutter hätte sein sollen, ist zerstört. Es kann nur durch ‚Ich-mein-?' oder sogar durch ‚Ich-nichts-nichts' repräsentiert werden. Das ist mit dem Begriff der Entpersönlichung gemeint, dem Gefühl der vollständigen Unwirklichkeit des Selbsts, wenn es sich nicht im Glauben auf die anderen notwendigen Elemente seiner geistlichen Gesamtheit stützen kann. "[4]

Linda kannte nur das „Ich". Aufgrund ihres frühkindlichen Traumas ging ein Großteil des „mein-Selbsts", das in einem guten Beginn der Mutterbeziehung gefunden wird, durch die Abspaltung der unerträglichen Gefühle verloren. Deshalb waren ihre Freundschaften immer durch den Versuch überschattet, das „mein-Selbst" in einer anderen Frau zu finden. Linda wußte deshalb nicht, wie eine gesunde gegenseitige Abhängigkeit von anderen in wechselseitiger Gemeinschaft aussieht. So mußte sie zwischen zwei Extremen hin- und herpendeln: einer neurotischen Bindung (dem Verkrümmtsein auf einen anderen Menschen hin, durch den der Verlust der notwendigen Ursprungsbindung wettgemacht werden sollte) einerseits und der Furcht und der Flucht vor jeglicher Bindung andererseits.

Linda erlebte eine Art von frühkindlichem Trauma, das zu einem extrem schwachen oder gänzlich fehlendem Seinsgefühl führt. Es kommt zu einer Identifikation mit dem Nicht-Sein selbst, wie man in ihrer eigenen Beschreibung nachlesen kann. Kann Gott solche Menschen heilen? Ja, er kann es wirklich. Aber wir müssen verstehen, wofür wir in einem solchen Fall beten, und wie wichtig es ist, das in der richtigen Weise zu tun. Wir müssen dies richtigehend lernen.

Wir sehen jetzt, warum sie keine „Lebendigkeit, wenn getrennt" spürte – das ist genau das, was der Säugling in seiner Isolation empfand. Ein Kind, das noch nicht einmal wußte, daß es ein von der Mutter getrenntes Wesen ist, und das unablässig ihre Botschaften der Liebe und Wärme empfangen hatte, ob inner- oder außerhalb des Mutterschoßes, hat nun einen unerklärlichen, schweren Verlust erlitten. Es war wie tot ohne jenes „andere", dessen besonderes Dasein ihm mitgeteilt hatte, daß es selbst lebendig war.

Lindas Brief spiegelte so stark das Bedürfnis wider, eine Bindung mit der Mutter (oder einer Mutterfigur) einzugehen, daß es keinen Raum für Trauerarbeit gab. Sie konnte nur unaufhörlich nach einer solchen lebenswichtigen Bindung streben, jener wunderbaren Brücke zu der Frau, die sie als Säugling vermißt hatte. In einer bestimmten Hinsicht lebte sie also ihr ganzes Leben lang in ungelöstem Schmerz.

Wie Hemfelt, Minirth und Meier in ihrem Buch *Love is a Choice* festgestellt haben, gibt es in bestimmten Fällen ein immer wiederkehrendes Muster. Personen wie Linda werden oft zu Menschen hingezogen, die sie später verlassen werden – so wie es der Säugling bei der Mutter erlebt zu haben „glaubte". Sie hoffen, die ursprüngliche Situation zu lösen, indem sie das Verlassenheitsszenario immer wieder von neuem durchspielen, bis sie endlich einmal nicht mehr verlassen werden. In solchen Situationen können Menschen, die zu helfen versuchen, sich völlig darin verstricken, wenn sie nicht die rechten Grenzen zu setzen wissen. Schließlich werden sie so entmutigt, daß sie keinen anderen Weg mehr wissen, als aufzugeben. Wenn wir weder das Problem richtig verstehen, noch wirklich wissen, wie man da helfen kann, dann ist es besser, schnell aufzugeben und anzuerkennen, daß es unsere Fähigkeiten übersteigt. Wir können dann zusehen und sorgfältig für diejenigen beten, die die benötigte Hilfe geben können. Aber der Punkt ist: Für die Betroffenen liegt das Gefühl nahe, sich wieder einmal beiseitegeschoben zu finden – selbst von den liebevollsten Christen.

Der Zusammenbruch der rationalen Bewältigungsmechanismen und das Entstehen eines neurotischen Verlangens

Linda spricht von ihrer Fähigkeit, daß sie sich in der Vergangenheit *entscheiden* und dadurch der emotionalen Abhängigkeit entgehen konnte. Dies war der Pendelschlag der Flucht vor der Nähe in Beziehungen, um eine übermäßige Abhängigkeit zu vermeiden. Ihre kognitiven Verteidigungsmechanismen waren sehr stark – und notwendig. Aber als sie schließlich versagten, blieb ihr nichts mehr als „Schluchzen, Schluchzen, Schluchzen" und „Hölle, Hölle, Hölle". Als sie schließlich aufgab und zerbrach, hörte ihr furchtbares Ringen auf. Was geschah dann? Die neurotischen Zwänge kehrten mit voller Kraft zurück. Ihre ganze Verlassenheitsproblematik kam hoch – der Hunger nach Berührung, nach dem Gehaltenwerden, nach Fürsorge. Alle ungestillten frühkindlichen Bedürfnisse verdichteten sich zu einem solch starken Hunger, daß sie an nichts anderes mehr denken konnte, als den Versuch, diese nagenden, unaufhörlichen Hungergefühle zu stillen. Wie ein junger Mann, der sich nach der Pubertät nicht als Mann akzeptieren kann, verletzt bleibt und Bestätigung auf unterschiedlichste (auch neurotische) Weise sucht, so versuchte sie, dieses größte Defizit – ein wirklich furchtbares – wettzumachen. Ihre lesbische Neurose war wenig mehr als eine Symbolverwirrung, ein Schutz gegen die entsetzliche innere Leere – die Tatsache, daß sie keine „Lebendigkeit" ohne starke, fürsorgliche Frauen in ihrer Nähe kannte. Es gab keine Hoffnung, diese bedrohlichen Gefühle des „Nichts" auszulöschen. Frank Lake nennt dies die „Reaktion in die Lust":

> *„Eine alternative Schutzreaktion anstelle von Wut besteht darin, die wirkliche Mutter und ihre Brust durch eine bloße Fantasievorstellung zu ersetzen, als ob man sie dadurch wieder besitzen würde. Dieser Ersatz eines realen geliebten Objekts durch eines in der Fantasie wird als libidinale Fantasie bezeichnet. Im einfachen Sprachgebrauch heißt das „Lust", ein absolutes Verlangen, ohne das man nicht existieren kann. In den ersten Tagen formt der Säugling ein Bild des begehrten Objekts, der Brust oder der Brustwarze, und ein verschwommenes Bild des Gesichts der begehrten Person. In der schmerzvollen Abwesenheit der realen Person oder eines akzeptablen Ersatzes „erschafft" die Fantasie die ersehnte Person, einen Teil von ihr oder eines ihrer Kleidungsstücke als ein Erinnerungsstück in Form eines mentalen Bilds. Diese libidinale Fantasie tritt unabhängig von der Wutreaktion auf."* [5]

Angst

Die Angstzustände, unter denen Linda jetzt leidet, gehören zu ihrem Schutzmechanismus gegen die abgespaltenen Gefühle, wie sie in einer Verlassenheitsdepression enthalten sind. Sie (und wir) können nur die Schutzmauer ihrer Seele sehen, die sie so schmerzhaft erfährt. Auf der anderen Seite dieser Mauer – hinter oder unter ihr – liegen die Dinge, die sie bisher noch nicht sehen kann – das, was sie an meisten fürchtet und wovor ihr graut.

Diese Schutzmauer der Angst verbirgt Wahrheiten, die unerträglich wären, etwa in bezug auf eine idealisierte Mutter bzw. Vater, oder die Angst vor der Vernichtung, oder verdrängte Erinnerungen an traumatische Vorfälle. In Lindas Fall erscheint die Realität des Kummers, des Zorns und der Furcht vor dem Nichtsein noch unergründlich und unnennbar. Für die Ökonomie der Seele ist es besser, zu leiden und sich mit einer furchtbaren, sogar chronischen, Angst herumzuschlagen, als etwas anschauen zu müssen, das das Herz in seiner unbewußten Tiefe für noch schlimmer hält.

Wenn diese Mauer der Angst abzubröckeln beginnt, schaltet das autonome Nervensystem einen Gang höher. Der Körper und das Tiefenbewußtsein (das Unterbewußtsein, die Tiefenschichten der Seele) haben Angst, denn sie wissen, was die Person selbst noch nicht weiß. Wenn es zu einem Zusammenbruch kommt, können schwere körperliche Reaktionen auftreten wie Zittern, Zähneklappern, Schweißausbrüche, Herzrasen und körperliche Verrenkungen, die einen Ausdruck für die tiefe innere Spannung darstellen. Weil dies die Gefühle eines von Panik ergriffenen Babys sind, kommt es zu einem erhöhten Adrenalinausstoß, einer erhöhten Atemfrequenz und beschleunigtem Pulsschlag.

Es kann die Zeit kommen, wo man uns bittet, für jemand zu beten, dessen Mauer der Angst zu bröckeln anfängt. Wir werden dann automatisch versuchen, die Person in ihrer Furcht zu trösten; vielleicht fängt dabei sogar der Körper des Betreffenden an, wild zu zucken. Dieser Zustand der Panik und Angst kann sehr lange andauern, bis hin zu einigen Stunden.

Wenn wir dann die Gegenwart des Herrn im Gebet anrufen, wird der Betreffende befähigt, zu sagen, „Ich kann dies jetzt anschauen, weil Gott mit mir ist und Menschen, denen ich vertraue, mich halten und für mich beten". An diesem Punkt beginnt die Schutzmauer dann zu bröckeln. Mit anderen Worten: Wenn der Leidende das Vertrauen gewinnt, daß die Mittel vorhanden sind, mit denen er sich den gefürchteten frühkindlichen Erinnerungen mit der ganzen damit verbundenen Panik und der tiefen Trauer stellen kann, dann kann die Heilung kommen. Wenn der Leidende aber im natürlichen Fluß des Gebets nicht an diesen Punkt kommt, dann brauchen wir die Hilfe eines begabten Arztes/ Psychologen, der die notwendigen Medikamente verschreibt (neben dem, was er sonst für nötig hält). Diese dürfen den Betreffenden nicht so stark ruhigstellen, daß er nie mehr in der Lage ist, sich mit seinem Problem auseinanderzusetzen, aber sie schenken den nötigen Aufschub, so daß er weitermachen kann, sich seinen inneren Verlusten und Defiziten zu stellen, auch wenn ihm davor graut.

Wenn wir sehen, wie Mitchristen auf diese Weise leiden, dann fällt die Erkenntnis furchtbar schwer, daß wir mit all unserem Schreien zu Gott wenig oder keine Erleichterung erreicht haben. Unsere Verzweiflung verstärkt sich noch, wenn wir die psychologische Dynamik nicht verstehen – was in dem Leidenden abläuft oder was noch geschehen muß. Solange die akuten Angstzustände nicht aufhören, kann es keine Erleichterung geben. Wenn das dann endlich geschieht, verzweifeln wir wieder, wenn wir sehen, wie die Person, die wir lieben und der wir helfen wollen, sofort in eine klinische Depression fällt. Aber hier wird sie beginnen, die frühkindlichen Erinnerungen wieder zu durchleben, und wird so in Kontakt mit den abgespaltenen Gefühlen kommen. Dieser Prozeß kann Monate dauern. Hier müssen wir wissen – und das auch dem Leidenden versichern –, daß er *wirklich* ein Ende hat. Am Ende des Tunnels gibt es Licht. Schmerzen und Verletzungen, so unerträglich und unvermeidlich sie sind, werden schlußendlich zu einem wesentlichen Bestandteil der Heilung. Sie signalisieren, daß die Verdrängung aufgehoben ist und die abgespaltenen Gefühle ins Bewußtsein treten; dort kann man sich mit ihnen auseinandersetzen. Wenn wir wissen, wie man für die Heilung der Erinnerungen betet und einem Depressiven hilft, sich dem Schlimmsten mit Christus zusammen zu stellen, erspart man ihm am Ende sehr viel. Dadurch kommt es nicht nur zur Heilung, sondern sie geschieht auch viel schneller.

Der Leidende findet diese Erleichterung, wenn wir als Beter daran denken, nicht zu dem verletzten Erwachsenen vor uns zu sprechen, sondern zu dem leidenden Kleinkind, dessen Trauma durchlebt wird. Der Dienst erfordert an diesem Punkt ein Höchstmaß an Sensibilität und Fähigkeit von Seiten eines fachmännischen Therapeuten und auch von denen, die beten. Unsere „Fähigkeit" wird sich von der ärztlichen unterscheiden; sie besteht einerseits in der Demut vor Gott angesichts solchen Leidens und andererseits darin, Gottes Führung, Weisheit und Erkenntnis bei jedem Schritt zu suchen, den wir tun. Und Er ist so treu, daß Er diese bereitwillig schenkt. Unsere „Fähigkeit" besteht vor allem anderen in unserem Vertrauen auf Ihn. Dieses Vertrauen wächst, wenn wir Menschen wie Linda sehen, die ein ums andere Mal trotz dieses langen, schwierigen Prozesses frei werden und Freude und heile Beziehungen zu anderen finden.

Wenn der Schmerz am schlimmsten ist, benütze ich ein Bild, obwohl ich hier immer noch dem leidenden Kleinkind diene, und zwar das Bild, die Verletzungen zum Kreuz zu bringen und dann dort, im Kreuz, zu stehen. So bete ich beispielsweise:

„Herr, ich stehe hier an Deinem Kreuz mit diesem kleinen Kind; wir bringen Dir diese Gefühle von Panik und Furcht, die so schrecklich sind, daß wir sie nicht ertragen können. Aber Du bist gestorben, um diese Gefühle in Dich aufzunehmen, und wir nehmen in diesem Moment unseren Platz in Deinem Sterben ein. Wir sterben mit Dir den Sünden und Defiziten aller Menschen und Situationen ab, die dazu beigetragen haben. Wir vergeben ihnen, Herr. Wir vergeben unsere gesamten Lebensumstände. Herr, ich fühle diesen Schmerz zusammen mit Dir; und jetzt weiß ich, daß er mich nicht zerstören kann. In Deinem vollkommenen Wesen, Deinem vollkommenen Opfer hat er einen Ort, wo er hingehen kann; ich übergebe ihn Dir, Herr. Danke, Herr. Stärke mich, daß ich zur rechten Zeit, zu Deiner Zeit, die anderen abgespaltenen Gefühle empfinden kann, die hochkommen müssen. Dann werde ich wieder meinen Platz in Deinem Sterben und Tod einnehmen. Herr, ich will stehen und meine Verletzungen in Dir aushalten; und dann will ich Deine Heilung und Dein Leben zum Tausch empfangen."

Zeit

Die Zeit wird von Neugeborenen völlig anders erlebt, als von Erwachsenen. Minuten sind Stunden, Stunden sind Ewigkeiten. Wenn Menschen wie Linda solche frühen Momente wieder durchleben, ist es, als ob die Zeit selbst zum Stillstand kommt. Der gegenwärtige Moment, so wie er damals war, scheint endlos zu sein, und der Schmerz erscheint zu groß, um ihn noch auszuhalten.

Mitten in einer Verlassenheitsdepression verliert man die Kraft, normal zu funktionieren, man sieht das in Lindas Brief. Linda schrie zu Gott, aber sie war unfähig, Seine Gegenwart bzw. Seine Fürsorge zu fühlen („bis zu diesem Jahr hat Jesus ausgereicht"). Obwohl sie noch nicht mit ihren Erinnerungen in Kontakt ist, fühlt sie in der Tiefe die Abwesenheit ihrer Mutter und den Verlust des *Seinkönnens,* die sie als Säugling durchlitten hatte. Sie hatte nach der Mutter geschrien, und Mutter war nicht gekommen. Nun konnte sie zu Gott um Hilfe schreien, aber sie war nicht in der Lage, in Seiner Gegenwart *zu sein.* Das *Seinkönnen* selbst stand innerlich bei ihr auf dem Spiel; deshalb diese unaufhörlichen schmerzerfüllten Gedanken und der ständige Kampf. Als dieser emotionale Aktivismus seinen Gipfel erreicht hatte, stürzte sie in Passivität und Depression und stand nun vor der angstvollen Aufgabe, in Kontakt mit dem zu kommen, was in ihren seelischen Tiefenschichten vorhanden war.

Als Kierkegaard rief, wir hätten vergessen, wie wir existieren, wie wir sein können, und daß wir nur noch über das Sein *nachdenken* können, da beschrieb er Lindas Zustand. Es ist offensichtlich, daß er an einem ähnlichen Kummer wie Linda litt – und keine Erleichterung fand. Ihm war deshalb dieser pathologische Zustand zutiefst bewußt, der sich jetzt in der Kirche und der westlichen Welt verbreitet.

Unsere Eltern symbolisieren Gott für uns in ihrer Fürsorglichkeit. Für Linda aber gab es keine Fürsorge und Symbolik. Als ihre ansteckende Infektion endlich vorbei war, hatte sie ein weit schwereres Problem. Sie war zu verletzt, um vertrauensvoll die Liebe anzunehmen, die ihre Mutter ihr zu geben hatte. Ihre Reaktionen auf andere kamen nun nicht aus der Gelassenheit der Erfahrung von Liebe und Schutz. Sie konnte Liebe und Schutz der Mutter nicht fühlen; deshalb konnte sie auch Gottes Hilfe und Schutz nicht fühlen, auch wenn Er ihr das gab. Sie hörte nie auf, im Glauben zu wissen, daß Er da war; aber ihr Bedürfnis, in einem wiederhergestellten Seinsgefühl zur Ruhe zu kommen und sich in der Liebe Gottes und anderer geborgen zu fühlen, durchbrach nun ihre starken rationalen Abwehrmechanismen.

Berührung und Körperkontakt
Hier sehen wir im Erwachsenen das leidende Kind, für das die Zeit stillsteht, wie wir gesehen haben. Seine physische Wahrnehmung ist ebenfalls eine andere. Gehen Menschen in solche Erinnerungen zurück, dann beschreiben sie manchmal eine Art Sehschwierigkeit;

sie sehen nur verschwommen oder nebelhaft. Sie können aber trotzdem sagen, was passiert – oder was nicht passiert. Liebevolle menschliche Worte, gerichtet an das leidende Baby, und *Berührung* sind das, was tief in die Seele des verletzten inneren Säuglings sinkt – genau das, was damals fehlte. So trösten wir das Baby im Inneren. Und das Baby reagiert auf Berührung.

Wenn die schlimmsten Gefühle hochkommen, bringen nicht unsere hörbaren Gebete Erleichterung, sondern der Trost, den man dem inneren Kind gibt. (Selbst mit dem „Am-Kreuz"-Gebet und anderen, die Gott uns gibt, trösten wir gleichzeitig das innere Kind und verschaffen ihm Erleichterung.) Diese Menschen finden Erleichterung, wenn wir das kleine, verlassene Baby ansprechen und für es mit Gott reden. Wir sind sozusagen im Damals – wir dienen dem Säugling in seinen anfänglichen Verletzungen und Leiden. Deshalb handeln wir, wie wir es getan hätten, wenn wir dabei gewesen wären und verstanden hätten, was abläuft. Wir versichern dem Baby, daß es sicher und geborgen ist, daß es nicht mehr allein ist.

Obwohl unser Gebet hier unglaublich wirkungsvoll ist, ist es nichts, was der Leidende schon „denken" oder „fühlen" kann. Wir sind selbst zum Gebet geworden – Gottes Liebe in Verbindung mit der unsrigen bindet den Leidenden noch sicherer an Ihn und Seine heilende Liebe. Wenn jemand die bisher verdrängten Gefühle eines frühkindlichen Traumas und/oder einer emotionalen Sperre durchlebt, halten wir tatsächlich das leidende innere Kind im Arm und sprechen ihm wie eine Mutter Worte der Vergewisserung und des Trostes zu. Hier kann der Leidende den entscheidenden Neuanfang setzen – den Anfang eines Vertrauens, daß *ein anderer* tatsächlich da ist.

Die Heilungen, die hier stattfinden, sind nichts weniger als ein Wunder. Sie passieren allerdings nicht ohne große Sorgfalt in der Art und Weise unseres Dienens und Betens. Therapeut oder Seelsorger sind weiterhin wichtig, sogar entscheidend, wenn die Heilung Fortschritte macht. Er oder sie ist nämlich die Person, dergegenüber es zu einer entscheidend wichtigen Übertragung kommt. Aber es ist gut, sogar ideal, wenn andere (vor allem Familienmitglieder) ebenfalls mitmachen. Der Therapeut ist nicht immer da, wenn die Gefühle hochkommen. Verlassenheitsdepression kommt in Schüben: sie kommt und geht mit den Wellen der Trauer. Wenn jemand in der Familie weiß, wie man betet und das

Vertrauen des Leidenden besitzt, kann der ganze Prozeß beschleunigt werden. So kann sogar der Großteil der Heilung im Gegenüber zu dieser Person geschehen.

Ein Ehemann oder eine Ehefrau, die reife Christen sind und das Vertrauen ihres Partners besitzen, können das innere Kind gut trösten, wenn diese furchtbaren Gefühle aufbrechen. Ein Partner braucht in dieser Situation Weisheit und Objektivität, um nicht Verwirrung zu stiften, indem er eheliche Liebe ins Spiel bringt – ein Fehler, in den Verheiratete leicht verfallen können, der aber in solch einer Zeit kontraproduktiv wäre.

Durch vom Gebet getragenen, weisen Körperkontakt kann das Defizit in der lebenswichtigen Bindung der ersten Lebensmonate wettgemacht werden. Manche würden sogar sagen, sie kann hier geschaffen werden. Jedenfalls weiß ich, daß hier eine Brücke gebaut und ein neues Selbstsein in der Identifikation mit und einer gesunden wechselseitigen Abhängigkeit von anderen erfahren wird.

Übertragung

„Zuerst muß die Hysterikerin [die Aussagen sind im Original feminin, doch gelten sie für beide Geschlechter gleichermaßen] in der Lage sein, ihr unsicheres Selbst auf einen anderen Christen zu setzen, oder, noch besser, auf eine Familie oder Gruppe liebevoll annehmender Christen. Hier kann die Betreffende sozusagen mit neuen Eltern, und Geschwistern etwas von dem wiederholen, was in den Wechselfällen der eigenen unglücklichen Babyzeit verlorenging. Wir müssen diese Übertragungsaktivität als eine notwendige Form des Brückenschlags interpretieren, die sie aus der mißtrauischen Isolation (wie versteckt auch immer) heraus und zurück in die Realität einer sozialen Gruppe und Familie führt. Auf diese Weise wird die eigene neurotische Brücke ersetzt, über die die Kräfte verbotener Impulse und strafender Vergeltung hin und her stürmten; an ihre Stelle tritt eine neue und noch unerprobte Brücke tatsächlichen Vertrauens auf eine wirkliche Person außerhalb des eigenen Selbsts. Erst wenn die Brücke getestet worden ist, um zu sehen, ob sie das eigene Gewicht aushält, kann die Betreffende anfangen, selbst mit Vertrauen zu reagieren. Sie muß sichergehen, daß die neue Beziehung das Gewicht sowohl der

schmeichlerisch aktiven Seite ihrer Persönlichkeit aushält, wie auch die abstoßenden Angst-, Wut-, Neid- und Haßanfälle, die unveräußerlich Teil ihres komplizierten Selbsts sind."[6)]

Als Beter bereiten wir die Übertragung nicht vor. Wir lernen sie zu erkennen, wenn sie auftritt. Wenn jemand, der an Trennungsangst leidet, Erinnerungen subjektiver Verlassenheit durchlebt, dann sind wir als Beter oder Seelsorger für ihn eine Art Elternfiguren. Wir dienen in seine Verletzungen hinein. Wenn wir dem Hilfesuchenden nahe waren und er bei uns nach Hilfe suchte, dann haben wir wahrscheinlich die in solch einer Übertragung liegende Ambivalenz erlebt. Liebe wie Haß können sich gleichermaßen auf uns richten; mit anderen Worten, wir ziehen bei unserem Versuch zu helfen, sowohl die hysterischen wie auch die schizoiden Reaktionen auf uns. Um einige der damit verbundenen Schwierigkeiten zu vermeiden, ist es wichtig, angemessene Grenzen zu setzen; außerdem muß man den rechten Zeitpunkt kennen und um die Wichtigkeit der körperlichen Berührung wissen.

Bindung

In Bezug auf Verlassenheitsdepressionen und Mangelneurosen zögere ich, den Begriff „Bindung" („bonding") zu benützen; ich verwende ihn lediglich zur Beschreibung des Vorgangs zwischen Mutter und Kind. Dieser Begriff beinhaltet für mich ein aussagekräftiges Bild, das die Dynamik in einer guten Mutter-Kind-Beziehung zutreffend beschreibt. Benützt man es aber im Kontext der Heilung eines Menschen wie Linda, dann hieße es, sie fände etwas, was dem in der Beziehung zu ihrer Mutter Verlorenen gleichwertig wäre. Die Benutzung dieses Begriffs bei der Heilung eines Erwachsenen kann aber in verschiedener Hinsicht irreführend sein. Zum einen wird der Verlust immer als solcher bleiben. Kein Mensch und kein geistlicher Dienst kann je den Platz der fehlenden Mutter oder Mutterersatzes einnehmen. Nichts kann ihre Liebe und Sensibilität ersetzen, die die Anbindung („attachment") an sie ermöglicht (und später auch eine gesunde Loslösung), wenn man das eigene Daseinsgefühl und Selbstgefühl entwickelt. Aber ich weiß auch um den unschätzbaren Wert der Heilung der Erinnerungen, wenn man in der Gegenwart eines vertrauten Menschen das Trauma wieder durchlebt, das man früher in absoluter Einsamkeit erlebte. Wenn der Leidende dem Vertrauten die Elternrolle einräumt, während er seine Vergangenheit noch einmal durchlebt, macht Gott diese Person zu einem einzigartigen Instrument für das Heilwerden des ganzen Menschen. Und das ist natürlich „eine Art" von Bindung („bonding"), eine Anbindung („attachment") auf menschlicher Ebene, die es Gott erlaubt, die ganze Person mit Seiner *storge*-Liebe (der fürsorglichen, familiären Form der Liebe) zu erfüllen, die dem Kleinkind fehlte, und das dann zu vertiefen.

Was in diesen Fällen geschieht, ist wahrlich ein Wunder. Aber es unterscheidet sich von dem, was in dem natürlichen Prozeß geschieht, und wir gehen irre, wenn wir versuchen, ihn zu kopieren.

Es gibt einen weiteren Grund, warum ich zögere, den Begriff der Bindung („bonding") außer mit äußerster Vorsicht zu gebrauchen. Wenn Helfer diesen Begriff zu wörtlich nehmen, wie etwa beim Konzept des „Re-Parenting", dann machen sie den Leidenden leicht zu einem Krüppel. Es ist nur allzu einfach, eine emotionale Abhängigkeit von der Mutterfigur zu entwickeln. Das gilt insbesondere, wenn der Leidende zum Anklammern tendiert *(hysterische Position)*. [7] Die Wahrscheinlichkeit emotionaler Verstrickung ist für den Seelsorger weitaus weniger bedrohlich, wenn der Leidende dazu neigt, sich vor Bindungen („attachment") zu fürchten (die *schizoide* Position). [8] Deshalb hat der Seelsorger dann vielleicht den Eindruck, das Re-Parenting funktioniere. Aber diese „Bindung" („attachment") an die Elternfigur wird dem Betreffenden nicht unbedingt zu einer gesunden Wechselseitigkeit gegenüber anderen verhelfen, noch seine Angst vor Nähe und Intimität überwinden. Sie kann sogar die volle Heilung hemmen.

Hier nun treten die negativen Aspekte der Übertragung auf. In einer Übertragungssituation kommen plötzlich alle unerfüllten Hoffnungen auf eine Mutter hoch. (Das könnte man eine „plötzliche Übertragung" nennen; man sollte es unterscheiden von einem natürlichen Prozeß der Bindung zwischen Mutter und Kind, der schon im Mutterleib beginnt.) Das Wunder, einer Mutterfigur vertrauen zu können, ist zum erstenmal nicht nur eine Möglichkeit, sondern wird selbst erlebt, und der Leidende fühlt sich geborgen. Das ist aber keine Bindung („bonding"), auch wenn es sich möglicherweise so anfühlt. Es ist der kostbare Ort der Erfahrung von Geborgenheit, der es allen Erinnerungen, allen Gefühlen von Ablehnung, Zorn und Verlassenheit erlaubt, an die Oberfläche zu kommen. Es ist auch der Ort, wo echtes Vertrauen im Herzen des

Leidenden Wurzel schlagen und so eine Brücke der Nähe errichtet werden kann – eine die den Weg bereitet für eine gesunde, normale Bindung („attachment"), und dann darüber hinaus eine wechselseitige Beziehung zu anderen. Hier wird nun die Rolle des Seelsorgers noch wichtiger.

Darauf hat der Seelsorger nämlich gewartet – auf das Hochkommen der verdrängten, krankhaften Gefühle. Dies ist nicht nur der entscheidende Punkt der Heilung für den Bedürftigen, sondern auch der Punkt, an dem der Helfer die meiste Weisheit braucht. Ein Leidender wird hier unweigerlich beim Helfer Ablehnung und Verlassenwerden empfinden, weil er (auf der tiefsten emotionalen Ebene) die fehlgeschlagene Mutterbeziehung durchlebt. Die weibliche Seelsorgerin wird dann als Mutterfigur Gegenstand der schlimmsten Ängste des Betreffenden sein.

Aus diesem Grund führen die Versuche des Re-Parenting, genau genommen, in die falsche Richtung. Re-Parenting (was der Leidende verzweifelt möchte) funktioniert nicht. Auch wenn der Helfer einen Ort des Vertrauens und der Geborgenheit ermöglicht hat, wo es zu dieser Art von Übertragung kommen kann, durch die die Verletzungen abreagiert werden (an die Oberfläche kommen dürfen), zusammen mit den damit verbundenen Ängsten und Gefühlen, ist es doch zu diesem Zeitpunkt nicht die Aufgabe des Helfers, die Mutter zu sein, die der Leidende nie hatte, oder der Erlöser von allen Schmerzen. Seelsorger sind das nicht und können es auch nicht sein.

Weibliche Seelsorger können jedoch, vor allem als Christen, ruhige und kraftvolle Symbole, ja Ikonen, des Besten und Wahrsten sein, was das Frausein ausmacht. Sie sind tatsächlich sakramentale Kanäle einer gesegneten femininen Gabe für das Leben derer, die dies nicht gehabt haben. Sie können sogar von Gott in besonderer Weise bevollmächtigt werden, auf die Verletzten einzugehen. Aber sie können das nicht, wenn sie die Angst vor Ablehnung und Verlassenwerden auf sich ziehen, statt sie objektiv auf den gekreuzigten Christus hinzulenken.

Sie sind berufen, zu beten; dann lenken sie in der Weisheit, die Gott gerne gibt, die Gefühle der tiefsten Verlassenheit von sich selbst weg hin auf Gott, der Mutter-Vater-Erlöser ist. Sie tun das, indem sie dem Leidenden helfen, vor Gott alle diese grauenhaften, bisher verdrängten Gefühle anzuerkennen, und für die Eltern und ihre Lebensumstände Vergebung auszusprechen.

Wenn sich die Seelsorgerin als Idealmutter präsentiert hat, geschieht dies nicht; in diesem Fall wird sich der Hilfesuchende entweder auf sie hin verkrümmen oder verlangen, daß die verschiedenen Therapeuten das erfüllen, was die Helferin zu versprechen schien. Zu Anfang war sie die „einzige vertrauenswürdige Person". Versteht sie aber nicht, was in den späteren Phasen noch kommt, und wie man darin den Leidenden immer zur Wahrheit rufen muß („Ich bin nicht deine Mutter; du kannst deine Identität bzw. dein Seinsgefühl nicht in mir oder durch mich finden"), dann wird die Seelsorgerin die Kehrseite des Übertragungsmechanismus' kennenlernen. Sie wird dann meinen, sie habe versagt, und wird (außer in glücklichen Umständen) ein irrationales, hysterisches Ausagieren des Leidenden hervorrufen. Noch schwerwiegender ist es, wenn die Seelsorgerin zum weiblichen Wunschobjekt des Leidenden wird; dann wird sie zu einem Idol, einem Götzen, einer toten Ikone, die nicht mehr den Weg zur Wirklichkeit weist.

Einige Bücher zum Thema Deprivationsneurose stellen das Re-Parenting in einer Weise dar, daß der Helfer unausweichlich ausbrennen muß (und vielleicht sogar in eine Koabhängigkeit gerät oder das Heilungsgebet dabei aufgibt). Der Leidende kommt dabei in Versuchung – mit seinem irrationalen Wunsch, sich entweder anzuklammern oder zu fliehen –, auf halbem Weg zu seiner wahren Identität als verantwortlicher Erwachsener stehenzubleiben. Manche haben es versäumt, dem verantwortlichen Erwachsen (der der Betreffende jetzt ist) zu helfen, weil sie sich zu ausschließlich auf das leidende innere Kind konzentriert haben. Sie identifizierten sich zu stark damit, das „Problem" zu heilen, und beschäftigten sich zu wenig mit dem wahren Selbst, der vollen Person, die herausgerufen werden soll, um zu werden, wozu sie in Gott erschaffen ist. Somit haben sie praktisch die Sicht auf die wahre Identität der Person verloren. Es ist der Erwachsene (wenn auch einer, der stark leidet aufgrund seiner frühkindlichen Erinnerungen), den wir ermutigen und stärken, damit er sich seinen schlimmsten Erinnerungen stellt und erlebt, wie sie geheilt werden. Es ist der Erwachsene, dem man helfen muß, seine unreifen, sündhaften Reaktionen zu sehen und davon umzukehren; den Erwachsenen leiten wir zur Beichte und in das Gebet, in dem er anderen vergibt.

Es ist etwas Wunderbares, zu beobachten, wie diese Erwachsenen es lernen, den Trauerprozeß für ihre verletzten Gefühle zu durchleben, während sie gleichzeitig mitten in ihrem Leiden in der Fähigkeit wachsen, Verantwortung zu übernehmen. Ich habe hier unglaublichen Mut und Stabilität erlebt, wenn sie einen objektiven Standpunkt einnehmen und wissen, daß sie als verantwortliche Erwachsene handeln – selbst wenn sie dabei Gefühle von Verlassenheit erlebten, die sich nur wenige vorstellen können, die sich nicht selbst in solchen Depressionen befunden haben.

Das ist, denke ich, ein Wunder – aber es ist Teil der Gnade Gottes für die, die Ihm vertrauen. Christliche Seelsorger oder Therapeuten können sich jedoch dieser Gnade in den Weg stellen, wenn sie die primäre Identität des Leidenden, mit dem sie es zu tun haben, vergessen. Manche Hilfesuchende, natürlich solche, die reif in Christus sind, werden nie zurückfallen und in ihrem „verletzten Kind" bleiben wollen. In einem solchen Fall hätte es kaum Auswirkungen, wenn wir als Seelsorger in unserem Ansatz unklar wären. Aber es gibt viele andere, die weiter aus dem Zentrum des verletzten inneren Kindes heraus leben würden, statt aus ihrer wahren Mitte, wenn sie sich in verkehrter Weise auf die Heilung konzentrieren. Allein aus dieser wahren Mitte heraus können sie als Erwachsene ihren Platz im Leiden und im Kreuz Christi einnehmen. Das ist der Ort, an dem sie mit Ihm dem Schmerz absterben, alles an Ihn loslassen, und von dem aus sie dann weitergehen, um in eine absolut erstaunliche Reife in Ihm hineinzuwachsen.

Einige der ausgeglichensten und vollmächtigsten Christen, die ich kenne, sind durch genau solche Verletzungen hindurchgegangen. Meine Ordner sind voll von ihren frohen Briefen – Briefen, die von der Wahrheit künden, daß unsere schlimmsten Verletzungen verwandelt werden und daraus die Vollmacht zur Heilung anderer entsteht. Mehrere davon sind zutiefst geschätzte und geliebte Mitglieder im PCM Team. Sie predigen und verherrlichen das Kreuz, wie nur wenige andere es tun, denn sie wissen um seine gewaltige Macht.

Heilung ist bei allen Menschen ein sensibler Prozeß; wir als Beter müssen unser Herz eng auf das einstimmen, was Gott tut und sagt. Wir können überhaupt nur mit der größten Demut und Sensibilität spüren, was in den Gedanken und im Herzen eines Leidenden abläuft. Wenn uns diese inneren Nöte verborgen bleiben, dann können wir einfach weiter mit ihm und für ihn auf

Gott vertrauen. Tun wir das, dann tritt etwas Neues und Wunderbares an die Stelle dessen, was durch ein frühkindliches Trauma verlorenging, und es wächst ein neues Gefühl von Selbstsein, von Identität in Beziehungen.

Mehr zum Thema Zeitpunkt und Körperkontakt

Nochmals möchte ich die zentrale Bedeutung unterstreichen, die eine der Not angemessene menschliche Berührung für das Heilungsgebet hat, wenn sie zum rechten Zeitpunkt kommt; das gilt besonders in bezug auf die Verlassenheitsproblematik. Es liegt eine Art Harmonie und Rhythmus wie bei einem Tanz darin, die wir uns aneignen, wenn wir lernen, mit Gott in Seinem Heilungswerk zusammenzuarbeiten.

Im Gebet mit Menschen, die an Trennungsangst leiden, treten oft wegen ihres Berührungsmangels unangemessene, lustvolle Gefühle auf; das gilt in besonderer Weise, wenn die Schutzmechanismen zu einer Verwirrung in bezug auf die geschlechtliche Identität oder zu sexuellen Neurosen geführt haben. Wenn diese Gefühle auftreten, müssen wir dem Betreffenden helfen, sie objektiv wahrzunehmen und sie dann (wie alle anderen krankhaften Gefühle) dem Herrn auszuliefern. Wir versichern dem Leidenden, daß er sich nicht schämen muß, daß er diese Gefühle lieber zugeben als leugnen und verdrängen sollte, und er sie so, wie sie auftauchen, vor dem Herrn nennen muß. Diese Gefühle stehen normalerweise in Beziehung zu einer Symbolstörung, einer „Symbolverwirrung"; wir müssen sie in diesem Licht sehen, um so dem Leidenden zu helfen, seine Gefühle zu „resymbolisieren", [d. h. ihnen neue, angemessene Symbole zuzuordnen]. Oft wird bei diesem Prozeß auch ihr Körper in einer für sie peinlichen und sogar beunruhigenden Weise stimuliert. Wir müssen sie bitten, geduldig zu sein und ihrem Körper Frieden zuzusprechen, denn der Körper kann genauso wie die Seele Angst und Symbolverwirrung zum Ausdruck bringen. Es ist erstaunlich, was in kurzer Zeit erreicht werden kann, wenn wir anderen zu diesem objektiven Standpunkt verhelfen. Im Normalfall sollten wir körperliche Berührung nicht aus Angst vor unangemessenen Reaktionen vermeiden. Vielmehr sollten wir die Reaktionen verstehen, das „Desinfektionsmittel" der Vernunft ins Spiel bringen, und dann Gott bitten, die ungesunden Reaktionen durch gesunde zu ersetzen.

Gebet, in Verbindung mit dem Wissen um die Notwendigkeit menschlicher Berührung, wirkt Wunder.

Linda litt stark unter einem Mangel an Berührung. Als wir ihren Brief bekamen, brachten wir sie mit einer unserer Gebetsseelsorgerinnen in Kontakt. Während sie für Linda betete und sie in ihrer Depression stützte, wurde Linda nervös, weil sie erotische Empfindungen spürte. Die Seelsorgerin versicherte ihr, sie müßte sich nicht schämen; dies sei wahrscheinlich ein Überbleibsel ihrer früheren homosexuellen Erfahrungen. Als die Gefühle hochkamen, erkannten sie sie gemeinsam vor Gott an und hielten sie Ihm hin. Linda schrieb später:

„Die Tatsache, daß sie [die Seelsorgerin] nicht zusammenzuckte, als ich ihr davon erzählte, und daß sie nachher keine Schwierigkeiten hatte, mich zu berühren, ließ mich stärker, als irgend etwas anderes das vermocht hätte, wissen, daß es okay war, von ihr berührt zu werden. Ich war in der Lage, ihre Berührung als die ungetrübte Fürsorge anzunehmen, die sie war, und konnte mich von dem sexuellen Beiklang lösen."·

Eines der Ergebnisse dieser Zeit mit der Seelsorgerin war, daß Berührung für Linda resymbolisiert wurde.

Man kann leicht sehen, warum Linda so auf Massage und Massagetherapie „stand". Massagetherapeuten, die Gott lieben und all diese Dinge verstehen, können einen erstaunlichen Dienst vollbringen. Natürlich lassen sie es nicht zu, daß ihr Patient, sich auf „sie hin verkrümmt", sondern werden ihn immer auf seine Identität in Christus verweisen. Sie wissen um ihre eigenen Grenzen und gestatten es anderen nicht, diese zu überschreiten. So helfen sie den Leidenden, für sich selbst die Art von Grenzen zu ziehen, die *sie* brauchen. Diese Grenzen werden schließlich eine starke „Stadtmauer" um ihre eigene, einzigartige Seele, ihr eigenes Selbstsein, bilden.

Und wieder ist es ein beständiges Wunder zu erleben, was der Herr durch eine Umarmung bewirken kann, die in der Furcht Gottes geschieht, zur rechten Zeit kommt und im Gebet getragen ist. So wie Christus die Brote und Fische vermehrte und alle satt wurden, so kann Er auch unsere kleinen, liebevollen Handlungen benutzen und ihre heilenden Auswirkungen über alles Wissen hinaus vermehren.

Manchmal richten sich Menschen mit einem solchen Problem so stark auf mich aus, daß ich ihnen nicht mehr dienen kann. Ein junger Mann mit einer solchen Not kam aus einem anderen Land zu mir. Er war aber so stark auf mich hin verkrümmt, daß ich für ihn alles geworden war. In Gott „leben und weben und sind" wir, aber er war weit davon entfernt, sich diese Realität auch nur vorstellen zu können. Er war auf mich zentriert und wollte geradezu zwanghaft in mein Sein hineinkriechen und darin verschwinden. Die ganze Woche hindurch wandte er während aller Vorträge und Gebetszeiten nie seinen Blick von mir. Es gab keine Möglichkeit, wie ich ihm hätte dienen können, wenn Gott ihn nicht aus seiner Fixierung herausholte, die mit einer schweren Form von Trennungsangst und einem Mangel an persönlicher Identität zu tun hatte. Ich schickte ihn zu anderen zum Gebet, aber es nützte nichts. In der allerletzten Veranstaltung, beim Abendmahlsgottesdienst, sah ich, wie er zusammenbrach. Er hatte die Hoffnung verloren, daß ich für ihn beten würde, und das brachte ihn, zusammen mit unseren Gebeten für ihn, aus seiner Fixierung heraus. Ich betete sofort mit ihm; der Herr schien richtiggehend in die Not dieses Mannes hineinzuströmen. Es war ein extrem starker Augenblick, der nie gekommen wäre, wenn ich seinem starken hysterischen Bedürfnis nachgegeben hätte, sich auf mich hin zu verkrümmen. Dieser Mann, ein junger Arzt aus einem krisengeschüttelten Land Europas, erzählte mir dann, daß er für die Zeit unmittelbar nach den Veranstaltungen seinen Selbstmord geplant hatte, wenn er keine Hilfe fände. Jetzt aber geht er mitten in einem zerrissenen, im Aufruhr befindlichen Land weiter mit Gott.

Ich schreibe das, um deutlich zu machen, daß wir vollständig von Gott abhängig sein müssen. In unserem Eifer, anderen zu helfen, können wir dem in die Quere geraten, was Gott tun will. Andererseits findet Gott oftmals durch die allergewöhnlichsten Gesten menschlicher Liebe und Berührung einen Weg zu dem Leidenden. Durch diese kleinen Dinge kommen die Kraft der Liebe Christi und die volle Wirkung Seines Kreuzes zum Tragen, um die kaputte Seele zu erlösen, die die „Hölle, Hölle, Hölle" durchleidet, von der Linda spricht.

Christen, die die Gabe des Heilungsgebets haben, müssen um die Weisheit, die Erkenntnis und die Ausgeglichenheit beten, die hier nötig sind. Sie müssen selbst reif sein und in der Reife in Christus weiter wachsen. Sie müssen ihr ganzes Vertrauen auf Ihn setzen und völlig von Ihm abhängig sein. Wir kennen und preisen Seine Treue und Seine Güte. Andernfalls stehen wir in der Gefahr, unweise Schritte in dem Versuch zu tun, dem anderen aus seinem Schmerz zu helfen, einem Schmerz, der in solchen Fällen ein Teil der Heilung ist. Wir gehen zu schnell vorwärts, um auf einer menschlichen Ebene dem abzuhelfen, was nur auf der Ebene Gottes geklärt werden kann. Dadurch werden wir dann nicht nur nicht zu Kanälen der Heilung, sondern zu Gegenständen falscher Anbetung. Wenn wir wissen, daß das Werk nicht unser ist, sondern Gottes, dann hängen die Besserung und Heilung der Person nicht von uns ab. Wir dürfen uns über unsere Unzulänglichkeit und Kleinheit freuen, in dem ständigen Bewußtsein, daß Gottes Wille geschieht, wenn wir weiter beten. Wir lernen es, mit Ihm zusammenzuarbeiten, und dabei Seinem Zeitplan und Seinem Wissen um die leidende Seele zu entsprechen.

Halten wir uns das alles vor Augen, dann sehen wir, wie leicht man Berührung mißbrauchen kann. Einerseits ist deutlich, daß eine bloße Berührung, so unbedeutend sie im Vergleich mit der lebenslangen Not ist, von Gott benutzt wird, um diesen Mangel zu heilen. Wir sehen aber auch andererseits, wie zu bestimmten Zeiten unsere Berührung der Heilung der Person entgegensteht, wie im Fall des jungen Arztes.

Viele haben Angst vor Körperkontakt, vor allem wenn sie aus einer sexuellen Neurose herauskommen; das geht auch vielen in der Gemeinde so. Berührung ist etwas sehr Sensibles, und wir müssen sehr darauf achten, sie nie zu mißbrauchen. Aber sie ist für die Heilung wichtig; zur rechten Zeit benutzt Gott sie in außerordentlicher Weise. Es ist aufregend und begeisternd, Gottes Führung bei der Heilung emotionaler Verletzungen zu folgen. Einerseits dürfen wir es nicht zulassen, daß sich jemand in falscher Weise auf uns hin verkrümmt, wie Linda es getan hätte, wenn wir ihr nicht geholfen hätten, Grenzen zu setzen. Andererseits erleben wir, wie Gott unsere menschlichen Ausdrucksformen von Liebe und Körperkontakt in unglaublicher Weise benutzt. Wie wunderbar gebraucht Er doch unser Menschsein, wie inkarnatorisch ist der ganze Heilungsprozeß.

Für viele Christen, die mit anderen um Heilung beten, ist die Erkenntnis sehr schwer, daß wir nicht immer (und schon gar nicht sofort) das Leiden des anderen erleichtern oder auch nur wahrnehmbar verringern können. Wir können nicht kommen und „es in

Ordnung bringen", auch nicht mit einem augenblicklichen, vollmächtigen Gebet – selbst wenn wir ab und zu erleben, daß Gott so handelt! Wenn wir das versuchen und damit Gott die Initiative wegnehmen, werden wir nur Fehlschläge erleben. Wir verstärken dann vielleicht letztlich nur die neurotischen Schutzmechanismen, genauso wie das ein Arzt tut, der zuviel Beruhigungsmittel verschreibt.

Der Versuch, „Dinge in Ordnung zu bringen" oder Gottes Ruf als liebevoller, heilender Gott zu stützen, erlaubt es nur unserer eigenen fehlgeleiteten Sympathie und Empathie, die Heilung zu behindern. Wir können nicht auf magische Weise das Leiden wegnehmen. Egal wie sehr wir es versuchen, wir können die Verlassenheitsgefühle nicht wegnehmen. Bevor eine Heilung stattfinden kann, ist es die Aufgabe des Leidenden, sich der inneren Einsamkeit zu stellen, auch wenn das ungeheuer schwer sein mag. Es ist die gleiche Aufgabe, vor der wir alle stehen, nur ist es für ihn qualvoll schwierig.[9] Gott sei Dank weiß Er um das alles und versteht es in seiner Tiefe; Er ist ein gerechter Richter, zu liebevoll, um die für die Heilung notwendige Aufgabe einfach zu erlassen. Wie Dr. Lake bei der Beschreibung der voll entfalteten hysterischen Persönlichkeit formuliert:

„Das Verlangen der hysterischen Frau nach Sympathie und Fürsorge macht ihr Mißverständnis des Problems deutlich. Sie denkt, sie brauche Gemeinschaft; was sie wirklich braucht, ist der Mut, sich ihrem Alleinsein zu stellen. Das kann nur geschehen, wenn aus der Erfahrung aufmerksamer Fürsorge heraus die Information ständig in ihrem Gehirn pulsiert, die dem normalen Menschen das Gefühl ermöglicht „Ich bin nicht allein". Sie glaubt, sie brauche nur hier und da etwas Aufmerksamkeit. Solange sie sich aber weigert, sich der Tiefe ihres inneren Alleinseins, dem Kleinkind in äußerster Panik und Verlassenheit, zu stellen, geht sie der grundlegenden therapeutischen Aufgabe aus dem Weg. Wenn diese Probleme wieder verdrängt werden könnten, wären wir vielleicht zufrieden, aber das ist natürlich keine Idealtherapie, denn die Person bleibt damit immer in der Defensive. Unsere Erfahrung zeigt, und das macht uns zuversichtlich, daß dann, wenn die frühkindliche Trennungsangst offen angesprochen wird, durch die Kraft der bleibenden Gegenwart des Heiligen Geistes eine völlig neue

Fähigkeit entsteht, mit der Trennungsangst zurechtzukommen." [10]

Das ist auch unsere Erfahrung. Immer und immer wieder sehen wir, daß solche Menschen nicht nur aus der Dunkelheit der Verlassenheitsdepression in das Licht hineintreten, das auf sie am Ende des finsteren Tunnels immer wartet, sondern auch, daß ihre Wunden mit zunehmender Reife in eine unglaubliche Vollmacht zur Heilung anderer verwandelt werden. Ihre Freude, Weisheit und tiefe Einsicht sind unschätzbare Gaben für uns andere, die wir nie erlebt haben, wie es ist, wenn das Daseinsgefühl und das Gefühl des Wohlseins in den Armen unserer Mutter fehlen.

Wenn die schizoide Komponente vorherrscht

„Die Wurzel s-chizo leitet sich vom griechischen Verbum „abspalten" her. Bei dieser Diagnose kommt es zu einer radikalen Spaltung des Ichs, ja der ganzen Person. Das findet schon früh in der Lebensgeschichte statt und reicht auch tiefer als bei der hysterischen oder depressiven Spaltung. Ergebnis dieses überwältigenden frühkindlichen Traumas ist, daß das Ich, das gerade begonnen hatte, eine Vertrauensbeziehung zu Menschen in seiner Umgebung aufzubauen, von oben bis unten gespalten wird. Nur ein Abklatsch von Vertrauen bleibt übrig. Ein Teil des Ichs spaltet sich ab und wird regressiv, sucht die Sicherheit des mütterlichen Schoßes, aus dem es herausgerissen wurde. Ein anderer Teil des Ichs, der zum ständigen Kontakt mit der „furchtbaren Mutter" gezwungen ist, wird abgespalten und mit der Sehnsucht nach Tod und Vernichtung identifiziert. Diese Erfahrung der Ichspaltung kann auf „biologischem Schmerz" beruhen, etwa den traumatischen Erfahrungen während einer schwierigen Geburt, oder auf „ontologischem Schmerz", wie einer überlangen Abwesenheit der Mutter in der frühen Kindheit, die ja die notwendige Quelle des eigenen Seins darstellt." [11]

Weil Lindas Brief die hysterischen Elemente und das Streben nach Bindung stärker widerspiegelt, als die Angst (oder sogar Panik) vor ihr, haben wir den hysterischen Zustand ausführlicher dargestellt als den schizoiden.

175

Ich hoffe, daß dieses Kapitel alle Seelsorger motiviert, Dr. Frank Lakes Buch *Clinical Theology* zu lesen; es wurde speziell für Leute wie sie geschrieben. Es gibt es inzwischen auch als Kurzfassung (im Vergleich zu dem 1200 Seiten umfassenden Original). Darin beschreibt er hysterische, schizoide, paranoide und depressive Persönlichkeiten im Extrem – wenn der Zustand voll ausgeprägt ist –, wie auch die damit verbundenen Angstzustände und Abwehrmechanismen. Ich tue etwas anderes. Ich beschreibe Menschen, in denen solche Elemente erkennbar sind. Linda ist keine voll ausgeprägte Hysterikerin. Sie ist in vieler Hinsicht eine reife Christin, die an einer Verlassenheitsdepression mit starken hysterischen Elementen leidet, was wiederum ein Hinweis ist, daß die Urbindung nicht zustandegekommen ist. Sie hätte allerdings leicht in eine voll entwickelte Hysterie verfallen können, wenn sie keine Hilfe durch den Leib Christi erfahren hätte. In der gleichen Weise schreibe ich über die anderen Elemente, wie das schizoide, um dadurch Menschen, die dafür beten, hoffentlich ein besseres Verständnis zu vermitteln.

Die verinnerlichte „böse Mutter"

Manchmal fangen Menschen, die in dieser Weise leiden, in unseren Heilungsveranstaltungen an, „die Mutter zu erbrechen", wie wir das salopp bezeichnen. Lange bevor ich den Begriff der „verinnerlichten bösen Mutter" hörte, wußte ich, was das war. Wir erleben im PCM-Team immer wieder, daß wir Menschen in den Armen halten, die buchstäblich das Würgen anfangen und „sie" ausspukken. Wir haben gelernt, auf erste derartige Anzeichen zu achten und für diese Menschen in rechter Weise zu beten.

Die verinnerlichte böse Mutter ist das Ergebnis eines emotionalen und/oder körperlichen Inzests. In Fällen, in denen das Kind gezwungen wurde, die emotionalen Bedürfnisse der Mutter zu stillen, mußte es alle eigenen Bedürfnisse aufgeben. Die Mutter hat sich selbst ihrem Kind so stark aufgezwungen, daß es die Mutter sozusagen „verschluckt" hat. Manchmal ist die verinnerlichte kritische Stimme der Mutter (oder des Vaters, – dann haben wir einen „verinnerlichten bösen Vater") so laut, daß die Persönlichkeit des Kindes verkrüppelt oder gänzlich verschwunden ist. Dies muß dann unbedingt hoch- und aus dem Betreffenden herauskommen, damit er Gott hören kann (vgl. das Fallbeispiel am Ende des Kapitels). Es kommt zu einer großen Erleichterung und Heilung, wenn Gott es Menschen ermöglicht, dieses Übel loszuwerden. So war es eine Bestätigung für mich, bei Dr. Lake dieses Phänomen ebenfalls beschrieben zu sehen:

„In der therapeutischen Tiefenpsychologie verbringen para-noide Patienten manchmal Stunden mit einer Erfahrung von ‚Geschmacklosigkeit‘. Es ist, als ob ihr Mund mit einer geistlosen, widerlichen oder geschmacklosen Substanz gefüllt wäre, die als Nahrung, die sie hätte sein sollen, völlig nutzlos war; sie brauchen Stunden, um das abzureagieren, und verhalten sich so, als ob sie widerwärtiges Zeug ausspucken. Diese ‚abstoßende‘ Wahrheit zwingt das Bewußtsein zu einer Lüge; es leugnet, daß es sich je mit einer solch geistlosen und anstößigen Sache identifiziert haben konnte." [12)]

Ich kann mich noch gut an einen jungen Mann bei einer unserer Veranstaltungen erinnern, der in dieser Weise anfing, die verinner-lichte böse Mutter zu erbrechen. Seine Mutter hatte ihre sexuelle Abwegigkeit in abstoßender Weise praktiziert; als er heranwuchs, war sie alles gewesen, was er hatte. Er war schon mehrfach wegen Depressionen stationär behandelt worden und hatte Fortschritte gemacht. Schließlich heiratete er, aber damit kamen dann alle seine schizoiden Gefühle in bezug auf Frauen wieder hoch. Man kann sich die Verletzungen, die seine Frau durchlitten hat, kaum vorstellen; sie wurde zum Objekt seiner Übertragungen und seiner enormen Angst, von dem verabscheuten Weiblichen verschlungen zu werden. Seine geistlichen Ratgeber waren von der tragischen Wendung in seiner Ehe vollständig überrascht und kamen nicht vorwärts, bis sie erkannten, womit sie es zu tun hatten.

So jemand braucht von Anfang an eine fachmännische Therapie. Er hatte Angst vor der Bindung an eine Frau; solange er keine Hilfe bekommt, werden sich seine irrationalen Reaktionen und seine Paranoia nur noch mehr verstärken. Wenn er voll-kommen gefangen ist, also wenn ihm beispielsweise seine religiösen Überzeugungen nicht erlauben, seine Frau zu verlassen, kann sich diese Krankheit in bezug auf andere nur noch verschlim-mern. Männer die in der Tiefe gefährlich misogyn (von Frauenhaß geprägt) sind, können durch derartige Umstände geformt worden sein. Es ist eine Sache, „die eigene Mutter zu erbrechen", es ist aber noch etwas ganz anderes, sich in der Tiefe mit der Verlassenheit und den angstbesetzten Assoziationen zu beschäftigen, die dieser Bindungsangst zugrundeliegen. All das kommt natürlich ans Licht, wenn solch ein Mensch heiratet.

Die Not dieses jungen Mannes stand auf seinem Gesicht geschrieben und war an seinen Handlungen abzulesen. Manche, deren Leiden schizoide und paranoide Elemente beinhaltet, können ihre Not besser verbergen und wie integrierte, starke und effiziente Persönlichkeiten wirken. Nicht jedermanns Gesicht oder Leben offenbart auf den ersten Blick den frühkindlichen Mißbrauch und die Verlassenheit. Dies ist wahrscheinlich vor allem dann der Fall, wenn die Kraft zu fühlen (die fühlende Seite unseres Wesens selbst) gelähmt wurde. Aus meiner Perspektive und Erfahrung ist es für den Beter in diesem Fall schwieriger, zu erkennen, was abläuft. Wir können leichter in Mißverständnisse geraten und von den Reaktionen überrascht werden. Solche Menschen können beispielsweise unheimlich geschickt agieren, so daß keiner etwas merkt. Selbst wenn wir ihnen nahestehen, bemerken wir ihre Schwierigkeiten vielleicht nicht, geschweige denn deren ganzes Ausmaß. Sie sind zu gut versteckt. Wenn es dann zum Zusammenbruch kommt, werden wir als Nahestehende kein Vertrauen genießen. Uns wird vielleicht sogar (ziemlich irrational) Mißtrauen entgegengebracht.

Solang wir nicht merken, was hier abgeht – und daß es jemand außerhalb der bisherigen christlichen Gemeinschaft für diesen leidenden, verschlossenen Menschen braucht – fühlen wir uns von dem Leidenden vielleicht nicht nur abgelehnt, sondern geradezu verraten. Wir sind Gegenstand seines Mißtrauens. Wir bekommen die „Projektionen" ab, die Kehrseite der Übertragung. Er vertraut uns nicht. Als Mutter- oder Vaterfiguren, denen kein Vertrauen geschenkt wird, fühlen wir uns verletzt und enttäuscht, wenn wir die hier ablaufende Dynamik nicht verstehen.

Regression

Ich bete für einen jungen Mann namens Jason mit vielfältigen Begabungen, die nicht zuletzt im Heilungsdienst lagen. Er hat selbst einen Dienst an anderen, die aus schweren Verlassenheitsdepressionen heraus kommen, was auch für ihn selbst gilt. Er leidet darunter, daß er weiß, was seine Bedürfnisse und Nöte sind, wenn seine inneren, abgespaltenen Gefühle ins Bewußtsein steigen, und ist sich bewußt, daß er anderen helfen könnte, während er gleichzeitig bei dem Versuch, selbst Hilfe zu finden, Enttäuschungen erlebt.

Wenn seine Angst wieder aufsteigt, hat er inzwischen gelernt, nicht mehr davonzulaufen. Er wartet in der Gegenwart Gottes und stellt sich mit Ihm zusammen seiner inneren Einsamkeit, bis diese Gefühle ins Bewußtsein hochsteigen und er die notwendige Trauerarbeit verrichten kann. Er hat gelernt, Gott zuzuhören. Er ist stark im Herrn und er kennt das Wort Gottes; seine Hingabe an Gott ist absolut.

Ist Jason mit seinem Pastor zusammen, so spürt er in sich in Verbindung mit seiner Angst und Panik immer wieder den Drang, zu einem kleinen verletzten Jungen zu werden. Eine mißverstandenen Aussage oder Geste des Pastors ruft in ihm übermäßige Gefühle von Ablehnung und Enttäuschung hervor, sowie das tiefe Bedürfnis, einfach von einem Vater geliebt und berührt zu werden. Dies weckt in ihm dann die schlimmsten Zwangsvorstellungen, sich von diesem Mann irgendwie das holen zu müssen, was er von den eigenen Eltern nicht bekommen hat.

Dieser Pastor stellt für ihn eine „mütterliche" Vaterfigur dar und wird deshalb zum Ziel seiner Übertragungen. Der Pastor hat in einzigartiger Weise die Macht, zu bestätigen und ihn sogar aus seiner Verlassenheitsdepression herauszuholen; zugleich aber ist er auch Gegenstand seiner schlimmsten paranoiden Übertragungen. Um Jason zu helfen und die Beziehung zwischen ihm als Gemeindemitglied und sich als Pastor richtigzustellen, muß der Pastor Jasons Regression in seiner Gegenwart verstehen und die richtigen Grenzen ihm gegenüber stecken.

Jasons Zwänge waren weitaus stärker, als ihm das selbst bewußt war; so stand er oft in der Gefahr, die Geduld und Toleranz seines Pastors überzustrapazieren. Durch sein ständiges Verlangen nach Gebet mit dem Pastor forderte er mehr, als irgend jemand geben konnte. Dies soll nicht im Widerspruch zu dem stehen, was wir bereits gesagt haben – die Situation verweist nur wieder stark auf den Zeitplan und die Gnade Gottes (Seine Liebe, nicht die unsere), die im Heilungsgebet am Wirken sind.

Wir sprachen dann nochmals über das, was Jason bereits wußte – daß der Pastor, einfach durch sein Dasein, die Macht hatte, ihn mit einem einzigen Wort (oder seinem Schweigen) in Freude oder Verzweiflung zu stürzen. Er wußte, daß dies ein Zeichen der Unreife war; er wußte auch, daß sein Herz, trotz aller Versuche, seine Gefühle rational zu kontrollieren, in der Gegenwart dieses Mannes immer etwas von ihm wollte. „Mehr und mehr" wollte er von diesem Pastor, und bat deshalb um Gebet – das er brauchte, aber das ihm nie wirklich Erfüllung schenkte. Er erwartete vom Pastor sowohl die Heilung der Verlassenheitserfahrungen in bezug auf seine Mutter, wie auch den Schutz und die Bestätigung, die ihm sein Vater nie gegeben hatte. Der Pastor wurde natürlich angesichts seiner sonstigen Verantwortung dieser ständigen Forderungen allmählich müde.

Ich bat Jason, den Pastor nicht mehr um Gebet zu bitten, seine ganze Angst und sonstigen Nöte Gott hinzuhalten, und auf Seine Führung zu hören, was als nächstes geschehen solle. Ich sagte ihm, daß dann, wenn seine Forderungen an den Pastor aufhörten, dieser frei wäre, ihm unter der Führung des Geistes wirksam zu dienen. Und genau das geschah auch.

Pastoren müssen solche Regressionsmechanismen verstehen, sie müssen wissen, wie man die notwendigen Grenzen setzt, um ihnen nicht Vorschub zu leisten. Wenn sie nicht länger dem neurotischen Verlangen und den Zwängen des Ratsuchenden ausgeliefert sind, können sie leichter die notwendige Bestätigung geben und damit zur Heilung beizutragen.

Hierbei sehen wir wieder, wie Gebet und Körperkontakt heilend wirken, wenn sie in rechter Weise, zum rechten Zeitpunkt und unter der Führung Gottes geschehen. Diese Heilung bereitet dann ihrerseits wieder den Boden für das nächste Gebet und die nächste richtige Berührung. Ein Gebet aber, das versucht, neurotische Bedürfnisse zu stillen, wirkt nur der wahren Heilung entgegen. Dies verdeutlicht auch wieder die Tatsache, daß wir es sowohl mit dem Erwachsenen, wie mit dem verletzten inneren Kind zu tun haben. Beide dürfen wir nicht vernachlässigen. Wir dienen dem Menschen, wie er jetzt ist, und sehen ihn als verantwortlichen Erwachsenen. Ja wir gehen sogar noch weiter: Wir sehen den Betreffenden mit den Augen Christi und schauen dadurch den vollen, reifen Menschen, wie er bald sein wird. Dabei ist es notwendig, dem verletzten inneren Kind zu dienen, wenn Erinnerungen und alte Gefühle hochkommen; wir vergessen dabei allerdings nie, den Erwachsenen, mit dem wir es zu tun haben, in der rechten Weise und mit angemessenen Erwartungen anzusprechen.

Jason ist jetzt weitgehend von diesen Zwängen freigeworden.

Sein Pastor hatte ihm wirklich tief helfen können und ihn als Mann und Person bestätigt. Er hatte ihm geholfen, seine demütigende Regression, die Unreife, die Jason rational bewußt war, aber die er emotional nicht kontrollieren oder verbergen konnte, zu überwinden. Noch besser: Er half Jason, die umfassendere Bejahung seines himmlischen Vaters zu empfangen, und die männliche Reife, die mit seinem Erbe in Christus einhergeht.

Fantasiebindungen

Beim Heilungsgebet für diese tiefste Verletzung der Erinnerungen, nämlich das, was die entscheidende Mutterbindung verhinderte, öffnet sich ein unglaubliches Fenster in das emotionale Leben des Kleinkindes. So werden beispielsweise zusammen mit dem Gefühl der Verlassenheit auch traumatische Momente durchlebt, in denen das eigene emotionale Leben (oder das der Mutter) bedroht wurde, oder in denen sich die emotionale Seite des eigenen Wesens abschloß. Und gelegentlich muß man sich mit dort entstandenen Fantasiebindungen auseinandersetzen.

Wenn die natürliche Mutterbindung nicht zustandekommt, scheint trotzdem irgendeine Bindung zustandezukommen. Ich habe mit Menschen gebetet, die eine Bindung zu ihrem Bett hatten, ihrem Kissen oder einem noch unwahrscheinlicheren Gegenstand, ja sogar einem Objekt, das nur in ihrer Fantasie existierte.

Im ersten Kapitel erwähnte ich zwei bedeutende Heilungen im Leben von Clay McLean. Die eine hatte damit zu tun, daß er mit einer solchen Fantasiebindung in Kontakt kam. Als die notwendige Mutterbindung nicht zustandekam, ging er eine Bindung mit der Dunkelheit ein. Diese beunruhigende Erkenntnis kam ans Licht, als wir im Team für seine Anfälle von Angst und Selbsthaß beteten. Zu diesem Zeitpunkt war schon viel Heilung in seinem Leben sicher verankert, aber er hatte noch immer Angst davor, allein zu sein oder zu reisen, ganz besonders nachts. Es war außerordentlich schwer für ihn, sein Haus allein zu verlassen, was er aber in seinem Dienst oftmals tun mußte.

Als wir für ihn beteten, „sah" ich diese Fantasiebindung und wußte sofort Bescheid. Ich sah sie in meinem Geist als eine schwarze Scheibe und wußte (was nur durch den Heiligen Geist möglich ist), daß Clay damit irgendwie noch eins war. Sofort rief ich: „Clay, du bist eine Bindung an die Dunkelheit eingegangen!" Dies war für uns überraschend, denn wir hatten nichts dergleichen erwartet. Aber in dem Moment, als ich das rief, sah Clay die gleiche schwarze Scheibe und wußte, daß er eine Bindung eingegangen war. Dies war ein enormer Durchbruch für Clay; jetzt konnten wir uns dem mangelnden Seinsgefühl aus den ersten Lebensmonaten zuwenden, was er bis zu diesem Zeitpunkt nicht hatte sehen können. Zu behaupten, das sei eine der wichtigsten Heilungen in seinem Leben gewesen, grenzt an Untertreibung.

Von dieser Zeit an konnte er überallhin reisen – und das allein. Nur ein paar Tage nach dieser Gebetszeit rief er von einem Hotel in einer Stadt aus an, in der er einige Veranstaltungen durchführte. Er war hellauf begeistert über die Tatsache, daß er nicht nur in seinem Alleinsein zufrieden war. Er schätzte sogar die Stille als Zeit für das Lesen und das Gebet. Dadurch wurde dann der Weg frei für eine weitere wichtige Heilung, die das Feminine in ihm integrierte. Sie geschah etwa ein Jahr später. Seit dieser Zeit hat nichts diesen jungen Mann mehr aufhalten können. Aus verschiedenen Teilen der Welt, in denen er dient, bekomme ich Nachrichten wie: „Ich bin der gesegnetste Mensch auf der ganzen Welt!" und so weiter. Er schreibt außergewöhnliche Lieder, um zu zeigen, daß der Christ aus der Finsternis zum Licht hindurchgedrungen ist.

Mira Rothenburg erzählt von einem kleinen Jungen mit außerordentlichen Problemen, der als Säugling eine Bindung zu dem Licht in seinem Brutkasten einging; das führte bei ihm zu einer unheimlichen Faszination durch Licht. Sie berichtet auch von der bemerkenswerten Weise, wie sie ihm half, mit dieser Fantasiebindung in Kontakt zu kommen. [13] Geschichten wie diese von einer erfolgreichen Therapie in einem kontrollierten Umfeld, sorgfältig festgehalten und durch Heilungsergebnisse belegt, würden trotzdem von vielen mit Unglauben aufgenommen werden – aber nicht von uns, die wir selbst im Heilungsgebet für Menschen mit tiefen Verlassenheitsproblemen stehen.

Clay war sein ganzes Leben lang von der Finsternis fasziniert. Er sagt, er habe es gelernt, mit Angst und Finsternis zurechtzukommen, indem er sich dadurch faszinieren ließ. Bei seiner Geburt gab es zu Hause viel Streß und Dunkelheit. Seine ersten frühkindlichen Erinnerungen offenbaren eine intensive Angst um seine Mutter, das Gefühl, er müsse sie irgendwie schützen, sei aber nicht in der Lage dazu. Diese Gefühle hatte er seine ganze Kindheit über empfunden; sie hatten offensichtlich die angemessene Mutterbindung verhindert. Als kleines Kind suchte er später immer wieder den Weg durch das dunkle Haus zum Schlafzimmer seiner Mutter; er hatte eine große Angst vor der Nacht, aber noch mehr Angst davor, daß sie die Finsternis nicht überlebt hätte. Wenn er dann in ihrem Schlafzimmer war, berührte er ihr Gesicht – um sicherzugehen, daß sie noch atmetete. Er tat das ein ums andere Mal – es waren seine Versuche, sie am Leben zu halten. Obwohl er vor der Finsternis Angst hatte, liebte und sucht er doch dunkle Orte, die für ihn wie der Mutterschoß waren. Von früh an konnte er so viel fernsehen, wie er wollte, und so sah er, nach seinen eigenen Worten „Gesichter in meiner Finsternis, die Gesichter aus alten Horrorfilmen". Er erzählt, er habe gespürt, wie durch diese Gesichter eine „dunkle, numinose Gegenwart" zu ihm kam; so wuchs eine Fantasiewelt um ihn herum. Seine Angst vor dem Tod wurde zu einer Faszination durch den Tod. Er erinnert sich, wie „alte Horrorfilme meine Gedanken mit Vorstellungen, Persönlichkeiten und Gesichtern füllten, durch die meine nächtlichen Gespenster Fleisch bekamen und meine innere Leere gefüllt wurde. Namen wie Dracula oder Frankenstein hatten einen numinosen Effekt auf mich. Die Faszination solcher Gestalten hielt meine Augen auf den Bildschirm gebannt bis zum Sendeschluß. Wenn ich mich dann auf den Weg vom Fernseher ins Bett machte, trat stummer Terror an die Stelle der Faszination."

Clay hatte keine stabile Mutterbindung; seine Mutter war eine schutzlose, innerlich unruhige Frau. Deshalb entwickelte sich seine eigene Identifikation mit dem Femininen und sein Gefühl der eigenen Daseinsberechtigung nicht. Sehr früh kam es bei ihm zu einem „Kind-Eltern-Rollentausch". Statt sich in den Armen seiner Mutter sicher und geborgen zu fühlen, wurde er von Gefühlen der Bedrohung und des Für-sie-sorgen-Müssens überwältigt. Seine Liebe und Loyalität der Mutter gegenüber verhinderten, daß er das Ausmaß seiner frühesten Verletzungen und Defizite in der Mutterbeziehung wahrnehmen und wahrhaben konnte. Er mußte, wie jeder andere, der in diesem Bereich Hilfe braucht, sein Nichtwahrhabenwollen aufgeben.

Ein letztes Beispiel dafür, daß die Faszination durch besondere Objekte das Ergebnis einer Fantasiebindung sein kann, ist die Heilung eines *Cross-Dressers*. Mit diesem Begriff bezeichnen wir einen heterosexuellen Mann, der Frauenkleider trägt. Einen Homosexuellen, der das tut, bezeichnen wir als *Transvestiten*. [14)]

Der Cross-Dresser leidet an Trennungsangst und einer Verwirrung seiner geschlechtlichen Identität; dies rührt von einer fehlenden stabilen Mutterbindung und dem entsprechenden Mangel eines eigenen Seinsgefühls bzw. Gefühl des eigenen Wohlseins her. Dieser Mangel führt zu einer schweren Symbolstörung. Die entsprechenden Bewältigungsmechanismen (das Cross-Dressing) führen zu einem zwanghaften, scham- und angstbesetzten Verhalten.

Der Cross-Dresser ist also ein Mann, der von der Vorstellung besessen ist, Frauenkleider anzuziehen und das entweder auch tut, oder zumindest die Zwangsvorstellungen in sich trägt. Anders als der Transvestit, der auf sein eigenes Geschlecht fixiert ist und eine homosexuelle Bindung zu einem Mann sucht, hat der Cross-Dresser kein homosexuelles Verlangen, sondern ist auf Frauen fixiert. Er ist von der Frau als solcher besessen und von dem, was sie symbolisch repräsentiert. Gewöhnlich ist er verheiratet oder sehnt sich verzweifelt danach. Ist er Christ, so liebt und schätzt er seine Frau und Familie aufrichtig, auch wenn er emotional krank und verwirrt ist; er ist sich der neurotischen Aspekte in seinem Verhalten seiner Frau gegenüber bewußt. Anders als ein *transsexueller* Mann, der Frauenkleider anzieht und sich selbst für eine Frau hält, die in einem männlichen Körper gefangen ist, weiß der Cross-Dresser, daß er keine Frau ist. Trotzdem sehnt er sich manchmal verzweifelt danach, eine zu sein. [15)]

Beim Cross-Dresser wie beim Transvestiten hat das Anziehen von Frauenkleidern eine beruhigende Wirkung, aber nur beim Cross-Dresser kommt es dabei auch zu einer sexuellen Erregung (vgl. Anmerkung 14). Das Anlegen von Frauengewändern hat für ihn eine erotische Komponente und beruhigt ihn zeitweise. So ist Cross-Dressing für ihn eine Art Fetisch.

Wir müssen hier eine Unterscheidung zwischen dem Cross-Dresser und dem Transsexuellen vornehmen. Es gibt keine weiblichen Cross-Dresser oder Transvestiten, wohl aber weibliche Transsexuelle, die sich für Männer halten, die in einem Frauenkörper gefangen sind; deshalb ziehen sie Männerkleider an. Der transsexuelle Mann wiederum hält sich für eine Frau, die in einem männlichen Körper gefangen ist. [16)] Männliche wie weibliche Transsexuelle versuchen ihr Leben als Angehörige des anderen Geschlechts zu leben und verachten dabei die Geschlechtsmerkmale ihres Körpers. Manchmal versuchen sie auch, sich durch Operationen und Medikamente einer Geschlechtsumwandlung zu unterziehen, so daß sie ihre ursprünglichen Geschlechtsorgane verlieren. Kommt es nicht zur Heilung, dann leiden sie an Depressionen, gewöhnlich in Verbindung mit Selbstmordgedanken, manchmal kommt es auch tatsächlich zu Selbstmordversuchen.

Mary Pomrenning, ein Mitglied des PCM-Teams, litt selbst an einer solchen transsexuellen Neurose; sie hielt sich tatsächlich für einen Mann. Inzwischen ist sie zu einem wirkungsvollen Kanal der Heilung geworden. Zudem ist sie eine wunderbare Frau, die ihre feminine Identität voll integriert hat. [17)]

Die Symbolverwirrung reicht bei einem Cross-Dresser sehr tief. Das Vorhandensein der Neurose weist als solches schon auf das Fehlen einer sinnerfüllten Beziehung zur Mutter hin. Einige scheinen aber unter einer überstarken Mutterbindung zu leiden, erleben aber auch dabei eine intensive Trennungsangst. Darüber hinaus haben sie, verwirrt und getrennt von ihrer Mutter, ihre eigene geschlechtliche Identität nicht gefunden. Das ist der Grund, warum es keine weiblichen Cross-Dresser gibt; in ihrer Sexualität und ihrem Geschlecht sind sie mit der Mutter identisch.

Das unmittelbarste Bedürfnis ist für alle diese Personen die Stärkung des wahren Selbsts in Christus, ihr Einssein mit Ihm, und dann das Gebet für die Stärkung ihers Seinsgefühls, das Gefühl der eigenen Daseinsberechtigung. Sie empfinden immer eine tiefe Scham; wir können ihnen helfen, damit zurechtzukommen, wenn sie ihrer Mutter und allen anderen vergeben, die zu ihren Schwierigkeiten beigetragen haben. Dies setzt natürlich voraus, daß sie ein umfassendes Sündenbekenntnis vor Christus abgelegt haben und vollständig und tief Buße darüber getan haben, daß sie ihre Zwänge sündhaft ausgelebt haben. Einige haben keine Vorstellung davon, daß sie ihrer Mutter vergeben müssen, und werden deren Anteil an ihrer schmerzhaften Problematik nicht erkennen.

Das Folgende ist ein klassisches Beispiel eines Christen, der an einer solchen Neurose leidet. Dieser Fall macht deutlich, wie notwendig es ist, sowohl die Fantasiebindung wie auch ihren späteren Ausdruck in Form einer erotischen Faszination durch das Feminine zu erkennen und richtig damit umzugehen. Dieses Beispiel zeigt auch, in welcher Weise die Erotik eines Cross-Dressers (Fetischismus) mit der Trennungsangst verbunden ist, die bei dem Kleinkind als Spannung im Genitalbereich erlebt wurde.

Ein Christ, dessen Kampf mit dieser schrecklichen Neurose besonders schwer gewesen war, hatte als Fantasiebindung die

Vorstellung von Frauenhaar. Seine Mutter, die selbst nicht in der Lage gewesen war, eine warme Beziehung zu ihren Kindern aufzubauen, hatte sich offenbar gewünscht, er wäre besser als Mädchen geboren worden. Eine Reihe früher Erinnerungen offenbarten eine ungewöhnliche Behandlung durch seine Mutter, aber es war ein spezieller Vorfall, der zum Wurzeltrauma wurde und sein Leben veränderte. Er war etwa drei Jahre alt, und seine Mutter hatte ihm heimlich ein Kleidungsstück angezogen, das einem Mädchen gehörte, als sein Vater überraschend nach Hause kam.

Er war zutiefst verunsichert und spürte die Schuldgefühle seiner Mutter, als sie ihn schnell wieder auszog. Er erinnert sich auch an ein Gefühl peinigender Scham, ein Gefühl, das ihn nachher noch lange begleitete. Aber es war dieser Moment kurz vor der Rückkehr seines Vaters gewesen, der sein Leben zu einem einzigen Kampf gegen den Zwang zum Cross-Dressing werden ließ, bis es zur Aufdeckung und Heilung dieser Erinnerungen kam. Das Gefühl, an das er sich direkt vor dieser schuldbewußten Handlung seiner Mutter erinnerte, war, daß er ihr unbedingt gefallen wollte – daß er jemand sein wollte, den sie lieben konnte. In einem Moment, der wie die Besiegelung ihrer Ablehnung seiner Männlichkeit erschien, band sie ihm ein Frauenkopftuch um und stellte dann laut die Frage, wie er wohl aussähe, wenn er Haare wie ein Mädchen hätte. Dies war die Wurzelerinnerung, die geheilt werden mußte, aus ihr heraus kam es zur Fantasiebindung. Die Bindung an seine Mutter wurde unterbrochen und er ging eine Bindung an ein Fantasiebild seiner selbst ein. Es war für ihn ein solch starker Moment der Ablehnung seiner Männlichkeit gewesen, und passierte zudem noch während seines Ringens um eine Mutterbindung, daß es in ihm ein unzerstörbares, geradezu fotografisches Bild seiner selbst mit Mädchenhaar hinterließ. Hätte seine Mutter ihm eine Mädchenperücke mit Gewalt auf den Kopf gedrückt, und wäre sie aus irgendeinem Grund nie wieder zu entfernen gewesen, er hätte nicht schwerer Schaden nehmen können. Er ging eine Bindung an diese Vorstellung von Frauenhaar ein; von da an diente ihm dies sowohl als Fetisch wie als Bindung. Es formte und bestimmte seine Persönlichkeitsentwicklung in entscheidender Weise. Nun litt er an einer zwanghaften Faszination durch Frauenkleider, und insbesondere Frauenhaar. Sein Herz war nie mehr frei von Angst, Schuldgefühlen und dem übermächtigen Zwang, sich als Frau zu kleiden.

186

Ich werde nie vergessen, als er seine erste Heilung empfing. Es begann damit, daß er das Buch *Du kannst heil werden* (früher: *Das zerbrochene Bild*) las; er sagte mir später: „Einfach zu sehen, daß meine Zwänge als Symbolverwirrung bezeichnet wurden, was sie ja waren, gab mir Macht über sie; es war ein Weg, mit ihnen zurechtzukommen." Er hatte natürlich vollständig und tief Buße getan für die sündhafte Weise, in der er seine Zwänge in der Vergangenheit ausgelebt hatte. Voller Freude und Hoffnung schrieb er mir sofort und ich lud ihn zu einem PCM-Seminar ein, wo er noch weitere wichtige Heilungen empfing. Er und seine Frau waren außer sich vor Freude, denn er war jetzt von seinem irrationalen aber zwanghaften Verlangen frei, eine Frau zu sein. Die gelegentlich auftretenden Zwangsvorstellungen, sich als Frau anzuziehen, konnte er durch die gewonnene Einsicht bewältigen. Außerdem wurde seine Männlichkeit mehr und mehr bestärkt, als er im Herrn wuchs.

Er hatte jedoch immer noch Schwierigkeiten mit dem Symbol des Frauenhaars, innerlich wie äußerlich. Jedesmal, bevor er zum Friseur ging, stieg ein Bild zwanghaft in ihm auf, in dem er sich mit langen Frauenhaaren sah. Er fing dann an, Angstzustände zu bekommen und mußte gegen einen zwanghaften Wunsch nach Frauenhaaren ankämpfen. Dabei fühlte er sich zu seinem Entsetzen auch noch erotisch erregt; er empfand das Gefühl, er habe Gott gegenüber versagt, was durch die Schuldgefühle aufgrund seiner sexuellen Erregung noch verstärkt wurde.

Als er mir das erzählte, spürte ich, daß wir es hier mit einer Fantasiebindung zu tun hatten, und bat Gott, dies zu offenbaren. Das war der Zeitpunkt, als die konkrete Erinnerung an das Ereignis mit dem Frauenschal ans Licht kam. Er hatte längst schon viel Heilung erfahren und machte große Fortschritte in seinem Selbstwertgefühl als Mann; er erlebte, wie Gott ihn in seiner männlichen Identität bestätigte.

Und doch mußte erst die Erinnerung an die mit Kopftuch und Mädchenhaar verbundene Annahme seiner Mutter hochkommen, aufgrund derer wir erkannten, daß er hier eine Fantasiebindung an ein falsches Selbstbild eingegangen war, bevor es zu einer endgültigen Befreiung von seiner intensiven Angst kam, die in seiner emotionalen Verlassenheit durch seine Mutter wurzelte. Wir verstanden dann auch, warum das Symbol von Frauenhaar eine solche Faszination auf ihn ausübte, und warum es nicht mit all den anderen entstellten Symbolen und Fetischen zusammen verschwunden war, die ihn gequält hatten.

Bei Fetischen sollte man auch beachten, wie sich großer Schmerz für den Leidenden eigenartigerweise in Lust verwandeln kann. Er hatte seiner Mutter vergeben und sich sogar eingestanden, daß er sie nicht sehr geliebt hatte. Aber die vielen Jahre vor seiner Heilung empfand er immer nur den Wunsch, sie hätte ihn ganz als Mädchen einkleiden sollen. Allein der Gedanke erfüllte ihn mit angenehmen erotischen Empfindungen. Er konnte um alles in der Welt nicht die Notwendigkeit spüren, seiner Mutter zu vergeben; er konnte nur wünschen, sie hätte ihm weiterhin Mädchenkleider angezogen. (Später versuchen dann einige Männer, ihre Frauen für solche Dinge zu gewinnen.) Aber hier sehen wir wieder den großen Wert des Gebets für die Heilung der Erinnerungen. Als er den Moment von neuem durchlebte, wo ihm als kleiner Junge ein Kopftuch umgelegt werden sollte, *erkannte er, daß der kleine Junge kein kleines Mädchen sein wollte.* Er merkte, daß es zu dieser Einstellung erst kam, als er eine Bindung zu einem Fantasiebild von sich selbst mit Mädchenhaar eingegangen war. Seine Angst, keine Bindung zu seiner Mutter zu finden, wurde dabei auf höchst beunruhigende Weise in eine Lust an erotischer Erregung verwandelt. Das ist Symbolverwirrung; sie liegt immer vor bei Menschen mit einer geschlechtlichen Neurose.

Für alle, die aus dem Zwang zum Cross-Dressing herauskommen, ist die Stärkung ihrer wahren geschlechtlichen Identität der Schlüssel. Bei diesem Mann kam es noch vor der Entdeckung der Fantasiebindung zu großen Fortschritten, als seine wahre Männlichkeit bestätigt und gestärkt wurde. Dies geschieht immer dann, wenn wir an den Punkt kommen, wo wir wahrhaft Gott vertrauen und gehorchen. Auch bei Mary Pomrenning wurde ihre wahre Weiblichkeit trotz der tiefen Verletzung durch ihre transsexuelle Neurose in erstaunlich kurzer Zeit offensichtlich, als sie ihren Willen mit dem Willen Gottes eins machte. Zu sehen, wie die geschlechtliche Identität wiederhergestellt wird, ist etwas sehr Schönes. Dies ist eine notwendige Voraussetzung für die volle Wiederherstellung der menschlichen Seele.

Eine schnelle Heilung, die wie ein Wunder wirkt
Erst vor ein paar Wochen erlebte ich eine absolut wunderbare Heilung einer ganz tiefen Not. Ich habe dieses Kapitel geschrieben,

damit Christen verstehen, daß einige durch einen langen und schmerzhaften Prozeß gehen müssen, um mit ihren verdrängten Gefühlen in Kontakt zu kommen. Diese Geschichte aber illustriert, wie schnell eine schwere Deprivationsneurose vom Geist Gottes geheilt werden kann. Diese Heilung geschah bei einer liebenswerten jungen Koreanerin namens K. Sie hatte wie Linda Fantasien von Frauenbrüsten (die Angst, eine zu berühren und dann abgelehnt zu werden usw.), aber bei ihr gab es nicht die zusätzliche Komplikation lesbischer Reaktionen. Sie war Christin, hatte schon lange an Depressionen gelitten und sehnte sich danach zu sterben. Sie besuchte meinen Kurs am College; schon am ersten Tag sah ich den Schmerz in ihrem Gesicht.

Sie war Opfer der Art von Frauenhaß (Misogynie), der im Fernen Osten so häufig ist und viele Eltern dazu bringt, ihre kleinen Töchter abzulehnen, vor allem, wenn sie als erste geboren werden. Diese Mädchen haben Mütter, die aufgrund der jahrhundertealten misogynen Verhaltensweisen ihrer Kultur sich selbst nicht als Frauen akzeptieren können und die ihre weiblichen Gaben nicht schätzen. Diese ganze Verletztheit kam in K. sehr schnell hoch, schon bei den ersten Vorträgen. Ihr Gesicht spiegelte abwechselnd Angst und Depression wider. Nach mehreren Tagen erhielt ich die folgende Notiz von ihr, die ich hier im Original zitiere, ohne grammatisch zu glätten:

„Ich bin K. Meine Wachstumsgruppenleiterin ermutigte mich, Sie zu sehen, Leanne. Ich habe manchmal Gedanken von Tod, und hoffnungslos, ich kann Hoffnung nur in Christus finden. Ich habe keine Begeisterung für das Leben, das Leben ist so hart und schwer, (aber mein wahres Leben ist nicht hart oder schwer). Als Sie für mein Selbst-Sein beteten, glaube ich, daß Gott etwas tun will, aber ich weiß es nicht.

Bei Ihrem Vortrag fange ich an, Finsternis zu sehen, die ich nie zuvor in meinem Leben gesehen habe. Könnten Sie mir helfen? Vielen Dank. K."

Ich verschob die Begegnung mit ihr, weil sie durch die Plenumseinheiten viel an Einsicht und Heilung empfing und ihre Not dabei auf den unterschiedlichsten Ebenen angesprochen und bearbeitet wurde. Ihre wichtigste und grundlegende Heilung geschah nach zwei Wochen, als wir in der Gruppe um die Heilung der

Erinnerungen beteten. Als wir zu den ersten Lebensmonaten kamen und beteten, daß der Herr ein stabiles Seinsgefühl und Heilung für eine fehlgeschlagene Mutterbindung schenken möge, begann ihre Heilung und dauerte über eine Stunde. Nach mehreren Tagen schrieb sie das dann nieder:

„Als Leanne begann, von ‚Selbst-Sein, frühkindliche Erfahrung' zu sprechen [das Gebet für das Seinsgefühl], fing eine Art Schmerz an, mein Herz vor Bedrückung heiß zu machen. Ich fange zu weinen an. Der Schmerz tut ständig in meinem Herzen weh. An diesem Punkt fällt mir etwas ein, an das ich eine lange Zeit nicht gedacht habe, daß meine Mutter ein Problem mit ihrer Brust hatte, als ich geboren war, so daß sie im Bett bleiben mußte und sie mich sogar nicht halten konnte, bis sie von der Operation wieder gesund war. Und sie konnte mich als Baby auch nicht mit ihrer Brust füttern.

Ich fühlte, wie Schmerz aus meinem Herzen herauskommt. Ich fange zu weinen an, und der Schmerz in meinem Herzen wird schlimmer und schlimmer. Ich fange an, auch körperlichen Schmerz in meinem Herzen zu spüren. Ich habe Gott gebeten, mir aus diesem Schmerz zu helfen; der Heilige Geist hat mein Herz berührt und ich fange an, ein bißchen zu entspannen.

Dann hat Leanne Esther [eine Studentin, aber zugleich eine der Kursseelsorgerinnen] gebeten, zu mir zu kommen und mich zu halten. Esther kam und hält mich. Als sie mich hält, spüre ich, wie etwas mein Herz berührt. Trauer fängt an, stärker herauszukommen; danach fange ich an, Bilder zu sehen vor meinen Augen.

Ich sehe ein Baby im Arm der Mutter, nahe an der Brust der Mutter. Ich merke, daß ich das Baby bin, und daß Mutter auch Vater ist *[Hervorhebung L. P.]. Mein Gesicht liegt an ihrer Brust, und dann fängt das Baby an, an Mutters Brustwarze zu saugen. Als das Baby immer weiter saugt, habe ich etwas gespürt, das es ganz von unten in meinem Herzen erfüllte, und etwas Festes formt sich in meinem Herz. Danach fühle ich mich satt und entspannt. Während ich mich in den Armen der Mutter entspannt habe, von unten in meinem Herzen steigt ein ‚Lächeln' in mir auf und kommt zu meinem Mund und verwandelt meine traurigen Lippen in lächelnde Lippen. Bis dahin hat meine Mutter mich in ihrem linken Arm gehalten,*

nahe an ihrer linken Brust. Aber im nächsten Moment verändert
sich die Szene. Ich sauge noch ein bißchen und reibe mein
Gesicht an ihrer Brust. [Während diese Heilung ablief, vollzog
sie die entsprechenden Bewegungen; es gab dabei lange Saug-
phasen.] Ich wollte wissen, daß sie da ist. Ich konnte die Warze
spüren. Ich fühlte mich sicher und geborgen. Ein bißchen später
rieb ich mein Gesicht wieder an ihrer Brust und ihrer Warze,
um Brust und Warze in meinem Gesicht zu fühlen. Ich rieb
nochmal und spürte sie. Ich fühlte mich so gut, sicher und
zufrieden.

In der nächsten Szene, die ich gesehen habe, sehe ich aus
wie zwischen 1 und 1 1/2 Jahren alt. Meine Mutter hält mich in
ihrem Arm nahe an die Brust und ich stehe vom Schoß meiner
Mutter auf, und spiele ein bißchen, und renne zum Schoß
meiner Mutter. Sie hält mich wieder, ich reibe mein Gesicht an
ihre Brust, ich habe ihre Warze spüren können.

Ich fühlte mich sicher und geborgen. Ich ruhte ein bißchen
auf ihrem Schoß, und laufe weg, um zu spielen, und dann
komme ich zurück zu ihr, ich habe es mehrere Male getan.
Jedesmal wenn ich zum Schoß meiner Mutter zurückkam, wurde
meine Zeit, bei ihr zu bleiben, kürzer und kürzer. Das letzte
Mal, wo ich zu meiner Mutter zurückkomme, berührte ich ihre
Brust mit meiner Hand, und ich fühlte, daß ich jetzt weiß, daß
sie für mich da ist. Ich fühlte mich sicher, geborgen & geliebt.
Ich laufe weg, um zu spielen und ich weiß, ich muß nicht
zurückkommen. Das hat Gott mir vor meinen Augen gezeigt. Als
dieses Bild verschwunden ist, habe ich gewußt, daß Gott etwas
Wunderbares in mir getan hat. Er brachte Heilung, Freude,
Sicherheit, Leben und Freiheit vom Todeswunsch. Das ist mehr
als ein Wunder. Halleluja!"

K. hatte dann noch ein Lächeln auf die Notiz gemalt, was sie vor
dem „von unten in meinem Herzen steigt ein Lächeln in mir auf"
nicht hätte tun können. Mir waren ihre gefrorenen Emotionen
aufgefallen; sie konnte nur mit allergrößter Mühe ein Lächeln
hervorbringen. In den zwei Wochen hatte sie es nie ganz geschafft.
Ihre Mundwinkel hoben sich nur ganz leicht; so sehr sie sich auch
bemühte, sie schaffte es nie, ein Lächeln hervorzubringen. Weder
als Person noch auf dem Papier brachte sie ein Lächeln zustande.
Im Gegensatz dazu leuchtete ihr Gesicht nach der Heilung

geradezu. Die nächste Woche über, die ich noch dort war, trug sie ein außerordentliches Lächeln zur Schau. wie es nur eine orientalische Frau zuwege bringt. Ich bin sicher, es ist immer noch da; die Fähigkeit dazu wird ihr nicht mehr verlorengehen.

Hier sehen wir nicht nur eine Heilung der Erinnerungen, sondern auch, wie manchmal unser himmlischer Vater eingreift, um eine Deprivationsneurose zu heilen. Es gab kein „Umschreiben der Vergangenheit", keine Veränderung der Geschichte K.s mit ihrer Mutter. Es *gab* ein göttliches Eingreifen, ein Wunder, um sie von ihrer tiefen Deprivation zu heilen. Wenn wir von unseren Fantasiebindungen frei werden für die Wirklichkeit, und es zur Heilung der fehlgeschlagenen Urbindung an die Mutter kommt, wieviel mehr kann Gott dann eine göttlich arrangierte Fantasievorstellung benützen (und sie ist in Wahrheit ja gar keine Fantasie, sondern die Art, auf die unser Herz sich Sein Handeln bildlich vorstellt), um uns von einer Deprivationsneurose zu heilen! Hier noch das P.S. bei K.s Notiz:

> *„Ich habe geschrieben, was am Donnerstagmorgen passiert ist. Danke für Ihren Gehorsam unserem liebenden himmlischen Vater gegenüber. O Leanne, als ich das Bild vor meinen Augen sah, sah ich Mutter und sie ist auch Vater. Ich fragte Gott, was das ist. Ich spürte, daß, weil ich keine enge Erfahrung mit meiner Mutter hatte,* der himmlische Vater meine Mutter wurde *und mir diente. O das ist wunderbar!"* [Hervorhebung L. P.]

Aus den Armen Esthers kam sie direkt in die Arme Gottes, und Er wurde Mutter und Vater für sie. Dies sind die Heilungen, die wir erleben, ob sie in einem Prozeß stattfinden und Zeit brauchen, oder ob sie augenblicklich geschehen wie bei K. Mit K. können wir sagen „Wahrlich, das ist mehr als ein Wunder." Diese Heilungen gibt es nur in der heilenden Gegenwart Gottes, einer Gegenwart, die immer bei uns ist, um uns zu heilen, wenn wir anderen vergeben und Vergebung für unsere Lebensumstände aussprechen. Und Seine göttliche Gegenwart verachtet selbst unser menschliches Saugbedürfnis nicht. Bei der Heilung K.s wurden wir Zeugen ihrer Saugbewegungen, als sie richtiggehend in den Armen Gottes gestillt wurde. Ja, K., der „Himmlische Vater" ist zu deiner Mutter geworden und hat dich geheilt.

K. wird nie wieder auch nur annähernd die gleiche sein. Damit soll nicht gesagt werden, sie würde keine Schmerzen durchmachen, wenn sie viele der Einstellungen aufgibt, die sie als Frau sich selbst gegenüber hatte, und die in ihrer Familie üblich waren. Aber ich habe genügend solcher Heilungen gesehen, um nicht nur zu erkennen, daß sie ein Wunder darstellen, sondern auch um ihre dauerhaften Auswirkungen zu wissen. Wenn K. im Gehorsam gegenüber Christus lebt und es lernt, zusammen mit anderen Christen Ihn zu hören, werden die nächsten Heilungen kommen, und zwar schnell. Aber mit einer Verlassenheitsdepression und den Auswirkungen der Deprivationsneurose muß sie sich nicht länger mehr herumschlagen.

Manchmal sind körperliche Bewegungen Teil der Heilung

Wir haben von K.s Saugbewegungen gesprochen. Ähnliches haben wir oft genug gesehen, um zu wissen, wie wichtig solche Dinge sind, und daß man sie nicht unterbrechen darf. In dem Buch *Heilende Gegenwart* erzähle ich gegen Ende des siebten Kapitels von Menschen, die zu uns kommen und Gebet möchten, und dann in dem Versuch, etwas von Gott zu empfangen, ein eigenartiges Verhalten an den Tag legen. Sie versuchen beispielsweise körperliche Bewegungen zu kopieren, die irgendwann einmal Teil einer wichtigen geistlichen Erfahrung gewesen waren. Jetzt aber sind sie nur noch Teil einer „Verhaltensliturgie", von ritualisierten körperlichen Reaktionen. Gott war hier gar nicht am Wirken; das Verhalten wurde einfach menschlich reproduziert. Als PCM-Team sehen wir das sehr schnell und unterbinden es immer, um dem Betreffenden zu helfen, das zu empfangen, was Gott in diesem Moment bei ihm tun möchte.

Nach dieser Vorbemerkung möchte ich aber auch einige wertvolle körperliche Reaktionen erwähnen, die manchmal in Zusammenhang mit bestimmten Formen von Heilung auftreten. (Sie treten nicht in großem Maßstab auf, und deshalb zögere ich, darüber zu schreiben, da einige das vielleicht nachahmen werden. Aber um den Betern zu helfen, hier recht zu urteilen, möchte ich doch darauf eingehen). Manchmal beginnt beispielsweise die Person, für die gebetet wird, zu zucken oder geschüttelt zu werden, und das fast rhythmisch und über einen längeren Zeitraum. Als ich das niederschrieb, erinnerte mich John Fawcett daran, daß dieses Phänomen bei jemand auftritt, dessen *wahres Selbst zum Vorschein kommt*. Er sagte, „Es ist wichtig, daß diese Zuckungen nicht zum

Thema gemacht und daß sie nicht als dämonisch eingestuft werden. Wir erlauben dem Betreffenden, zu fühlen, was er fühlt, und wir unterbinden das Schütteln nicht vorzeitig, weil hier Verdrängung und Unterdrückung richtiggehend körperlich abgeschüttelt werden." Es ist, sagt er, so, als ob „das wahre Selbst anfängt, den ganzen Körper zu erfüllen".

Mario Bergner, der seit vielen Jahren mit PCM arbeitet, warnt davor, dieses Phänomen nur auf Verlassenheitsproblematik einzuschränken: „Ich erlebe, daß diese Bewegungen in Verbindung mit jeder Art von schwerer *Unterdrückung* des wahren Selbsts auftreten." Er listet dann einige der häufigsten Beispiele auf.

Das erste hat mit einer Unterdrückung des wahren Selbsts im Zusammenhang mit Sünde zu tun. Mario erinnerte mich an ein Gebet mit einem Priester, der in seinem Leben und in seinem Dienst absichtlich die Wahrheit verdrängt hatte. In seinem Fall war seine wahre maskuline Identität als Mann und Priester durch seinen Ungehorsam und seine ständige sexuelle Sünde geleugnet und unterdrückt worden. Als er Buße tat und Mario für ihn betete, fing er an, richtig durchgeschüttelt zu werden. Es dauerte Stunden; in ihnen kam sein wahres Selbst hervor. Danach begann er, Gott zu gehorchen. Leben und Dienst dieses Mannes haben sich seit diesem Gebet radikal verändert.

Marios zweites Beispiel war eine Frau, für die wir beide beteten. Sie war Teil einer tyrannischen Jüngerschaftsgruppe gewesen und hatte dort ihr wahres Selbst schwer unterdrückt. Als wir für sie beteten, geriet sie in Zuckungen; es dauerte eine kleine Ewigkeit. Erschreckt blickte sie hilfesuchend zu mir; ich sagte ihr dann: „Das ist okay, das ist nur dein wahres Selbst, das zum Vorschein kommt und seine Fesseln abschüttelt." Mario wies darauf hin (er und John erleben das auf unseren Konferenzen ja oftmals „an vorderster Front"), daß dies nichts mit einer Verlassenheitsproblematik zu tun hat, sondern mit einer gezielten, langanhaltenden und schwerwiegenden Unterdrückung des eigenen Selbsts im Namen der Unterordnung der Frau unter den Mann.

Bei einer dritten „Kategorie" liegt der Fall wieder anders. Dabei geht es um die Unterdrückung des wahren Selbsts durch schlimme Praktiken von Selbstbespiegelung und Introspektion; dies geht normalerweise mit Verlassenheitsproblematik und einem fehlenden Seinsgefühl Hand in Hand. Das Schütteln kann über Wochen hinweg immer wieder kommen, wenn das wahre Selbst aus der

Kontrolle des analytischen Bewußtseins herauskommt. In diesem Fall hat das intensive, endlose kognitive Nachdenken das wahre Selbst fast völlig vernichtet. Kommt man aus solch einer Unterdrückung des wahren Selbsts heraus, kann es immer wieder zu solchen Schüttelphänomenen kommen.

Die Person kann die Zuckungen kontrollieren. Wenn man sie aber in falscher Weise beherrscht, bedeutet das, daß man das Abschütteln des falschen Selbsts stoppt und in vielen Fällen das Hochkommen abgespaltener Gefühle (etwa aufgrund einer Verlassenheitsdepression) verhindert, die unbedingt ins Bewußtsein kommen müssen. Die einfache Wahrheit ist, daß unser Körper mit uns arbeitet!

Weiter oben habe ich davon gesprochen, die „verinnerlichte böse Mutter zu erbrechen" und habe ein extremes Beispiel dafür geschildert. Aber es gibt subtilere Formen, wie ein Kleinkind von der Mutter überwältigt wird; sie sind aber genauso schwerwiegend. Menschen mit diesem Problem schüttelt es manchmal ebenso heftig, wenn sie Gebet empfangen und das wahre Selbst hervorkommt.

Ein klassisches Beispiel dafür ist ein junger Mann, der eine ziemlich große Heilung empfing, als er seiner Mutter vergab und sein verinnerlichtes Bild von ihr „erbrach". Seine Mutter versuchte, das Leben durch einen neurotischen Perfektionismus und eine extreme Kontrolle über alle Menschen in ihrem Einflußbereich zu bewältigen. Die Bilder, die wir im Gebet bekamen, spiegelten diese Kontrolle wider und offenbarten, daß ihn das vom Augenblick seiner Geburt an beeinflußt hatte. Wir „sahen" ein starkes „Rankenwerk" von Kontrolle, ein furchtbar häßliches Wurzelwerk, das seinen Körper durchzog; es klammerte sich hartnäckig an seinen Geschlechtsorganen fest. Im Verhalten seiner Mutter ihm gegenüber hatte es erotische Untertöne gegeben, wenn ihr das auch wahrscheinlich selbst nicht bewußt war. Dies hatte bei ihm in Verbindung mit ihrem sonstigen Verhalten nicht nur zu einer intensiven emotionalen Abscheu ihr gegenüber geführt, sondern auch zu einer gründlichen Unterdrückung seiner Sexualität und männlichen Identität. Im Gebet befahlen wir diesem verinnerlichten emotionalen Unrat aus ihm herauszukommen; in unserm Herzen sahen wir, wie diese hartnäckigen, tiefverwurzelten Ranken ihren Halt verloren. Wir beteten, bis auch die letzte Wurzel herausgekommen und Christus unterstellt war. Dann beteten wir in diese verfinsterten Orte Gottes heilendes Licht, seine Freiheit und Liebe hinein. Dies war eine tiefe Heilung; danach war er in der Lage, sich mit der Angst vor seiner Mutter und vielen anderen Nöten seines Lebens auseinanderzusetzen.

Bei dieser Heilung kam es *nicht* zu den oben erwähnten Zukkungen und Schüttelphänomenen. Ein Jahr später, als er mit einem Christen zusammen betete, kam folgendes heilende Wort vom Herrn.

Es verdeutlicht nicht nur die subtilen Formen, wie ein Kleinkind überwältigt und in seinem Wesen unterdrückt wird, sondern auch die unglaubliche Genauigkeit der Bilder und Worte, die von Gott kommen, wenn Er beginnt, zu heilen und das wahre Selbst herauszurufen.

> *„Als J. für mich und die Stärkung des wahren Maskulinen in mir betete, empfing er dieses Wort, das direkt in meine Verlassenheitsdepression und die Unterdrückung meines männlichen Selbsts hineinsprach: ‚Es ist als ob dein Kopf von einem Kissen umgeben ist, das dich ersticken will. Jesus nimmt das Kissen weg. Es ist, als ob du das, was deine Mutter ausgeatmet hat, eingeatmet hättest, die verbrauchte Luft ihrer Lungen. Jesus gibt dir jetzt die erfrischende Luft Seiner Gegenwart ... und einen neuen Brustkorb ... den Brustkorb eines Mannes.*
>
> *Ich sehe das Kreuz Christi; es erstreckt sich vom Scheitel deines Kopfes tief in deinen Körper hinein; sein Querbalken füllt deinen Brustkorb horizontal aus. Das ist deine wahre Identität. Über dem Kreuz hängt ein purpurner Mantel männlicher Würde, der Mantel des wahren Maskulinen, demütig und doch stark.'"*

Als dieses heilende Wort ausgesprochen wurde, wurde sein Körper gewaltig durchgeschüttelt – das wahre Selbst und die wahre Männlichkeit machten gewaltige Fortschritte.

Dieser Dienst bereitete den Weg dafür, daß Gott die nächste Not ansprach, die es anzupacken galt. Er litt immer noch an einer starken Entfremdung von Frauen und besaß ein tiefsitzendes Gefühl geschlechtlicher Minderwertigkeit, das sein ganzes Leben geprägt hatte. Dies ließ ihn manchmal aus tiefer Furcht heraus auf Frauen überreagieren, die er in irgendeiner Weise als kontrollierend empfand; auch auf Frauen, die auch nur eine Spur romantischen

Interesses zeigten, reagierte er irrational. Einen oder zwei Tage, nachdem er dieses Wort empfangen hatte, das so tief in sein Wesen und seine Not hinein sprach und ihn erzittern ließ, betete er und sah in einer Vision, wie der Herr eingriff, um seine Unfähigkeit im rechten Umgang mit Frauen zu heilen:

„Ich stand vor dem Thron Gottes, und da machte Er mir zutiefst bewußt, daß mich Seine Hände erschaffen und geformt haben. Als ich mich als Seine gute Schöpfung annahm, brachte Er eine Frau zu mir und fragte mich, ob ich sie als würdige Begleiterin aufnehmen würde, genauso wie Er Eva zu Adam gebracht hatte. Die Antwort fiel mir nicht automatisch leicht, da meine Angst vor Frauen so groß war. Doch wußte ich in der Gegenwart des Herrn, daß Er eine tiefe Heilung vollziehen wollte. So nahm ich Sein Geschenk natürlich an. Dann standen wir Hand in Hand vor dem Thron; plötzlich merkte ich, daß da noch ein anderer Mann neben mir stand. Als ich zum Herrn aufblickte, wandte sich die Frau von mir ab, nahm die Hand des anderen Mannes und ging mit ihm weg. Ich schrie zum Herrn, daß es mir so weh tat, sie wieder zu verlieren. Da meine Mutter mich emotional im Stich gelassen hatte, brachte dieses Bild natürlich meine schlimmsten Ängste hoch, wenn es um das Vertrauen zu Frauen geht – daß ich sie liebe und dann verliere. Der Herr sagte zu mir, ,Bin ich nicht eine ausreichende Sicherheit für dich? Warte auf mich, und ich werde dir die Freundschaften und den Lebenspartner, die du brauchst, zu meiner Zeit schenken. Fürchte dich nicht, dem Verlust von Liebe ins Auge zu sehen, denn Ich werde dich nie verlassen oder aufgeben.'"

Fängt Gott erst einmal an, die Seele zu heilen, dann hört Er nicht auf, bis das Werk vollbracht ist – und das ist die Frucht dessen, daß man in Seiner Gegenwart bleibt.

Eine letzte Facette bleibt noch zu erwähnen, wenn es um das Verstehen körperlicher Phänomene und ihren Zusammenhang mit dem Hervortreten des wahren Selbsts geht. Jason (vgl. weiter oben) erlebte Zuckungen, wenn er Berührung empfing. Natürlich war er vorher auch oft berührt worden, aber erst als er Heilung erlebte, war er in der Lage, die Berührung *anzunehmen*. Die Berührung, die jetzt von Trennungsangst mit ihren erotischen Sinnesreaktionen gelöst war, ging tief in ihn hinein und brachte ihn auf wunderbare und gesunde Weise mit seinen Altersgenossen und anderen in Kontakt.

Körperliche Reaktionen unterscheiden

Die Fähigkeit zur Unterscheidung ist in allen diesen Fällen entscheidend. Manchmal kommt es in unseren Veranstaltungen vor, daß jemand eine bestimmte körperliche Manifestation hat und ein Nachbar anfängt, ihm zu „dienen" in der Überzeugung, daß dies dämonisch verursacht sei. Diesen Irrtum müssen wir schleunigst ansprechen. Natürlich kommt es beim Austreiben von Dämonen auch zu körperlichen Reaktionen, aber durch die vom Heiligen Geist geschenkte Gabe der Unterscheidung läßt sich das leicht von körperlichen Reaktionen emotionaler Heilung unterscheiden; hier arbeitet der Körper auf wunderbare Weise mit dem Rest des Menschen zusammen, um Gottes Heilung zu empfangen.

Körperliche Reaktionen bei Heilung von Frauenhaß

Wer eine Schulung von PCM mitmacht, sieht mit eigenen Augen, was wir als „Heilung von Misogynie (Frauenhaß)" bezeichnen. Die damit zusammenhängenden körperlichen Reaktionen wie auch die Worte, die dabei aus den Frauen hervorbrechen, können für jemanden erschreckend sein, der nicht versteht, was hier abläuft. Bei solchen Heilungen kommen die Auswirkungen von Frauenhaß (Streß, Selbsthaß, Wut auf Männer wie auf Frauen usw.), der oftmals über Generationen weitergegeben wurde, ans Licht. Oft reagiert der Körper der Frau dann heftig, wenn sie das ganze Wurzelwerk jener schrecklichen „Gegenwart" ausspuckt, herausschreit, ausschnaubt und herausbetet. Das ist zwar nicht dämonisch, aber doch ähnlich, da hier ein Haß ausgetrieben wird, der fast eine eigene Identität in ihr angenommen hat. Oft kommt es zu Haßausbrüchen mit Worten wie „Ich hasse dich!" Solche Worte, die sie immer wieder als gegen sich gerichtet erlebt hatte, wurden im Innersten dieser Frau richtiggehend eingelagert; sie hatte sie verinnerlicht wie eine böse Mutter oder einen bösen Vater. Diese Worte richtet sie dann unablässig gegen sich selbst; sie haßt sich, weil sie gehaßt worden ist.

Manchmal kann es Wochen und Monate nach diesen starken körperlichen Reaktionen, die man zulassen muß, wenn die Frau sich der Heilung ihres innersten Wesens öffnen soll, dazu kommen, daß sie wieder ein furchtbares Zittern erlebt. Dann glaubt sie vielleicht, sie durchlebe wieder eine Heilung von Frauenhaß. Aber das ist nicht der Fall. Es ist Anzeichen für eine schwache innere Mitte, d. h. einem sehr schwachen Gefühl für die eigene Identität und das eigene Sein. Solch eine Frau muß in ihrer wahren Identität gestärkt werden, um die misogynen Haltungen eines ganzen Lebens vollständig abwerfen zu können; sie muß wissen, daß sie stärker ist als die Emotionen, die sie zu überwältigen drohen. Zukkungen, die auf eine schwache innere Mitte zurückgehen, sollten unterbunden werden; man betet dann für das wahre Selbst, damit die wahre Frau in ihrer Herrlichkeit hervortritt.

Es ist herrlich zu sehen, wie das wahre Selbst hervortritt und das menschliche Gefäß erfüllt; wie wunderbar ist es, wenn, wie es C. S. Lewis sagt, der ganze Körper betet. Unser Körper ist eine wunderbare Schöpfung und empfängt selbst Heilung, wenn er an der Heilung unserer Seele mitarbeitet.

Dieses ganze Kapitel soll nur eine Einführung in diese Thematik sein; es wurde geschrieben, um diejenigen zu ermutigen, die für andere beten, und ihnen zu helfen, Verlassenheitsproblematik zu erkennen. Ich hoffe, daß es auch vielen hilft, die Wege zu achten, auf denen Gott diejenigen, die beten, mit denen zusammenarbeiten läßt, die in diesem Bereich von Berufs wegen stehen, ob als Mediziner oder Therapeuten. Es gibt hier endlos viele Möglichkeiten. Der Lohn ist groß.

Alle Heilung in diesem Bereich ist auf dem Kreuz Christi begründet. Tatsächlich erlebt man diese Heilungen nicht ohne das Eingreifen Gottes, das uns durch Christi Leiden erst ermöglicht wurde. Wie es Dr. Frank Lake so wunderbar formuliert:

„Es gibt nichts im hystero-schizoiden Wesen eines androzentrischen Menschen, was Gottes Handeln an der Seele begrenzen würde. Im Gegenteil: Aufgrund der unendlichen Bindung und der unendlichen Distanz, die in einer solchen Seele bereits vorhanden sind, hat sie sogar schon auf der menschlichen Ebene eine Vorahnung des Abgrunds, über den Christus am Kreuz ausgestreckt wurde." [18)]

KAPITEL 9

Das dritte große Hindernis: Vergebung nicht annehmen

Gott aber, der voll Erbarmen ist, hat uns, die wir infolge unserer Sünden tot waren, in seiner großen Liebe, mit der er uns geliebt hat, zusammen mit Christus wieder lebendig gemacht. Aus Gnade seid ihr gerettet.

(Epheser 2,4-5)

Wenn uns durch Gottes Gnade vergeben ist, warum fällt es uns es dann manchmal so schwer, diese Vergebung *anzunehmen*? Wie geben wir Vergebung an andere *wirksam weiter*?

Es ist oft schwieriger für uns, von Gott Vergebung zu *empfangen*, als selbst unseren schlimmsten Feinden zu vergeben. Haben Sie schon einmal dieselbe Sünde zwei- oder dreimal bekannt? Wir können zwar direkt vor Gott treten, aber wir erlangen nicht immer die Vergebung, für die Christus starb und die er umsonst schenkt. Wir mögen den Vers „Wenn wir unsere Sünden bekennen, ist er treu und gerecht; er vergibt uns die Sünden und reinigt uns von allem Unrecht" in- und auswendig kennen – *aber wir schaffen es nicht, die Vergebung zu empfangen, die er uns bietet.*

Woher wissen wir, daß die fehlende Annahme der Vergebung das wahre Hindernis ist? Bei diesem Problem können viele Dinge eine Rolle spielen. Die folgenden Ursachen halte ich für die häufigsten.

Unter dem Gesetz bleiben

„Denn Christus ist das Ende des Gesetzes, und jeder, der an ihn glaubt, wird gerecht" (Römer 10,4). Der Mensch „unter dem Gesetz" wird sich immer schuldig fühlen. Er empfängt die Vergebung nicht, weil er immer noch selbst versucht, aus eigenem Verdienst heraus „gut genug" zu sein; er bemüht sich, aus eigener Kraft vollkommen zu sein.

Das Gesetz ist ein Zaun, wie es einmal jemand formuliert hat, um uns dazu zu bringen, gut zu sein. In Christus ist dieser Zaun weggenommen. Das Leben im Geist tritt an die Stelle des Zauns. Im hörenden Gehorsam Christus und seinem Wort gegenüber vertrauen wir immer nur auf Seine Gerechtigkeit und tun das, was wir von Ihm hören. Auf diese Weise erfüllen wir tatsächlich den Geist des Gesetzes, nicht nur den Buchstaben.

Das Folgende mag helfen, sich den Unterschied klar zu machen. Unter dem Gesetz trug ein Priester einen Brustschild auf seinem Gewand, der gesalbt wurde. Ich hörte von einem jüdischen Rabbi, daß die Salbung weg war, wenn er den Brustschild abgelegt hatte. Seit Christus tragen wir als die Seinen diesen Brustpanzer der Gerechtigkeit – wir „haben Christus angezogen". Das meint das „Praktizieren Seiner Gegenwart".

Als Menschen im geistlichen Dienst helfen wir anderen, den „alten Menschen" zu erkennen und abzulegen (vgl. das Buch *Heilende Gegenwart,* Kapitel 7). Wir stehen ihnen bei, wenn sie ihre Sünden bekennen und alle krankhaften Formen der Liebe in den Tod geben: Unzucht (tatsächliche oder in der Fantasie), Unreinheit (Homosexualität und alle anderen Formen sexueller Perversion), maßlose Zuneigung, eine neurotische Form von Abhängigkeit oder Liebe, Lüsternheit (verdorbenes Verlangen, Lust etc.), Begehrlichkeit und alle Formen von Götzendienst und Idolatrie (jedes Verkrümmtsein auf ein Geschöpf hin). Wir stehen ihnen bei, wenn sie Zorn, Wut, Bosheit, schmutzige Reden und Lüge „ablegen". Dann verkünden wir Gottes Vergebung für alles, was sie entsprechend bekannt haben und helfen ihnen anschließend, „Christus anzuziehen", den *Neuen Menschen.* Wir lehren sie, Seine Gegenwart und damit ihre Gerechtigkeit, zu praktizieren; so werden sie frei von dem Streben, „gut genug" zu werden, und von falschen Formen der Gottesfurcht. Dann versichern wir ihnen auf der Basis der Schrift, daß sie nicht länger die Gegenwart des „alten Menschen" zu praktizieren haben. Es ist von enormer Wichtigkeit, dies fest in ihrem Bewußtsein zu verankern! „Wir sind also nicht mehr dem Fleisch verpflichtet, Brüder, so daß wir nach dem Fleisch leben müßten" (Römer 8,12).

Wenn wir anderen dienen, müssen wir schnell herausfinden, auf wessen Gerechtigkeit der Leidende letztlich vertraut – seine eigene oder die des Herrn. Jesus betete dafür, daß wir einst in der Lage wären, vor dem Menschensohn zu stehen (Lukas 21,36); er lehrte uns auch, daß wir dabei nicht in einer Gerechtigkeit kommen können, die wir selbst verdient haben. Wir stehen in Seiner Gerechtigkeit, und diese Tatsache läßt uns immer mehr Seine Gegenwart praktizieren. Satan, der Verkläger, versucht ständig, uns dazu zu bringen, auf unsere eigene Gerechtigkeit zu schauen. Aber wir haben „durch das Blut des Lammes" und „das Wort unseres Zeugnisses" den Verkläger unserer Seele überwunden (Offenbarung 12,11).

Martin Luther ist ein besonders gutes Beispiel dafür. Erst als er die Wirklichkeit der Inkarnation verstand, nämlich Gottes Gerechtigkeit in ihm, konnte er die Vergebung empfangen und sich selbst überhaupt erst annehmen. Mit heutigen Begriffen ausgedrückt: Er brauchte dringend innere Heilung. Unsere Seelsorgezimmer sind voll von Menschen mit diesem Problem. Sie kriechen vielleicht nicht auf bloßen Knien über spitzige Steine, tragen keine härenen Gewänder und geißeln sich auch nicht selbst – aber sie tun das Entsprechende auf psychologischer Ebene.

Nach seiner Heilung sagte Luther später, daß der Christ „zur gleichen Zeit als Sünder und Gerechtfertigter dasteht". Bevor er das verstand, hatte er Angst vor Gott gehabt. Die „Gerechtigkeit Gottes", von der Paulus im Römerbrief sprach, versetzte ihn in panischen Schrecken. Er hielt sie für das strafende Gerichtshandeln Gottes gegenüber den Sündern – und Luther wußte, daß er, wie alle Menschen, ein Sünder war.

Einige, die sich mit Heilung und gottgewollter Selbstannahme am schwersten tun, sind Menschen mit einem zwanghaften Perfektionsstreben. Letztlich leugnen sie damit die Notwendigkeit der Inkarnation der Gnade und Gerechtigkeit Gottes, indem sie versuchen, dies durch ihre guten Werke und ihre buchstäbliche Beachtung des Gesetzes auf eigene Faust zu erreichen. Deshalb ist ihre Sicht verzerrt. Statt die Augen auf Gott zu richten und sich an der von Ihm geschenkten Möglichkeit zu freuen, vor Ihm in Freiheit zu wandeln (ja zu tanzen!), konzentrieren sie sich auf das

„Gesetz". Sie versuchen, seine Forderungen zu erfüllen – etwas, das Christus schon längst erledigt hat.

Luther war in dieser schlimmen Haltung gefangen, bis er verstand, daß die „Gerechtigkeit Gottes", von der Paulus sprach, nichts mit Zorn und Gesetzlichkeit zu tun hatte, sondern etwas ist, das man im Glauben „anzieht", und die, wichtiger noch, *in uns* ist – nämlich Gottes Leben in uns. Als er das schließlich verstanden hatte, rief er: „Der Glaube hat die unvergleichliche Gnade, unsere Seele mit Christus zu vereinen wie eine Braut mit ihrem Mann, so daß die Seele alles besitzt, was Christus selbst besitzt." Von da an war er von seiner tiefen Angst freigeworden – der Angst, immer Gottes Liebe erringen zu müssen, und doch nie ganz in der Lage zu sein, das Gesetz zu halten.

Unabhängig von dieser Notwendigkeit, Gottes Gnade zu verstehen, streben gefallene Menschen im allgemeinen mit furchtbarer Leidenschaft danach, sich aus eigener Kraft zu vervollkommnen. Wir müssen erkennen, daß das Stolz ist und nichts anderes; wir müssen anderen helfen, ihn als solchen zu bekennen und von ihm frei zu werden. Die Leute schätzen ihre Autonomie und halten sie für Freiheit. Männer haben in der Regel an diesem Punkt größere Schwierigkeiten als Frauen. Die feminine Fähigkeit, Gott anzubeten, dabei mit dem ganzen Sein auf Ihn zu antworten und sich Ihm zu unterstellen, ist etwas, bei dem Frauen oftmals ihren Brüdern in Christus Hilfestellung leisten müssen.

Zusätzlich gibt es viele „zwanghafte Perfektionisten", wie sie heute bezeichnet werden. Solche Leute sind oft das Opfer einer frühen Erziehung, die ihnen Liebe und Bestätigung vorenthielt, wenn sie nicht Leistung brachten. Nun kann aber die Leistung eines Menschen, egal wie begabt er ist, nur selten vollkommen sein. Deshalb tragen solche Leute eine tiefe Verletzung in ihrer Seele mit sich herum; sie wurden in der „Leidenschaft, perfekt zu sein" trainiert. Wir müssen ihnen nicht nur helfen, den „alten Menschen abzulegen", sondern auch, das „Gesetz ihrer Eltern" abzulegen, denn dieses Gesetz wird immer noch wie eine Art Endlosband in ihren Köpfen abgespielt.

Die Notwendigkeit, den inneren „Bösewicht" anzuerkennen
Konnte Luther vor seiner Heilung nur seine eigene Ungerechtigkeit sehen, den „inneren Bösewicht" sozusagen, so gibt es andere, die das völlig leugnen. Manche wurden sogar dementsprechend

gelehrt, sei es durch Vorbild oder durch schlechte Theologie. Sie verstehen wirklich nicht, daß sich Christen, wenn sie neu geschaffen (wiedergeboren durch den Geist) und bekehrt (in die Willenseinheit mit Christus eingetreten) sind, doch immer noch bestimmte Zeiten nehmen müssen, um sich wieder als Sünder vor Gott hinzuknien, um Ihn zu bitten, ihnen ihre Sünden, die bewußten wie die unbewußten, zu zeigen, damit sie sie bekennen können und Vergebung erlangen. Auch wenn das vielen christlichen Seelsorgern, vor allem aus Kirchen mit einer sakramentalen Tradition, schwerfällt zu glauben, so ist das vielen Christen doch nie beigebracht worden, zumindest nicht auf regelmäßiger Basis.

Diese Christen leugnen das Vorhandensein des inneren Bösewichts; sie leugnen damit auch, daß sie tatsächlich „seine Gegenwart praktiziert" haben, ob bewußt oder unbewußt; deshalb gehen sie durchs Leben und fühlen sich von Mal zu Mal schuldiger. Sie gehen vielleicht demütig ins Gebet und spüren, daß ihr Leben ein furchtbares Chaos ist, aber haben wenig Einsicht, was schiefläuft. Sie haben die Existenz des „alten Menschen", des Sünders, geleugnet, statt sie zu bekennen. So leben sie ohne Vergebung. Andere werden in der gleichen Situation voller Stolz, statt sich schuldig zu fühlen, und richten bei anderen Christen großen Schaden an. In ihnen wird der Pharisäer stark. Im Praktizieren der Gegenwart des alten Menschen werden sie gesetzlich und verurteilen die anderen, ohne die eigene Finsternis wahrzunehmen.

Die gefährlichsten Christen, denen wir je begegnen können, sind die, die nichts von dem inneren Bösewicht wissen. Noch erschreckender sind Christen, die einen falschen religiösen Geist haben, der sie zu der Überzeugung verführt, sie seien bessere Christen als alle anderen.

Ich habe einige solcher Leute erlebt, und es ist wunderbar, wenn sie geheilt werden. Sie suchen gewöhnlich nicht nach Hilfe, aber bringen alle, die mit ihnen zu tun haben, dazu, das schleunigst zu tun. Natürlich gibt es unterschiedliche Abstufungen dieses Problems – die religiösen Tyrannen, ob groß oder klein, kommen aus dieser Ecke. Sie werden immer schlecht über andere Christen reden, vor allem über Leiter. Sie klagen andere an, dämonisiert zu sein, und sind es doch oftmals selbst; dementsprechend müssen sie auch behandelt werden, wenn sie frei werden sollen.

Der Bösewicht in jedem von uns stellt das Selbst in den Mittelpunkt, nicht Christus. Ein Christ ist zu solch einer Haltung sehr wohl in der Lage. Tut er das, so lebt er nicht aus der Mitte, in der Christus wohnt, sondern von einem anderen Zentrum her: das des alten Menschen, des inneren Bösewichts. Als Christen können wir jeden Tag neu in dieses alte Selbst hinabsteigen. Dann werden wir die Gegenwart des Bösewichts praktizieren. Deshalb sagt C. S. Lewis, daß das Christsein einen Menschen entweder sehr viel besser macht, oder sehr viel schlimmer.

„Tritt das Übernatürliche in die Seele eines Menschen hinein, so eröffnet es ihm neue Möglichkeiten zum Guten wie zum Bösen. An diesem Punkt gabelt sich der Weg: eine Straße führt zur Heiligkeit und Demut, die andere zu geistlichem Stolz, Selbstgerechtigkeit und Verfolgungseifer. Und es führt kein Weg mehr zurück zu den alltäglicheren Tugenden der noch nicht erweckten Seele. Macht der Göttliche Ruf uns nicht besser, so wird er uns sehr viel schlechter machen. Von allen schlechten Menschen sind die religiösen die schlimmsten." [1]

Daß die Linie zwischen Gut und Böse durch jedes menschliche Herz verläuft, war eine Entdeckung, die Alexander Solschenizyn auf dem verrotteten Stroh einer kommunistischen Gefängniszelle machte, als er, selbst noch Kommunist, auf eine Krebsoperation wartete. Kurz danach fand er zu Christus.

„Allmählich wurde mir offenbar, daß die Linie, die Gut und Böse trennt, nicht zwischen Staaten, nicht zwischen Klassen und nicht zwischen Parteien verläuft, sondern quer durch jedes Menschenherz. Diese Linie ist beweglich, sie schwankt im Laufe der Jahre. Selbst in einem vom Bösen besetzten Herzen hält sich ein Brückenkopf des Guten. Selbst im gütigsten Herzen – ein uneinnehmbarer Schlupfwinkel es Bösen" [2]

Ist es da ein Wunder, daß der Schlüssel zur Heilung in Umkehr und Vergebung liegt?

Wir müssen unsere beiden Identitäten kennen und anerkennen – die des Sünders und die des Heiligen. Natürlich ist unsere primäre Identität die des Heiligen. Wir sind Kinder Gottes, Kinder der Auferstehung.

Aber der Rhythmus von Umkehr und Vergebung muß in jedes Leben hineingewoben werden. Wir erheben uns immer aus der

Stellung des Beichtenden zu unserer primären Identität, nachdem wir Vergebung empfangen haben.

Diene ich Menschen, die in diesem Bereich Schwierigkeiten haben, so führe ich sie in ein Gebet zum Bekennen konkreter Sünde und helfe ihnen dann, Gottes Vergebung zu empfangen. Danach empfehle ich ihnen, in ihre Andacht bzw. Stille Zeit eine feste Zeit einzuplanen, in der sie Gott erlauben, ihr Herz zu durchforschen – mit anderen Worten: in der sie als Sünder zu ihm kommen.

Wer bemerkt seine eigenen Fehler und Irrtümer?
Reinige mich von verborgener [und unbewußter] Schuld.
Behüte deinen Knecht auch vor Anmaßung in jeder Form:
sie soll nicht über mich herrschen!
(Psalm 19,13-14a, nach der Amplified Bible)

Erforsche mich, Gott, und erkenne mein Herz,
prüfe mich, und erkenne mein Denken!
Sieh her, ob ich auf dem Weg bin, der dich kränkt,
und leite mich auf dem altbewährten Weg!
(Psalm 139,23-24)

Nach dem Sündenbekenntnis, ob es zuhause geschieht, in der Gemeinde oder wo auch sonst, muß *diese Vergebung aktiv angenommen* werden. Dies ist ein Akt des Glaubens, ein bewußtes und gezieltes Empfangen der Gnade Gottes. Für viele geschieht das am besten in Verbindung mit dem Abendmahl, um es dauerhaft in das eigene Leben zu integrieren. Bevor man zum Abendmahl geht, kann man als Sünder zu Gott kommen, sich vielleicht dazu hinknien, und auf Ihn hören, wenn Er einem das eigene Herz zeigt. Dann kann man damit zum Abendmahl gehen. Dort nimmt man dann, nachdem man die Sünde bekannt hat, mit dem Abendmahl auch wieder seinen Platz in Christi Tod ein; man stirbt den eigenen Sünden und der Welt ab. Im Empfangen des Leibes und des Blutes empfängt man die Vergebung. Man ist als Sünder auf die Knie gegangen; als Heiliger steht man wieder auf. Und man steht auf mit der Bereitschaft, aus dieser Mitte heraus zu leben, in der Gottes Gerechtigkeit wohnt.

Viele Diener des Evangeliums sind heute „ausgebrannt", weil sie nicht erkennen, wie notwendig sie die Beichte brauchen, wie sehr die Absolution und die Handauflegung durch andere, die den Herrn lieben und Ihm dienen, wie sehr sie regelmäßig anerkennen müssen, daß es in ihnen einen inneren Bösewicht gibt.

Gerade wenn ich am erfolgreichsten für Gott gewesen bin und erlebt habe, wie Er die außergewöhnlichsten Dinge für Seine Kinder getan hat, dann muß ich mir mehrere Tage (nicht nur Stunden) nehmen, um einfach auf Gott zu warten und Ihn zu bitten, mein Herz und meine Seele zu erforschen. Solange müssen wir alle Arbeit anderen überlassen, denn wir können niemandem dienen, während wir selbst in einer Haltung der Umkehr stehen. Das bedeutet nicht, daß wir nicht mehr aus unserer wahren Mitte heraus leben würden in dem Wissen, wer wir in Ihm sind. Es bedeutet einfach nur, daß wir anerkennen, daß wir den „alten Menschen" mit uns herumschleppen, die Fähigkeit, dieser Bösewicht zu sein; denn wir haben in Wahrheit gesündigt und das Ziel nicht erreicht.

Beten ohne zu Gott zu beten

„Die Gemeinde aber betete inständig für ihn zu Gott" (Apostelge-schichte 12,5). R. A. Torrey bemerkte dazu: „Das erste, was an diesem Vers auffällt, ist die kurze Wendung ‚zu Gott'. Das vollmächtige Gebet ist das Gebet, das Gott dargebracht wird."[3] C.S. Lewis drückt es so aus: „Möge es das wahre Ich sein, das spricht; und das wahre Du, zu dem ich spreche."[4]

Wir sehen schnell, daß diese Art von Schwierigkeit mit der Krankheit der Selbstbespiegelung, der Introspektion zu tun hat (vgl. *Heilende Gegenwart,* Kapitel 12). In unserer von Introspektion geprägten Zeit setzen wir leicht unsere subjektiven Gefühle an die Stelle des objektiven Geschenks der Vergebung Gottes. Wenn wir im Staub liegen und uns selbst hassen, werden wir wahrscheinlich nicht zu Gott aufschauen und Vergebung empfangen. Wir sind in einem künstlich erzeugten, emotionalen Selbstempfinden versunken; in dieser gefühlsbestimmten Perspektive haben wir schon so lange gelebt, daß es uns kaum noch bewußt wird. Das hat mit Gebet nichts zu tun. Es ist vielmehr ein häufig vorkommendes, schwerwiegendes Hindernis, die vergebende Gnade Gottes zu empfangen.

Das fehlende Bewußtsein für die Notwendigkeit der Vergebung

So wie wir völlig ohne Kontakt zu unserem Herzen und unseren Gefühlen leben können, so daß wir die Notwendigkeit der gegenseitigen Vergebung gar nicht bemerken, kann das auch der Fall sein, wenn es darum geht, Vergebung zu empfangen. Wir können so „verkopft" sein, daß wir nach der Beichte einer Sünde, derer wir uns sehr bewußt sind, aufstehen und gar nicht merken, daß wir uns immer noch schuldig fühlen. Wir kennen die Freude der Vergebung nicht; wir leben auch nicht aus einer ganzheitlichen, heilen Persönlichkeit, noch der entsprechenden Autorität heraus. Wir haben einfach den Kontakt zu unserem Herz und unseren Gefühlen verloren, so daß uns das gar nicht mehr auffällt. Anstatt Vergebung zu empfangen werden wir immer ruheloser und „aktiver", bis der Punkt kommt, an dem wir die Gefühlsseite unseres Wesens nicht mehr kontrollieren und verdrängen können.

Unfähigkeit, die Sünde beim Namen zu nennen

Eine Person, die in diese Kategorie fällt, ist sich zwar eines Schuldgefühls bewußt, doch rührt dies von Sünde in den unbewußten Bereichen des Herzens her. Es hat viel mit dem zu tun, was wir uns bereits angesehen haben, daß nämlich Christen gleichermaßen Heilige und Sünder sind. So gibt es auch jene verborgenen, unbewußten Sünden; deswegen müssen wir Gott regelmäßig darum bitten, unser Herz zu erforschen. Das kann bei manchem auch damit zu tun haben, daß „Sünde nicht nur in der positiven Übertretung des Gesetzes Gottes besteht, sondern auch in dem Mangel an Übereinstimmung mit Seinem Willen"[5]; das muß allerdings nicht so sein. Wie tröstlich und notwendig ist doch dieses alte anglikanische Gebet, in dem es heißt: „Wir haben Dinge getan, die wir nicht hätten tun sollen, wir haben jene Dinge ungetan gelassen, die wir hätten tun sollen." Diese „zweizackige Gabel", wie F. B. Meyer es genannt hat, ist notwendig. Aber in den meisten Fällen liegt es an der Tiefe der Sünde im menschlichen Herzen, und hat deshalb mit dem Gegenstand dieses Buches zu tun.

Der Theologe und Historiker Richard Lovelace beschreibt nicht nur unseren Verlust des Verständnisses von Sünde überhaupt, sondern auch ihrer Tiefe im menschlichen Herzen:

„Im späten neunzehnten Jahrhundert, als die Erkenntnis in der Kirche zurückging, was die unbewußten Triebkräfte der Seele hinter den oberflächlichen Handlungen anbelangte, entdeckte Sigmund Freud diesen Faktor neu und kleidete ihn in eine ausgefeilte und tiefgründige säkulare Mythologie. Eine der

Konsequenzen dieser bemerkenswerten Verschiebung ist, daß im zwanzigsten Jahrhundert die Pastoren oftmals auf den Status gesetzlicher Moralisten herabsanken, während die tieferen Aspekte der Sorge um die Seele im allgemeinen der Psychotherapie übertragen wurde, auch unter den evangelikalen Christen.

Die Struktur der Sünde in der menschlichen Person ist weitaus komplizierter als die einzelnen isolierten Akte und Gedanken bewußten Ungehorsams, die im allgemeinen mit diesem Wort bezeichnet werden. In ihrer biblischen Definition läßt sich Sünde nicht auf isolierte Vorfälle oder Muster von falschem Verhalten begrenzen. Sie steht dort dem psychologischen Begriff des ‚Komplexes‘ sehr viel näher: Es handelt sich um ein organisches Netzwerk von zwanghaften Einstellungen, Überzeugungen und Verhaltensweisen, das zutiefst in unserer Entfremdung von Gott wurzelt. Die Sünde entstand bei der Verfinsterung des menschlichen Herzens und Bewußtseins, als der Mensch sich von der Wahrheit über Gott abwandte und statt dessen einer Lüge über ihn glaubte. Als Konsequenz dessen glaubte er dann auch ein ganzes Universum von Lügen was seine Herkunft und Erschaffung anbelangte. Sündhafte Gedanken, Worte und Werke flossen automatisch, ja zwanghaft, aus diesem verfinsterten Herzen, wie Wasser aus einer verschmutzten Quelle.

‚Der Herr sah, daß auf der Erde die Schlechtigkeit des Menschen zunahm und daß alles Sinnen und Trachten seines Herzens immer nur böse war‘ (1. Mose 6,5). Dies klingt in Jesu Worten nach: ‚Entweder: der Baum ist gut – dann sind auch seine Früchte gut. Oder: der Baum ist schlecht – dann sind auch seine Früchte schlecht. An den Früchten also erkennt man den Baum. Ihr Schlangenbrut, wie könnt ihr Gutes reden, wenn ihr böse seid? Denn wovon das Herz voll ist, davon spricht der Mund. Ein guter Mensch bringt Gutes hervor, weil er Gutes in sich hat, und ein böser Mensch bringt Böses hervor, weil er Böses in sich hat‘ (Matthäus 12,33-35).

Das menschliche Herz ist jetzt ein Reservoir unbewußter, ungeordneter Antriebskräfte und Reaktionen. Menschen, die nicht wiedergeboren sind und sich selbst überlassen bleiben, sind sich dessen nicht bewußt, denn ‚arglistig ohnegleichen ist das Herz und unverbesserlich. Wer kann es ergründen?‘

(Jeremia 17,9). Es ist, als ob sie ohne Spiegel lebten und an einem Tunnelblicksyndrom litten: Weder können sie sich selbst klar sehen, noch die große, ihre unmittelbare Erfahrung übersteigende Realität (Gott und die übernatürliche Wirklichkeit). Die beiden wichtigsten Eckpunkte ihres Erkennens, das Gottesbewußtsein und das Selbstbewußtsein, bleiben für sie in fast vollkommener Dunkelheit. Das gilt auch da, wo sie vielleicht versuchen, das durch falsche Bilder von Gott und sich selbst zu lindern. Paulus beschreibt die Finsternis des nicht wiedergeborenen Bewußtseins: ‚Ich sage es euch und beschwöre euch im Herrn: Lebt nicht mehr wie die Heiden in ihrem nichtigen Denken! Ihr Sinn ist verfinstert. Sie sind dem Leben, das Gott schenkt, entfremdet durch die Unwissenheit, in der sie befangen sind, und durch die Verhärtung ihres Herzens' (Epheser 4,17-18). Der Mechanismus, durch den dieses unbewußte Reservoir der Finsternis entsteht, wird in Römer 1,18-23 als eine Verdrängung von traumatischem Material, vor allem der Wahrheit über Gott und den Zustand des Menschen, beschrieben; wer nicht wiedergeboren ist, unterdrückt ständig aktiv diese Wahrheit. Die Finsternis ist immer eine freiwillige, auch wenn man sich dessen nicht bewußt ist, daß man die Wahrheit verdrängt." [6]

Wenn Christen an dauerhaften Schuldgefühlen leiden, müssen sie zuerst herausfinden, ob diese in echter Schuld begründet sind oder nicht. Im Gebet für die Heilung der Erinnerungen kommen wir oft schnell zu den Wurzeln; dann helfen wir dem Betreffenden, falsche von echter Schuld zu unterscheiden. Echte Schuld wird durch das Bekennen der Sünde und das Empfangen der Vergebung bewältigt. Falsche Schuldgefühle werden überwunden, wenn wir dem Leidenden helfen, zwischen der Verletzung eines echten ethischen Maßstabs und der eines unvernünftigen oder unechten zu unterscheiden.

Wer das „Gesetz" kontrollierender, perfektionistischer und/oder gesetzlicher Eltern, Autoritätspersonen oder Gemeinschaften verinnerlicht hat, braucht oft Hilfe von außen, um von falscher Schuld frei zu werden. So leiden beispielsweise manchmal Menschen an einem tiefen, unbewußten Schuldgefühl, deren Mutter bei der Geburt gestorben ist, oder die bei der Geburt den Tod des Zwillingsbruders bzw. der Zwillingsschwester überlebten.

Die folgende Geschichte zeigt, wie leicht es fällt, Dinge, die wir als Kinder mitbekommen, falsch zu interpretieren und dann an falschen Schuldgefühlen zu leiden. Als ich über dieses Thema gesprochen hatte, kam eine Frau zu mir, und platzte mit dem Geständnis heraus, daß sie sich immer schuldig gefühlt habe, ohne zu wissen warum. „Ich sauge die Schuld nur so auf", weinte sie. Andere taten irgend etwas Verkehrtes und sie fühlte sich dafür schuldig. Ich hatte kaum mit dem Gebet begonnen und den Herrn in alle Wurzelerinnerungen eingeladen, um Licht in die Sache zu bringen, als ihr plötzlich bewußt wurde, wo das alles begonnen hatte. In der Nacht, in der sie geboren wurde, hatte ihr Vater ihre Mutter so eilig ins Krankenhaus gebracht, daß er vergessen hatte, den Herd auszuschalten. Das Haus brannte nieder. So hatte sie ihr ganzes Leben über gehört: „Ach, in der Nacht, in der du geboren wurdest, ist das Haus niedergebrannt!" Und ihr Herz interpretierte das als „Es ist *deine* Schuld, daß das Haus niederbrannte!" Als ihr das bewußt wurde, brach sie in Lachen aus und wunderte sich, daß ihr das nie zuvor bewußt geworden war. Wir beteten dann über die falschen Muster von Schuldgefühlen, die sich in ihr gebildet hatten. Ihr wurde klar, daß sie in dem Moment, wo sie sich der Schuldgefühle bewußt wurde, diese immer wieder dem Herrn hinlegen mußte. Sie mußte sie Ihm übergeben und dann statt dessen im hörenden Gebet die richtigen, wahren Denk- und Gefühlsmuster empfangen.

Es gibt Menschen, die ihr ganzes Leben unter einer unbestimmten, grauen Wolke von Schuldgefühlen leben. Das ist unnötig. Echte Sünde wird in die Erinnerung geradezu einprogrammiert, und wir kommen da gewöhnlich sehr schnell heran, wenn wir es lernen zu beten. Dabei bitten wir den Herrn, uns jede spezifische Sünde bzw. jeden Komplex von Sünde zu zeigen, damit wir Ihm das bekennen und Seine Verzeihung erlangen können. In Fällen, wo nichts deutlich wird, können wir die „unbekannte Sünde" hinter unserem Schuldgefühl bekennen. Ist die Schuld real, so wird das Schuldgefühl verschwinden. Normalerweise dauert es nicht lange, bevor die Einsicht kommt und wir mit der Erinnerung oder dem sündhaften Verhaltensmuster in Kontakt kommen, dessentwegen wir uns schuldig fühlen.

Die Frage der Sünde ist nicht geklärt

Manchmal haben wir die Frage der Sünde einfach nicht geklärt. Während wir sie gerade bekennen, fühlen wir vielleicht, „Ach ja, ich werde es wieder tun." In diesem Fall nehmen wir nicht nur die Vergebung nicht an, sondern wir mögen uns selbst auch nicht besonders. In diesem Fall ist es nur gesund, daß wir echte Schuldgefühle und Niedergeschlagenheit über unsere Sünde empfinden. Diese Verzweiflung über das, was wir sind und aus unserem Leben gemacht haben, ist es, die uns an unser Ende bringt. Dann erst werfen wir uns auf die Barmherzigkeit Gottes, die „Gerechtigkeit Gottes".

Viele Menschen, die „ohne Vergebung" leben, fallen in genau diese Kategorie. Ein Grund dafür liegt darin, daß die institutionalisierte Kirche voller Kompromisse ist. Eine solche Kirche geht nicht besser mit ihren Propheten um, als Ahab und Isebel. Sie kann einfach keinen wahren Propheten tolerieren, der die Gnade Gottes in den Mittelpunkt stellt und deshalb gleichzeitig ein kompromißloses Evangelium predigen kann. Solche Propheten können das Volk Gottes zu einem radikalen Gehorsam rufen (radikal im Blick auf die Zeit, in der wir leben), weil sie wissen, daß denen, die im Geist leben, die Gnade zur Verfügung steht.

In Kapitel 14 der *Heilenden Gegenwart,* wo es um die Absage an die sexuelle Sünde geht, wird beschrieben, welch unglaubliche Heilungkraft Gottes freigesetzt wird, wenn Menschen sich von ihren Götzen lossagen und sich gegen die Sünde entscheiden. Wer die Frage der Sünde wirklich klärt, bekommt auch die Kraft, die Versuchung zu überwinden.

Von Zeit zu Zeit treffe ich Menschen, die sich ihrer Sünde sehr wohl bewußt sind, aber keineswegs die Absicht haben, sich von ihr abzuwenden. Trotzdem kommen sie zum Gebet in der Hoffnung, geheilt zu werden. Ich erinnere mich an einen Mann, der wegen seiner emotionalen Probleme kurz davor stand, in ein Krankenhaus eingeliefert zu werden. Als er kam, erzählte er mir, er wisse nicht, was die Ursache seiner Depressionen sei. Ich merkte, daß er schon zu nahe an einem Zusammenbruch war, um noch auf einer rationalen Ebene kommunizieren zu können, und legte ihm deshalb einfach die Hände auf. Ich bat den Herrn, zur Wurzel seiner Probleme zu gehen, zu der Erinnerung, in der sie begründet waren. Nichts kam hoch. Ich wurde innerlich geführt, ihn leise zu fragen, „Welche Sünde, die Sie nicht bekannt haben, fällt Ihnen in diesem

Augenblick ein?" Er erzählte mir dann, daß er eine sexuelle Beziehung mit einer verheirateten Frau hatte. Ich fragte ihn, ob er gewillt sei, über seinen Ehebruch Buße zu tun und sich davon abzuwenden; das verneinte er. Daraufhin sagte ich ihm, daß Gebet ihm nichts nützen würde, weil er wahrscheinlich wegen dieser und anderer Sünden in seinem Leben, die er nicht „in den Tod gegeben" hatte, an Depressionen litt. Ich bat ihn, nach Hause zu gehen und in dieser Frage zu einer Entscheidung zu kommen. Nur wenn er sich entschieden hätte, umzukehren, solle er zum Gebet zurückkommen. Ich habe erlebt, wie er und andere, die nur wenige Stunden vor der Einlieferung in eine Klinik standen, in dem Moment geheilt wurden, als sie sich entschieden, Buße zu tun. Für solche unbußfertigen Menschen zu beten, bedeutet nur, wertvolle geistliche Energie und Kraft zu verschwenden. Es versengt sie nur mit dem Feuer Gottes, statt es diesem heiligen Feuer zu erlauben, alle ihre Unreinheiten wegzubrennen. Ihr Herz verhärtet sich dadurch nur noch mehr.

Es gibt viele Menschen, deren Gewissen so versengt ist, daß sie schon längst kein Schuldempfinden mehr haben. Auch sie können Vergebung empfangen, wenn sie unter Einsatz ihrer Willenskraft ihre Sünde bekennen wollen, in dem Bewußtsein, daß nicht nur ihr Gewissen versengt, sondern auch ihr Empfinden beschädigt ist.

Abschließende Bemerkungen

Die genannten „Kategorien" überschneiden und vermischen sich natürlich; oft beten wir mit jemandem, dessen Schwierigkeiten gleichzeitig in mehrere Bereiche fallen. Wir verhelfen solchen Menschen zur Gewißheit, wenn die mangelnde Annahme der Vergebung die Blockade ist; wir verhelfen ihnen zu der nötigen Einsicht und sprechen ihnen dann unter Handauflegung die Vergebung zu.

Beim Zuspruch der Vergebung müssen wir, wie in allen Gebeten mit anderen Menschen, sehr darauf achten, daß dem Gegenüber dabei wohl ist. Wenn wir (oder vielleicht eine ganze Gruppe) ihm unsere Hände „aufdrücken", dann vergißt er vielleicht die Vergebung und denkt nur noch daran, wie er noch Luft bekommen soll. Fast immer hebe ich das Gesicht des reuigen Sünders empor zu Gott; ich sehe zu, daß er tief einatmet und seine Lungen mit frischer Luft füllt. Oft bitte ich ihn, mehrfach tief durchzuatmen. Dadurch entspannt sich der Körper, die Muskeln lockern sich und Spannungen verschwinden. Somit ist er besser in der Lage, Vergebung zu empfangen. Und ich sehe auch zu, daß er genügend Platz hat, seine Arme zu Gott hin auszustrecken, wenn der Moment kommt, die Vergebung zu empfangen. Schließlich ist es der ganze Mensch, der auf das eingeht, was Gott tut. Ich persönlich muß meinen großen Ring ablegen, da er beim Händeauflegen als unangenehm empfunden werden kann. Der Abdruck eines Rings auf der Stirn könnte den Betreffenden während des Gebets doch ziemlich ablenken und ihn hindern, die Vergebung zu empfangen.

Wenn ich früher mit einer Frau betete, achtete ich immer besonders auf ihre Frisur. Jetzt bin ich inzwischen weiser und achte auch bei *Männern* darauf. Oft betet mein Team für mich, bevor ich vor einer Gruppe spreche. Sie wissen, daß sie mir nicht ein Dutzend Hände auf den Kopf legen dürfen. Wenn ich mir Gedanken mache, wie ich mit zerrupften Haaren vor dem Publikum stehen soll, werde ich ihre Gebete nicht richtig in mich aufnehmen können. Entsprechendes dürfte für die meisten Menschen zutreffen.

Wenn ein Kruzifix zur Hand ist, bitte ich die Person, es anzuschauen, bevor sie ihre Augen im Gebet schließt. Dies hilft oft, denn vielen modernen Menschen fehlen christliche Bilder und Symbole in ihrer Vorstellungswelt. Der Betreffende denkt vielleicht an das, wofür er bisher keine Vergebung empfangen konnte, und versucht, sich das nicht auszumalen. Durch das Kruzifix richtet er seine Augen vom Problem weg hin auf das Symbol der Vergebung Gottes.[7] Kürzlich waren auf einer PCM-Konferenz recht gestandene christliche Leiter sehr überrascht, als sie sahen, wie Gott das Kruzifix nicht nur im Befreiungs-, sondern auch im Heilungsdienst gebrauchte. Der Heilungsdienst macht ohne das Kreuz, ohne das Sühneopfer Christi, keinen Sinn. Aus diesem Sühneopfer fließt unser Heil: Rechtfertigung, Heiligung, die Einwohnung des Heiligen Geistes und Vollmacht in geistlichen Auseinandersetzungen.[8] Das Kruzifix symbolisiert, richtig gebraucht, alle Dimensionen des Sühnetodes Christi.

Jemand, der Vergebung nicht annehmen konnte, hat aller Wahrscheinlichkeit nach diese Sünde immer und immer wieder bekannt. Auch dann bitte ich ihn, sie noch einmal zu bekennen, und dieses Mal dabei auf Jesus zu „sehen" und sich vorzustellen, wie Er am Kreuz stirbt, um diese Sünde in sich und auf sich zu nehmen. Wenn er sie bekannt hat, dann spreche ich ihm die Vergebung auf eine Weise zu, die er annehmen kann.

Beim Zusprechen der Vergebung salbe ich ihn mit Öl, indem ich ihm ein Kreuz auf die Stirn zeichne. Dann lege ich die eine Hand auf seine Stirn, die andere auf seinen Hinterkopf. Dabei spreche ich ihm die Vergebung mit den Worten zu: „Empfange Gottes Vergebung, empfange sie in den Tiefen deines Wesens." Und es ist, als ob die Vergebung, die er bisher nie annehmen hatte können, durch meine Hand hindurch in seine Stirn hineinströmt, und von da in die Tiefen seines Wesens: in Geist, Seele und Körper.

Manchmal, so habe ich bemerkt, ist der menschliche Geist irgendwie schüchtern und ängstlich; er tut sich schwer, sich der Vergebung zu öffnen. In diesem Fall bete ich sehr sanft, daß sich der Geist des Betreffenden wie eine liebliche Knospe öffnen kann, um die Vergebung, die Christus gerade schenkt, aufzunehmen. Und das geschieht dann.

KAPITEL 10

Ergänzende Bemerkungen zum Thema „Heilung der Erinnerungen"

Jedes Mal, wenn wir einander vergeben oder Sünde bekennen und Vergebung empfangen, erleben wir eine Heilung der Erinnerungen und eine Reinigung unseres Herzens und Gewissens. Aber es gibt auch Zeiten, wo unsere eigene „Selbsterforschung und Gebet" oder das Bewußtwerden der „schmerzhaften Reaktionen auf die Sünden anderer" nicht viel ausrichten. In solchen Zeiten müssen wir Worte wie die im *Book of Common Prayer* (in dem die anglikanische Liturgie zu finden ist) zu Herzen nehmen, wo sich folgende „Ermahnung zur Vorbereitung auf die Heilige Kommunion" findet.

> *„Gibt es jemand unter euch, der durch dieses Mittel [das Mittel der Selbsterforschung, der Buße und der Wiedergutmachung] sein eigenes Gewissen nicht beruhigen kann, dann möge er zu mir oder einem anderen Diener des Wortes Gottes kommen und seinen Schmerz mitteilen ..."*

„Er hat unsere Krankheit getragen und unsere Schmerzen auf sich geladen" (Jesaja 53,4), aber manchmal brauchen wir die Hilfe eines anderen Menschen, um unseren Schmerz und unser Leid abgeben zu können. Christus sagte von sich: „Ihr sollt aber erkennen, daß der Menschensohn die Vollmacht hat, hier auf der

Erde Sünden zu vergeben" (Matthäus 9,6); das empörte die religiösen Führer seiner Zeit aufs Äußerste. Tatsache ist nun, daß Er uns die gleiche Vollmacht gegeben hat. Wenn wir erkennen, was wir in Wahrheit sind, nämlich Kanäle Seiner Heilung, Seines vergebenden Wortes, und Seiner Gegenwart, dann fließt dieser Dienst durch uns.

„Amen, ich sage euch: Alles was ihr auf Erden binden werdet, das wird auch im Himmel gebunden sein, und alles, was ihr auf Erden lösen werdet, das wird auch im Himmel gelöst sein" (Matthäus 18,18). In der Schrift meint „Binden und Lösen" das Lösen der Menschen von ihren eigenen Sünden und den Auswirkungen der Sünden anderer ihnen gegenüber. Unglücklicherweise kommt es hier in bestimmten Bereichen der Kirche, vor allem in der Erneuerungsbewegung, zu einem Mißverständnis. Dort wird irrtümlicherweise gelehrt, daß Binden und Lösen mit Satan, Dämonen, Elementargeistern, Mächten und Gewalten usw. zu tun hat. Wir „binden" und „lösen" aber Dämonen, Mächte und Gewalten etc. nicht. Wir befehlen ihnen im Namen Christi zu gehen, in dem Wissen, daß sie durch Tod und Auferstehung Christi schon gebunden sind und sie keine Macht über uns haben. Solange es jedoch unvergebene Sünde im Leben gibt, haben Dämonen und andere finstere Mächte in diesem Leben Macht. Die Sünden und deren Auswirkungen sind es, die wir als Diener Christi „binden und lösen" sollen; das heißt, wir entlasten diejenigen von ihren Sünden, die sich wirklich Christus in Buße und mit der Bereitschaft zuwenden, denen, die an ihnen gesündigt haben, zu vergeben.

In diesem Dienst des Bindens und Lösens der Sünde ziehen wir uns (wie das auch bei Christus der Fall war) unter Umständen den Zorn von Christen zu, die die priesterliche Rolle der Christen, das „Priestertum aller Gläubigen", mißverstehen. Wir sollen Sündenbekenntnisse hören, Vergebung zusprechen und Menschen freisetzen, die die Sünde bekennen (ihre eigene und die anderer ihnen gegenüber). Die Ablehnung der priesterlichen Rolle der Gläubigen führt zu viel Kritik an dem Gebet für die Heilung emotionaler Probleme; dabei kommt es zu einigen schlimmen Angriffen. Solche theologische Blindheit und Ignoranz führen uns direkt in den geistlichen Kampf, denn der Verkläger unserer Seelen widersetzt sich dem wahren Dienst der Beichte in jeder nur möglichen Weise.

Die Wahrheit ist, daß Jesus uns befohlen hat, Seine Werke zu tun:

Jesus sagte noch einmal zu ihnen: Friede sei mit euch! Wie mich der Vater gesandt hat, so sende ich euch. Nachdem er das gesagt hatte, hauchte er sie an und sprach zu ihnen: Empfangt den Heiligen Geist! Wem ihr die Sünden vergebt, dem sind sie vergeben; wem ihr die Vergebung verweigert, dem ist sie verweigert. (Johannes 20,21-23)

Ich werde einfach das Gefühl der staunenden Ehrfurcht nicht los, wenn ich an unsere Vollmacht bei der Heilung der Erinnerungen denke, in der es ja letztlich um die Vergebung der Sünde geht. Es ist die Vollmacht des Kreuzes und der Liebe des Sohnes Gottes, der sich bis hin zum Tod am Kreuz zutiefst verletzbar machte, um uns von der Sünde zu befreien.

Dieser Dienst des Gebets für die Heilung der Seele steht nicht nur in einer engen Beziehung zum Sakrament der Taufe; er ist selbst ein wichtiger Teil des Werks der Taufe. [1] In der Taufe werden wir „mit Ihm begraben" und „mit Ihm zum Leben auferweckt"; und das ist auch das ausschlaggebende Bild, wenn es um die Befreiung der Seele von Sünde und um das Hervortreten des wahren Selbsts geht:

Wir wurden mit ihm begraben durch die Taufe auf den Tod, und wie Christus durch die Herrlichkeit des Vaters von den Toten auferweckt wurde, so sollen auch wir als neue Menschen leben. Wenn wir nämlich ihm gleich geworden sind in seinem Tod, dann werden wir mit ihm auch in seiner Auferstehung vereinigt sein. Wir wissen doch: Unser alter Mensch wurde mitgekreuzigt, damit der von der Sünde beherrschte Leib vernichtet werde und wir nicht Sklaven der Sünde bleiben. Denn wer gestorben ist, der ist frei geworden von der Sünde. (Römer 6,4-7)

Der Sieg über die Sünde in unserem Leben – und darum geht es in der Heilung der Erinnerungen vordringlich – ist die Weiterführung des Werks der Taufe. Es ist von entscheidender Bedeutung, daß wir, die wir für die Heilung der Seele beten, das nicht nur erkennen, sondern diese Heilung auch weiterhin mit dem rechten Bild darstellen. Dadurch wird nämlich die Heilung der Seele dann nicht von der zentralen Lehre der Vergebung der Sünde getrennt. Die Bilder des Todes, der Auferstehung und der christlichen Taufe sind absolut notwendig für die Aufrechterhaltung eines christlichen Symbolsystems, [2)] ebenso wie für das Verständnis allen christlichen Betens und jeder christlichen Heilung.

Das Interview, das dem Gebet um die Heilung der Erinnerungen vorangeht

ANRUFUNG DER GEGENWART CHRISTI

Bevor wir mit dem Interview des Heilungssuchenden beginnen, beten wir „Komm, Herr Jesus, komm!" Dann bitten den Herrn, alle Erinnerungen ans Licht zu bringen, die jetzt geheilt werden sollen. Wir bitten Gott auch um Ohren, zu hören, was der Betreffende *wirklich* sagt.

DIE GABEN DES HEILIGEN GEISTES

Wirksames Zuhören und „hörendes Gebet" stehen in einer engen Beziehung zu den Gaben des Heiligen Geistes; sie stellen den Schlüssel zum Heilungsdienst dar. Auf Gott hören zu lernen um mit Ihm im Heilungsgebet zusammenzuarbeiten, bedeutet, die Gaben des Heiligen Geistes am Werk zu sehen. Diese Gaben, die Gaben der Weisheit, Erkenntnis, Unterscheidung usw. haben nichts mit herumraten zu tun, sondern sind die Auswirkung dessen, daß man Gottes Gedanken für die betreffende Situation bekommt.

Wer wie wir andere im Heilungsgebet ausbildet, ist auf der Hut vor irregeleiteten Menschen, die noch so sehr mit den eigenen Heilungserfahrungen beschäftigt sind, daß sie ihre eigenen Nöte und Probleme auf andere projizieren, statt Gottes Gedanken zu bekommen. Das Gegenstück dazu stellen die ausgebildeten Fachleute dar, etwa, wenn der Therapeut den Klienten in sein Lieblingssystem von Theorien und Methoden zwängt, seine Hauptschwierigkeit aber gar nicht in den Blick kommt. Jeder Mensch ist einzigartig, und selbst da, wo Nöte einander sehr ähnlich sind, handelt Gott oft auf sehr unterschiedliche Weise, um unterschiedliche Menschen mit den gleichen Problemen zu heilen.

Hier ist, wie auch sonst immer, der Herr selbst unser Vorbild. Der Prophet Jesaja verkündete im Voraus, welche Vollmacht auf Christus ruhen und wie er vorgehen würde:

Der Geist des Herrn läßt sich nieder auf ihm;
der Geist der Weisheit und der Einsicht,
der Geist des Rates und der Stärke,
der Geist der Erkenntnis und der Gottesfurcht
Er erfüllt ihn mit dem Geist der Gottesfurcht.
Er richtet nicht nach dem Augenschein,
und nicht nur nach dem Hörensagen entscheidet er,
sondern er richtet die Hilflosen gerecht
und entscheidet für die Armen des Landes, wie es recht ist.
(Jesaja 11,2-4a)

An Christus, unserem einzigartigen Vorbild, lernen wir, nicht mehr aus unserer eigenen Weisheit zu sprechen, sondern Gottes Gedanken zu suchen und zu finden.

DIE WURZEL- ODER HAUPTURSACHE

Obwohl es fast immer eine Vielzahl von Faktoren und „Ursachen" gibt, mit denen man sich beschäftigen muß (es kann zu einem Problem werden, wenn man das nicht versteht), gehen wir im Interview direkt zur Wurzelursache. Gelingt das aber nicht, dann ist es nicht nötig, die ganze Geschichte der Person durchzubeten. Die Methode von Agnes Sanford läßt sich hier wohl kaum verbessern. Sie stellte die einfache Frage: „Waren Sie als Kind glücklich?" Wenn die Antwort Ja lautete, dann wußte sie, daß das Problem wohl kaum dort lag. Die nächste Frage war: „Wann fingen Sie an, unglücklich zu sein?" Wenn die Person davon berichtete, wußte sie, wo anzufangen war.

DIE KRANKHEIT DER SELBSTBESPIEGELUNG UND INTROSPEKTION

Wir müssen uns darauf einstellen, dieses im zwanzigsten Jahrhundert weitverbreitete emotionale Problem zu erkennen und es sofort anzugehen. Sonst wird sich die Person weiterhin ihre Gedanken und sich selbst in Stücke schneiden. Diese überzogene Selbstanalyse zerstört auch jedes Werk der Heilung, das vielleicht gerade geschieht. [4]

DAS ALTE SELBST

Wir lernen, anderen zu helfen, nicht länger die Gegenwart des „alten Menschen" zu praktizieren, indem man einen endlosen Dialog mit „ihm" führt. Wir lernen es, die wirkliche Person anzusprechen und sie herauszurufen; wir lernen es, andere zu lehren, den alten Menschen oder das falsche Selbst abzuschütteln. Das alte Selbst kann endlos reden; das wird ihm heute auch oft erlaubt, obwohl eigentlich alle wissen, daß die Wahrheit dabei nicht zur Sprache kommt. Eine solche fehlgeleitete Sympathie und Empathie hat nichts mit heilender Liebe zu tun.

VERKRÜMMTSEIN
Wir lassen nicht zu, daß andere sich auf uns hin verkrümmen, sondern weisen sie an, direkt zu Gott aufzuschauen. Das Kennzeichen eines guten christlichen Leiters oder Seelsorgers ist es, daß er mit der Hilfe und dem Beistand des Heiligen Geistes andere inspiriert, alles zu werden und zu sein, wozu Gott sie berufen hat. Das bedeutet, daß wir nie um uns selbst herum Jünger sammeln, sondern daß wir anderen helfen, ganz und gar Jünger Christi zu werden.

Der Jünger eines Jüngers zu sein macht uns zu blassen Christen. So helfen wir denen, die „sich auf andere hin verkrümmt" haben, sich zu Christus hin aufzurichten und so in ihre volle Identität in Ihm hineinzuwachsen.

DER WILLE
Wir achten darauf, ob ein spezielles Gebet für die Stärkung des Willens notwendig ist. Wir denken daran, daß Sünde den Willen tötet. [5]

SÜNDE MUSS GERICHTET WERDEN
Der andere muß uns so wichtig sein, daß wir ihn zur Rede stellen, wenn er zögert, die Sünde in den Tod zu geben. Wir richten nicht den Bruder oder die Schwester, sondern die Sünde, die ihn oder sie tötet. [6]

DAS KRUZIFIX
Viele von uns müssen daran erinnert werden, daß das Kruzifix mehr ist, als bloß ein heute noch gültiges Symbol; es ist und war immer ein zentrales Symbol. Nur wenn wir dieses christliche Symbol des Gekreuzigten beibehalten, können wir auch das gleichermaßen wichtige Symbol des *Christus Victor,* des siegreichen, auferstandenen Erlösers, in seiner Fülle behalten (vgl. Kapitel 11).

SCHWÜRE IN DER KINDHEIT

Wir achten auf solche Kindheitsschwüre, von denen man sich lossagen muß. [7]

ÜBERTRAGUNG UND AMBIVALENZ

Wir achten auf Übertragungsphänomene und sprechen gleich- bzw. gegengeschlechtliche Ambivalenz an, wenn sie im Interview oder im Gebet deutlich werden.

Wenn ich beispielsweise mit einer Mutter bete, die Probleme in der Beziehung zu ihrem Sohn hat, und ich weiß, daß sie von ihrem Vater Ablehnung erfahren hat, dann werde ich sie fragen: „Könnte ihr Problem bezüglich ihres Sohnes mit den ungelösten Schwierigkeiten mit ihrem Vater zu tun haben?" Und fast immer wird sie sofort erkennen, ob diese Vermutung zutrifft. Im Gebet für die Heilung der Erinnerungen gehen wir an die Wurzeln von Ablehnung, Verletzungen und irrationalen Projektionen negativer oder idealisierter Gefühle und Einstellungen auf andere.

All dies kommt ganz selbstverständlich ans Licht, denn wenn man Vergebung sucht, dann kommen die Beziehungen zu anderen notwendigerweise ins Licht des Herrn. Wir begeben uns nicht auf die Suche nach solchen „Projektionen" oder „Übertragungen", aber wenn wir sie erkennen, dann sprechen wir das in aller Demut und Zurückhaltung an.

DER RECHTE ZEITPUNKT

Wie in allen wichtigen Angelegenheiten der Seele dürfen wir in unserem Eifer, dem anderen zur Heilung zu verhelfen, nicht dem Herrn vorauseilen; wir dürfen Ihm aber auch nicht hinterherhinken. Wir sind schnell bereit, zu sehen, wenn wir erfahrenere und weisere Personen hinzuziehen müssen, bzw. wenn medizinische oder psychologische Hilfe nötig ist.

Wichtige Hinweise für das Gebet

Wenn wir mit dem Gebet beginnen, rufen wir die Gegenwart Christi an. Wir erinnern uns daran, daß dann, wenn die Erinnerungen hochkommen, die Freisetzung von Sünde und ihren Auswirkungen das wichtigste Element des Gebets ist. Das können entweder die Sünden derer sein, für die wir beten, oder die Sünden, die andere an ihnen begangen haben.

Deshalb vergessen wir nicht unsere Berufung zum Priestertum

aller Gläubigen. Es ist möglich, daß man so begeistert ist über das heilende Handeln Gottes, daß wir vergessen, die Frage nach dem Bekennen der Sünde und der Proklamation Seiner Vergebung konsequent zu stellen und das dann auch zu tun.

Wenn der Herr dann Dinge aufdeckt, die bekannt werden müssen, gehen wir folgendermaßen vor:

• *Wir richten die Augen des anderen auf den Herrn;* er bekennt Ihm dann ganz konkret seine Sünden.

• *Wir proklamieren die Vergebung dieser Sünden* – die für den anderen vielleicht unheimlich dunkel und schwer waren – in der Autorität Christi, und zwar auf eine Weise, daß sein *Herz* es fassen kann.

• *Wir erkennen falsche Schuldgefühle,* die aus den menschlichen Gedanken und Urteilen stammen, und unterscheiden davon die wahren Schuldgefühle, die daher kommen, daß sich das Gewissen bewußt ist, göttliche Maßstäbe verletzt zu haben.

• *Wir binden die Sünden anderer,* die für den Betreffenden so verletzend waren, und führen ihn dazu, sie zu vergeben. Dann bemühen wir uns, ihn von den Auswirkungen dieser Sünden auf sein Leben zu lösen. Dieses Gebet ist keine Kleinigkeit; es hat eine unglaubliche Wirkung. Ein Mann beispielsweise, der als Kind mitansehen mußte, wie sein Vater seine Mutter erschoß und anschließend sich selbst umbrachte, hat ein Trauma erlitten, das nur Gott heilen kann. Dieser Mann wird sich sein ganzes Leben lang als Sohn eines Mörders sehen; er leidet als ein vater- und mutterloses Kind. In unserem Gebet soll er „freigesetzt" werden, sich als Gottes Kind zu sehen, für den Gott selbst Vater und Mutter ist. Er soll nicht voller Scham und Verletzungen durchs Leben gehen, sondern sein Haupt aufrecht tragen in dem Bewußtsein, wer er in Gott ist. Wenn wir für die Befreiung seiner Seele und seines Körpers von den furchtbaren Auswirkungen dieser Sünde beten, müssen zuerst die Sünden von Mord, Selbstmord, und was sonst noch vorliegt, bekannt werden. Dann müssen wir so beten, daß er die machtvolle Wahrheit zutiefst in sich aufnehmen kann, daß er nicht von seiner Vergangenheit bestimmt ist, sondern seine Wunden zu einer heilenden Kraft für andere werden sollen.

• *Wir identifizieren jeden bedrückenden oder besitzergreifenden bösen Geist und schicken ihn weg.* Wenn nötig, leiten wir den Betreffenden in ein Absagegebet gegenüber Götzen wie Baal oder Mammon.

• *Wir beten, daß Gott alle bisher fehlende heilige Liebe hinein-gießt*, und daß er jeden Raum, wo Sünde, Ablehnung oder eine dämonische Präsenz vorhanden waren, ausfüllt. Jesu Gleichnis des von Dämonen gereinigten, dann aber leerstehenden Hauses ist von großer Wichtigkeit; es ist weitaus bedeutsamer, als die meisten modernen Menschen erkennen können. Wir helfen Menschen nur dann wirklich, von der Finsternis und dem Bösen freizuwerden, wenn wir ihnen auch helfen, mit dem Licht und dem Leben Gottes erfüllt zu werden. Gottes Herrlichkeit (die Fülle Seines Seins) muß die leeren Stellen, die auch von nur einer einzigen, nicht mehr existenten Furcht hinterlassen werden, ausfüllen. „Die Natur verabscheut ein Vakuum" – aber wir tun uns schwer, das Vakuum zu erkennen, das die Entfernung von Sünde und Finsternis in uns hinterlassen hat. Aus diesem Grund achten wir sorgfältig darauf, Menschen nur in Verbindung mit ihrer Entscheidung, Christus zu dienen, zu „befreien". Der Dämon kommt ansonsten zurück, wie es die Schrift sagt, und bringt andere noch schlimmere mit, um die befreiten, aber nicht erfüllten Stellen in Seele und Körper erneut in Beschlag zu nehmen.

Beim Gebet um Heilung der Erinnerungen tritt Jesus in das hinein, was für uns die Vergangenheit darstellt (für Ihn allerdings sind alle Zeiten Gegenwart), und heilt sie; nun kann sie die Gegenwart oder Zukunft nicht mehr länger prägen.

Als Menschen, die mit anderen reden und beten, haben wir gelernt, auf Gott und auf unser Gegenüber zu hören. Wir haben, so gut wir es nur konnten, die Situation erkannt und Gottes Licht hineingebracht. Beim Gebet um Heilung der Erinnerungen hören wir mit unserem ganzen Wesen sowohl auf Gott wie auf die Person, für die wir beten.

Die Kunst des Hörens ist der Schlüssel. Christliche Seelsorger haben das Wort Gottes in ihrem Herzen „eingelagert". Dort hat es durch den Gehorsam tiefe Wurzeln geschlagen; dort lebt es und ist aktiv. Es ist bereit, zusammen mit jedem weiteren Wort, das der Heilige Geist vielleicht spricht, zu wirken. In Wahrheit hat Gott nie aufgehört, Sein heilendes Wort zu senden; wir müssen nur die Ohren haben, es zu hören. Es kann in einem Wort der Erkenntnis kommen, dem Wort der Weisheit, der Unterscheidung der Geister oder in anderen Gaben. Wir arbeiten mit Sorgfalt, Ruhe und Sanftheit mit dem Geist Gottes zusammen, um unser Gegenüber heil werden zu sehen.

Wir wissen, daß Gottes Salbung auf uns als Seinen Botschaftern ruht, denn auch für uns gilt: Er „hat mich gesalbt. Er hat mich gesandt, … damit ich die Zerschlagenen in Freiheit setze" (Lukas 4,18). Und Christus tut das – durch uns. Als Diener Seiner heilenden Kraft erlauben wir es Ihm, andere auf eine sehr tiefe und machtvolle Weise zu berühren – durch uns.

Ein Jünger ist jemand, dem selbst die Ketten abgenommen wurden; dann nimmt er sie auch anderen ab. Dies tun wir, wenn wir „das Kreuz tragen". Wir tragen Gottes Liebe und Vergebung in das Herz und das Denken anderer Menschen. Wir sind, wie Henri Nouwen es formuliert hat, verwundete Heiler: „Wer die Freiheit verkündet, ist berufen, seine Wunden zur Quelle einer heilenden Kraft werden zu lassen."

Durch das Vergeben unserer persönlichen Verletzungen lernen wir es, anderen (den Gebrochenen, Verletzten, Gebundenen) die Vergebung Christi zukommen zu lassen. Wir sind Kanäle eines anderen Lebens. Wir hören auf Gott und arbeiten mit Ihm zusammen. Ruth Pitter, die englische Dichterin, sagt das auf ihre Weise in einer wunderschönen Gedichtzeile, und unser Herz schwingt mit:

„All' meine Wunden rufen: Halleluja."

TEIL III

DER GEISTLICHE KAMPF – DIE GABE DES KÄMPFENS

Der Sohn Gottes aber ist erschienen,
um die Werke des Teufels zu zerstören.

(1. Johannes 3,8b)

KAPITEL 11

Der Gebrauch von Weihwasser und anderen christlichen Symbolen

Der Herr sprach zu Mose: Verfertige ein Becken aus Kupfer und ein Gestell aus Kupfer für die Waschungen, und stell es zwischen das Offenbarungszelt und den Altar; dann füll das Wasser ein!

(2. Mose 30,17-18)

Er nimmt heiliges Wasser in einem Tongefäß; dann nimmt er etwas Staub vom Fußboden der Wohnstätte und streut ihn in das Wasser.

(4. Mose 5,17)

So sollst du ihre Reinigung vollziehen: Spreng über sie das Entsühnungswasser!

(4. Mose 8,7a)

Jesus antwortete ihm: Amen, amen, ich sage dir: Wenn jemand nicht aus Wasser und Geist geboren wird, kann er nicht in das Reich Gottes kommen.

(Johannes 3,5)

Was zögerst du noch? Steh auf, laß dich taufen und deine Sünden abwaschen, und rufe seinen Namen an!

(Apostelgeschichte 22,16)

In der Schrift lesen wir von vielen verschiedenen zeremoniellen Waschungen; für Christen steht dabei natürlich die Wassertaufe an allererster Stelle. Von frühester Zeit an haben im Judentum wie im Christentum Menschen im Gehorsam gegenüber Gott Seine Gnade, „die liebliche Salbung des Heiligen Geistes", auf Wasser, Öl, Brot und Wein, sowie auf heilige Dinge und Örtlichkeiten wie Kruzifixe oder das „Zelt der Begegnung" herabgerufen. Die folgende Liturgie ist ein Beispiel dafür, wie die Kirche von Anfang an für Wasser gebetet hat, um es auszusondern und zu heiligen, damit Menschen und Dinge dadurch gereinigt würden. Das macht es natürlich für den Heilungsdienst wichtig. Diese Gebete stammen aus: Society of Saint John the Evangelist, *A Manual for Priests,* Massachusetts 1978; es sind diejenigen, die mein Pfarrer gegenwärtig verwendet.

DIE SEGNUNG DES WASSERS

Salz und reines, klares Wasser werden in der Kirche oder Sakristei vorbereitet. Der Priester, gewandet in Chorhemd und violetter Stola, soll sprechen:

> *Unsere Hilfe stehet im Namen des Herrn,*
> *der Himmel und Erde gemacht hat.*

Dann soll er mit der Weihe des Salzes beginnen.

> *Ich beschwöre dich, du Geschöpf des Salzes, bei dem lebendigen Gott, bei dem wahren Gott, bei dem heiligen Gott, bei dem Gott, der dich durch den Propheten Elisa in das Wasser werfen ließ, um es gesund zu machen, daß du zu geweihtem Salz wirst, zu Wohl und Gesundheit der Gläubigen: Und bringe du allen, die von dir nehmen, Gesundheit an Seele und Leib, und laß alle nichtigen Wahngebilde, alle Bosheit und listigen Anschläge des Teufels sowie jeden unreinen Geist fliehen und von jedem Ort verschwinden, wohin du gesprengt wirst, beschworen im Namen dessen, der kommen wird, zu richten die Lebenden und die Toten, und die Welt im Feuer. Amen.*

> *Laßt uns beten.*

Allmächtiger und ewiger Gott, demütig flehen wir um Dein großes und grenzenloses Erbarmen, daß es Dir in Deiner Güte gefalle, dieses Geschöpf des Salzes zu segnen und zu heiligen, das Du den Menschen zum Gebrauch gegeben hast. Laß es für alle, die es nehmen, zur Gesundheit von Leib und Sinn gereichen, und laß alles, was davon besprengt oder berührt wird, dadurch von aller Unreinheit und von allen Angriffen der geistlichen Bosheit frei sein. Durch Christus unsern Herrn. Amen.

EXORZISMUS DES WASSERS

Ich beschwöre dich, o Geschöpf des Wassers, beim Namen Gottes, des allmächtigen Vaters, und beim Namen Jesu Christi, Seines Sohnes, unseres Herrn, und bei der Kraft des Heiligen Geistes, daß du geweihtes Wasser werdest, um alle Mächte des Feindes in die Flucht zu schlagen; und sei du stark, diesen Feind mit all seinen abgefallenen Engeln auszutreiben und wegzuschicken, in der Kraft ebendieses unseres Herrn Jesus Christus, der kommen wird, zu richten die Lebenden und die Toten, und die Welt im Feuer. Amen.

Laßt uns beten.

O Gott, der Du zur Rettung der Menschheit angeordnet hast, daß die Substanz des Wassers bei einem Deiner wichtigsten Sakramente benutzt wird: Sieh gnädig auf uns, die Dich anrufen, und gieße die Kraft Deines Segens auf dieses Element, das durch sorgfältige Reinigung zubereitet wurde, damit dieses Dein Geschöpf, geschickt für Deine Geheimnisse, die Wirkung der göttlichen Gnade empfange und so Teufel austreibe und Krankheit vertreibe, damit alles, was in den Wohnungen Deiner treuen Gläubigen mit diesem Wasser besprengt werde, von aller Unreinheit und von allem Schaden frei werde; laß keinen Geist der Pestilenz noch krankmachende Luft dort bleiben; laß alle List des verborgenen Feindes von dort weichen, und wenn es irgend etwas gibt, das Anschläge gegen die Sicherheit oder den Frieden derer, die in diesem Hause wohnen, plant, dann laß es vor diesem ausgesprengten Wasser fliehen, damit die Gesund-

heit, die sie durch die Anrufung Deines heiligen Namens suchen, gegen alles geschützt werde, was sie bedroht. Durch Christus unsern Herrn. Amen.

Dann soll der Priester das Salz in Kreuzform in das Wasser streuen und dabei sprechen:

Mögen Salz und Wasser sich vermischen: im Namen des Vaters, des Sohnes und des Heiligen Geistes. Amen.
Der Herr sei mit dir.
Und mit deinem Geist.
Laßt uns beten.

O Gott, der Du der Ursprung der unbesiegbaren Macht bist, der König des Reiches, das nicht überwunden werden kann, der ewig herrliche Eroberer; der Du unter Deiner starken Kontrolle hältst, was gegen Dich ist; der Du das Toben des grimmigen Feindes beherrschst; der Du in Macht gegen die Bosheit Deiner Feinde kämpfst; in Furcht und Zittern ersuchen wir Dich, o Herr, und flehen Dich an, gnädig auf dieses Geschöpf von Salz und Wasser zu blicken, es barmherzig zu erleuchten und es mit dem Tau Deiner Güte zu heiligen, daß, wo es unter Anrufung Deines heiligen Namens hingesprengt wird, alle Heimsuchung des unreinen Geistes vertrieben wird; laß die Furcht vor der giftigen Schlange ganz von dort weichen; und laß, wo immer es hingesprengt wird, die Gegenwart des Heiligen Geistes uns allen, die um Dein Erbarmen bitten, gewährt werden. Durch Christus unsern Herrn. Amen.

Dies sind außergewöhnlich machtvolle Gebete, aber man hört sie nur noch sehr selten. Gott wartet darauf, solche Gebete zu beantworten, und Er tut das in unglaublicher Weise. Diese Gebete sind es, die in Verbindung mit den Charismen der Heilung das richtig verstandene und verwendete Weihwasser zu einem kraftvollen Hilfsmittel im Befreiungs- und Heilungsdienst machen.

Das erste Mal, als ich vor dreißig Jahren geweihtes Wasser einsetzte, tat ich das aus schierer Verzweiflung. Das Ergebnis zeigte sich unmittelbar und war erstaunlich, für mich persönlich sogar überwältigend. Deshalb wollte ich vorbereitet sein, bevor ich es das nächste Mal verwenden würde.

Der Anlaß war, eine Gruppe christlicher Jugendlicher vor einem ihrer Mitglieder zu schützen, einem Mädchen, das aus Haß und Auflehnung gegen ihren Vater, einen Pfarrer, zur Satansanbeterin geworden war. Dieses emotional gestörte Teenagermädchen hatte angefangen, real zu Satan zu beten, während die ganze Familie sich auf dem Missionsfeld befand, wo ihr Vater seinen Dienst tat.

Es war nicht möglich, die Situation direkt anzusprechen; auch mit dem Mädchen konnte ich nicht darüber reden. Eine Reihe rebellischer junger Männer außerhab dieser christlichen Gruppe waren mit ihr verbündet. Es kam zu Zerstörungen von Eigentum und zu ungeklärten Schüssen. Für die unschuldigen Teenager unter ihrem Einfluß bestand echte Gefahr. Hätte man sie mit der Wahrheit konfrontiert, hätte sie alles geleugnet und die „Anklagen" sicherlich auf jede Weise auszunutzen verstanden.

All das fand auf einer Sommerfreizeit statt; die jungen Leute standen unter dem direkten Einfluß und der Autorität intellektuell fähiger Collegestudenten. Die Erwachsenen, die die letzte Verantwortung für die Gruppe hatten, hatten keine Ahnung von solchem geistlichen Kampf oder vom Wirken des Heiligen Geistes. Sie hätten jeden Christen abgelehnt, der mit solchen finsteren Dingen auf die einzig mögliche Art und Weise umgegangen wäre. Zudem waren damals Dinge wie Satansanbetung, Hexerei usw. für die meisten Amerikaner unvorstellbar, außer vielleicht in Erzählungen aus Haiti, Afrika oder ähnlichen Gegenden. Dieses junge Mädchen war sich dessen sehr wohl bewußt. Aus ihrer enormen Wut auf alle Autoritätspersonen heraus manipulierte und dominierte sie die Situation mit einer unglaublichen, geradezu teuflischen Schläue. Die anderen Teilnehmer, von denen viele zum erstenmal von ihren Eltern getrennt waren, waren so anfällig wie es nur Jugendliche in der Pubertät sein können. Die meisten waren in christlichen Familien aufgewachsen und waren dadurch von allen krasseren Formen des Bösen bewahrt worden.

Ich hatte engen Kontakt zu der Gruppe und ahnte, daß etwas sehr Finsteres und Geheimnisvolles im Gang war, ohne Genaueres zu wissen. So konnte ich nur fürbittend um Gottes Erbarmen flehen. Schließlich fand ich heraus, was passierte, als mehrere Jugendliche mit schweren Magenproblemen zu mir kamen und sich übergaben. Das Geheimnis wurde sehr schnell klar, als sie ihre Geschichte erzählten. Jane hatte sie mit der aggressiven Ankündigung überrumpelt, daß sie zu Satan bete und er ihre Gebete erhöre.

Sie hatte sie dann soweit manipuliert, daß sie ihre „Finger zusammen berührten"; dann befahl sie ihnen, selbst „zu Satan zu beten, denn er erhört Gebet". Als sie sich weigerten, verspottete sie sie, wie dumm sie wären, dieses „Spiel" so ernst zu nehmen, und daß sie Feiglinge seien, die mit den verhaßten Hauseltern im Bunde wären, und so weiter.

Als sie dann diesem Druck nachgegeben hatten, begann das Erbrechen. Nachdem die Hauseltern sie zum Arzt geschickt hatten, der allerdings nichts finden konnte, sandten sie sie zu mir zum Gebet und Gespräch. Es wäre eine glatte Untertreibung zu behaupten, daß die Jugendlichen Panik hatten. Sie waren dem wahren Bösen begegnet und brauchten Befreiung von dämonischer Belastung. Sie hatten enorme Angst nicht nur vor dem, was mit ihnen geschah, sondern auch vor dem, was geschehen würde, wenn das Mädchen herausfände, daß sie sie „verraten" hatten. Bevor sie mir alles erzählten, mußte ich ihnen hoch und heilig versprechen, nicht zu den verantwortlichen Erwachsenen zu gehen, sondern die ganze Situation in Gottes Hände zu legen. Ich behielt mir allerdings das Recht vor, mit meinen Gebetspartnern oder meinem Pastor darüber zu reden. Dem stimmten sie zu, nachdem ich ihnen versichert hatte, daß diese Gebetsgruppe unter der Verpflichtung zur Vertraulichkeit, ja, sogar dem „Beichtsiegel" stand.

Wir gingen dann ins Gebet. Nachdem sie Buße getan und unter Handauflegung Vergebung empfangen hatten, ging es ihnen schon viel besser. Mich allerdings belastete dann das Wissen um das, was da geschah, und die dringende Notwendigkeit, die jungen Leute auf der Freizeit zu schützen. Mein einziger Trost dafür, mich nicht an die zuständigen Erwachsenen wenden zu dürfen, lag darin, daß sie die Situation verpfuscht hätten, und dann die Teenager und die Hauseltern die Konsequenzen zu tragen gehabt hätten.

Ich fing an, intensiv zu beten und Fürbitte zu tun, allein und mit meinen Gebetspartnern. Alles wurde nur noch schlimmer. Noch mehr Eigentum wurde zerstört, mehr obszöne und bedrohliche Dinge passierten. Jane wickelte inzwischen die zuständigen Erwachsenen um den Finger, als diese versuchten, in der üblichen Weise zu helfen. Sie hatte die Fähigkeit, andere Verantwortliche schlechtzumachen und dadurch die Erwachsenen gegeneinander aufzubringen. Wie in allen Situationen, in denen man dem Dämonischen nicht entgegentritt, herrschte totale Verwirrung.

Schließlich sagte ich in meiner Verzweiflung zu meinen

Gebetspartnern, daß etwas geschehen müsse, nur wüßte ich nicht was. Da schlug dann der Pastor den Gebrauch von Weihwasser vor, was mich völlig überraschte. Ich war gar nicht begierig, diese Idee aufzugreifen, aber, wie er richtig bemerkte: „Sie haben schon alles versucht, was Sie wissen. Es kann schließlich nicht weh tun."

Nach mehreren Tagen intensiven Gebets ging ich in Furcht und Zittern mit den Hauseltern, die täglich die Zimmer zu überprüfen hatten, in das Schlafzimmer des besagten Mädchens. Dann sprengte ich das Weihwasser umher, schlug das Kreuz über ihrem Bett und befahl allen Dämonen, sie in dem Moment zu verlassen, wo sie in ihr Zimmer zurückkam und ihren Kopf auf das Kopfkissen legte. Die ganze Sache dauerte nur ein paar Minuten.

In jener Nacht kamen Legionen von Dämonen aus diesem jungen Mädchen heraus. Woher ich das weiß? Ich übernachtete dort und mein Zimmer war nicht weit von dem ihren entfernt. Diese Dinge, in diesem Fall trugen sie alle Masken, „besuchten" mich auf ihrem Weg von dort weg. Es war der schlimmste geistliche Kampf, den ich je erlebte. Hätte Gott meine Augen nicht geöffnet, diese Dämonen zu „sehen", dann hätten sie mir vielleicht den Verstand geraubt. [1] So aber hielt ich einfach geistlich stand und „proklamierte das Blut Jesu" über eine scheinbar endlos lange Zeit; gegen Morgen dann mußten sie verschwinden.

Es kostete mich mehrere Wochen, mich einfach nur körperlich von diesem Kampf zu erholen. Das junge Mädchen bekehrte sich sofort, und die furchtbaren Geschehnisse hörten auf.

Durch diese Erfahrung mußte ich eine ganze Menge lernen, und ich erinnere mich, daß ich Gott sehr viele Fragen stellte, warum ich angegriffen worden war. Die wichtigste Erkenntnis war: Beim Gebrauch von Weihwasser hätte ich, wie bei jedem anderen Befreiungsgebet auch, den Dämonen in Jesu Namen befehlen sollen, zu weichen ohne jemandem Schaden zuzufügen. Vielleicht wäre dann der Kampf nicht so heftig gewesen. Aber nach dieser Erfahrung stellte ich nie wieder die Wirksamkeit von Weihwasser im Befreiungsgebet in Frage.

Seit dieser Zeit empfehle ich, daß diese Art von Gebet angewendet wird, wenn beispielsweise ein Jugendlicher in der Familie ist, der vom Bösen gefangen ist – vielleicht durch Alkohol, Drogen, okkulte Dinge oder einfach dadurch, daß er Sünde und Perversion tiefe Wurzeln in seinem Leben hat schlagen lassen. Das junge Mädchen auf der Freizeit kam an diesen gefährlichen Punkt durch einen tiefen, dauerhaften Haß auf ihren Vater. Teilweise speiste sich das auch aus einem von ihr verinnerlichten Groll ihrer Mutter gegen den Dienst des Vaters. In der Weise zu beten, wie ich das tat, bedeutet, Zeit zu gewinnen. Ich weiß nicht wie ich es anders ausdrücken soll. Für eine gewisse Zeit wird der ureigenste Willen des Betroffenen befreit und er hat dadurch die Möglichkeit, einen besseren Weg zu wählen. Er kann dann, wenn er die Wahrheit hört, ob durch die Eltern oder durch einen geistlichen Menschen, eine bessere Wahl treffen. Dieses Gebet kann zu besten Ergebnisse führen, wenn es recht verstanden und eingesetzt wird. Aber ich spreche auch immer eine Warnung aus, was dieses Gebet anbelangt. Ich bitte die Eltern oder wer sonst betet, es nur nach eingehender Vorbereitung und Leitung im Gebet einzusetzen, und es nie mehr als einmal zu verwenden. Wenn die Dämonen nämlich gehen und der Betreffende (willentlich) Christus den Zugang zu seinem Herzen verweigert, dann können siebenmal mehr Dämonen zurückkommen, um die Leere in diesem Leben auszufüllen; davor warnt schon die Schrift.

Sie fragen vielleicht: Warum hat man denn nie von solchen Weihegebeten wie denen für Salz und Wasser gehört, geschweige denn gelesen? Kurz gesagt deshalb, weil auch die Christen heutzutage zutiefst rationalistisch und materialistisch geprägt sind; das habe ich in der *Heilenden Gegenwart* ausführlicher dargelegt. Wir verstehen schon die Sakramente nicht mehr, geschweige denn den Gebrauch der „Sakramentalien" wie Öl und Wasser, oder auch sakramentale Handlungen wie die Handauflegung, bei denen wir selbst zu sakramentalen Gefäßen werden.

Das Prinzip, das der sakramentalen Realität zugrundeliegt, ist einfach, aber tief; als Rationalisten verstehen wir es allerdings nicht. Es hat mit der Gegenwart Gottes zu tun, der „lieblichen Salbung des Heiligen Geistes", die durch materielle Dinge kanalisiert und uns so vermittelt wird. Gott verachtet die *Materie* nicht. Er gefiel Ihm, durch den Schoß der Maria zu uns zu kommen, durch das Wasser der Taufe, durch den Abendmahls-kelch, durch die Hände unserer Brüder oder Schwestern, die sie uns auflegen wenn sie beten, daß wir mit Licht und Leben aus der Höhe durchflutet werden.[2] Diese Sicht der Wirklichkeit ist für den ganzen Bereich des Heilungsgebets von großer Bedeutung. Wir verstehen die Sakramente und den Gebrauch sakramentaler Dinge und Handlungen aus dem gleichen Grund nicht, aus dem wir

Schwierigkeiten mit der Theorie und Praxis des Heilungsgebets haben.

Eine Kirche, die auf das Heilungsgebet für körperlich und seelisch Kranke verzichtet, ist eine Kirche, die entweder schon durch und durch rationalistisch geworden ist, oder die in der Gefahr steht, dies zu werden.

Dieser Rationalismus steht im Gegensatz zur *Vernünftigkeit,* denn das Gut der Vernunft wird in der Kirche nur bewahrt, wenn die Fenster unseres Denkens und Herzens für Gottes unmittelbare, heilende Gegenwart und Sein heilendes Wort weit offen sind. Wenn eine Kirche sich damit zufrieden gibt, bloß „rational" zu sein, verfällt sie allmählich, aber unweigerlich, dem Unglauben und dem Abfall; ironischerweise liefert sie sich damit dem finsteren Übernatürlichen aus. Heidnischer Aberglaube und selbst offen Okkultes sickern ein. All dies speist sich aus der Finsternis des Unglaubens. Ein Weg, auf dem heidnisches und okkultes Gedankengut Teile der Kirche durchdringen, ist die Spiritualität von C. G. Jung.[3] Wie John Richards in seinem Buch *But Deliver Us from Evil: An Introduction to the Demonic in Pastoral Care* schreibt:

> *„Jung machte in weit größerem Ausmaß als jeder andere Denker des zwanzigsten Jahrhunderts okkulte Theorien salonfähig; so entsprechen beispielsweise seine Konzepte des ‚kollektiven Unbewußten' und der ‚Synchronizität' in vielerlei Hinsicht östlichen und okkulten Theorien ..."*[4]

Es gibt auch noch andere Einflüsse neben Jung, und sie werden noch zunehmen, bis wir wieder zu einer vollen christlichen Spiritualität zurückfinden und unseren Rationalismus und Unglauben überwinden; dazu müssen wir hingehen, um das Volk Gottes zu heilen.

Geistlicher Kampf in modernen christlichen Institutionen

Ich bekam zwei Briefe von einem jungen Theologiestudenten, die ich weiter unten in Auszügen wiedergebe; sie verdeutlichen den geistlichen Kampf, in den wir geraten, wenn wir unter den Einfluß religiöser Bildungsinstitutionen kommen, die nicht länger den „überlieferten Glauben" vertreten, sondern nur noch rationalisierte und somit reduzierte Fehlformen. In einer solchen Umgebung verliert man oft die Freiheit, die Wahrheit zu sagen. Dies stellt eine der heimtückischsten und schlimmsten Formen von Tyrannei dar; man kann sich das kaum vorstellen. Leider sind solche Situationen wie die hier beschriebene nicht selten. Sie weisen uns darauf hin, wie notwendig es ist, sich auf einen wirksamen Exorzismus von Institutionen vorzubereiten. Diese Briefe zeigen klassische Fälle von geistlicher Bindung – wie sie aussehen und sich anfühlen, und auch, daß sie eine sehr reale Gefahr für die Gesundheit von Leib und Seele darstellen können. Dieser Mann hätte sein Leben verlieren können, wäre er nicht aus dieser Bindung herausgekommen. Diese Auszüge illustrieren auch den wirksamen Einsatz von Weihwasser und welche Schwierigkeiten eigenartigerweise gerade ein Mann hatte, der sich aufs Priesteramt vorbereitete, ein Buch zu finden, in dem Gebete für die Heiligung von Wasser zu finden waren.

„Liebe Leanne,
Die Frühjahrsferien sind gekommen, und ... ich bin definitiv auf der Zielgeraden meiner Ausbildung. Ich habe meine Noten vor zwei Wochen bekommen und war in allen Fächern gut. In der gleichen Woche bestand ich unbeschadet die Ordinationsprüfung der Fakultät (nicht selbstverständlich bei meiner Theologie, auch wenn ich sie nie groß herausposaunt habe). Alles, was noch bleibt, sind ein paar schriftliche Arbeiten und dann ist die Ausbildung vorbei.

Es ist ... traurig zu sehen, daß dieses Seminar, trotz aller Probleme mit mangelnder Ausrichtung, mangelnder Vision für den Dienst und einer falschen Betonung des sinnlich Wahrnehmbaren und ‚vernünftig Demonstrierbaren', offensichtlich eines der solideren in der [Denomination] ist. Von den Überlebenden in meinem Kurs (wir verloren mehr als ein Drittel), stehen nur ein halbes Dutzend oder so fest auf dem Boden der Lehre Jesu und wollen hingehen, um Menschen zu dienen. Die anderen ... werden als ordinierte Fachleute hingehen: Meßpriester, Verwalter oder frustrierte Theologen, die immerzu Fragen beantworten, die keiner in ihrer Gemeinde stellt ...

Es ist sehr schwierig, hier meine Erfahrungen knapp zusammenzufassen ... Ich habe natürlich eine Menge Informationen gesammelt, was Kirchengeschichte, Liturgie, Ethik usw. anbelangt, die alle notwendig sind ... aber so viel wurde vernachlässigt ... sogar geleugnet – das ein Teil unseres Erbes ist und so entscheidend wichtig für den geistlichen Dienst.

Der Mangel an absoluten moralischen Maßstäben und Werten ist einer der beunruhigendsten Aspekte an dem, was gelehrt wird. Während die meisten meiner Kommilitonen in ihrem Lebenswandel vorbildlich sind (wir sind eine geradezu langweilig normale Gruppe), so werden doch ständig unsere Werte derartig massiv untergraben, daß nur die wenigsten die Freiheit haben, ihren Gemeinden konkrete Verhaltensmaßstäbe aufzuzeigen. Es wird alles relativiert. Letzte Woche zeigte uns unser Theologieprofessor einen pornographischen homosexuellen Film – angeblich um uns Vorurteile gegenüber ‚homosexueller Liebe‘ zu nehmen und Sympathie für den homosexuellen Lebensstil zu erzeugen. Wir verbringen sechzehn Wochenstunden in biblischen Pflichtfächern, so daß wir bei der Suche nach Wahrheit diese Informationen auf gleiche Ebene stellen können wie Shakespeare, Kant, Marx, Nietzsche und Freud. Die Tatsache, daß die Kirche überhaupt überlebt hat, muß das stärkste Zeugnis für Gottes fortdauerndes Wirken in der Welt sein, das es überhaupt gibt – jedenfalls lassen wir Ihm durch die Institution nicht gerade viel Unterstützung zukommen! Ich bin so dankbar für das Fundament, das Gott in meinem Leben durch Ihren Einfluß und den vieler anderer gelegt hatte, bevor ich hierherkam!"

Dieser Mann hatte durch unseren Dienst zu Christus gefunden, eine starke Erfüllung mit dem Heiligen Geist erlebt und war zu einem wirkungsvollen Glaubenszeugen geworden. Von Anfang an waren seine pastoralen Gaben offensichtlich, und er wußte, er sollte Theologie studieren. Mitten in seinem Studium aber wurde er schwer krank und rief mich an. Als ich ihm zuhörte, erkannte ich, daß sein körperlicher Zustand direkt mit dämonischem Kampf zu tun hatte. Ich betete mehrere Tage darüber und rief ihn dann wieder an. Ich empfahl ihm, sich geweihtes Wasser und Öl zu besorgen und sofort unter Handauflegung für sich beten zu lassen. Obwohl das schon vor dem Besuch des theologischen Seminars bei ihm geschehen war und er selbst das auch bei anderen mit Erfolg praktiziert hatte, hatte er enorme Schwierigkeiten, so zu beten und die Bindungen zu brechen. Monate vergingen, in denen er schwer krank war, bevor er dazu in der Lage war. Die folgenden Zeilen, die nach seiner Graduierung geschrieben wurden, beschreiben das näher:

„Es ist schwierig zu wissen, wo man beginnen soll, wenn es um die unglaubliche innere Antriebslosigkeit ging, die meine Frau und ich überwinden mußten, um im zweiten Jahr des Studiums mit Hilfe von Weihwasser die Autorität über die geistlichen Mächte zu ergreifen. Vielleicht muß ich dazu zum Anfang des ersten Jahres zurückgehen.

Obwohl ich mich gut gerüstet fühlte im Hinblick auf das, was mich am Seminar erwartete – die Betonung des Akademischen, keine dreijährige geistliche Retraite, ständig unter Überwachung, etc. – wollte ich doch auch offen sein für das, was gelehrt wurde. Schließlich waren hier Fachleute, die die Kirche ausgewählt hatte, um die nächste Generation von Priestern auszubilden. Außerdem wurde ich durch [hier nennt er einen netten Professor, der aber, wie sich herausstellen sollte, ohne geistliche Autorität und außerdem emotional und mental nicht gesund war] etwas eingeschläfert. Das ganze erste Jahr über argumentierte ich mit mir und anderen, daß es wirklich einen höheren Zweck in dem geben mußte, was von uns erwartet wurde, das dann auch im Hinblick auf den traditionellen kirchlichen Glauben Sinn machen würde. Andererseits hatte man uns gleich von Anfang an gesagt, daß religiöse und wissenschaftliche Wahrheit sich mit unterschiedlichen Fragen beschäftigten und deshalb nicht einfach aufeinander bezogen werden durften. Man sagte uns auch, wir würden uns mit Fragen des Glaubens beschäftigen, die zwar der Erfahrung zugänglich seien, aber nicht auf die eine oder andere Weise bewiesen werden könnten. Doch stellten wir fest, daß die einzigen Argumente, die in der Fakultät zählten, die rational begründbaren waren, und zwar auf eine Weise, daß sie auch den Kriterien der ungläubigen akademischen Welt entsprechen mußten. (In den drei Jahren am Seminar konnte ich die Professoren nicht dazu zu bringen, diesen Gegensatz zwischen dem Wesen religiöser und wissenschaftlicher Wahrheit bzw. der jeweiligen Methoden, die zur Erforschung oder Vertiefung religiöser Wahrheit angewandt werden durften, anzuerkennen.)

Obwohl ich empfand, daß ich intellektuell dem treu geblieben war, was Gott mir als wahr und wertvoll für mein Leben gezeigt hatte, wurde ich erfahrungsmäßig mehr und mehr ein Teil der allgemeinen Atmosphäre am Seminar. Mein geistliches Leben war ziemlich unfruchtbar. Es war leicht, jemanden zu finden, mit dem man einen trinken oder auf eine Party gehen konnte, aber in diesem ganzen ersten Jahr fanden wir niemanden, mit dem wir entspannt über unsere Erfahrungen mit Jesus reden und regelmäßig beten hätten können.

[Nun beschreibt er sein Krankenhauspraktikum] ... wo sehr stark eine Theologie vertreten wurde, daß Gott nicht eingreifen könne, um das Leiden zu lindern, dem wir jeden Tag im Krankenhaus begegneten. Die Andeutung, Er (oder eigentlich Sie oder Es) könne etwas anderes sein als Opium für die Leidenden, stieß in den intensiven Gruppensitzungen auf Spott und Kritik von Seiten unserer Supervisoren. Diese häufigen Sitzungen waren bestenfalls gefährlich – jede Menge amateurhaften neugierigen Herumschnüffelns ohne den Versuch der Heilung – im schlimmsten Fall aber waren sie brutal. Ein Kommilitone ... der selbst mit Krebs zu kämpfen hatte (sein Zustand hatte sich gebessert, er war aber nach Meinung seines Arztes sehr streßanfällig) mußte uns verlassen, weil seine negativen Werte jedes Maß überschritten.

Schließlich entschloß ich mich nach sechs der zehn Wochen, die dieser Kurs dauerte, mein Leben wieder in meine eigene Hand zu nehmen und fing an, meinem unmittelbaren Supervisor entgegenzutreten. Der Weg zurück war schwieriger, als ich mir je hätte träumen lassen. Innerhalb einer Woche befand ich mich in einem lebensbedrohlichen Zustand auf der Intensivstation eines Krankenhauses; davon hatte ich Ihnen dann geschrieben. Mein Praktikum endete damit, daß wir übereinkamen, das Negative irgendwie zu übersehen und das Positive zu betonen. Mein Problem waren nicht die einzelnen Leute, sondern das System, das die Grundlage leugnete, auf der mein Leben aufgebaut war.

Bei meiner Rückkehr im Herbst war ich entschlossen, mich nicht wie im ersten Jahr dem System zu unterwerfen und verführen zu lassen. Aber die Arbeit war so viel, daß es nur ums Überleben ging, ohne große Chance, an meinem geistlichen Leben und persönlichen Wachstum oder auch an innerer Heilung zu arbeiten. Meine Situation ähnelte der vieler meiner Kommilitonen. Wir hatten gute Jobs oder Berufe aufgegeben, in denen wir Verantwortung trugen, hatten unsere Häuser verkauft, waren mit der ganzen Familie umgezogen und hatten damit die Zukunft unserer Familien wie auch die eigene riskiert. Die Bewertungskriterien waren viel zu unscharf, um aufzustehen und zu viele Wellen zu verursachen. Die Fakultät konnte verlangen, daß man ging oder einen nicht für die Ordination vorschlagen, ohne konkrete Gründe nennen zu müssen und ohne daß die einzelnen Professoren für ihre Stimmabgabe Verantwortung übernehmen mußten.

Obwohl wir eine gute Beziehung zu einem anderen Ehepaar in diesem Herbst aufbauten, hatte uns dieses eine Jahr am Seminar jeglichen Willen geraubt, mit den geistlichen Waffen zu kämpfen, die uns Gott schon früher gegeben hatte. Unsere geistliche Sensibilität war sehr niedrig geworden, und wir waren selbst in der Einstellung gefangen, für alles, was uns begegnete, wissenschaftlich überprüfbare Gründe zu suchen. Selbst wenn wir über die Möglichkeit diskutierten, daß es eine dämonische Komponente bei unseren Erfahrungen geben könnte, schienen wir irgendwie machtlos, etwas dagegen zu tun.

Als Sie anriefen … und uns dringend empfahlen, Weihwasser zu benützen, um diese Bindung zu brechen, fielen mir viele Gründe ein, warum das nicht funktionieren würde – ich sah eigentlich keinen Grund, warum es hätte funktionieren können. Es gab keinen Priester, von dem ich das Gefühl hatte, ich könnte ihn in dieser Sache ansprechen. Damals hatten wir mit unseren Gebetspartnern auch noch keine so enge Beziehung, um solch einen radikalen Vorschlag riskieren zu können … Es war, als ob etwas in mir sagte, ,Du hast zuviel riskiert, um so etwas Verrücktes zu versuchen und dafür dann vor die Fakultät zitiert zu werden. Du weißt, daß du damit sehr schnell geliefert wärst.' Außerdem war meine geistliche Kraftlosigkeit zu der Zeit so ausgeprägt, daß ich sowieso nicht glauben konnte, daß irgend etwas passieren würde (wie weit war ich von dem abgekommen, wo ich noch vor ein paar Jahren stand!). Warum das Risiko eingehen?

In meinem Tagebuch hatte ich an dem Tag, an dem Sie anriefen, mich selbst als belagert und verwirrt beschrieben, aber doch zugleich mit der Sehnsucht, Gottes Berufung in meinem Leben gegenüber treu zu bleiben. Wie Sie wissen dauerte es über zwei Monate, bis wir eine Ausgabe des Manual for Priests *in den Händen hatten ... und dann mußten wir uns erst einmal selbst überzeugen, daß wir die Autorität hätten, dies ohne Beistand eines Priesters zu tun. Eine erstaunlich lange Zeit für zwei Menschen, die normalerweise aus Ungeduld alles selbst in die Hände nehmen, und denen ihre körperliche und geistliche Gesundheit sehr wichtig ist. Rückblickend war es wie in einem dieser schrecklichen Alpträume, in denen man die Katastrophe kommen sieht, aber sich nicht mit normaler Geschwindigkeit bewegen kann, um ihr aus dem Weg zu gehen. Wenn man zu lange mitten in einer Lüge lebt, dann wird sie ein Teil von einem selbst, ob man das vom Verstand her will oder nicht.*

Schließlich segneten wir unter großen inneren Widerständen und mit sehr wenig Erwartung das Wasser und benutzten es so, wie Sie vorgeschlagen hatten. Wir taten das mehr aus Respekt vor Ihnen als aus irgendeinem Glauben, daß Gott wirklich handeln würde. Wie Sie wissen, gingen die Ergebnisse weit über meine körperliche Besserung hinaus. Es war für uns ein emotionaler und geistlicher Wendepunkt. Es war, als ob sich in den nächsten Tagen die Wolken teilten und Gottes Licht zum erstenmal seit langer Zeit wieder schien. Die Situation im Seminar änderte sich nicht, dafür aber unsere Perspektive. Zuerst verschwommen, dann aber immer klarer begannen wir den Kampf zu sehen, der um uns herum tobte. Wir konnten gegen den echten Feind für Veränderungen kämpfen und unseren Ärger auf Einzelne und das ganze System abflauen lassen. Wir konnten sehen, daß sie dem gegenüber, was ablief, genauso blind gewesen waren wie wir. Sie konnten einfach keinen Ausweg sehen, weil sie nicht frei waren. Unglücklicherweise konnte ich, solange ich in der Rolle des Studenten war, nicht viel an dieser Situation ändern, denn die Vorurteile und die Einschüchterung gegenüber bestimmten theologischen Positionen waren real und nicht eingebildet.

Während ich Ihnen das schreibe, wird es mir bewußt, daß mein Entschluß, mich davon zu lösen, nicht ausreichte ... Ich mußte an den Punkt kommen, wo ich das Problem mit geistlichen Augen sehen konnte, und ich mußte den Kampf mit geistlichen Waffen kämpfen. Mein Wille, meine guten Absichten und mein Intellekt waren nicht genug. Ich bin Gott für die Erfahrungen dankbar, die ich vor dem Besuch des theologischen

Seminars gemacht hatte, denn sie ermutigten mich letztlich, die verspäteten, ängstlichen Schritte zu unternehmen, die mich am Schluß frei machten. Ich möchte auch Ihnen für Ihre Liebe und Sorge danken, aus denen heraus sie uns drängten, die notwendigen Schritte zu tun.

Als ich mir meine unregelmäßigen Tagebucheinträge aus dieser Zeit durchsah, stieß ich auf einen, der vielleicht am besten zusammenfaßt, worum es geht: ,Wenn Satan uns vor der Ordination geistlich kastrieren und einer Gehirnoperation unterziehen kann, dann braucht er wenig Angst vor unserem geistlichen Dienst zu haben.'

Ich möchte unterstreichen, wie subtil und verführerisch der Angriff an Anfang war: ,Erwartet Gott wirklich von dir, dieses zu tun oder jenes zu glauben? Ist es wirklich so wichtig, daß du so stark auf dieser Ansicht bestehst? Man muß sich doch nur all die anderen anschauen, die anderer Meinung sind, und doch auch keine schlechten Menschen sind, oder?' Schließlich wurden wir alle zu Zielscheiben und zu Trägern der Verführung, die dort stattfand. Wie Petrus habe ich viel zu schnell die Flinte ins Korn geworfen – noch bevor ich es gemerkt hatte ...

Wir lieben Sie und beten regelmäßig für Sie.

In Christus, N.N."

Hätte dieser Theologiestudent ohne den Gebrauch von Weihwasser im Gebet Befreiung und Heilung finden können? Ja, aber nicht so leicht. Das bringt uns zu dem Punkt zurück, den ich früher erwähnt habe, nämlich den unschätzbaren Wert und die Macht des Gebets. Wenn wir Weihwasser benützen, dann steht uns nicht nur die Kraft unserer eigenen Gebete zur Verfügung, sondern auch die der Kirche. Dabei müssen wir betonen, daß es das *Gebet des Glaubens* ist, das es dem Heiligen Geist ermöglicht, die Kranken zu heilen und freizusetzen, nicht der Gebrauch von Weihwasser als solchem. Aber das ist ja genau das, was das Weihwasser so wirksam macht, wenn es in der rechten Weise verwendet wird – die Gebete, die darüber gesprochen wurden.

Außer der Tatsache, daß wir beim Gebrauch von Weihwasser durch die Gebete des Volkes Gottes unterstützt werden, zeigt es sich auch, daß dadurch viele dämonische Geister schnell, ja augenblicklich in die Flucht geschlagen werden. Wenn man wie ich für die Heilung und Freisetzung von Menschen mit sexuellen

Perversionen und Neurosen arbeitet, muß man oftmals phallische Dämonen (unreine Geister) vertreiben. Sie sind extrem subtil und können sich anscheinend besser verbergen als die meisten anderen. Aber Tatsache bleibt, daß sie Weihwasser nicht aushalten und davor fliehen. Die meisten, die unsere Veranstaltungen besucht haben, haben das aus erster Hand erlebt. [5]

Das folgende Zitat stammt aus dem Buch von Michael Green, *I Believe in Satan's Downfall*. Er ist anglikanischer Theologe und Pfarrer. Zur Zeit der Abfassung dieses Buches lehrte er am Regent College in Vancouver, Kanada.

„Weihwasser ist ein weiteres wirksames Symbol, ja, sogar ein recht wirkungsvolles Mittel. Ich entdeckte eher aus Zufall seinen Wert, da ich aus einer kirchlichen Prägung komme, wo der Gebrauch von Weihwasser nicht üblich war. Eine Person krähte mich einst unter dem Einfluß einer multiplen dämonischen Besessenheit an. ‚Ha, du hast kein Weihwasser!‘ ‚Doch, habe ich‘, antwortete ich und weihte sofort etwas Wasser in einem Glas im Namen der Dreieinigkeit, um es dann über die Person zu sprengen. Die Wirkung war augenblicklich, verblüffend und elektrisierend. Sie sprang auf, als ob sie sich verbrüht hätte. Der Geist manifestierte sich sehr stark und verschwand dann bald. Dadurch habe ich eine Lektion gelernt. Weihwasser ist ein äußerst wertvolles Hilfsmittel im Befreiungsdienst. Das Komische daran ist, daß dann, wenn der Betreffende nicht besessen oder schon frei geworden ist, es keinerlei Reaktion gibt, wenn man es verwendet. Somit ist es auch eine Art nützliches Thermometer.

Es ist interessant, sich über den Status des Weihwassers in der Kirche Gedanken zu machen. Der katholische Zweig der Christenheit hat es beibehalten, aber weiß eigentlich nicht, was er damit anfangen soll. In den Tagen des Glaubens war es etwas Dynamisches gewesen, aber als man nicht mehr daran glaubte, wurde es zu einem statischen Fossil. Die protestantischen Kirchen haben es als Aberglauben abgelehnt, weil sie es nur als dieses Fossil kannten, und dagegen reagierten. Wir wären aber töricht, wenn wir es nicht bei Orten oder Menschen einsetzen würden, die besessen sind oder es sein könnten.“ [6]

Seit meiner ersten Erfahrung mit dem jungen Mädchen, die sich auf den unaussprechlichen Weg der Satansanbetung begeben hatte, habe ich Weihwasser jedesmal benutzt, wenn jemand vom Bösen bedrückt oder von bösen Geistern dämonisiert ist. [7)] Dies geschah immer in einer sehr ruhigen Weise – wenige haben das je hinterfragt. Viele, die Heilungsgebet empfangen, erwarten die Salbung mit Öl, das für Heilungszwecke geweiht wurde, und machen aller Wahrscheinlichkeit nach keinen Unterschied zwischen ihm und dem Weihwasser. Öl und Weihwasser gehören zur „Grundausrüstung" für die Mitarbeiter auf unseren Seminaren und Schulungen. Ich glaube, ich könnte ein ganzes Buch mit humorvollen Geschichten über „Weihwasser" füllen, denn die meisten Protestanten (und auch Katholiken!) haben einfach keine „Schublade" für das, was wir damit erleben.

Um eines der jüngsten Beispiele zu erwähnen: Pastor John, ein Lehrer an einer christlichen Bibelschule, wollte es einfach nicht akzeptieren, daß der Gebrauch von Weihwasser zu irgend etwas Gutem führen könne. Er vertrat diese Meinung auch noch, nachdem er ein PCM-Seminar besucht hatte und sich dort von seiner Wirksamkeit mit eigenen Augen überzeugen konnte. All dies änderte sich eines Tages, als eine bekannte Frau in sein Büro kam und Dämonen sich manifestierten. Pastor John fing an, es mit der Angst zu tun zu bekommen, denn das, was er unternahm, schien keinerlei Erfolg zu bringen. Die Situation wurde immer prekärer und er immer beunruhigter.

Seine Sekretärin Annie öffnete leise die Tür und sah sofort, was los war – es stand Pastor John ins Gesicht geschrieben. Annie konnte nur den Rücken der dämonisierten Frau sehen, aber sie erkannte an den üblen Worten und Gesten, daß sich hier Dämonen manifestierten. Sie hatte ebenfalls eines unserer Seminare besucht und lief sofort hinaus, um ein Fläschchen mit Weihwasser zu holen, das sie sich nach der Konferenz zugelegt hatte. Die dämonisierte Frau bekam von alledem nichts mit; als Annie wieder hereinkam, fing sie trotzdem zu schreien an, „Wo ist das Weihwasser? Wo kommt es her?" Und ihr Kopf fuhr mit einer Gewalt herum, als ob er sich von den Schultern lösen wollte – alles unter dem Einfluß der Dämonen. Man muß wohl nicht extra betonen, daß Pastor John und Annie an jenem Tag recht freizügig mit dem Weihwasser waren; die Frau erlebte Befreiung. Fassungslos wie er war, überdachte der Pastor seine Einstellung und hat jetzt eine besonders große „Schublade" in seinem Denken für sakramentale Hilfsmittel.

Ein Jesuitenpriester kam auf einer Konferenz zu mir, nachdem wir mit Weihwasser für Hunderte von Menschen gebetet und sie von Baal (von Götzen) freigesetzt hatten, und meinte: „Ich habe nie erlebt, daß Weihwasser so etwas tut!" Wir lachten zusammen, da er genausogut wie ich wußte, daß Weihwasser, ein Kruzifix oder irgend etwas anderes rein äußerlich ohne Glauben benutzt werden kann – und es dann, wie Michael Green formuliert hat, nur ein fossiles Relikt ist. Ich möchte nochmals betonen, daß es natürlich nicht das Weihwasser als solches ist, das wirkt. Zuallererst sind es die Gebete, die über dem Wasser gesprochen werden, zusammen mit den Gaben des Heiligen Geistes und der gnädigen Anleitung Gottes, wie man es verwenden soll. All das zusammen macht diese sakramentalen Hilfsmittel zu solch einem Segen.

So, wie wir inzwischen Weihwasser in unseren Veranstaltungen einsetzen, ist seine Verwendung offensichtlich und wird wahrgenommen. Wir merken, daß das in Ordnung ist und trösten uns damit, daß auch dies das Werk des Herrn ist. Es hat mit einem zentralen Teil unserer Botschaft zu tun – dem inkarnatorischen Charakter der Wirklichkeit und der Tatsache, daß Gott die Materie nicht verachtet, sondern heiligt. Es hat auch mit der Heilung der Kluft zwischen Kopf und Herz, zwischen Vernunft und Glauben, zu tun, in der wir als moderne Menschen stehen, und mit der Wiederherstellung der beiden Formen des Erkennens. Es bringt auch überall Protestanten und Katholiken in einer Weise zusammen, die wir uns nicht hätten vorstellen können, vor allem in Ländern wie Irland, England, Schottland und anderswo in Europa, wo die Spaltungen noch tiefer reichen als in den USA. Die Protestanten beginnen, über ihre Kopflastigkeit und ihre subjektiven Überreaktionen gegen „katholische Praktiken" Buße zu tun; die Katholiken bekommen neues geistliches Leben und Einsicht in die Sakramentalien, die sie aus Tradition beibehalten haben, und tun Buße über deren abergläubischen oder oberflächlichen Gebrauch.

Heilige Waschungen

„... wie Christus die Kirche geliebt und sich für sie hingegeben hat, um sie im Wasser und durch das Wort rein und heilig zu

machen. So will er die Kirche herrlich vor sich erscheinen lassen, ohne Flecken, Falten oder andere Fehler; heilig soll sie sein und makellos." (Epheser 5,25-27)

Außer im Weihwasser beim Befreiungsgebet sehen wir den Heiligen Geist auch im Gebet, das von „heiligen Waschungen" begleitet wird, am Werk (ich weiß nicht, wie ich es sonst nennen sollte). Nach dem Gebet um Heilung der Erinnerungen und um Befreiung von falschen Göttern werden wir oft vom Geist geführt, Menschen nach vorne kommen zu lassen, die noch „mehr Weihwasser" benötigen. Manchmal geschieht das erst am letzten Tag einer Konferenz, wenn wir die Teilnehmer im Gebet Gott „weihen". Wir wissen, daß es noch weiterer Reinigung bedarf – einer Reinigung, die in besonderer Weise alle bereits erfahrenen Heilungen zusammenbindet, und die Betreffenden in die Lage versetzt, Christus besser „anzuziehen" und den Ruf anzunehmen, andern zu dienen.

Wir vergießen im Team oftmals Tränen, wenn beispielsweise Opfer von Inzest oder rituellem Mißbrauch, die Heilung der Erinnerungen erlebt haben, mit der Bitte kommen, „Wasche doch mein Gesicht", oder „Ich möchte, daß mein Denken ganz rein gewaschen wird", oder einfach „Mehr Wasser, bitte, mehr Weihwasser". Wir waschen sie dann unter der Führung des Heiligen Geistes und bezeichnen sie im Gebet mit dem Kreuzzeichen. Jetzt ist es so, als ob nicht nur ihre Erinnerungen von heilendem Licht berührt und durchflutet worden sind, sondern die Poren ihres Körpers und ihre Gehirnzellen selbst eine heilige Reinigung und Freisetzung erfahren haben. Die Haut wird mit Heiligem gewaschen und die giftigen Auswirkungen unreiner und haßerfüllter Berührung – nur Satan kann so hassen und zerstören, und dabei benutzt er andere Menschen – werden neutralisiert und von ihnen genommen.

Diejenigen, die ihren Körper sexuell mißbraucht haben, haben hier besondere Bedürfnisse; wenn Menschen, die in einem sexuell perversen Lebensstil gelebt haben und frei werden, nach vorne kommen, um mehr Weihwasser zu empfangen, kommt es zu enormen Heilungen. Ein junger Mann schrieb:

„Nachdem wir uns von Baal und Astarte losgesagt hatten, wußte ich, daß ich noch mehr Reinigung brauchte; als Sie

sagten, wer mehr Weihwasser möchte, solle nach vorne kommen, wußte ich, daß der Herr mir diese Gelegenheit schenkte. Ich bat Sie, meinen Mund zu waschen, weil mein Mund und meine Kehle bei meinen früheren sexuellen Aktivitäten am schlimmsten beschmutzt wurden ... Sobald Sie das Weihwasser über meinen Mund strichen, fühlten sich meine Lippen ganz kostbar an, und mein Mund heilig. Ich empfand, daß ein Wort tief in meine Kehle geschrieben worden war, das herausmußte; es war das Wort schrecklich. Eine Zeitlang weigerte es sich stur, sich zu bewegen, aber als Sie mehr und mehr Weihwasser über mich gossen, lockerte es sich und ich spürte, wie ein neues Wort geschrieben wurde. Es war mein Taufname! Erfüllt mit seiner eigentlichen Bedeutung!"

Meine Ordner sind voll von Briefen, die die Heilungen während dieser heiligen Waschungen beschreiben. Und sie kommen nicht nur von Menschen, die von schlimmstem Mißbrauch oder den Folgen sexueller Sünde, Neurose und Perversion gezeichnet waren. Viele andere empfingen Reinigung, Heilung und Einsicht, wenn Gott sie nach vorne sandte. Wie der folgende Briefauszug deutlich macht, empfing jemand einen flüchtigen Blick auf die Freude und Heiligkeit, zu der unsere Reinigung in Christus führt:

„Das Erstaunlichste passierte während der Waschung mit Weihwasser. Zuerst war ich innerlich aufgewühlt, als Sie das ankündigten, da ich an die Worte Jesu dachte, ‚Wer schon gewaschen ist, braucht keine weitere Waschung'. Weil ich wußte, wieviel der Herr schon in mir gewaschen hatte, war meine Hauptsorge, Ihn nicht zu entehren, indem ich nochmals nach vorne ging. Aber auf der anderen Seite wollt ich keinesfalls einen Segen verpassen! Schließlich ... ging ich nach vorne. Was dann passierte, war in seiner Intensität ganz außerordentlich.

Sie waren gerade damit fertig geworden, mich zu waschen, und hoben mein Kinn leicht an ... In diesem Moment gab es einen Klick in meinem Kopf und ich hörte die Worte, ‚Gewaschen im Blut des Lammes'. Und was ich als nächstes hörte und sah, dauerte nur den Bruchteil einer Sekunde – es war als ob der Vorhang für einen Moment gehoben worden wäre ...

Ich sah weißgekleidete Menschen mit erhobenen Armen, die den Herrn priesen, und dann hörte ich etwas, das wie ein Echo klang, wie von Glocken oder von Gesang, der vom Wind hergeweht wird … die Wirkung, die das auf mich hatte, ist unbeschreiblich. Ich war besessen von dem heftigen Wunsch, der verzweifelten Sehnsucht, in jenes Land zu kommen. Das Wort Himmel scheint als Beschreibung dafür zu schwach. Mit Worten kann man die Intensität der Empfindung gar nicht wiedergeben. Monate nachher noch konnte ich nicht darüber reden. Plötzlich erschien mir der Rest meines Lebens von unerträglicher Langeweile – so schnell wie nur möglich hinter sich zu bringen. Ich hatte den Herrn eigentlich immer um ein langes Leben gebeten, wenn das Sein Wille wäre, um viel Frucht bringen zu können, und ich wollte nicht, daß meine Angehörigen mich allzufrüh betrauern müssten. Und außerdem genieße ich das Leben. So war dieses Verlangen mit Sicherheit keine verborgene Todessehnsucht. Ich verstand nicht, warum mir der Herr damals diese Erfahrung schenkte, aber ich verstehe, warum solche Momente im allgemeinen sehr flüchtig sind – keiner von uns wäre sonst mehr hier!"

Vor etwa einem Jahr hatten wir auf einer PCM-Konferenz im Ausland besonders großzügigen Gebrauch vom Weihwasser gemacht. Fr. William Beasley und ich flogen nach Hause, voller Dankbarkeit für alles, was Gott getan hatte, und wir sprachen über die ungewöhnlichen Heilungen, die wir dabei erlebt hatten. Da wurde mir klar, daß wir damit unter anderem einen großen Taufgottesdienst gefeiert hatten. „William", sagte ich, in dem Wissen, daß er zwar kein steifer Theologe war, aber doch seine festen kirchlichen Überzeugungen hinsichtlich einer „rechten" Taufliturgie hatte, „mit all diesen Waschungen scheint mir, daß wir das Gebot Christi erfüllen, in alle Welt zu gehen, das Evangelium zu predigen und zu taufen. Glaubst du, daß einiges, was bei diesen heiligen Waschungen passierte, im vollsten Sinn des Wortes Wassertaufen waren?"

„Ja", sagte er leise, „ich habe auch bemerkt, daß das geschah; in einigen Fällen war es genau das, was ablief."

Interessanterweise erhielten wir nach dieser Konferenz mehrere Briefe, die deutlich machten, daß die Betreffenden ebenfalls *wußten*, daß dies ihre Wassertaufe war. Der junge Mann, der dabei seinen Namen empfing (eine solche Namensverleihung geschieht als Teil der christlichen Taufe), schrieb:

> *„Ich hatte einst eine ‚Gläubigentaufe', aber da hatte es keine echte Umkehr gegeben ... Wie bei einem Pharisäer kam es mir nur auf die äußerliche Show an. Es gab keine Veränderung in meinem Lebensstil, keine Frucht, auf die der Herr wartete. Ich hatte mir die ganze Konferenz über Sorgen gemacht, an wen ich mich wohl wenden könnte, um getauft zu werden. Nach meiner ‚heiligen Waschung' konnte ich nicht mehr aufhören, zu lachen ... so groß war die Freude ... Dies war meine Taufe im Wasser."*

Damit soll keinesfalls mehrfaches Taufen empfohlen werden. Die erste Taufe dieses jungen Mannes, die absichtlich im Unglauben und in Rebellion durchgeführt worden war, war offensichtlich eine Farce gewesen. Aber es kann mehrfache Waschungen geben, und Gott benutzt das geheiligte Wasser in und mit Seinem Wort, um seine Braut, die Kirche zu heiligen. Wie Canon Mark Pearson sagt:

> *„Gott kann sich entscheiden, materielle Objekte zu benützen, um Gnade, Segen und Heilung zu schenken. In der Schrift und der kirchlichen Tradition lesen wir von Tüchern, die unter Gebet gesegnet wurden (Apostelgeschichte 19,11-12), und heiligem Öl (Jakobus 5,14). Gott kann auch das Heilige Abendmahl, Weihwasser oder irgendwelche anderen Gegenstände benutzen. Der historische Begriff für solche Gegenstände ist ‚Sakramentalien'. Ein moderner Pfingstpastor im Heilungsdienst hat sie einmal einen ‚Zustelldienst' genannt. Zusätzlich ist die Handauflegung häufig ein Teil der Heilung und vieler anderer Segenshandlungen."*

Man beachte den Hauptgrund: *„Der Grund für diese unterschiedlichen Formen der Heilung ist, daß wir unser Augenmerk auf Gott richten."* Christliche Heilung geht nicht davon aus, daß Gott launisch und unberechenbar ist. Wir können voller Zuversicht unsere Gebete darbringen, die verschiedenen Sakramentalien verwenden und den Kranken die Hände auflegen. Aber da wir nie sicher sein können, wie Gott heilen will, oder in welchem Zeitraum Er es tun möchte, müssen wir unser Augenmerk immer auf Gott richten. Er wird es tun; unsere Aufmerksamkeit hat nur Ihm zu gelten. Es gibt keine „Heilungstechnik" und keine „magischen Gegenstände". [8]

Es ist sicherlich der größte Segen, wenn man den Herrn sagen hört:

Darum geht zu allen Völkern und macht alle Menschen zu meinen Jüngern; tauft sie auf den Namen des Vaters und des Sohnes und des Heiligen Geistes, und lehrt sie, alles zu befolgen, was ich euch geboten habe. Seid gewiß: Ich bin bei euch alle Tage bis zum Ende der Welt. (Matthäus 28,19-20)

Und was für eine Freude ist es, die ungezählten Weisen zu sehen, durch die der Heilige Geist Seine reinigenden Fluten schickt, um dann in den gefallenen Geschöpfen Sein neues und unerschaffenes Leben hervorzubringen. „Möge es so sein", rufen wir: „Komm, Heiliger Geist, wasche uns von neuem. Maranatha! Ja, komm Herr Jesus!"

Der Gebrauch eines Kruzifixes

„Zusätzlich gibt es zur Schrift noch andere Hilfsmittel, die wir gebrauchen können. Das Kreuz Christi ist natürlich das eine große Zeichen der Überwindung der Dämonen. Ich habe festgestellt, daß nur weniges die Dämonen so derart provoziert, daß sie sich manifestieren und verschwinden, als wenn man dem Patienten ein Kreuz vor Augen hält. Oft werden sie ihre Augen schließen, um diesen Anblick auszuschließen. Dem Patienten ein Kreuz auf den Leib zu zeichnen führt mit gleicher Sicherheit zu einer Reaktion, wenn er wirklich besessen ist." [9]

In der *Heilenden Gegenwart* habe ich viel über Bilder und Symbole geschrieben; sie verdichten die Wirklichkeit für uns, binden sie sozusagen zusammen. Im zwanzigsten Jahrhundert aber haben wir auch als Christen das jüdisch-christliche Symbolsystem verloren. Die Wirklichkeit ist verengt worden, weil sie auf eine Abstraktion reduziert worden ist. Unser Herz und unser Bewußtsein haben die großen christlichen Symbole („Bilder", die eine transzendente Wirklichkeit vermitteln) verloren; statt dessen enthalten sie Bilder und Vorstellungen, die aus einer materialistischen oder heidnischen Weltsicht stammen. Wir haben die großen christlichen Realitäten zu Abstraktionen verflüchtigt. Damit sind wir jetzt fremden Symbolsystemen wie sie etwa in der Freimaurerei, dem Okkultismus und in den verschiedenen östlichen, heidnischen, pantheistischen und gnostischen Systemen vorliegen, ausgeliefert.

Um diesen Verlust noch zu steigern, nehmen viele Christen nicht nur ihre intuitiven und imaginativen Fähigkeiten nicht wahr, sondern werden aufgrund einer extremen Abwehrreaktion gegen New-Age-Gedanken und verwandte neuheidnische Strömungen auch noch gelehrt, sich vor ihnen zu fürchten. Als Ergebnis sitzen viele heute in den Kirchenbänken, deren Vorstellungswelt von fremden Bildern erfüllt ist; aber gleichzeitig haben sie gelernt, ihre eigenen intuitiven und imaginativen Fähigkeiten zu leugnen und zu hassen. Ihr Denken verwendet nicht länger die Symbole, die in unvergleichlicher Weise die großen jüdisch-christlichen Realitäten beschreiben. Vielleicht scheuen sie sich sogar ängstlich vor dem Kruzifix, dem Symbol für Christi Tod und Auferstehung, in dem auch unser Tod und unsere Auferstehung beschlossen ist – dem Symbol, das alles umfaßt, was mit Heil, Erlösung, Rechtfertigung, Heiligung und geistlicher Vollmacht über das Böse zu tun hat.

Interessanterweise haben der Teufel und seine Dämonen dieses jüdisch-christliche Symbolsystem nicht aufgegeben. Sie wollen es nur in uns zerstören. Sie können das Kruzifix nicht aushalten, denn es symbolisiert unsere vollständige Erlösung. Es versinnbildlicht die Tatsache, daß Christus den Zorn Gottes gegen das Böse auf sich genommen und Sein Blut als Lösegeld für uns bezahlt hat.

Ich werde nie die Befreiung eines besessenen jungen Mannes, den man zu uns gebracht hatte, vergessen. Seine sexuellen Zwänge waren von der allerschlimmsten Art, und er war nach eigenen Worten nahe daran gewesen, seine Sexopfer zu ermorden. In Erinnerung sind mir vor allem seine gequälten blauen Augen geblieben – Augen, die eine Schönheit bewahrt hatten, die auch Satan nicht völlig auslöschen konnte und die zugleich die Verheißung des wahren Mannes in ihm darstellten, der in der heilenden Gegenwart Gottes zum Vorschein kommen sollte. Er hatte schreckliche Angst, daß er mich oder die Umstehenden verletzen würde, denn bei anderen Befreiungsversuchen hatten die Dämonen ihn mit der Kraft mehrerer Männer um sich schlagen lassen. Er war tatsächlich so schlimm dran, daß er Wände eingerissen hätte, wenn wir den Befreiungsdienst auf die heute populäre Weise angegangen wären – mit lauten Worten die Dämonen zu „binden", ohne Kruzifix oder Weihwasser. Aber wir hatten jede Menge Weihwasser dabei und ein sehr großes Kruzifix, das wir von seinem Platz über dem Altar der Kapelle, in der wir uns befanden, abgenommen hatten.

Als ich ihm dieses riesige Kruzifix in die Hände gab, schlossen sich seine Finger in einem tödlichen Griff darum. Obwohl er sitzen blieb und seine Hände an diesem großen aufrecht stehenden Kreuz festklebten, quälten ihn die Dämonen derart, daß sein Kopf auf den Boden schlug und ihm Schaum vor den Mund trat. Als wir beteten und das Weihwasser über ihn gossen, wurde er allmählich fähig, meiner Aufforderung nachzukommen und mir ins Gesicht zu blicken. Das Kruzifix stand zwischen ihm und mir, mit der Vorderseite zu ihm hin. So schaute er mich durch den Anblick des gekreuzigten Christus hindurch an. Dann sah ich ihm in seine schmerzerfüllten Augen und rief den wahren Mann hervor, der *mit mir zusammen* an seiner Befreiung mitwirken wollte. In Jesu Namen befahlen wir den Dämonen, zu weichen und niemandem Schaden zuzufügen, während sie verschwanden. Dämon nach Dämon riß sich von seinem Körper los, als wir mehr und mehr Wasser über ihn gossen und den wahren Mann hervorriefen. In fünfundvierzig Minuten war dieser Mann frei. Am nächsten Tag beteten wir ausführlich um die Heilung der Erinnerungen und trafen Vorkehrungen, daß er eine christliche Gemeinschaft finden konnte. Mehrere Wochen später half ihm ein christlicher Psychiater, sich mit den schweren Störungen seiner Familie auseinanderzusetzen, die zu einer solch gefährlich erotisierten Identität geführt hatten. Ich freue mich, sagen zu können, daß dieser Mann heute nicht nur gesund ist, sondern auch ein Leiter im Leib Christi.

Was Tage hätte dauern können, brauchte nur kurze Zeit, weil das Gebetsteam sich nicht auf die Dämonen oder die Finsternis konzentrierte, sondern darauf, den wahren Mann zu sehen und ihn in die Gegenwart des Heiligen Gottes hinein zu rufen. Zusammen mit der Tatsache, daß die Dämonen etwas, das heilig ist und Christi Tod für uns verkörpert, nicht ausstehen können, bewirkte dies, daß das, was Stunden und Tage hätte dauern können, das Werk von weniger als einer Stunde war.

Gott hat es so gefügt, daß sich unser PCM-Team zu gleichen Teilen aus Protestanten und Katholiken zusammensetzt. Patsy Casey, eine unserer Anbetungsleiterinnen, ist von ihrem Hintergrund her durch und durch Irin und Katholikin; zugleich ist sie aber auch evangelistisch begabt, was heute normalerweise eher die Domäne evangelikaler Protestanten ist. Sie bringt ihren evangelistischen Drang nicht mit einer Variante des klassischen Spruchs von „Bist du bereit, eine Entscheidung für Christus zu treffen?" zum Ausdruck, sondern in einer etwas direkteren und farbigeren Weise, indem sie ruft: „Küß das Kreuz, Bruder!" und ihm dann das Kruzifix unter die Nase hält.

In unserer ersten großen PCM-Konferenz in London war der Saal völlig überfüllt. Die Teilnehmer setzten sich zu gleichen Teilen aus kirchlichen Mitarbeitern und Menschen zusammen, die wirklich Hilfe brauchten. Es kam dann ein Moment, in dem Gott sich denen zuwandte, die am dringendsten und tiefsten Heilung brauchten; eine ganze Reihe erlebten dabei Befreiung von Dämonen. Patsy war in diesem Moment oben auf der Empore am Beten und zog sofort ihr Kruzifix heraus, als sie Dämonen spürte. Ein junger Mann mit offensichtlichen Nöten wollte Hilfe; dann fingen Dämonen an, sich bei ihm zu manifestieren. Patsy ging sofort zu ihm hin. Die Dämonen brachten ihn dazu, nach dem Kruzifix zu schlagen; es flog quer über die Empore. Alle Augen richteten sich auf sie, als sie es sich wieder holte, und sich zur Bühne hinwandte, auf der ich stand. Mit lauter Stimme, so daß es alle hören konnten, rief sie mir zu, mit gespieltem Unglauben, als ob so etwas völlig ungewöhnlich wäre: „Dieser Mann kennt Jesus nicht!" Dann marschierte sie schnurstracks zu ihm zurück, das Kruzifix in der Hand, hielt es ihm vors Gesicht, und rief: „Küß das Kreuz, Bruder!" Und unter großen inneren Kämpfen tat er dann genau das. Er nahm Christus an und wurde frei. An diesem Tag sahen wir sehr viele Heilungen und Befreiungen, aber die Heilung dieses jungen Mannes führte noch zu einer weiteren, nämlich einer wichtigen Heilung zwischen Protestanten und Katholiken – und setzt sich bis heute fort.

Wir erleben oft, daß Gott die Verwendung eines Kruzifixes in bemerkenswerter Weise segnet. Es versinnbildlicht und symbolisiert zugleich Christi Tod für uns, den Preis den Er bezahlte, um alle, die unterdrückt sind und unter Satans schlimmer Herrschaft stehen, zu befreien. Die Hölle mit allen ihren Scharen haßt es, denn es stellt ihnen die eine Realität vor Augen, die sie am meisten fürchtet. Für die Dämonen sind die jüdisch-christlichen Symbole klar – sie bedeuten für sie die ewige Verdammnis.

Satans Versuchung in bezug auf die Sakramentalien und sakramentale Handlungen

Die Versuchungen in bezug auf die Verwendung von Weihwasser und Kruzifix sind die gleichen, die bei allem anderen auftreten, was wahr und nützlich ist. Wenn wir uns Christus hingegeben haben, sind unsere Versuchungen durch den Bösen gewöhnlich von subtilerer Form. Wie Oswald Chambers schreibt:

> *„[Satan] ... kommt nicht mit der Strategie, uns zur Sünde zu verleiten, sondern mit der Strategie, unsere Sichtweise zu verschieben; nur der Geist Gottes kann dies als eine Versuchung des Teufels aufdecken."* [10)]

Das gelingt ihm beispielsweise, wenn er die Perspektive von der wahren Imagination mit ihrer intuitiven Schau der Wirklichkeit (einschließlich des „Sinns Christi") zur bloßen Fähigkeit der Seele hin verschiebt, Bilder zu erzeugen, also zu ihrer Kraft der Visualisierung. Oder Satan richtet unser Augenmerk weg von den Gebeten für das geheiligte Wasser und den dahinterstehenden Prinzipien sakramentaler Realität und hin zum Wasser als solchem. Dann kommt es entweder zu magischen Vorstellungen, oder zur entgegengesetzten Sicht, bei der sakramentale Realität nur als Aberglauben und Irrtum gesehen wird, und das Wasser als nutzlos. Ein letztes Beispiel: Der Feind wird versuchen, unsere Aufmerksamkeit von Christus, der für unsere volle Erlösung gekreuzigt und auferstanden ist – das ist es, was das Kruzifix symbolisiert –, weg auf das Kruzifix als solches zu richten. *Gebet, Ausrichtung auf Christus und Gemeinschaft mit Gott sind die Realität.* Auch hier drückt Oswald Chambers es wieder präzise und kraftvoll aus: „Gebet ist der Kampf" und „Gebet bereitet uns nicht auf die größeren Werke vor; Gebet *ist* das größere Werk." [11)]

Wir müssen es lernen, so zu beten, daß wir erleben, wie einzelne Menschen, aber auch Organisationen und Programme von dem Einfluß des Dämonischen befreit werden. Und wenn wir sorgfältig auf Gott hören, dann stellen wir vielleicht fest (wie es unsere Vorfahren Generation um Generation immer wieder neu entdeckt haben), daß sakramentale Handlungen, Zeichen und Symbole, wie etwa die Verwendung von Weihwasser und Kruzifix, bei Menschen, die Befreiung brauchen, eine größere Rolle spielen, als wir früher zu denken gewagt hätten. Aber damals war auch der

Kampf noch nicht so hart und wir hatten es uns in unserem Rationalismus gemütlich gemacht. Die Verwendung von Dingen, die geheiligt und für den heiligen Gott ausgesondert wurden, stellt eine Möglichkeit dar, das Unheilige, alles, was gemein und gotteslästerlich ist und Gott und Seine Schöpfung haßt, in die Flucht zu schlagen.

Dieses Kapitel soll keine umfassende Erklärung des Gebrauchs von Weihwasser und anderer christlichen Symbole und Mittel für den geistlichen Kampf liefern. Darüber hinaus stellt es auch keinen Versuch dar, diese Dinge in den Mittelpunkt unseres Dienstes zu stellen oder ihren Gebrauch zu forcieren. Es ist vielmehr ein Plädoyer für das Verständnis von Symbol und *Salbung* und eine Erläuterung der unveränderlichen Prinzipien, die ihrer Verwendung zugrundeliegen. Beide stehen in einer bedeutsamen Beziehung zu sakramentalen Handlungen im Gebet für die Kranken. Schließlich unterstreicht dieses Kapitel die Wichtigkeit des Prinzips, sich beim Befreiungsgebet auf Gott statt auf die Dämonen auszurichten. Nur wenn wir uns auf Ihn konzentrieren, kommt die Gabe der Geisterunterscheidung zur Wirkung.

Die Geschichte der Christenheit zeigt, daß das Wissen um das Heilungsgebet der Kirche immer wieder verlorenging. Nur in Zeiten der Erneuerung der Kirche wurde es wiedergewonnen. Das Verständnis des Heilungsgebets wird in Zeiten des Abfalls als eines der ersten Dinge verdunkelt werden, denn damit geht auch die christliche Sicht für den inkarnatorischen Charakter der Realität verloren.

Im Heilungsdienst stellen wir immer wieder fest, daß wir sozusagen das Rad neu zu erfinden versuchen. Dann ist es tröstlich, Informationen aus vergangenen Zeiten zu finden, die im Einklang mit dem Geist Gottes das bestätigen, was wir durch eigene Erfahrung gelernt haben. Solche Funde gab es mehrfach in meinem Leben. Eines ist ein großer Abschnitt von Dr. Charles Harris über das Heilungsgebet in dem Buch *Liturgy and Worship: A Companion to the Prayer Books of the Anglican Communion.* [12)] Ich kenne keine bessere Übersicht über das Heilungsgebet und den Gebrauch der Sakramentalien in der Kirche. Es ist ein solides, wissenschaftliches und dabei doch lesbares Buch. Es bezeugt den Gebrauch der Vernunft ebenso wie den Glauben an einen Gott, der Sein Volk durch betende Menschen heilt. Leider ist das Buch vergriffen, doch bekommt man es noch in Bibliotheken.

Ich fand es erst vor etwa über einem Jahr und war beim Durchlesen des Abschnitts über Heilungsgebet immer wieder sehr beeindruckt, wie uns der Heilige Geist nicht nur die gleichen Wahrheiten lehrt, sondern auch die gleiche Praxis. Ganz besonders hat mich die Aussage von Dr. Harris gefreut, daß bei Menschen mit sexuellen Perversionen und Krankheiten gelegentlich Sofortheilungen auftreten. Manchmal werden nämlich die Berichte von Sofortheilungen in unserem Dienst von kirchlicher Seite heftig kritisiert.

Unser Gott ist gut, und Seine Macht ist größer, als wir es uns vorstellen können. Er hat schon immer das Kleine und Verachtete gebraucht, um die Weisheit der Welt zunichte zu machen; dazu gehört das Weihwasser genauso wie der schlichte Glauben an Ihn.

KAPITEL 12

Die Gabe des Kampfes

Wir sind nicht gesandt, um für Gott zu kämpfen, sondern um uns von Gott in Seinem Kampf gebrauchen zu lassen. [1]

(Oswald Chambers)

Und schließlich: Werdet stark durch die Kraft und Macht des Herrn! Zieht die Rüstung Gottes an, damit ihr den listigen Anschlägen des Teufels widerstehen könnt. Denn wir haben nicht gegen Menschen aus Fleisch und Blut zu kämpfen, sondern gegen die Fürsten und Gewalten, gegen die Beherrscher dieser finsteren Welt, gegen die bösen Geister des himmlischen Bereichs.
Darum legt die Rüstung Gottes an, damit ihr am Tag des Unheils standhalten, alles vollbringen und den Kampf bestehen könnt.
Seid also standhaft: Gürtet euch mit Wahrheit, zieht als Panzer die Gerechtigkeit an und als Schuhe die Bereitschaft, für das Evangelium vom Frieden zu kämpfen. Vor allem greift zum Schild des Glaubens! Mit ihm könnt ihr alle feurigen Geschosse des Bösen auslöschen. Nehmt den Helm des Heils und das Schwert des Geistes, das ist das Wort Gottes. Hört nicht auf, zu beten und zu flehen! Betet jederzeit im Geist; seid wachsam, harrt aus und bittet für alle Heiligen.

(Epheser 6,10-18)

Seid wachsam, steht fest im Glauben, seid mutig, seid stark! Alles, was ihr tut, geschehe in Liebe.

(1. Korinther 16,13-24)

Jesus sprach: „Ich aber sage euch: Leistet dem, der euch etwas Böses antut, keinen Widerstand, sondern wenn dich einer auf die rechte Wange schlägt, dann halt ihm auch die andere hin" (Matthäus 5,39). Eine solch „harte" Aussage unseres Herrn bringt viele von uns immer wieder dazu, sich mit der Bergpredigt insgesamt zu beschäftigen. Dort macht Jesus mehrere solcher Aussagen und setzt sich damit in Gegensatz zu der jüdischen Weisheit seiner Zeit. Eine genauere Beschäftigung mit diesen Worten enthüllt, wie Oswald Chambers sagt,

> „... die Demütigung, die es bedeutet, Christ zu sein. Im Natürlichen ist es so, daß ein Mann deshalb nicht zurückschlägt, weil er ein Feigling ist; geistlich aber wird in einem Mann, der nicht zurückschlägt, der Sohn Gottes offenbar. Wenn du beleidigt wirst, dann darfst du darüber nicht nur nicht grollen, sondern mußt es als Gelegenheit benützen, den Sohn Gottes darzustellen. Du kannst die Haltung Jesu in dir nicht nachahmen; entweder ist sie da, oder nicht. Für den Heiligen wird eine persönliche Beleidigung zur Gelegenheit, die unglaubliche Sanftmut des Herrn Jesus zu offenbaren." [2]

Die Worte unseres Herrn können nie auf einer natürlichen Ebene verstanden oder gelebt werden. Sie haben mit dem österlichen Geheimnis und mit der Wirklichkeit der Inkarnation zu tun, der Tatsache, daß ein anderer, der um der Sünde willen Gekreuzigte, in uns lebt, und daß Er Liebe ist. Wir sollen auf eine höhere Weisheit hören und mit ihr zusammenarbeiten. Wollen wir in einer geistlichen Auseinandersetzung den Sieg behalten, dann müssen wir in dem Wissen um die Gegenwart Christi in uns und die Gaben des Heiligen Geistes leben, wie sie im hörenden Gebet am Werk sind. Tun wir das, so werden wir häufiger, als wir denken, zu den Worten Jesu in der Bergpredigt zurückgeschickt. Echten geistlichen Kampf zu erleben, bedeutet zu wissen, was echte Feinde sind. (Viele denken, sie wären im geistlichen Kampf, wenn sie lediglich unter Druck stehen, weil sie nicht wissen, wie man mit bestimmten Dingen weise umgeht.) Nichts wird uns schneller zu den Worten Jesu über die Feindesliebe zurückbringen als ein Scharmützel mit solchen, die wirklich das Wort der Wahrheit (Christus und sein Evangelium) hassen, und die deswegen auch uns hassen und übelwollen. Wir stellen schnell fest, daß wir teilweise in unserer eigenen Stärke kämpfen und schreien dann nach der Gnade, es allein in Seiner Kraft tun zu können.

Dr. Donald Bloesch schreibt in *Crumbling Foundations* von der Notwendigkeit, um die „Gabe des Kampfes" zu beten. In einem Abschnitt mit der Überschrift „Die Wiederentdeckung der Geistesgaben" erinnert er uns daran, daß „Christen ihre Berufung nur ausleben können, wenn sie die Gaben des Heiligen Geistes wiederentdecken und einsetzen". Dann beschreibt er eine zusätzliche Gabe, auf die er im Alten und im Neuen Testament Hinweise findet. Als Theologe und scharfsinniger Zeitgenosse glaubt er, daß diese „Gabe des Kampfes" eine entscheidende Bedeutung für heute hat:

> *„Christen unter dem Kreuz der Verfolgung müssen um die Gabe des Kampfes beten, die Fähigkeit, in der Prüfung auszuhalten, und den Mut, Unmoral und Irrlehre auch bei Hochstehenden zu kritisieren. Die Gabe des Kampfes ist etwa in der Gabe der Stärke aus Jesaja 11,2 enthalten. Sie bedeutet die Kraft, den Konflikt nicht zu scheuen, und das Stehvermögen, darin nicht aufgerieben zu werden. Sie muß von der Gabe der Liebe begleitet und zur Erfüllung gebracht werden, denn wir können nicht erfolgreich gegen die Sünde kämpfen, wenn wir den Sünder nicht lieben. Wir müssen die Wahrheit sagen, aber wir müssen sie in Liebe sagen."* [3]

Die Wahrheit in der Liebe zu sagen, die aus Gott stammt, scheint mir den größeren Teil dieser Gabe des Kampfes auszumachen. An dieser Liebe ist nichts Schwächliches, denn Wahrheit – wenn sie vollständig und angemessen zur Sprache kommt – hat eine unglaubliche Macht.

So ist ein erstes Prinzip für den geistlichen Kampf das Bewußtsein, daß wir diese Gabe des Kampfes nicht einsetzen können ohne die *agape*, die Gabe der göttlichen Liebe, die aus dem Leben Gottes in uns herausfließt. Damit setzen wir unser ganzes Vertrauen auf Ihn. Wir schauen auf keine andere Macht, kein anderes Eingreifen – nur auf das, was von Ihm kommt. Dieses direkte Schauen auf Gott, durch das man Seinen Schlachtplan empfängt, läßt uns auch in einer anderen Hinsicht auf sicherem Boden stehen – wir wissen, daß wir die Sünde hassen, aber unseren Feind lieben sollen.

Das folgende Gebet aus einer griechisch-orthodoxen Liturgie hat einen wichtigen Platz in meinem Gebetstagebuch. Es hilft mir, in der rechten Weise für meine Feinde zu beten, wenn der Kampf auf dem Höhepunkt angelangt ist, und ich am wenigsten in der Lage bin, eigene Worte für ein solches Gebet aufzubieten. Dieses wunderbare Gebet atmet den wahren Geist der Bergpredigt.

„Rette, o Herr, und erbarme Dich über die, die mir Neid, Beleidigungen und Böses antun, und laß sie nicht durch mich, einen Sünder, zugrunde gehen."

Ein solches Gebet macht deutlich, worum es bei der Feindesliebe geht.

Ein zweites Prinzip besteht darin, daß wir in der Gabe des Kampfes nicht ohne reife Gebetspartner bestehen können. Sie sind die Soldaten, die neben uns marschieren und den gleichen Kampf durchfechten:

„Christen, die in den Kampf gegen die Mächte der Finsternis eintreten, können ohne ein lebenserhaltendes Versorgungssystem nicht bestehen, ohne die Unterstützung einer Gemeinschaft, die ihre Mitglieder beständig in der Fürbitte vor den lebendigen Gott bringt." [4]

Wer von uns solch ein „lebenserhaltendes Versorgungssystem" hat, ist zutiefst dankbar dafür, wer es nicht hat, muß ernsthaft darum beten. Die Fürbitte der Heiligen, die in Christi Namen zusammenkommen, um für uns zu beten, ist absolut ausschlaggebend für das eigene Leben als Christ, und ganz besonders natürlich für den geistlichen Kampf. Menschen, die nicht nur für uns beten, sondern auch das Wort, das Gott spricht, hören und weitergeben, wenn wir umzingelt sind und schwach werden, sind ein kostbares Geschenk Gottes, ein echter Reichtum.

Durch all die Jahre, in denen Gott mich von einem Ort zum anderen umziehen ließ, bat ich an jedem neuen Ort immer als erstes darum, Gott möge mir vertrauenswürdige Gebetspartner zeigen. Oft mußte ich dazu erst einmal Christen im Gebet ausbilden, aber Gott sandte immer welche, vielleicht auch nur eine einzige Person für eine gewisse Zeit. Dann kam noch jemand dazu, und so weiter. Meine Partner gehören zu meinen größten geistlichen Schätzen. Zu sehen, wie Gott an ihrer Seele und in ihrem Dienst wirkt, ist in sich schon eine großartige Belohnung; und das ist nur eine von vielen, die diese „Meisterwerke der Liebe Gottes", diese Seine Diener und Dienerinnen, mit sich bringen. Ich bin immer wieder völlig erstaunt, wenn ich sehe, wie selten Pastoren und Leiter solche Gebetspartner haben. Oft haben sie Angst davor, sich anderen mitzuteilen; aber dann gibt es auch kein gemeinschaftliches Hören auf Gottes Stimme und keine gemeinsame Fürbitte für andere, die diesen Namen verdient. Niemand kann unter solchen Umständen in den Berufungen, die uns gegeben sind, lange im Kampf stehen oder sich zum Sieg durchkämpfen.

Vor kurzem betete ich mit einer starken Leiterin im Leib Christi. Sie ging durch die schlimmste Art von geistlichem Kampf, den der Erzfeind unserer Seelen nur aufbieten kann, und die grimmige Auseinandersetzung hatte ihr qualvolles Leiden beschert. Dieser Schmerz versetzte sie zum ersten Mal in die Lage, zu verstehen, was es heißt, die Leiden Christi auf sich zu nehmen. Weil sie gegen das tiefverwurzelte Böse in ihrer Kirche auftrat, wurde sie zur Zielscheibe unglaublicher Lügen, übelster Nachrede und aller möglichen Formen von Beschimpfungen. Auch ihr Dienst war in Frage gestellt.

Durch die Länge und das Ausmaß des Kampfes war sie völlig erschöpft und verzweifelt; sie verlor die Hoffnung, das zu überleben. *Sie hatte jedoch starke Gebetspartner, die ihr beistanden, als ihre Lage immer hoffnungsloser wurde.* Als wir (das PCM-Team) mit ihnen zum Gebet zusammenkamen, bekamen wir unglaubliche Worte von Gott. Diese Frau öffnete ihr Herz und nahm sie an. Diese Worte brachten sie wieder auf die Beine und stellten ihre Berufung (die Heilsbotschaft), die ihr anvertraut war, wieder her. Hier sind nur ein paar der Worte:

„Laura (Name geändert) soll ihre Stimme erheben, sie soll den Herrn in der Versammlung Seines Volks erheben. Es wird zu einer herrlichen Rechtfertigung kommen – ihre Stimme soll nicht zum Verstummen gebracht werden.

Es gibt eine neue Waffenrüstung für Laura; es ist die Rüstung der Liebe, die Gott ihr anziehen wird. Sie wird in der Lage sein, ihren Feinden mit einer kraftvollen Liebe gegenüberzutreten. Sie wird überwältigt sein, wie diese Liebe durch sie hindurch kommt. Sie wird in dieser Rüstung ausziehen. Sie soll

263

sich nicht abmühen, denn sie wird keine Notwendigkeit haben, sich zu schützen. "

Die meisten, die ähnliches wie diese Dienerin Gottes durchgemacht haben, empfinden, sie müßten Mauern errichten und Schutzmaßnahmen für sich und ihre Familien treffen. Laura aber wird das nicht tun. Sie ist in die Leiden Christi eingetreten. Deshalb hat sie es mit einem Feind zu tun, dessen Schlachtplan sie davon abbringen soll, die Wahrheit des Evangeliums auszusprechen und in ihrem ganzen Wesen aus der Wahrheit heraus zu leben, daß ein Anderer, der Heilige, der All-Mächtige, mit ihr ist. Aber sie hat die volle Waffenrüstung Gottes angelegt; sie hat um die Gabe das Kampfes gebeten und sie empfangen.

Während der Feind und Erzverkläger unserer Seelen, der selbst die Auserwählten verführen und aufs Schlimmste täuschen würde, unsere totale Zerstörung als Person plant, kämpfen und siegen wir wie Laura unter dem Banner des Herrn – Seinem heiligen Kreuz und Seiner Art der Liebe (Hebräer 2,10) – nicht wie die Welt kämpft:

Wir leben zwar in dieser Welt, kämpfen aber nicht mit den Waffen dieser Welt. Die Waffen, die wir einsetzen, sind nicht irdisch, aber sie haben durch Gott die Macht, Festungen zu schleifen; mit ihnen reißen wir alle hohen Gedankengebäude nieder, die sich gegen die Erkenntnis des Herrn auftürmen. Wir nehmen alles Denken gefangen, so daß es Christus gehorcht. (2. Korinther 10,3-5)

Die Schrift bezeichnet diesen Kampf, der unser ganzes Wesen erfaßt, als einen guten Kampf (1. Timotheus 1,18-19), den „guten Kampf des Glaubens" (1. Timotheus 6,12). Er richtet sich gegen „die Welt" (Johannes 16,33; 1. Johannes 5,4-5), das Fleisch (Römer 7,23; 1. Korinther 9,25-27; 1. Petrus 2,11), unsere Feinde (Psalm 38,20; 56,2-4; 59,3) und schlußendlich gegen den Erzfeind von allem, was Gott geschaffen und gut genannt hat; er, Satan selbst, steht hinter all dem und verleiht ihm die Energie (1. Mose 3,15; 2. Korinther 2,11; Jakobus 4,7-10; Epheser 6,12; 1. Petrus 5,8-9; Offenbarung 12,17).

Die Schrift ermahnt uns zur Sorgfalt in diesem Kampf (1. Timotheus 6,12; Judas 3); er soll im Glauben und mit einem reinen Gewissen durchgeführt werden (1. Timotheus 1,18-19), in Standhaftigkeit (1. Korinther 16,13; 1. Petrus 5,8-9; Hebräer 10,23), in Wachsamkeit (1. Korinther 16,13-14), Nüchternheit (1. Thessalonicher 5,6-8), Ausdauer (2. Timotheus 2,3.10), Selbstverleugnung (1. Korinther 9,25-27), Zuversicht auf Gott (Psalm 27,1-3) und im Gebet (Psalm 35,1-3).

In dem Dienst, den Gott uns als Team von Pastoral Care Ministries anvertraut hat, sind wir immer wieder erstaunt über die unzähligen, unterschiedlichen Weisen, wie Gott uns mitten im geistlichen Kampf beschützt, auch wenn er noch so schlimm ist (Psalm 140,8). Er befreit (2. Timotheus 4,18), hilft (Psalm 118,13; Jesaja 41,13-14), tröstet (2. Korinther 7,5-7), ermutigt (Jesaja 41,11-12; 51,12; 1. Johannes 4,4) und stärkt (Psalm 20,3; 27,14; Jesaja 41,10; 2. Korinther 12,9; 2. Timotheus 4,17). Wenn man tief verletzten Menschen dient, die aus einem sündhaften und pervertierten Lebensstil kommen, dann ist es nichts Ungewöhnliches, zu erleben, wie Gott mehrere hundert Menschen auf einmal von den schlimmsten Krankheiten des Denkens und der damit verbundenen schweren Dämonisierung befreit. Da stehen wir vor vielen, die den Kampf verloren haben und in der schlimmsten geistlichen Finsternis gefangen sind, weil sie der Sünde nachgegeben haben und außerhalb von Christus sind.

In solchen Augenblicken wissen wir nicht nur, daß die heilige Gegenwart Gottes und Seine mächtige Kraft am Wirken ist; manchmal werden uns die Augen geöffnet und wir sehen das Heer des Himmels mit uns zusammen am Werk! Und wir sehen unterschiedliche Arten von Engeln! Wenn wir Frauen helfen, die schwer unter Misogynie (Frauenhaß) leiden, kommen beispielsweise zwei ganz außergewöhnliche Engel. Wir müssen schon auf die Bücher Hesekiel und Daniel zurückgreifen, um Worte zu finden, mit denen wir sie beschreiben können. Es sind außerordentlich mächtige Engel, und sie kümmern sich offensichtlich vor allem um das Böse, das Frauen durch Krieg und Misogynie zugefügt wird. Sie helfen uns, diese Frauen freizusetzen. Jetzt sehen wir nur undeutlich, wie durch ein dunkles Glas, aber einst wird unser Her uns das alles erklären. In der Zwischenzeit genügt die Feststellung, daß wir als Leib Christi noch kaum begonnen haben, die göttlichen Ressourcen anzuzapfen, die Gott uns so gerne geben möchte. Mitten im wirklichen Kampf und Leid gibt es so Freude und Sieg.

Wenn der Feind der geliebte Feind ist

Denn der Sohn verachtet den Vater, die Tochter stellt sich gegen die Mutter, die Schwiegertochter gegen die Schwiegermutter; jeder hat die eigenen Hausgenossen zum Feind. (Micha 7,6)

Oft nützt der Feind den Widerstand aus, der sich in unserem engsten Umfeld erhebt, beispielsweise bei engen Verwandten oder Freunden im Leib Christi. Das ist vielleicht die schmerzlichste Form von geistlichem Kampf. Dazu kommt es besonders dann, wenn ein wirkungsvoller, bahnbrechender Dienst auf dem Spiel steht. In diesem dämonisierten Kampf stoßen wir immer auf üble Nachrede und Lügen. Einen solchen Fall, in dem nicht die Wurzelsünde des Neides ans Licht kommen und geklärt werden muß, muß ich erst noch erleben. Seltsamerweise wird dieses furchtbare Laster heute nur selten als solches erkannt.

Das zehnte Kapitel des Matthäusevangeliums handelt von dieser Art von Widerstand. Als ich anfing, über die Heilung von Beziehungen durch die Vergebung der Sünde zu lehren, erlebte ich von bestimmter Seite einen absolut bizarren und irrationalen Widerstand bis hin zu Lügen und Verleumdungen. Von der Seite, von der es kam, hätte ich das nie erwartet. Die Situation war dämonisch aufgeladen, was mich ebenfalls überraschte. Solange wir nicht längere Zeit in diesem Dienst gestanden haben, erwarten wir, daß solche harten, offensichtlich dämonisch inspirierten Kämpfe bei anderen auftreten – aber nicht bei uns selbst. Ich fiel vor Gott auf mein Angesicht. Geistlicher Kampf bringt alle möglichen Formen von Verwirrung mit sich; so hatte ich einiges mit Gott „zu durchdenken". Und natürlich mußte ich den gleichen Leuten immer und immer wieder vergeben, und für sie immer wieder fürbittend eintreten. Um all das tun zu können und um mit den Einsichten, die Gott mir durch die Schrift schenkte, und Seiner Führung im Gebet Schritt zu halten, richtete ich in meinem Gebetstagebuch eine ganz neue Abteilung mit der Überschrift „Geliebte Feinde" ein. In diese Abteilung schrieb ich die Schrift-stellen, die mir persönlich sehr halfen, und die Gebete, die Gott mir für diese lieben Leute gab. Ich kann sie in aller Aufrichtigkeit so nennen, denn sie sind geliebt. Hätte ich nicht gelernt, für sie und die ganze Situation wirksam zu beten, dann könnte ich das wohl nicht so sagen. Vielleicht hätte ich auch überhaupt nicht mehr im geistlichen Dienst bleiben können, denn der Feind wollte ihn stoppen, indem er mich persönlich entmutigte. Die Art des Kampfes hätte das mit Sicherheit bewirkt, wenn ich es nicht gelernt hätte, für meine geliebten Feinde zu beten – die mir am nächsten standen und dem Werk, zu dem Gott mich berufen hatte, widerstanden.

„Den Drachen rot anmalen"

Es macht dem Herrn Freude, uns zu zeigen kann, wie wir beten können. Je früher wir dazu kommen, Ihn in jeder Situation zu fragen, umso besser werden wir fahren. Als ich mit meinem Kampf nichts auszurichten schien, schrie ich schließlich voll Verzweiflung, „Herr, wie und was kann ich für meine Feinde beten? Diejenigen, die mir so nahestehen, und mich und das Werk verleumden, das Du mir gegeben hast?"

Und Gott versprach, mir eine Gebetsform zu zeigen! Mehrere Tage später, als ich am Beten war, tat Er es. Im Team nennen wir dies das „Den-Drachen-rot-anmalen"-Gebet. Wir konnten vielen anderen Christen, die in geistlichen Kampf verstrickt waren, dadurch helfen. Es umfaßt einige gesunde Prinzipien, die jeder nötig zu haben scheint, wenn der Kampf einmal losgegangen ist:

1) Beten Sie, daß die Augen aller Menschen im Umfeld der Betreffenden geöffnet werden, die Situation so zu sehen, wie sie wirklich ist.

2) Beten Sie, daß deren Mitarbeiter Möglichkeiten bekommen, Wahrheit und Licht in die Situation hineinzusprechen.

Bei diesen ersten beiden Schritten beten wir um göttliche Erleuchtung und Weisheit für diejenigen, die Wahrheit und Frieden in die Situation bringen können; gleichzeitig beten wir um ihre Sicherheit. Wir beten darum, daß stabile Personen nicht in dem dunklen Netz geistlicher Verwirrung und Täuschung gefangen werden – eine immer gegenwärtige Gefahr bei geistlichem Kampf – und daß sie in der Lage sind, anderen zu helfen, die getäuscht sind.

Als ich über diese beiden ersten Formen des Gebets nachdachte, machte mir der Herr die Geschichte von David und Goliath wichtig, und hier vor allem die in 1. Samuel 17,47 ausgesprochene Wahrheit „... daß der Herr nicht durch Schwert und Speer Rettung verschafft; denn es ist ein Krieg des Herrn ..." Ich stellte dann die Frage: „Jesus, was ist der Kieselstein, der, auf Deinen Befehl hin geschleudert, die Goliaths von Neid, Verleumdung, mörderischem Haß, und von allem, was Deinem Kreuz und Deiner Botschaft feindlich gegenübersteht, stoppen wird?"

Und sofort hörte ich in meinem Geist „Wahrheit, Wahrheit wird das Ziel treffen" Die anschließende Anweisung brachte uns dann dazu, diese Art der Fürbitte das „Den-Drachen-rot-anmalen"-Gebet zu nennen:

3) Beten Sie, daß jede dämonische Macht in diesen Personen oder Situationen sich manifestiert – daß sie von allen klar gesehen und erkannt wird.

C. S. Lewis hat zu Recht einmal gesagt: „Liebe ist etwas Strengeres und Großartigeres als bloße Freundlichkeit."[5] Dies ist für den „geliebten Feind" furchtbar schwer, aber es ist der einzige Weg, auf dem er geheilt wird. Als Antwort auf dieses Gebet läßt Gott den wahren Feind unserer aller Seelen für alle sichtbar werden.

Es wird natürlich immer Menschen geben, die nicht gewillt sind, zu sehen und umzukehren. Sie machen sich selbst blind, indem sie ihre Sünde immer weiter rationalisieren. Hier wird oft die Wurzelsünde des Neides offenbar – die Sünde, die die Tür für den dämonischen Drachen geöffnet und ihm ein Nest geschaffen hat, von dem aus er im Reich Gottes zuschlagen kann; in diesem Nest können sich dann noch andere solche Dämonen breit machen. Wenn das der Fall ist, rufen wir die Gegenwart Gottes an, und stellen fest, daß „wo immer Jesus ist, die Stürme des Lebens gestillt werden"[6] Wir stellen zudem fest, daß Er dadurch ein Werk in uns tut, das ohne das, was wir im andauernden geistlichen Kampf gelernt haben, nie geschehen wäre.

Nach diesem dritten Punkt machte mir der Herr 1. Samuel 14,15 wichtig. Dieser Vers gab mir weitere Einsicht in ein Modell, wie man in der Fürbitte geistlich in die Offensive gehen kann. Ich sah, wie Jonathan und sein Waffenträger, also nur zwei Männer, mit ihrem Eintreten für das Volk Gottes das ganze Heer der Philister in die Flucht schlugen. Sie gingen im Glauben ein Wagnis ein, sprachen das Wort der Wahrheit, und der Herr unterstütze sie: „Großer Schrecken entstand im Lager der Philister ... Dazu bebte die Erde, und es entstand ein Gottesschrecken."

Hier sehen wir ganz deutlich, was es heißt, von Gott in *Seinem* (nicht unserem) Kampf benutzt zu werden. Wenn wir auf Seinen Befehl hin ein Wagnis eingehen, sendet er den Schrecken oder was sonst benötigt wird. Das Wesen des Bösen hat etwas Illusionäres. Es versucht, durch Bluff zu gewinnen – indem es sich zu einer furchtbaren Größe aufbläst. Ein Wort der Wahrheit, gesprochen in der Kraft des Heiligen Geistes, solide wie ein Fels und glänzend wie die Ewigkeit, fliegt schnell und sicher wie ein Pfeil, um den aufgeblasenen Ballon von bösen Lügen und prahlerischem Gehabe zu durchlöchern. Dann entsteht Panik. Es gibt Zeiten, wo wir beten „Herr, sende Deinen Gottesschrecken" – und Er es dann tut. Wir kämpfen nicht mit Worten – wir reden und leben die Wahrheit; Gott übernimmt das Kämpfen.

Der vierte Schritt, den der Herr für dieses „Den-Drachen-rot-anmalen"-Gebet gab, ist wieder sehr wichtig. Er unterstreicht die Tatsache, daß unser Kampf sich gegen die Sünde, nicht den Sünder richtet:

4) Bitten Sie darum, daß das, was gerettet werden kann (in dieser Situation und in dem Leben Ihrer Feinde), vom Geist Gottes erlöst, gedemütigt und gesegnet wird.

Dazu schrieb ich folgende Anweisungen vom Herrn auf:

„Bete für die Gesundheit und ein umfassendes Heilwerden deiner Feinde. Bete für die Rettung von allem, was gut, schön und wahr in ihnen ist. Ich tue ein großes Werk, das dich erstaunen wird. Finde jetzt Ruhe vor allen Dingen, die dich angreifen, beleidigen oder sich an dich klammern – liebe, schreibe, bete und lebe in Meiner Gegenwart. Tritt ein in die Zeitlosigkeit Meiner Freude und Meines Friedens."

Daß unser Gott so treu ist, alle Gebete einschließlich dieser zu erhören, ist etwas, was ich laut von den Dächern rufen möchte. Mit dem Propheten Micha hatte ich die Gnade, zu sagen: „Ich aber schaue aus nach dem Herrn, ich warte voll Vertrauen auf Gott, meinen Retter. Mein Gott wird mich erhören" (Micha 7,7).

Und das tat Er. Wenn wir im Gehorsam unseren Stand in Ihm einnehmen, dann tut Gott das Unglaubliche, die im Kampf erlittene Wunden zu einer heilenden Kraft für andere werden zu lassen; dabei gießt Er selbst Seine heilende Gnade und Sein heilendes Licht auch in unsere allerschlimmsten, klaffenden Wunden hinein.

GEBET

Herr bring uns und ganz besonders die, die zur Leitung in Kirche und Gemeinde berufen sind, an den Punkt, wo wir wahrhaft mit Paulus sprechen können: „Niemand geben wir auch nur den geringsten Anstoß, damit unser Dienst nicht getadelt werden kann. In allem erweisen wir uns als Gottes Diener: durch große Standhaftigkeit, in Bedrängnis, in Not, in Angst, unter Schlägen, in Gefängnissen, in Zeiten der Unruhe, unter der Last der Arbeit, in durchwachten Nächten, in Fasten, durch lautere Gesinnung, durch Erkenntnis, durch Langmut, durch Güte, durch den Heiligen Geist, durch ungeheuchelte Liebe, durch das Wort der Wahrheit, in der Kraft Gottes, mit den Waffen der Gerechtigkeit in der Rechten und in der Linken, bei Ehrung und Schmähung, bei übler Nachrede und Lob. Wir gelten als Betrüger und sind doch wahrhaftig; wir werden verkannt und doch anerkannt; wir sind wie Sterbende, und seht: wir leben; wir werden gezüchtigt und doch nicht getötet; uns wird Leid zugefügt, und doch sind wir jederzeit fröhlich; wir sind arm und machen doch viele reich; wir haben nichts und haben doch alles." (2. Korinther 6,3-10)

KAPITEL 13

Kosmische Dimensionen: Geistlicher Kampf in christlichen Organisationen

Liebe Brüder, da es mich sehr drängt, euch über unsere gemeinsame Rettung zu schreiben, halte ich es für notwendig, euch mit diesem Brief zu ermahnen: Kämpft für den überlieferten Glauben, der den Heiligen ein für allemal anvertraut ist. Denn es haben sich einige Leute eingeschlichen, die schon seit langem für das Gericht vorgemerkt sind: gottlose Menschen, die die Gnade unseres Gottes dazu mißbrauchen, ein zügelloses Leben zu führen, und die Jesus Christus, unseren einzigen Herrscher und Herrn, verleugnen.

(Judas 3-4)

Liebe ist etwas Strengeres und Großartigeres als bloße Freundlichkeit ...

(C. S. Lewis)

Frank Perettis Romane *Die Finsternis dieser Welt* und *Licht in der Finsternis* haben vielen Lesern die kosmischen Dimensionen des geistlichen Kampfes und das Leid, das mit intensiven geistlichen Konflikten einhergeht, bewußt gemacht. In diesen beiden Büchern hat Peretti vielen durch den Materialismus des zwanzigsten Jahrhunderts geprägten Christen einen wichtigen Teil ihres jüdisch-christlichen Symbolsystems wiedergegeben. Diese Christen können jetzt die heiligen Engel wie auch ihre gefallenen, dämonischen Gegenstücke „sehen"; in der Vorstellungswelt der

271

Leser leben jetzt Bilder des kosmischen Ringens, das „in den himmlischen Orten" stattfindet. Ihr Herz hat jetzt Bilder dafür, wie die irdischen Machthaber und Institutionen von dem Gott dieser Welt beeinflußt und durchdrungen werden. Deshalb werden die unsichtbaren Realitäten nicht länger mehr durch Abstraktionen verflüchtigt. Das Verständnis für den Wert des Gebets und seine entscheidende Rolle im geistlichen Kampf wächst ganz neu. Sie werden wieder in die Lage versetzt, die unvergleichliche „Einfalt Christus gegenüber" (2. Korinther 11,3; Elberfelder Übersetzung) sozusagen erneut zu schmecken und in hörendem Gehorsam vorwärtszuschreiten:

> „Einfalt ist das Geheimnis, die Dinge klar zu sehen. Lange Zeit mag ein Heiliger nicht klar denken, aber er sollte in der Lage sein, ohne Schwierigkeiten klar zu sehen. Ein geistliches Durcheinander kann man nicht durch Denken klären, man muß es durch Gehorsam klären ... Wenn die natürliche Kraft der inneren Schau dem Heiligen Geist unterstellt wird, wird sie zur Kraft, Gottes Willen wahrzunehmen, und das ganze Leben kommt in eine Einfalt hinein." [1]

Die Erneuerung der Fähigkeit zu einer klareren Wahrnehmung, ist eines der Dinge, die gerade Romane, die von Christen geschrieben werden, sehr gut vermitteln können. Je tiefer diese Werke aus einer jüdisch-christlichen Sicht der Wahrheit und Realität kommen und diese widerspiegeln, umso größer ist ihr Wert. Sie bilden bestimmte Facetten unserer irdischen Situation richtig ab, und zwar auf dem Hintergrund eines Universums, das fähig ist, eine transzendente Ordnung, Gerechtigkeit und Harmonie zu empfangen. Mit anderen Worten: die Inkarnation (die *reale, wirkliche* Gegenwart) und das Kreuz Christi (die Erlösung und die Möglichkeit der Neuschöpfung) werden implizit oder explizit das Herzstück dieser Werke bilden. Alle Kunst, die etwas bewirkt, beschäftigt sich auf die eine oder andere Weise mit dem kosmischen Kampf, in dem wir stehen, und mit der Tatsache, daß Gott, das unvorstellbare Gute, den endgültigen Sieg errungen hat.

In dem geistlichen Kampf, der in der institutionellen Kirche tobt, sind nicht wenige unserer Schriftsteller und Künstler von dem Gott dieser Welt infiziert worden, wie man leider feststellen muß. Sind diese Künstler sündig und unreif, dann setzen sie ihre ungewöhnlichen Fähigkeit dazu ein, andere in die Irre zu führen. Einst werden sie feststellen müssen, daß für sie das Gleiche gilt, wie für die Lehrer in der Kirche: vor den Schranken des göttlichen Gerichts wird viel von ihnen gefordert werden (Jakobus 3,1, Markus 9,42-50; Matthäus 23,1-33). Perettis Romane hatten deshalb einen so großen Einfluß auf Christen, weil sie innerhalb der einem solchen Werk gesetzten Grenzen die christliche Wirklichkeit effektiv widerspiegeln. Sie sind in unbekümmerter Weise durch und durch christlich in einer Zeit, wo eine Reihe christlicher Schriftsteller mit großer Unsicherheit an Dinge wie Wahrheit und ewiges Leben herangehen und sich mehr Gedanken um die literarischen Aspekte ihrer Werke und deren Akzeptanz in einer säkularisierten Kirche und Welt machen. Wer wie wir im geistlichen Kampf an vorderster Front steht, hat diese „kunstvollen" Werke mit ihrem manchmal sehr subtilen Zynismus von ganzem Herzen satt. Diese Autoren stellen nur ihre Gesetzlosigkeit oder direkten Unglauben zur Schau; sie sind nicht in der Lage, Bilder zu malen, wie das Gute über das Böse siegt, wenn Christen standhalten. Alle diese Defizite laufen dann schlußendlich auf den Versuch hinaus, die Sünde durch Psychologisierung auf die eine oder andere Weise mit neuen Symbolen zu versehen.

Für uns, die wir um die Seelen von Menschen kämpfen, ist dieser Mangel an transzendenter Bedeutung und der entsprechenden Überbetonung der Gefangenschaft des Menschen in einem narzißtischen Kosmos von Verlangen, Gefühlen usw., die in einer solchen Kunst zum Ausdruck kommt, vollständig passé. Vor allem in ihren anspruchsvolleren Formen, den ästhetischen und literarischen, ist das zutiefst bedauerlich.

Wir schätzen eine Kunst, die aus einer echten christlichen Imagination und einem christlichen Intellekt entspringt; sie hat die Macht, Christen wieder ein volles christliches Symbolsystem zu geben. In diesem Jahrhundert sind C. S. Lewis und J. R. R. Tolkien großartige Vorbilder; sie haben geradezu genial moralische und intellektuelle, irdische und transzendente Realitäten für uns abgebildet. Ihre Bilder der Herrlichkeit und des wahren Wesens von Gut und Böse zeigen, welche enormen Gaben Herz und Verstand solcher Menschen für uns sind. An christliche Künstler wurde schon immer die Erwartung gestellt, die Wahrheit abzubilden – in Übereinstimmung damit, wie die Dinge in Wirklichkeit sind – und Bilder zu erzeugen, die den tiefen Sinn und die Wahrheit, die in

Gottes Offenbarung verborgen liegt, für die jeweilige Generation mindestens anfänglich vermitteln. Zu einer Zeit wie der unseren, in der es falsche Propheten, Lehrer, Bischöfe und Apostel im Übermaß gibt, sollten Christen in der Kunst besser von ihrem Ästhetizismus und Ausrichtung auf den Erfolg bei einem säkularen Publikum lassen und sich denen anschließen, deren Kunst aus einer von Gebet getragenen Meditation und Erfahrung des *Wirklichen* fließt.

Darüber hinaus aber gibt es noch Menschen in unseren kirchlichen Strukturen und Programmen, die sich nicht nur einer seichten und unreifen Kunst widmen, sondern sich aktiv der Rechtfertigung des Bösen verschrieben haben. Sie versuchen, Gut und Böse zu versöhnen. [2] Manche haben sich bewußt daran gemacht, den geschichtlich überlieferten Glauben zu zerstören und stehen im Dienst des Feindes unserer Seelen. Deshalb ist es keine Überraschung, daß viele Christen angesichts des Anblicks, der Klänge und der Gerüche, die von solchen abscheulichen Dingen in der institutionalisierten Kirche von heute ausgehen, in Ohnmacht fallen.

Weh denen, die das Böse gut und das Gute böse nennen, die die Finsternis zum Licht und das Licht zur Finsternis machen, die das Bittere süß und das Süße bitter machen. (Jesaja 5,20)

Die Wahrheit sagen

„Es macht ungeheuer viel aus, wenn ich jemanden von der Wahrheit abbringe." (C. S. Lewis)

Was die alten Wahrheiten anbelangt, das wahre Wesen Gottes und Seiner Offenbarung in und durch Christus, kann man niemals Kompromisse schließen, geschweige denn sie aufgeben. Es gibt Dinge, über die wir unterschiedlicher Meinung sein können, wo wir andere Akzente setzen, aber für die Grundwahrheiten unseres Glaubens müssen wir immer mit großem Ernst einstehen. Heute entwickeln sich an allen Ecken und Enden, wo wir sie nie erwartet hätten, kleinere Häresien; sie werden sich zu großen entwickeln. Solche großen gibt es auch jetzt schon. Das war zu allen Zeiten so und hat der Kirche geholfen, demütig und wach, gewissenhaft und im Gebet zu bleiben. Es zwingt sie, für jede neue Generation von

Christen „den überlieferten Glauben, der den Heiligen ein für allemal anvertraut ist" (Judas 3) zu klären und zu definieren.

Was uns aber am meisten Sorge machen sollte, ist die Tatsache, daß eines der Kennzeichen von heute der Mangel an Wahrheitsliebe ist. Ein hoch angesehener Theologe, der versucht hatte, sich mit recht bekannten Autoren (ebenfalls ordinierten Klerikern) auseinanderzusetzen, die für die Verbreitung von Irrtümern verantwortlich waren, sagte mir vor kurzem völlig resigniert: „Denen ist *die Wahrheit* egal!"

Wichtig waren für diese irregeleiteten Menschen die Gefühle der anderen, wie diese über *sie* dachten, und wie sich Dinge für sie darstellten. All dies spiegelt unseren Zeitgeist wider, der lauthals verkündet, daß es keine letztgültige, objektive Wahrheit zu erkennen gibt. Für sie gab es nur den inneren, subjektiven Kosmos der Psyche, mit ihren Gefühlen und ihrem Verlangen, zufriedengestellt zu werden. Ihre Liebe zu Christus und zu anderen ist sentimental geworden; man kann sie eigentlich kaum noch Liebe nennen. Die Fürsorge für andere ist reduziert auf das, was die gerade populäre Psychologie vertritt. Weder achten sie die Wahrheit noch kümmern sie sich länger um sie, die dem geheiligten Herzen und Intellekt der Glaubenden zugänglich ist – erleuchtet durch den Geist Gottes in und unter Seinem Volk. Christus sagte zu Menschen Seiner Generation, die ähnlich dachten:

> *Warum versteht ihr nicht, was ich sage? Weil ihr nicht imstande seid, mein Wort zu hören. Ihr habt den Teufel zum Vater, und ihr wollt das tun, wonach es euren Vater verlangt. Er war ein Mörder von Anfang an. Und er steht nicht in der Wahrheit; denn es ist keine Wahrheit in ihm. Wenn er lügt, sagt er das, was aus ihm selbst kommt; denn er ist ein Lügner und ist der Vater der Lüge. Mir aber glaubt ihr nicht, weil ich die Wahrheit sage. ... Wenn ich die Wahrheit sage, warum glaubt ihr mir nicht? Wer aus Gott ist, hört die Worte Gottes; ihr hört sie deshalb nicht, weil ihr nicht aus Gott seid. (Johannes 8,43-47)*

Die harte, aber in Liebe gesprochene Wahrheit, die Jesus hier verkündet, ist, daß wir letztlich entweder aus dem Geist Gottes oder aber aus dem unheiligen Geist dieser Zeit heraus leben.

Für die Wahrheit streiten

Erwirb dir Wahrheit, und verkauf sie nicht mehr: Weisheit, Zucht und Einsicht! (Sprüche 23,23)

Abgesehen von der Tatsache, daß wir in der Kirche die Wahrheit nicht hören und uns von ihr abgewendet haben, leben wir in einer Zeit, in der es vielen schwerfällt, für den überlieferten Glauben zu streiten, auch wenn sie an der Wahrheit in Christus festhalten. Die geistliche, moralische und intellektuelle Substanz, die man braucht, um das Falsche zur Rede zu stellen und es durch das Wahre zu ersetzen, ist eigenartig ausgedünnt – oder sie fehlt einfach. Ich habe das unter der Überschrift „Krise der Männlichkeit"[4] beschrieben – denn das ist es sicherlich zum Teil. Es ist die Krise der Unbestätigten, die nicht in der Lage sind, die Initiative zu ergreifen und für die Wahrheit aufzustehen. Die gute Nachricht dabei ist, daß es dafür Heilung gibt, wie wir es in diesem Buch ständig gezeigt haben. Solch eine Krise beinhaltet nicht nur die Unfähigkeit, die Wahrheit in der rechten Weise zu lieben und zu ehren, sondern auch, sie in unserer Zeit zur Sprache zu bringen und zu leben.

Mit seiner eigenen, höchsten Form von Maskulinität in Kontakt zu sein (das gilt für Männer wie für Frauen gleichermaßen) bedeutet, von der Wahrheit selbst Kraft und Vollmacht zu empfangen. Man kann dann seinen Standpunkt einnehmen, egal wie die Umstände aussehen, und diesen auch gegen alle Lügen und Illusionen des persönlichen wie des öffentlichen Lebens in Gesellschaft und Welt vertreten. Dabei wird es nicht ohne Leiden abgehen, wie es das Leben Jesu und der ersten Apostel verdeutlicht.

Wenn wir die Wahrheit ähnlich wirkungsvoll wie sie hören und vertreten, dann finden wir ungeachtet des Leidens wahre Kraft, wahre Freude und sogar den wahren Frieden, der die Welt überwindet. Wie einer der großen Propheten unserer Zeit, Alexander Solschenizyn, in seiner Nobelpreisrede sagte: „Ein Wort der Wahrheit wiegt schwerer als die ganze Welt." Was für einen größeren Trost kann es geben, als Träger der Wahrheit zu sein? Was für eine größere Berufung, als im Bund mit dem Gott der Wahrheit zu leben – Ihn zum Vater zu haben, und von Ihm Kind genannt zu werden?

Das Böse in der Gesellschaft kann überwältigend sein

Die Frevler gehen frei umher, und unter den Menschen wird die Gemeinheit groß. (Psalm 12,8)

Christen werden von dem Wesen des Bösen und der Gottlosigkeit manchmal geradezu überwältigt: Sie haben heute eine solch enorme Kraft, daß sie bürgerliche, politische und kirchliche Strukturen einfach in Beschlag nehmen. Vor kurzem schrieben Zeitungen im amerikanischen Bundesstaat Illinois darüber, daß Hexerei und andere Obszönitäten Eingang in die Schulbücher gefunden haben. Eine Bekannte, selbst Pastorin, hat es unter den Mitarbeitern im Krankenhaus mit anderen Pastoren zu tun, die entweder selbst sexuelle Perversion praktizieren, oder das bei anderen öffentlich unterstützen. Einige von ihnen hegen einen offenen Haß auf Gott und gestehen das auch ein; das zeigt sich unter anderem an ihrem blasphemischen Reden über Gott (wie es vom Tier in der Offenbarung beschrieben wird). Und dies ereignet sich alles in einem „christlichen" Krankenhaus; es ist so üblich geworden, daß es sich kaum ändern läßt. Unglücklicherweise ist das heute keine Seltenheit mehr, meist wird es auch „politisch" gedeckt. Diese Pastorin steht in einem furchtbaren Kampf. Sie sieht die ungestillten Nöte und Bedürfnisse der Kranken und Sterbenden, wenn sie ihnen aber im Namen Christi dient, erlebt sie bittersten Haß, Spott und Verfolgung. Ihre Situation ist verzweifelt, aber sie ist dorthin als treue Zeugin berufen. *Sie steht fest in der Wahrheit, die sie spricht.*

Zwei andere Bekannte, die sich in einer Diözese engagieren, die voll von Dunkelheit einer ganz ähnlichen Art ist, stehen oft in mächtigen Komitees allein, wo sexuelle Perversion nicht nur bejaht wird, sondern eine ständige Kampagne für die Ordination homosexueller Priester läuft. All dies angesichts der um sich greifenden HIV- und AIDS-Fälle unter homosexuell aktiven Geistlichen, die bereits ungesetzlich ordiniert wurden.

Die Erfahrungen dieser Christen demonstrieren, ähnlich wie die des Theologiestudenten aus Kapitel 11, daß wir im geistlichen Kampf um Institutionen nicht besonders gut sind. Diese kostbaren Geschwister in Christus kommen in Strukturen, wo wir noch kaum mit dem Kampf begonnen haben; sie sind berufen, in der Kraft des Heiligen Geistes ihren Stand einzunehmen und die Wahrheit in diesem dämonisierten Umfeld zu sprechen. Das ist nicht leicht, und kann auch, wie wir bei dem Theologiestudenten gesehen haben, sehr gefährlich sein. Dr. Richard Lovelace schreibt, daß die eigene Autorität im geistlichen Kampf

> *„... eine neue Bedeutung annimmt, die viel mehr umfaßt, als nur die eigene Verteidigung. Wir müssen uns nicht nur auf einen offensiven Kampf einstellen, um Menschen zu befreien und dadurch Satan Boden wegzunehmen; wir können auch, wenn wir von Gott die Erlaubnis bekommen haben, die Befreiung von dämonisch vereinnahmten Strukturen angehen. Und zwar nicht nur die der gefallenen Strukturen in der Kirche – in einem Prozeß von Reformation und Erweckung –, sondern auch die der gefallenen Strukturen in der Gesellschaft, die Instrumente der Ungerechtigkeit sind."* [5]

Die „Krise der Männlichkeit" des Theologiestudenten

Wir sehen, wie der geistliche Kampf Menschen wie den jungen Theologiestudenten geistlich und körperlich auszehrt. Mitten in seinem Kampf und der damit einhergehenden Krankheit wurde mir klar, daß einer der Gründe für seinen rasend hohen Blutdruck darin lag, daß er in einer Situation gefangen war, wo seine wahre Maskulinität und damit sein wahres Selbst nicht nur ernsthaft unterdrückt sondern geradezu abgetötet wurden. Er ging dort als ein relativ reifer Christ hin, der in vielem Bescheid wußte; dann aber stellte er sich verkehrterweise unter das unheilige und irreführende „Gesetz" dieser Institution, wurde unreif und kraftlos, und fühlte sich, als ob er seine ganze moralische und geistliche Kraft verloren hätte. Er war der Überzeugung, seine Zeit dort nur noch absitzen zu können. Weil er aber ein reifer Mann war, der über das gewöhnliche Maß hinaus in seiner maskulinen Seite begabt war, litt er noch mehr Schaden, als das sonst der Fall gewesen wäre. Weil er nicht frei war, in Christus er selbst zu sein, erlitt er nicht nur schwere psychologische Schäden, sondern auch geistliche und körperliche. Gott hat das inzwischen wieder in Ordnung gebracht und ist dabei, diese Verletzungen in eine äußerst wirkungsvolle Heilungsgabe für andere zu verwandeln; aber erst jetzt wird ihm allmählich klar, welcher psychologische Schaden entsteht, wenn ein Christ nicht frei ist, aufzustehen und die Wahrheit zu sagen. [6]

Kurz bevor sein Blutdruck sich dramatisch erhöhte, kam es zu einem Vorfall bei seiner CPE-Ausbildung (einer Form der Krankenseelsorge), die alle Studenten durchlaufen müssen. In diesem Kurs waren Studenten mehrerer Ausbildungsstätten zusammen.

Anders als man erwarten würde, war dieser Kurs nicht in erster Linie dazu da, die Studenten für die Seelsorge in Krisensituationen auszubilden. Zwar verbrachten sie einige Zeit damit, sich um Patienten zu kümmern, aber die Hauptbetonung lag auf den „konfrontativen" Gruppensitzungen, die täglich stattfanden. Die Begegnungen mit den Patienten, die Fragen und Anliegen der Studenten bildeten dabei das Rohmaterial, das die Studenten vor der Gruppe zu präsentieren hatten. Ziel der Gruppe aber war es nicht, Wege zu finden, wie man den Patienten real und objektiv wahr helfen konnte, sondern mit den Gefühlen des Studenten in Kontakt zu kommen, die durch die Begegnung mit dem Patienten ausgelöst wurden – ein typisches Beispiel für unsere Verrücktheit im zwanzigsten Jahrhundert. Wie man sich vorstellen kann, war das nur eine gemeinschaftliche Form der „Krankheit der Selbstbespiegelung", [7] und hatte die üblichen verheerenden Auswirkungen. Die anderen Studenten und der Supervisor untersuchten und hinterfragten die Motive und die Selbstwahrnehmung des Betreffenden auf der Suche nach der Wurzel seiner Gefühle. Dies war, wie der Student bemerkte, bestenfalls amateurhaft und schlimmstenfalls brutal und gefährlich. Er konnte kaum glauben, welch enormer emotionaler Druck ausgeübt wurde, wenn man vor der ganzen Gruppe saß und völlig zerpflückt wurde. Immer war das Ziel, Dinge ans Licht zu bringen, nicht zu heilen. Er beschrieb das so:

> „Oft hatte ich das Gefühl, wir hätten jemand auf den Seziertisch gelegt, ihn entkleidet, aufgeschnitten, seine Eingeweide herausgezerrt und ihn dann sich selbst überlassen, während wir uns gegenseitig beglückwünschten, wie gut wir das gemacht hatten. Man ging davon aus, daß der Betreffende seine Eingeweide schon wieder an den richtigen Platz zurückstopfen, seine Wunden selbst vernähen, und dann wieder aufstehen und sich anziehen würde. Wenn sich das als zu schwierig herausstellte, dann gab es psychiatrische Therapie im Sonderangebot."

Der krönende Vorfall war, als ein Student, der sich in seiner geschlechtlichen Identität unsicher war und deshalb in der Hoffnung auf Hilfe diesen Kurs belegt hatte, berichtete, wie er einem Patienten mit ähnlichen Schwierigkeiten helfen wollte. Er erzählte der Gruppe, daß er sich während des Gesprächs seiner heterosexuellen Identität sicher geworden war, aber daß jetzt in ihm die Angst aufgestiegen war, daß er sich in seinen experimentellen homosexuellen Beziehungen (zu denen ihn die anderen Mitglieder bei anderen Sitzungen ermutigt hatten) AIDS zugezogen haben könnte. Daraufhin fielen die fortgeschritteneren Studenten und der Supervisor über ihn her und beschuldigten ihn fast hämisch, seine „offensichtliche" homosexuelle Orientierung zu verleugnen, weil er Angst davor hätte, sie sich einzugestehen. Ihr Fazit war – nach Stunden emotionaler, tränenreicher Diskussionen, in denen er versuchte, seine heterosexuelle Sicht zu verteidigen – daß er seine Homosexualität zugeben und ausleben sollte, um sich so seiner „wahren Furcht" zu stellen. Es kam bis zu dem Punkt, daß sich sich dieser Student vor Schmerzen am Boden krümmte, während die anderen schadenfroh wie Dämonen um ihn herumtanzten und ihn homosexuell nannten – eine Szene aus der Hölle.

Solche alptraumhaften Szenen hätte sich Freud nie und nimmer als Ergebnis seiner Methoden vorstellen können, die dazu gedacht waren, dem Analytiker zu einem besseren Selbstverständnis zu verhelfen. Aber so *ist* der geistliche Kampf nicht nur, sondern er sieht auch genauso aus; und das wird heute in der Kirche richtiggehend angeheizt. Dieser Kampf findet sich häufig in Organisationen, die angeblich christlich sein wollen und deren Aufgabe es ist, Leiter für die Kirche hervorzubringen.

Der Theologiestudent schrieb mir: „Bis heute schäme ich mich dafür. Zwar habe ich diesen Wahnsinn nicht mitgemacht, aber ich hatte zuviel Angst, diesem Mann beizustehen." Durch den Gehorsam gegenüber dem Gesetz einer abgefallenen Institution, in der Blasphemie und Unglauben an der Tagesordnung waren, war er gezwungen, seine wahre Maskulinität zu verleugnen – ja sogar seine Identität als Person und als Christ, in dem der Geist Gottes lebt.

Wenn die große Mehrheit der Christen das hier Geschilderte als unvorstellbar, geschweige denn akzeptabel betrachtet, warum erlauben wir dann solche destruktiven Programme und Praktiken in unseren Kirchen und Ausbildungsstätten? Warum erlauben wir Dinge, die ganz offenkundig sündhaft sind und allem entgegenstehen, was mit Christsein, Moral oder auch nur Vernunft zu tun hat? Warum lassen wir moralische und gesellschaftliche Zustände zu, von denen wir wissen, daß sie destruktiv sind? Warum erlauben wir solche Zustände Jahr um Jahr in unseren Kirchen? Sie sind inzwischen voll davon!

Manchmal wird gesagt, wir müßten solche Dinge als Mittel zum Zweck in Kauf nehmen – beispielsweise um einen akademischen Abschluß zu erreichen. Nehmen wir dieses üble CPE-Programm als Beispiel – die Grundidee eines solchen Programms ist im Kern nicht verkehrt. Aber es muß zutiefst christlich sein, wenn Theologiestudenten daran teilnehmen sollen. Und in diesem Fall haben wir auch eine Verpflichtung den Kranken und Sterbenden gegenüber, selbst wenn uns die Seminaristen egal sein sollten. Wir können nicht einfach untätig danebenstehen und zusehen, wie Menschen an einem der kritischsten Punkte ihres Lebens ohne christliches Zeugnis bleiben, möglicherweise in den geistlichen Kampf mit hineingezogen werden und vielleicht sogar ohne die Hilfe sterben müssen, die unser Herr durch Seinen Tod für sie erwirkt hat. Das erfordert von uns kreatives Denken (hörendes Gebet!). Es erfordert auch unbedingt, daß wir uns nicht nur die Realität des geistlichen Kampfes, der in unseren kirchlichen und gesellschaftlich-politischen Institutionen tobt, eingestehen (statt sie zu leugnen), sondern auch unsere fast vollständige Ohnmacht darin. Wie dieser junge Theologiestudent sind wir dabei, den Kampf zu verlieren, weil wir unfähig gemacht wurden, *die Wahrheit kraftvoll hineinzusprechen.*

Wir müssen es lernen, wirkungsvoll zu beten, und dann die Wahrheit in einer Weise zu sagen, daß christliche Institutionen und Programme von dem Einfluß des Dämonischen befreit werden.

Die Gegenwart des Geistes der Wahrheit praktizieren

Wenn aber der Beistand kommt, den ich euch vom Vater aus senden werde, der Geist der Wahrheit, der vom Vater ausgeht, dann wird er Zeugnis für mich ablegen. Und auch ihr sollt Zeugnis ablegen, weil ihr von Anfang an bei mir seid. (Johannes 15,26-27)

Wenn wir uns in eindeutig unheiligen Situationen wiederfinden, die von den Lügen und Aktivitäten der Dämonen geprägt sind, dann ist der Punkt erreicht, an dem wir in Gottes Gegenwart und Vollmacht standhalten müssen. Und es ist wunderbar, sich in diesen besonders harten Augenblicken bewußt zu machen, daß der Heilige Geist, der uns von Christus gesandt ist, der Geist der Wahrheit ist.

Als ich über das Praktizieren der Gegenwart Gottes des Vaters, des Sohnes und des Heiligen Geistes geschrieben habe, habe ich vielleicht weniger über die besondere Weise gesagt, die Gegenwart des Geistes zu praktizieren.

Ich stelle immer mehr fest, daß ich in Situationen wie der soeben beschriebenen zunehmend die Gegenwart des Heiligen Geistes anrufe und ihn als den Geist der Wahrheit preise. Und ich sage Geschwistern, die unter Druck stehen, immer wieder: „Weißt du, daß der Heilige Geist der Geist der Wahrheit ist? Rufe Seine Gegenwart an! Sprich Seine Wahrheit aus. Vielleicht wird sie jetzt nicht angenommen, aber sie wird den Leuten solange im Genick sitzen, bis sie sie anerkennen." Natürlich werden sich auch einige, die es hören, nicht bekehren, aber auch ihre Knie werden sich eines Tages vor Gott beugen, und sie werden bekennen, daß Jesus Christus der Herr ist.

Was ist Wahrheit doch für eine wunderbare und geheimnisvolle Macht! Wie sitzt sie doch auch noch den widerstrebendsten Leuten im Nacken und gelangt irgendwann auch in das finsterste Herz. Der Betreffende entscheidet sich vielleicht, die Wahrheit nicht anzuerkennen oder nach ihr zu handeln. Vielleicht verdrängt er die Wahrheit sogar extrem, aber wenn sie einmal ausgesprochen ist, dann weiß er in seinem Herzen zutiefst, daß er die Wahrheit gehört hat; und von da an muß er damit ringen. Es ist Wahrheit, es ist *Die Wahrheit* selbst, die Menschen, Strukturen und Nationen verändert.

Jesus sprach: „Ich bin der Weg, die Wahrheit und das Leben; niemand kommt zum Vater außer durch mich" (Johannes 14,6). Immer wieder hat Der, der die Wahrheit ist, Seine Worte eingeleitet mit „Ich sage euch die Wahrheit, ... ich sage euch die Wahrheit, ... ich sage euch die Wahrheit."

Im geistlichen Kampf werden diejenigen, die der Wahrheit widerstehen, fast immer Seinen Namen verunglimpfen. Das folgende Gebet ist eine wunderbare Möglichkeit, die Gegenwart Jesu zu praktizieren. Dieses Gebet ist für unser ganzes Leben von unschätzbarem Wert, ganz besonders aber im geistlichen Kampf.

Der Heilige Name

Den Namen Jesu anzurufen oder ihn im Gebet zu atmen (wie im Jesus-Gebet der orthodoxen Tradition) ist eine besondere, groß-artige Weise, Seine Gegenwart zu praktizieren. Der Grund dafür ist:

> *„Der Name ist Symbol und Träger der Person Christi. Sonst wäre die Anrufung des Namens bloß ein mit Worten vollzogener Götzendienst. ,Der Buchstabe tötet, der Geist aber gibt Leben.' Die Gegenwart Jesu ist der wahre Inhalt und die Substanz des Heiligen Namens. Der Name bezeichnet die Gegenwart Jesu und führt ihre Wirklichkeit herbei.“* [8]

Das Gebet lautet vollständig „Herr Jesus Christus, Sohn Gottes, erbarme dich über mich Sünder", aber man verkürzt es am besten, so daß man den heiligen Namen einfach atmet.

> *„Bevor man anfängt, den Namen Jesu auszusprechen, sammle man sich im Frieden und bitte um die Inspiration und Leitung des Heiligen Geistes. ,Niemand kann Jesus den Herrn nennen, außer durch den Heiligen Geist.' Der Name Jesu kann nicht wirklich in ein Herz eintreten, das nicht von dem reinigenden Atem und der Flamme des Heiligen Geistes erfüllt ist. Der Geist selbst wird in uns den Namen des Sohnes atmen und entzünden.“* [9]

Es ist eine tiefe Freude, wenn man das Atmen des heiligen Namens beendet und dann hört, wie der Geist ihn vernehmlich weiter in einem spricht.

Dieses Gebet, so scheint mir, dieses Festhalten des heiligen Namens, ist eine der kostbarsten Weisen, die Gegenwart Gottes zu praktizieren. All dies wurde mir geradezu gewaltsam in Erinnerung gerufen als eine Weise, wie Christen sich nicht nur auf Verfolgung vorbereiten, sondern sie auch durchstehen können. Ich hatte gerade Offenbarung 13 und 14 gelesen und war entsetzt über das Schicksal der Verlorenen, die dazu bestimmt sind, den Namen des Tieres auf ihrer Stirn zu tragen:

> *Und es wurde ermächtigt, mit seinem Maul anmaßende Worte und Lästerungen auszusprechen; es wurde ihm Macht gegeben,*

dies zweiundvierzig Monate zu tun. Das Tier öffnete sein Maul, um Gott und seinen Namen zu lästern, seine Wohnung und alle, die im Himmel wohnen. Und es wurde ihm erlaubt, mit den Heiligen zu kämpfen und sie zu besiegen. Es wurde ihm auch Macht gegeben über alle Stämme, Völker, Sprachen und Nationen. Alle Bewohner der Erde fallen nieder vor ihm: alle, deren Name nicht seit der Erschaffung der Welt eingetragen ist ins Lebensbuch des Lammes, das geschlachtet wurde ... Es wurde ihm [dem zweiten Tier] Macht gegeben, dem Standbild des Tieres Lebensgeist zu verleihen, so daß es auch sprechen konnte und bewirkte, daß alle getötet wurden, die das Standbild des Tieres nicht anbeteten. Die Kleinen und die Großen, die Reichen und die Armen, die Freien und die Sklaven, alle zwang es, auf ihrer rechten Hand oder ihrer Stirn ein Kennzeichen anzubringen. Kaufen oder verkaufen konnte nur, wer das Kennzeichen trug: den Namen des Tieres oder die Zahl seines Namens. *(Offenbarung 13,5-8.15-17; Hervorhebung von L. P.)*

Nach diesen schrecklichen Worten und Bildern kommt ein schönes. Es gilt denen, deren Namen im Lebensbuch geschrieben stehen, von denen gesagt werden konnte, daß „keine Lüge in ihrem Mund zu finden war". „Und ich sah: Das Lamm stand auf dem Berg Zion, und bei ihm waren hundertvierundvierzigtausend; auf ihrer Stirn trugen sie seinen Namen und den Namen seines Vaters" (Offenbarung 14,1).

GEBET

Herr, möge Dein Name jetzt tief auf unsere Stirn geschrieben werden. Und möge Dein Name als heiliges Feuer in uns brennen, das uns nicht nur reinigt, sondern auch auf Menschen um uns herum überspringt.

Möge Dein Name so in uns verherrlicht werden, daß wir Deine Wahrheit wirkungsvoll und mit großer Autorität sprechen, auch angesichts von Verleumdung und Verfolgung. Das bitten wir in Jesu Namen. Amen.

GEBET

Herr Jesus, wir halten Dir die Zeit hin, die uns noch bleibt, mit allem, was sie beinhaltet. Mögen wir Deine Zeugen sein, die bis zum Überfließen mit Deinem Geist erfüllt sind. Mögen wir die

Wahrheit erkennen, mögen wir die Wahrheit aussprechen, mögen wir die Wahrheit kraftvoller und wirkungsvoller als je zuvor leben, und dadurch Dein Kreuz erheben, so daß es die ganze Welt sehen kann. Möge die Welt den Vater in Dir und in uns sehen und die Hände erheben, um Seine Hand zu ergreifen.

Vater, wir danken Dir, daß Dein Arm nicht zu kurz ist. Dein Ohr ist nicht taub. Strecke Deinen mächtigen Arm aus und rette alle, die bereit sind, Deinen Sohn, unseren Herrn, als Wahrheit anzuerkennen. Erhöre Seine Fürbitte für uns, Dein Volk, und stärke uns, damit wir Deinen Willen auch im Geringsten voll und ganz tun. In Seinem Namen jubeln wir und beten wir. Amen.

KAPITEL 14

Falsche Formen des geistlichen Kampfes

Und schließlich: Werdet stark durch die Kraft und Macht des Herrn! Zieht die Rüstung Gottes an, damit ihr den listigen Anschlägen des Teufels widerstehen könnt. Denn wir haben nicht gegen Menschen aus Fleisch und Blut zu kämpfen, sondern gegen die Fürsten und Gewalten, gegen die Beherrscher dieser finsteren Welt, gegen die bösen Geister des himmlischen Bereichs. Darum legt die Rüstung Gottes an, damit ihr am Tag des Unheils standhalten, alles vollbringen und den Kampf bestehen könnt. Seid also standhaft: Gürtet euch mit Wahrheit, zieht als Panzer die Gerechtigkeit an und als Schuhe die Bereitschaft, für das Evangelium vom Frieden zu kämpfen. Vor allem greift zum Schild des Glaubens! Mit ihm könnt ihr die feurigen Geschosse des Bösen auslöschen. Nehmt den Helm des Heils und das Schwert des Geistes, das ist das Wort Gottes. Hört nicht auf, zu beten und zu flehen! Betet jederzeit im Geist; seid wachsam, harrt aus und bittet für alle Heiligen.

(Epheser 6,10-18)

Obwohl das Licht Gottes immer heller scheint, ist auch die Dunkelheit immer dichter geworden. C. S. Lewis beschreibt dies in seinem Science Fiction Roman *Die Böse Macht* mit den Worten von Dr. Dimble, der im Gespräch mit seiner Frau bemerkt:

„Ist dir schon einmal aufgefallen, daß das Universum und alles, was darin ist, sich ständig verhärtet und verengt und zuspitzt?

... Die Polarisierungen auf allen Gebieten nehmen zu: das Gute wird immer besser, das Schlechte immer schlechter. Die Möglichkeiten auch nur scheinbarer Neutralität nehmen immer mehr ab. Die Gesamtsituation formiert sich unablässig, verhärtet und verengt sich, spitzt sich immer mehr zu ..."[1]

Worauf seine Frau ihm antwortet, sie erinnere das

„... mehr an die Stelle in der Bibel über die Worfschaufel, wo Spreu und Weizen getrennt werden. Oder an Brownings Zeile: ,Des Lebens Sache ist einfach eine furchtbare Wahl'."

Der Kampf zwischen Gut und Böse verschärft sich in unserer Zeit, und wir stecken alle mittendrin; wir treffen die „furchtbare Wahl", ob wir darauf vorbereitet sind oder nicht. Hoffentlich haben wir uns darauf vorbereitet, indem wir die Waffenrüstung Gottes angezogen (Epheser 6,10-18) und um die wahre Gabe des Kampfes gebeten und sie empfangen haben. Wenn das geschehen ist und wir sensibel für die Führung des Heiligen Geistes sind, werden wir bald merken, daß es viele falsche Formen des geistlichen Kampfes gibt.

Erlauben Sie es Satan nicht, das Schlachtfeld zu wählen

Was wir unbedingt vermeiden müssen, ist der Versuch des Feindes, uns von der positiven Arbeit für das Reich Gottes abzuhalten. Er arbeitet darauf hin, Christen von ihrem eigentlichen, schöpferischen und erlösendem Handeln abzubringen und sie auf seinem eigenen Boden in den Kampf zu verstricken, wo die negativen Voraussetzungen bestimmend sind: seine Anklagen, seine Argumentation, seine Täuschungsmanöver und seine Lügen. Nehemia kann uns hier ein gutes Vorbild sein; wahrscheinlich sollten wir die Geschichte seiner intensiven geistlichen Auseinandersetzungen immer wieder lesen, wenn wir selbst Widerstand durch unsere Feinde erfahren (Nehemia 1-6). Nehemias Feinde versuchten unablässig, das ihm von Gott anvertraute Werk zu unterbinden – die Mauern Jerusalems wiederaufzubauen. Aber Nehemia weigerte sich einfach, von den Mauern herunterzusteigen, wo er mit dem Wiederaufbau beschäftigt war, und mit ihnen zu kämpfen. Seine Feinde sandten ihm die Botschaft:

Komm, wir wollen uns in Kefirim in der Ebene von Ono treffen.
Sie hatten aber Böses gegen mich im Sinn. Ich schickte Boten
an sie mit der Antwort: Ich arbeite gerade an einem großen
Werk; darum kann ich nicht kommen. Die Arbeit würde stocken,
wenn ich sie verließe und zu euch käme. Viermal schickten sie
mir die gleiche Einladung, und jedesmal gab ich ihnen die
gleiche Antwort. (Nehemia 6,2b-4)

Man achte darauf, daß Nehemia durch seine Boten jedesmal die gleiche Antwort wiederholen läßt. Dies ist ein wichtiges Prinzip, mit Menschen zu kommunizieren, die entschlossen sind, uns oder unsere Arbeit zu zerstören. Wir lassen uns von Gott das eine Wort geben, das eine objektive Wort, bei dem es selbst einem Feind schwer fällt, es zu verdrehen oder falsch zu zitieren, und dann *sprechen wir es einfach immer und immer wieder.*

Danach fingen Nehemias Feinde an, ihn in bösartiger und heimtückischer Weise zu verleumden. Aber Gott war mit ihm und die Mauern wurden wieder aufgebaut. Er war Gott gehorsam und weise im Umgang mit der Taktik seiner Feinde; so vollbrachte er schließlich „das Unmögliche".

Oftmals haben wir nicht die Augen, die moderne Version von Nehemias Geschichte zu erkennen, die Zeiten des Kampfes, in denen der Feind uns sehr subtil in die Ebene hinunterlocken will. Wir müssen uns vor Augen halten, daß der Feind uns durch die Personen, die er getäuscht hat, in einen endlosen Dialog mit sich hineinziehen möchte.

Wir müssen es lernen, eben nicht seine diabolische Gegenwart auf diese Weise zu praktizieren. Solch ein Dialog findet immer nur auf der Ebene des Verstandes statt – des sich selbst überlassenen Verstandes bzw. der Imagination – und wir weigern uns einfach, diese verengte, der übernatürlichen Dimension Gottes entkleidete Sprache zu sprechen. Dieser Sprache fehlt transzendente Weisheit und Sinn.

Neben der Tatsache, daß es töricht ist, mit dem Teufel in Dialog zu treten, können wir zudem unsere Sprache nicht in die seine übersetzen. Traurigerweise verstehen mehr Menschen (auch Christen) diese verengte Sprache besser als die, die die Symbole enthält, durch die uns ein letzter Sinn, Wahrheit und Herrlichkeit vermittelt werden. Mit anderen Worten: Wir haben auch als Christen den größeren Teil unserer Seele verloren, zusammen mit der Sprache und der Symbolwelt, durch die wir die Wahrheiten des Transzendenten und Ewigen zum Ausdruck bringen können. [2]

Einst bat man mich, auf der Generalversammlung einer Denomination zu sprechen, die in geistlichen Kampf der schlimmsten Sorte verstrickt war. Man hoffte, daß ich den anderen Rednern Paroli bieten würde, die die Akzeptanz sexueller Unmoral innerhalb des Klerus befürworteten. Ich lehnte die Einladung ab, nicht weil ich nicht die Wahrheit in diese Situation hineinsprechen wollte, sondern weil ich wußte, daß viele, die mich gebeten hatten, die Stimme für den „überlieferten Glauben" zu erheben, meine Sprache nicht verstehen würden, wenn der Kampf einmal eröffnet war. Und hätte es Gott gefallen, seine Macht zu demonstrieren, dann hätten sie das vollmächtige Wirken des Heiligen Geistes weder verstanden noch akzeptiert; und doch hätte allein dieses die notwendige Umkehr und Heilung herbeiführen können, um wirkliche Veränderungen in dieser Gruppe zu sehen.

Ich wußte, sie würden sich nicht wie die Boten des Nehemia verhalten, die nur das eine objektive Wort ausrichteten, sondern sich hoffnungslos in einen „liebevollen Dialog" mit dem Feind und seinen Absichten verstricken lassen, die durch die von ihm irregeführten Menschen vertreten wurden. Unsere Hauptschwierigkeit in den heutigen kirchlichen Kämpfen sind oft die Wohlmeinenden, die eine Pseudo-Empathie gelernt haben, einen falschen Ersatz für die Feindesliebe. Diese netten Leute haben, mit anderen Worten, die Worte und Symbole des Reiches Gottes verloren und sprechen die verengte Sprache des Feindes.

Ein weiteres Beispiel sind die endlosen kirchlichen Komitees zum Thema „Menschliche Sexualität", die sich Jahr um Jahr treffen, endlos debattieren und natürlich nie zu irgendwelchen anderen Schlußfolgerungen kommen, als die, die Sünde zu rationalisieren. Diese Komitees dienen oft nur als Bühne für eine Rechtfertigung perversen Sexualverhaltens. Nur gut ausgebildete und weise Köpfe, die sich nicht von weltlicher Logik und Terminologie einschüchtern lassen, und die fähig sind, offensichtlich falsche Logik bloßzustellen, wo immer sie auftritt, sollten versuchen, in solchen Komitees „Salz" zu sein. Selbst dann werden sie oft merken, daß sie wertvolle Zeit verschwenden, weil das Ganze nächstes Jahr wieder von vorne losgeht. Die Taktik des Feindes besteht darin, eine Lüge ständig zu wiederholen und das geistlich und moralisch Richtige zu unterminieren. In solchen

Situationen geht es nicht mehr darum, die Wahrheit zu finden und darzustellen, sondern diejenigen, die für sie eintreten, zu entmutigen. Das Ziel ist, durch Rationalisierung schließlich das Tor für Sünde unter den leitenden Leuten der Kirche weit aufzustoßen. Dafür hat der Feind alle Zeit der Welt. Schließlich hat er ja nicht das schöpferische Werk des Reiches Gottes zu vollbringen – er muß nur sich selbst als Gott etablieren.

Statt sich auf das Gebiet des Feindes zu begeben, machen wir uns im Gebet eins und empfangen die Anweisungen unseres Herrn. Wir sprechen dann vielleicht sehr wohl ein Wort der Wahrheit in eine dämonisierte Situation hinein, ergreifen in Christi Namen die Autorität und befehlen den Dämonen zu verschwinden. Wir dürfen uns aber nicht dabei aufreiben und uns entmutigen oder gar irreführen lassen durch einen endlosen, unfruchtbaren Dialog – einen Dialog, der nur allzuoft in Kompromissen endet. Der Kompromiß gehört in den Bereich der Politik und der Diplomatie – und eine weise Regierung verzichtet auf ihn, wenn sie es mit einem mörderischen Tyrannen zu tun hat. Kompromiß ist der Todesstoß im geistlichen Kampf, in dem wir es mit dem Erztyrannen zu tun haben – dem *Diabolos* selbst.

Immer und immer wieder muß ich Christen, die in geistlichen Kampf verstrickt sind, sagen „Du sollst keinen Dialog mit dem alten Menschen in irgendjemandem führen! Das soll dich nur in den Dialog mit der Welt, dem Fleisch und schließlich dem Teufel selbst bringen!" Das alte fleischliche Selbst in Menschen, die vom Feind irregeleitet werden, ist zum Sprachrohr für seine Lügen und Verleumdungen, seine Blasphemie und Anklagen geworden. Solche Menschen bringen gewöhnlich die satanische Täuschung, in der sie selbst leben, auch auf andere. Wir lernen es nicht nur, die Wahrheit zu sprechen und zu leben, sondern auch, nur mit der Wahrheit im anderen ins Gespräch zu kommen, das heißt, mit der wirklichen Person und der Situation, wie sie wirklich ist. Es erfordert normalerweise einiges an Erklärungen, bis das verstanden wird, und oft muß ich deshalb auf den schäbigen alten Schauspieler aus C. S. Lewis' Buch *Die Große Scheidung* zurückgreifen. In dieser Erzählung weigert sich Sarah Smith von Golder's Green, die Frau dieses Schauspielers, mit dem alten, unechten Selbst ihres ichsüchtigen, schauspielernden Mannes zu reden. Sie spricht nur zu dem wahren Selbst, obwohl das schon fast verschwunden ist. Als er sich im Gespräch ein ums anderemal für Illusion und Unwesentlichkeit entscheidet, statt für die strahlende, wirkliche Realität des Himmels, die ihm angeboten wird, verschwindet das wahre Selbst schließlich ganz.[3] Er will einfach sein Selbstmitleid und den Hang, seiner Frau für sein Unglücklichsein die Schuld zuzuschieben, nicht aufgeben. Satan ist der Verkläger, und wenn er uns anders nicht ablenken kann, dann nimmt er alle unsere Kraft damit in Beschlag, seine Vorwürfe zu beantworten. Sarah Smith von Golder's Green verschwendet weder Zeit noch Worte.

Wir stehen in einem Kampf, der schon gewonnen ist

Eines, woran man sich ständig erinnern sollte, ist die Tatsache, daß die Mächte der Finsternis schon durch Christi Tod und Auferstehung besiegt sind; damit ist die Zeit des Bösen eng begrenzt. Statt verkehrterweise mit ihm zu ringen, sollten wir ständig unseren Gott loben, preisen und danken und in Christi Triumphzug mitjubeln.

Dank sei Gott, der uns stets im Siegeszug Christi mitführt und durch uns den Duft der Erkenntnis Christi an allen Orten verbreitet. Denn wir sind Christi Wohlgeruch für Gott unter denen, die gerettet werden, wie unter denen, die verlorengehen." (2. Korinther 2,14-15)

Fr. John Gaynor Banks schrieb die folgenden Zeilen, die die wahre Ausrichtung im geistlichen Kampf widerspiegeln, in sein Gebetstagebuch, nachdem er über 1. Korinther 9,25 meditiert hatte („Jeder Wettkämpfer lebt aber völlig enthaltsam; jene tun dies, um einen vergänglichen, wir aber, um einen unvergänglichen Siegeskranz zu gewinnen"):

„MEISTER: Die Heiligen waren große Liebende. Liebe ist schöpferische Energie. Ihre Liebe zu Mir richtete sich immer mehr nach innen und nach oben, bis sie frei wurden, dem Höchsten zu dienen. Diese Heiligen, diese Athleten (1. Korinther 9,25) des Geistes hatten natürlich ihre Kämpfe zu bestehen, aber sie triumphierten, nicht so sehr wegen ihres angestrengten Ringens mit den Mächten des Bösen, als vielmehr dadurch, daß sie sich auf die Sonne der Gerechtigkeit ausrichteten. Sie nahmen die Strahlen Meines ewigen Lichts und Meiner Wärme auf, transzendierten so buchstäblich ihr niederes Selbst und traten in die Einheit mit dem Göttlichen ein."[4]

Nehemias Feinde standen außerhalb des Bundes und des Volkes Gottes. Heute kommen die Hauptangriffe allzuoft von innerhalb der institutionellen Kirche. Wenn das der Fall ist, müssen wir doppelt vorsichtig sein. Wir müssen uns Gedanken über das Gleichnis Christi vom Unkraut unter dem Weizen und über die Bergpredigt machen.Wenn wir das tun und im Gebet auf Gott hören, können wir davor bewahrt werden, andere falsch zu beurteilen, während wir gleichzeitig die Dinge richtig erkennen und in Einheit mit unseren Geschwistern in Christus bleiben. Und was genauso wichtig ist: statt uns in fehlgeleiteter Empathie und Sympathie zu verstricken, werden wir in der Lage sein, die Dinge direkt anzugehen und beim Namen zu nennen.

Das Schwert der Wahrheit schwingen und Frieden schaffen
Unser Herr lehrte: „Selig, die Frieden stiften; denn sie werden Söhne Gottes genannt werden" (Matthäus 5,9). William Barclay erklärt das in seinem Kommentar näher. Zuerst *schaffen* wir Frieden, indem wir die Probleme liebevoll und *aktiv angehen*. Wir können nicht heiße Eisen vermeiden und glauben, wir seien Friedensstifter:

> *„Es gibt manchen, der denkt, er liebe den Frieden; dabei häuft er doch nur die Schwierigkeiten für die Zukunft auf, weil er sich weigert, sich der Situation zu stellen und die erforderlichen Schritte zu unternehmen."* [5)]

Frieden zu stiften erfordert von uns „den Sinn Christi". Seine Liebe und Weisheit müssen unsere unvollkommene Einsicht und unser Nichtwissen ersetzen. Manchmal ist es sogar erforderlich, zur Peitsche zu greifen – so wie Christus bei den Geldwechslern im Tempel. Wir tun das natürlich im Blick darauf, die rechte Beziehung zwischen Gott und den Menschen, sowie den Menschen untereinander zu bauen. Wir sollen unsere Mitmenschen „in Tat und Wahrheit" lieben (1. Johannes 3,18). Laut Barclay meinte Jesus Folgendes mit dieser Seligpreisung:

> *„Die jüdischen Rabbis waren der Ansicht, daß die höchste Aufgabe, die ein Mann erfüllen könne, die sei, rechte Beziehungen zwischen Menschen zu bauen ... Wenn wir das tun, dann gibt es, wie wir im geistlichen Kampf oft entdecken,*

Menschen, die immer eine Art Sturmzentren für Schwierig-
keiten, Bitterkeit und Auseinandersetzungen darstellen. Wo
immer sie sind, streiten sie entweder selbst oder bringen andere
dazu. Sie sind Unruhestifter." [6)]

Es ist nicht einfach, prophetisch aufzutreten und zugleich Frieden
zu stiften. Wir können das nicht immer. Wir dürfen niemals auf
Kosten der Wahrheit Frieden schließen. Wahren Frieden gibt es nur
mit der Wahrheit. Mögen wir kompromißlose Kanäle der Wahrheit
Gottes und ebenso Seines Friedens sein. Mögen wir überall tief in
den Herzen der Menschen den Samen eines dauerhaften, ja ewigen
Friedens pflanzen, indem wir die Wahrheit in Liebe sprechen.

GEBET

Herr, bewahre uns davor, den Kampf in eigener Kraft zu führen.
Mögen wir nie den kostbaren Weizen zusammen mit dem Unkraut
ausreißen. Mögen wir triumphieren, nicht indem wir krampfhaft
mit den Mächten des Feindes ringen, sondern indem wir unsere
Augen fest auf Dich gerichtet halten.

Wir bitten Dich, daß Du uns zu erfahrenen Friedenstiftern
machst. Hilf uns in der Kraft des Geistes, den Weg von
Hindernissen freizuräumen, so daß Dein Leib hier auf Erden
Frieden, echten Frieden, findet und stiftet.

Die falsche Personifizierung von Sünde

Der Herr sprach zu Kain: Warum überläuft es dich heiß, und
warum senkt sich dein Blick? Nicht wahr, wenn du recht tust,
darfst du aufblicken; wenn du nicht recht tust, lauert an der Tür
die Sünde als Dämon. (1. Mose 4,6-7)

In diesem bemerkenswerten Text wird die Sünde personifiziert. Ein
Ausleger erklärt die Herkunft dieser bildlichen Redeweise (in der
deutschen Übersetzung ist diese Sicht bereits bereits eingeflossen):
„Das hebräische Wort für ‚kauern, auf der Lauer liegen' ist
dasselbe wie ein altes babylonisches Wort, das einen bösen Dämon
beschreibt, der an der Eingangstür eines Gebäudes lauert, um den
Menschen darinnen Schaden zuzufügen. Die Sünde wird hier also
als ein solcher Dämon dargestellt, der darauf wartet, sich auf Kain
zu stürzen – sie will ihn besitzen." [7)]

Sünde im menschlichen Herzen ist zerstörerisch – es kann kaum ein besseres Bild für das Böse geben, als das vorliegende. Diese Personifizierung der Sünde versetzt uns in die Lage, ihre verschlingende Macht besser zu erfassen. Die Symbole, Metaphern, Gleichnisse und Redeweisen der Schrift sind eine unschätzbare Hilfe, diese gewichtigen Dinge so auszudrücken, daß das Herz sie voll erfassen kann.

Es ist aber eine Sache, die Sünde unter dem Sinnbild des Dämonischen zu verstehen, und etwas ganz anderes, mit der menschlichen Sünde so umzugehen, als wäre sie tatsächlich ein dämonisches Wesen und nicht ein Vergehen, für das der Mensch vor Gott verantwortlich ist.

In der heutigen Zeit, wo wir so wenig über die Seele und die Vorgänge in ihr wissen, bezeichnen viele Christen, die sich mit der Terminologie des Befreiungsdienstes bewaffnet haben, diese seelischen Vorgänge (bzw. ihr Fehlen) als Dämonen. Sie interpretieren einen Mangel an der Gnade Gottes, sowie guter und richtiger Emotionen, und die damit einhergehenden Laster, sündigen Fantasien, Gefühle und Haltungen in der Seele als eine Einnistung von Dämonen. Damit erkennen sie nicht nur das Problem nicht – die Sünde und die seelischen Defizite –, sondern, was noch weitaus gravierender ist: Sie nehmen die Person, die Hilfe braucht, gar nicht mehr als Menschen wahr. Wenn wir die menschliche Seite „vergeistlichen" und somit wegerklären, werden wir zu Gnostikern – eine Vorgehensweise, die nur von trauriger Ignoranz zeugt und sich aus der Schrift nicht belegen läßt. Jesus beschäftigte sich mit *Personen,* Männern und Frauen mit einer eigenen Seele, und er half ihrer Seele, die eigenen Sünden zu benennen und sich davon loszusagen. Er verweigerte diesen Leuten nie die große und schwere Ehre, sie als Personen zu sehen.

Wir sind Seele, mit einem Geist im Zentrum, der entweder mit Christus verbunden ist, oder nicht. Wenn wir die volle Seele des anderen, die ihn zur Person macht, nicht erkennen, dann streichen wir im Grunde alles weg, was an diesem Menschen einzigartig ist und ihn erst zu einer unverwechselbaren Person macht. Wir zerstören die menschliche Seite. Wenn wir die einzigartige Person in dem Menschen, für den wir beten, nicht sehen und achten, werden wir ihm nicht helfen können, mit der wirklichen Sünde und den echten emotionalen Problemen zurechtzukommen. In unserem Eifer, dem Betreffenden zu helfen, werden wir vielleicht sogar diese Dinge als Dämonen einstufen und uns in dem Glauben wiegen, sie „zu binden" und auszutreiben. Es ist die *Sünde,* die gebunden, und die *Person,* die von ihr gelöst werden muß. Die Wunden dagegen müssen geheilt werden. Wenn sie den Dämonen ein Versteck gewährt haben, können wir sie ganz leicht vertreiben, wenn sie einmal erkannt sind.

Durch einen geistlichen Dienst, der alles das nicht erkennt, wird dem Menschen das große Vorrecht genommen, sich dessen bewußt zu werden, was in seinem eigenen Herzen da ist und dadurch – in der Gegenwart Gottes – schließlich zu verstehen, wer er wirklich ist. Statt solchen Menschen zu helfen, ihre Sünde zu erkennen und Buße zu tun, ihre krankhaften Einstellungen zu ändern und es Gott zu erlauben, in ihnen ein neues Herz zu schaffen, können wir uns in die mißliche Lage begeben, nicht existente Dämonen auszutreiben. Wir versuchen dann, Charaktereigenschaften und -mängel „auszutreiben". Und tragischerweise wird dabei auch alles, was positiv und einzigartig an der Seele dieses menschlichen Geschöpfs ist, übersehen. Ignorieren wir das Gute, so wird es nicht bestätigt und ihm damit letztlich das Existenzrecht verweigert. Es wird nicht ins Leben hinein gerufen. Ein wichtiger Schritt im Gebet für die Heilung dieser Person wird verpaßt.

So gibt es heute wohlmeinende Christen, deren Gebete für andere davon gekennzeichnet sind, daß sie Dämonen anreden – zumeist nicht existierende. [8)] Diese Leute brauchen eine eingehendere Unterweisung in der Theologie des Kreuzes und der Umkehr, sowie eine Klärung, was eigentlich die authentische Gabe der Geisterunterscheidung ausmacht. Allzuoft wurden die echten Gaben der Weisheit und der Unterscheidung zuerst verdunkelt und dann ersetzt durch eine fehlerhafte Theologie, die sich oft aus einer verkehrten Schriftauslegung speist. Und dann kommt es schnell zu einer fehlerhaften „Methodologie".

Bei jedem der drei Hindernisse für das Heilwerden in Christus kann sich ein Dämon an einem durch Sünde oder Verletzung geschaffenen Punkt einnisten. Betet man für solche Leute, dann manifestieren sich diese Dämonen. Und dann befehlen wir ihnen, wie es Christus getan hätte: „Komm heraus!", oder „Sei still!", und immer schlicht „Verschwinde!" Wenn die Person ihre Sünde einmal bekannt hat und von den Auswirkungen der Sünden anderer freigesetzt worden ist, dann ist dies der leichteste Teil des Heilungsgebets. Aber wenn wir viel Lärm machen und eingebildeten Dämonen befehlen, zu weichen, statt auf Gott zu hören und auf jene kostbare und einzigartige menschliche Seele, die zu Gott aufschaut, dann kann schwerer Schaden angerichtet werden.

Mit diesem unbiblischen *Praktizieren der Gegenwart der Mächte der Finsternis* und den schweren Gefahren, die damit verbunden sind, möchte ich mich als nächstes beschäftigen. Und ich möchte unbedingt warnend darauf hinweisen, daß viele (auch hier wiederum vor allem in der charismatischen Erneuerung) kein Verständnis dafür haben, daß es unterschiedliche Ebenen des geistlichen Kampfes gibt, von denen einige uns rechtmäßig zustehen, andere aber Gott und seinen Engelheeren vorbehalten sind. Alle Fehler in diesem Bereich entstehen nicht aus dem Praktizieren der Gegenwart Gottes, sondern aus dem Praktizieren der Gegenwart unseres Erzfeindes und seiner Gehilfen. Wenn wir das lang und ernsthaft genug tun, dann zeigt er sich auch. Konzentrieren wir uns auf ihn, dann öffnen wir schließlich das Tor, durch das er kommt.

Sich nicht auf Satan, Dämonen, Mächte und Gewalten konzentrieren

„Es gibt zwei Irrtümer über die Teufel, in die das Menschengeschlecht leicht verfällt. Sie widersprechen sich und haben doch dieselbe Auswirkung. Der eine ist, ihre Existenz überhaupt zu leugnen. Der andere besteht darin, an sie zu glauben und sich in übermäßiger Weise mit ihnen zu beschäftigen. Die Teufel selbst freuen sich über beide Irrtümer gleichmäßig. Sie begrüßen den Materialisten wie den Anhänger der schwarzen Magie mit demselben Vergnügen." [9]

Viele beginnen heute ihre Ausführungen über geistlichen Kampf mit der Aussage, daß wir uns nicht auf Satan konzentrieren sollen, aber dann führen ihre Lehren insgesamt doch dazu, daß sie und ihre Schüler genau das tun. Und als Warnung zitieren sie auch noch die bekannte Aussage von C. S. Lewis, stimmen in ihren Worten völlig damit überein, aber praktizieren dann etwas ganz anderes.

Zwei Praktiken im Umgang mit dem Dämonischen haben sich hier verbunden, um den größten Schaden anzurichten. Eine ist der geistliche Kampf *gegen* Mächte und Gewalten; er wird von denen vollzogen, die nicht verstehen, welche Ebenen des Kampfes uns und welche Gott und seinen Engelheeren vorbehalten sind. Das andere hat mit dem Mißbrauch der Begriffe „Binden und Lösen“ zu tun – die fälschliche Anwendung dieser beiden Begriffe auf den Umgag mit Dämonen. Ergebnis ist die falsche Praxis, *gegen Satan* statt *zu Gott* zu *beten*. Wir beten für die Menschen zu Gott, die unter Satans übler Herrschaft stehen, und helfen ihnen, ihre Sünden zu bekennen, damit sie von der Kontrolle der Mächte und Gewalten frei werden. Das heißt nicht, daß wir nicht von Zeit zu Zeit „Festungen“, „Hochburgen“ über Personen, Gemeinschaften, Städten und Nationen durch die Gabe der Geisterunterscheidung erkennen können. Aber es bedeutet doch, daß wir sehr genau darauf achten, worauf wir uns ausrichten. Es muß immer und zu jeder Zeit erkennbar sein, daß wir Gott dienen – also Ihn in Anbetung, Lobpreis und Dank ansprechen und zu Ihm singen. Es wird sichtbar sein, daß wir die Gegenwart Gottes praktizieren. Und wenn wir dann merken, während wir das tun, daß uns Dämonen, Mächte oder Gewalten im Weg stehen, dann sprechen wir sie direkt an und befehlen ihnen, zu verschwinden.

Ebenen des Kampfes

Weil wir so wenig in bezug auf das wahre Wesen unserer Seele wissen, weil so viel Verkehrtes gelehrt wird und weil wir uns nicht an das biblische Modell für den geistlichen Kampf halten, lassen sich Christen recht einfach verwirren, wenn es um „geistlichen Kampf“ geht. Das führt dann zu der Annahme, daß der Kampf unsere Sache, nicht die des Herrn sei; und dann kämpfen wir mit unserer eigenen Einsicht und Kraft. Das ist immer gefährlich, auch wenn es nur „ein bißchen“ gemacht wird; es gibt keine Entschuldigung dafür. Die Schrift ist hier eindeutig, nicht nur was das Vorbild Christi und der Apostel anbelangt; sie macht nämlich deutlich, welche Ebenen uns und welche Gott und seinen Engelheeren vorbehalten sind.

Wer das als Christ nicht versteht und dies falsch praktiziert, kann für jeden gefährlich werden, der unter seinen Einfluß kommt. Der Feind hat durch die Konzentration auf diese Dinge eine Art „Landeplatz“ gefunden, auf der er „einfliegt“ und allen möglichen Schaden anrichtet.

Ich habe ein dramatisches Beispiel dafür in einem Trainingszentrum für junge Missionare im Ausland erlebt. Einer der Leiter hatte von einem ungewöhnlich starken geistlichen Kampf berichtet, in den sie unerklärlicherweise verstrickt waren, und bat die Anwesenden, um die Erkenntnis der Ursachen zu beten. Dann wurden mehrere junge Männer eingeladen, aufzustehen und für die ganze Gruppe zu beten. Sie beteten zwar, waren aber offensichtlich einem geistlichen „Machststreben" verfallen. So beteten sie nicht zu Gott, sondern richteten sich in die vier Windrichtungen aus und fingen an, mit lauter Stimme den Mächten und Gewalten zu gebieten. Ich konnte sehen, daß sie darin schon einige Erfahrung hatten und war innerlich sofort alarmiert, weil ich in meinem Geist spürte, daß sie Kontakt zu einem bösen „Fürsten" bekommen hatten. Danach kam eine finstere Kraft herab und gleichzeitig geschahen die bizarrsten Dinge auf dem Gelände. In einem Gebäude kam es zu einer Explosion, an mehreren Stellen brach Feuer auf dem Gelände aus. Als ich später mit den Leitern dieses Zentrums sprach, erzählte ich ihnen, wie solche Praktiken einen Landeplatz für den Feind schaffen. Sie bestätigten, daß sie auch früher schon unendlich viel Verwirrung und geistliche Kämpfe in Verbindung mit dem Dienst dieser jungen Männer erlebt hatten.

Vielleicht kann eine der schwierigsten Erfahrungen, die wir als PCM-Team in diesem Bereich gemacht haben, noch deutlicher machen, wie äußerst gefährlich solche Praktiken sein können. Dabei ging es darum, daß eine in schwerem Irrtum befangene Gruppe in der Fürbitte „die Mächte und Gewalten über einer Stadt binden" wollte.

Vor einer Reihe von Jahren kamen einige christliche Leiter innerhalb kurzer Zeit auf mich zu, weil sie von Gott ein Wort bekommen hatten, daß PCM Fürbitter brauche. Einer war mitten in der Nacht geweckt worden, um für uns Fürbitte zu tun, und erhielt dabei Visionen des Kampfes, in dem wir steckten, vor allem im Hinblick auf Personen mit sexuellen Neurosen. Jemand anderes hatte ein konkretes prophetisches Wort, das er über dem PCM-Team aussprach, nämlich daß von dieser Zeit an diejenigen, die Gott zur Fürbitte für diesen Dienst rufen würde, für die gesamte Arbeit eine zunehmend wichtigere, ja sogar entscheidende Rolle spielen würden. Ein Teil dieses Wortes war die Ermahnung: „Betet, daß ein Heer von Fürbittern aufsteht, daß sie vor euch hergehen und die Fallen und Listen des Feindes entschärfen."

Wir taten genau das und baten in unserem Rundbrief um Fürbitter. Gott schenkte uns in Seiner Gnade viele, die dazu bereit waren; erst im Himmel werden wir sehen, was für ein unglaublicher Segen daraus entstanden ist. Wir sind immer wieder erstaunt zu sehen, wie Gott dadurch die Fallen und Listen des Teufels entschärft.

Aber dadurch, daß wir dieses Anliegen publizierten, zogen wir auch Menschen an, die gefährliche, unbiblische Formen von Fürbitte praktizieren. Diese irregeleiteten Leute hatten alle eines gemeinsam: die Vorstellung, daß „geistlicher Kampf" bedeutet, sich auf Dämonen und auf Mächte und Gewalten über Städten zu konzentrieren und sie zu „binden". „Binden" bedeutet, mit verbalen Proklamationen, die einfach ausgerufen werden und sich gegen „sie" richten, die Kontrolle zu ergreifen. Diese Leute versuchen unter dem Einfluß einer extremen Lehre (von manchen als „Glaubensformeltheologie" [10] oder „Glaubenstheologie" bezeichnet), letztlich den allmächtigen und allwissenden heiligen Gott auf die gleiche Weise zu „kontrollieren". Dahinter steht die Überzeugung, daß man Gott „dazu bringt", einem zu Gefallen zu sein, wenn man die Anliegen in einer bestimmten Weise proklamiert und sie „im Glauben" bekräftigt. (Das hat allerdings nichts mit biblischen Glauben zu tun, sondern mit einer bestimmten psychologischen Haltung). Diese Fürbitter glauben, dämonische Mächte zu binden, indem sie zu ihnen sprechen – und damit im Endeffekt zu ihnen beten. Dabei wiederholen sie dann ständig solche Dinge wie „Ich binde dich, du Geist von . . . (hier kommt der Name, den der Dämon oder die Mächte und Gewalten zu haben scheinen), und nehme Autorität über dich". Das verstehen sie unter Fürbitte bzw. „geistlichem Kampf".

Ich habe soeben John Dawsons Buch *Taking Our Cities for God: How to Break Spiritual Strongholds* gelesen (deutsch: *Unsere Städte für Gott gewinnen)*. Darin findet sich kein Gebet zu Dämonen und keinerlei Praktizieren ihrer Gegenwart. Die oben beschriebenen irregeleiteten Fürbitter versuchen, dasselbe wie John Dawson zu tun, aber sie richten sich, anders als er, auf das Dämonische aus, nicht auf die zu bekennende Sünde. Dawson proklamiert Gottes rettendes Wort in unseren Großstädten, an Orten, wo Dunkelheit und Sünde den Menschen die Freiheit genommen haben, in der Gerechtigkeit zu wachsen. Er hilft Menschen, die Wurzelsünden in ihren Städten zu erkennen und davon umzukehren. Dadurch wird die Stadt aus der Macht dämonischer Mächte und Gewalten gelöst, die aufgrund nicht bekannter Sünde das Recht hatten, zu herrschen. John Dawson lehrt die Heilung von menschlichen Gemeinschaften und Städten, ja sogar Nationen; er tut das auf die gleiche Weise, wie wir von der Heilung von Personen sprechen. Es geschieht durch die Heilung der Erinnerungen – durch Bekennen von Sünden, die Menschen binden – und durch das Lösen der Menschen, ihrer Orte und Gemeinschaften, so daß sie in ein neues, echtes, schöpferisches Leben hineinkommen. Er unterstreicht die Wichtigkeit von Dank und Lobpreis – der tiefsten und wunderbarsten Form, die Gegenwart Gottes zu praktizieren. Er spricht über Fürbitte und über das Hören auf das heilende Wort, das Gott für den betreffenden Ort spricht.

All das versteht John Dawson unter „geistlichem Kampf" – Menschen aus dem Reich der Finsternis ins Reich des Lichts zu bringen. Wahre Evangelisation so wie diese, wird immer zu geistlichem Kampf führen. Aber man könnte dies genauso unter die Überschrift „Der Dienst der Beichte auf Makroebene" stellen – ein Dienst, den die Kirche völlig vergessen hat. So gibt es heute viele, die „geistlichen Kampf tun", aber sich dabei auf die Mächte des Bösen konzentrieren, statt den biblischen Prinzipien zu folgen.

Das erste Mal, als wir im Team mit einer solchen Finsternis als dem Ergebnis dieser Praktiken zu tun hatten, waren wir in einer Gemeinde, in der viele Menschen zusammengekommen waren, um zu lernen, wie man für sich und für andere betet. Es gab mehrere Leute von außen, die diese falsche Konzentration auf Dämonen vertraten; sie waren gekommen, nicht um zu lernen, sondern um uns als Team zu beeindrucken. Es brauchte nicht lange, bis wir tatsächlich aufs Schlimmste beeindruckt waren, denn wir hatten noch nie eine solche Entfesselung von Finsternis im Zusammenhang eines Gebets- und Heilungsgottesdienstes erlebt. Wir wußten sofort, daß diese Personen ungewollt zuerst die Finsternis eingeladen und dann aufgestachelt hatten. Ihre Praktiken waren extrem verwirrend und gefährlich für jeden, der so naiv war, sich darauf einzulassen.

Vor dem ersten Gottesdienst sagte der Leiter dieser Leute zu mir: „Wir beten und fasten gegen Mächte und Gewalten [dämonische Kräfte] schon bevor wir an irgendeinen Ort gehen, und wir haben das auch für Sie getan. Sie sind jetzt sicher, weil wir das getan haben; wir haben nämlich die Mächte und Gewalten in den himmlischen Orten über dieser Stadt *gebunden* ..."

Ich wußte sofort, daß sie in ernsten Schwierigkeiten steckten, aber ich konnte ihnen nicht helfen, denn sie verstanden nur eine überzogene „vergeistlichte" Sprache, die keinerlei Raum für vernünftige Interaktion, Kommunikation oder Gemeinschaft ließ. Für sie gab es keinen Platz für das wahrhaft Schöne, sei es aus dem Bereich der Natur und des vollen Menschseins, oder im himmlischen Bereich. Es gab überall nur Dämonen, und diese mußten aufgespürt und erledigt werden. Sie kannten das Praktizieren der Gegenwart Gottes nicht – nur eine Vorstellungswelt, die randvoll mit Dämonischem angefüllt war.

Ohne daß es ihnen bewußt gewesen wäre, waren sie von einem außergewöhnlich großen geistlichen Stolz erfüllt. Unter dem Strich gaben sie mir nämlich zu verstehen: „Wir sind die einzigen, die wirklich wissen, wie man den Teufel ‚bindet', wie man schwer dämonisierte Menschen befreit usw. Wir wissen Bescheid, wie man wirklich geistlichen Kampf tut. Wir spüren die ‚dicken Hunde' auf und bekämpfen sie, die Mächte und Gewalten. Wir sind gekommen, um das für Sie zu tun und um Ihnen zu zeigen, wie das geht."

Durch ihre Annahme, sie seien selbst *außergewöhnliche* Fürbitter und die einzigen, die wirklich im „geistlichen Kampf" stehen, praktizierten sie unter dem Strich die Gegenwart der Dämonen. Sie hatten die Aufmerksamkeit dunkler Mächte auf den Leib Christi an jenem Ort gelenkt, indem sie zu *ihnen* gebetet hatten und sich voller Stolz für diejenigen hielten, die sie „binden" würden. Wie sich herausstellte, waren sie zu einem Kanal geworden, durch den eine „Macht und Gewalt" – ein dominierender Geist über dieser Stadt – unter uns herabgekommen war. Nur die heiligen Engel hätten ihm im geistlichen Kampf entgegentreten dürfen und sollen, während wir auf unserer Ebene um die Errettung von Menschen rangen.

Als wir begannen, Menschen zu dienen, wurden unsere Augen geöffnet, und wir sahen ein riesiges geistliches Wesen. Es nannte seinen Namen und bedrohte jeden von uns im Team. Es gab die bizarrsten Vorfälle und eine unglaubliche Verwirrung, als wir Gott anriefen, um diese finstere Macht zu bändigen.

Ich muß wohl kaum erwähnen, daß wir in einen geistlichen Kampf von ungewöhnlichem Ausmaß gerieten, was überhaupt nicht nötig gewesen wäre. Diese Leute, die sich für Fürbitter hielten, hatten lediglich die Mächte der Finsternis in, um und über dieser Stadt in Kenntnis gesetzt, daß wir kamen! Als ich mir ihre haarsträubenden Kämpfe mit finsteren Mächten anhörte, erkannte ich, daß sie diese „Gabe" überall hinbringen, wo sie hingehen. Ihre Art des Betens stellt sicher, daß die Menschen, die mit ihnen zu tun haben, in furchtbare und dramatische Auseinandersetzungen mit bösen Mächten geraten, ja vielleicht sogar schweren dämonischen Täuschungen erliegen. Das ist äußerst gefährlich.

Ich würde das alles nicht erzählen, wenn es nicht inzwischen so häufig vorkäme. Diese Praktiken verbreiten sich (gewöhnlich in etwas milderer Form) auch bei Menschen, die täglich Fürbitte tun. Außerdem bin ich mir als Seelsorgerin der vielen Menschen bewußt, die versuchen, ihr Leben zu bewältigen, indem sie (meist unbewußt) danach streben, Ereignisse oder Personen in ihrem Umfeld zu kontrollieren – was man heute eine „koabhängige" Persönlichkeit nennt. Aus Furcht vor dem Dämonischen versuchen sie oft, es durch diese Art des Gebets zu „kontrollieren", in der Hoffnung, so das Böse fernzuhalten. So wird das „Reden mit dem Teufel" und das Praktizieren seiner üblen Gegenwart zu einer gefährlichen Ergänzung ihrer Koabhängigkeit, an der sie sowieso schon leiden. Sie fürchten sich vor Konflikt jeder Art und versuchen, sich durch die „Kontrolle" über die Charaktereigenschaften anderer zu schützen, die sie vielleicht als Dämonen wahrnehmen.

Einige fragen sich jetzt vielleicht: „Aber wie kann ich dann beten?" Mit anderen Worten: Es gibt kostbare Geschwister, die nicht länger mehr zu beten wissen, ohne mit dem Teufel zu reden. „Wie", fragen sie, wenn sie in den geistlichen Kampf mit ihren Feinden verwickelt sind, „bete ich in bezug auf diese Lüge", oder „diese Verleumdung", oder eine wie auch immer geartete Finsternis? „Soll ich eine Stunde früher aufstehen und geistlichen Kampf machen?", und damit ist gemeint: „Soll ich eine Stunde früher aufstehen, mich auf Dämonen konzentrieren und sie binden?" Nein, das ist niemals richtig. Es ist großartig, eine Stunde früher aufzustehen und sich auf Gott zu konzentrieren, die Tatsache zu bekräftigen, daß Er den Sieg gewonnen hat und Ihn zu fragen, wie wir ihm angesichts von Finsternis und der Verleumdungen vertrauen sollen. Es gibt keine Notwendigkeit, daß wir diese Finsternis und die Verleumdungen gegen uns kontrollieren müßten. Er tut es, und wir vertrauen Ihm unsere Gegenwart und Zukunft völlig an! Das geschieht nicht, indem wir uns auf die „Dämonen" der Lüge, der Verleumdung usw. ausrichten, Namen für sie finden oder sie ständig im Gebet zu „binden" suchen – dadurch würden wir uns im besten Fall nur verausgaben, schlimmstenfalls aber in dämonische Bedrückung und Verblendung geraten. [11)]

Statt dessen schauen wir geradewegs auf Gott und reden mit Ihm. Christus hat den Feind gebunden; uns bleiben nur noch die Aufräumarbeiten. Die Schrift zeigt uns niemanden, der sich im Gebet auf Dämonen ausrichtet; dadurch lehrt sie uns, recht zu beten. Wir beten statt dessen so, wie Christus uns gelehrt hat, „Und befreie uns von dem Bösen". Mit anderen Worten: „Tu Du es, Herr!" Wir lassen uns nicht auf „Werk"-Gebete ein, um von Mächten und Gewalten frei zu werden. Wir vertrauen auf Gott; Er sendet Seine heiligen Engel aus, um den Kampf zu tun. Wenn uns zufällig eine dämonische Macht im Weg steht und wir das merken, dann gebieten wir ihr, zu verschwinden. Nur in diesem Fall sprechen wir sie an – wenn uns der Heilige Geist ihre Anwesenheit offenbart hat. Und wir vertreiben sie mit einem Satz: „In Christi Namen, weg mit dir!"

An diesem besagten Ort errangen errangen wir einen großen Sieg. Gott ist treu: Menschen erlebten geistlich und seelisch eine Wiedergeburt. Viele dort fanden aus der großen Finsternis heraus, die zum Kennzeichen unserer heutigen Kultur geworden ist. Das schloß Menschen ein, deren Hintergrund in Okkultismus, Hexerei, sexuellen Perversionen und anderem bestand. Mit diesen Umständen waren wir natürlich wohl vertraut; so konnten wir auch mit möglichen dämonischen Belastungen in ihrem Leben umgehen. Aber wir hatten einen viel höheren Preis als gewöhnlich zu bezahlen, was die Intensität des Kampfes und den körperlichen und geistlichen Streß anbelangte; das war absolut überflüssig.

Zwei Beispiele sollen hier deutlich machen, wie wunderbar echte Fürbitte wirkt. Wir sollten in einem anderen Land dienen, und zwar an einem bekannten liberalen theologischen Seminar in einer Stadt, die selbst für heutige Maßstäbe außerordentlich verdorben ist. Wir wußten, daß uns da ein intensiver geistlicher Kampf für die Angehörigen der Universität erwartete, vor allem für diejenigen, die zu Theologieprofessoren und Pastoren für andere Länder ausgebildet wurden. Als wir über die bekannten und nicht bekannten Sünden der Stadt und der Universität Buße taten und zu Gott schrien, daß Er uns Seine Salbung zum Predigen, Lehren und Heilen in Seinem Namen geben würde, wurden unsere geistlichen Augen geöffnet. Der Herr zeigte uns den Kampf in der Engelwelt über jenem Seminar. Wir sahen, noch bevor wir dort ankamen, wie die heiligen Engel die bösen Mächte als Antwort auf unsere Gebete bekämpften und niederrangen. Wir taten dort dann einen unglaublichen Dienst, aus dem heraus ein kleine Erweckung entstand, die immer noch weitergeht. Und wir wurden dort auch nicht unnötig körperlich geschwächt durch überflüssige Konfrontationen mit den Mächten des Bösen.

. Ein weiteres Beispiel dafür ist eine unserer Konferenzen in England, die auf Video aufgenommen wurde. Der Herr tat Großes, viele Menschen wurden geheilt und errettet. Mitten in alledem wurden Fr. William Beasleys Augen geöffnet, er sah einen riesigen geistlichen „Fürsten". Aber er war außerhalb und versuchte, einen Blick nach drinnen zu erhaschen. Er wollte unbedingt wissen, was da ablief, konnte das aber nicht herausfinden. Die heiligen Engel standen uns wie immer bei und hatten ihre Aufgaben schon im voraus erledigt. Und es gab keine Gruppe irregeleiteter Christen, die durch ihre Ausrichtung auf dieses böse Wesen ein Tor geöffnet hätten, durch das es sich hätte hereindrängen können.

Es war ein Buch, das oftmals als „Klassiker" des geistlichen Kampfes bezeichnet wird, das solche verkehrten Gedanken gefördert hat: *War on the Saints* von Jessie Penn-Lewis. [12] Eine ihrer Thesen war, daß Erweckung nicht weitergeht, weil wir den geistlichen Kampf nicht verstehen. So konzentriert sie sich in ihrem Buch in erster Linie auf Dämonen, statt auf Sünde. Sie schreibt beispielsweise über Israel nach der Zeit des Mose und Josua: „Als diese Leiter starben, versank die Nation in der Finsternis, *die von bösen Mächten herbeigeführt worden war,* indem sie die Menschen in Götzendienst und Sünde verstrickten …" (S. 28, Hervorhebung von mir). Die Schrift aber lehrt natürlich, daß zuerst die Sünde der Menschen (der Abfall) kam, wodurch sie für die Mächte der Finsternis anfällig wurden.

Diese Umkehrung findet sich quer durch das ganze Buch hindurch. Diejenigen, die ihre Gedanke konsequent zu Ende denken, werden immer den dämonischen Aspekt im Vordergrund sehen. Hier wird offensichtlich die Gabe der Geisterunterscheidung nicht verstanden. So kommt es zu einem quälenden System der „Befreiung" durch „Erkenntnis" (in einer geradezu pseudowissenschaftlichen Weise), mittels der man herauszufinden versucht, ob eine Vorstellung oder eine Körperbewegung „gefälscht" ist, d. h., das Ergebnis dämonischer Täuschung. Sie reduziert die menschliche Seele auf ein Schlachtfeld zwischen Gut und Böse, während sie gleichzeitig die Willenskraft des Christen, die darüber entscheidet, welche Seite letztendlich den Sieg davonträgt, geringschätzt. Sie legt eine solch starke Betonung auf die möglichen Täuschungen, daß der Glaubende Angst bekommt, sich auf sein eigenes Verständnis der Schrift oder seine Fähigkeit, den Herrn zu hören, zu verlassen.

Sie zitiert zwar reichlich Schriftstellen, doch käme keine der großen Figuren des Alten und des Neuen Testaments nach ihrer Methode ungeschoren davon. Die Methode, die sie befürwortet, ist unglücklicherweise die, alles und jeden zu analysieren und in Zweifel zu ziehen. Jede Manifestation des Heiligen Geist, ja sogar natürliche Emotionen, sind wie alle Erfahrungen automatisch verdächtig; sie werden solange als dämonische Fälschung eingestuft, bis das Gegenteil bewiesen werden kann. Dummerweise gibt es in ihrem System, das unter dieser schrecklichen Spaltung zwischen Kopf und Herz leidet, keinerlei Möglichkeit, das zu entscheiden. Die „Methoden" beinhalten die Leugnung emotionaler und physischer Bedürfnisse und ihrer Ausdrucksformen, sowie eine übertriebene „Vergeistlichung".

Sie schreibt: „Der Sohn Gottes kämpfte gegen die Mächte der Finsternis als die aktive, *primäre* Ursache für Sünde und Leiden in dieser Welt" (S. 35, Hervorhebung von mir). Wer einer solchen Theologie und Psychologie folgt, wird jede Sünde, jede seelische Regung, die mit Leiden zu tun hat, als Gelegenheit zum Kampf mit dem Dämonischen betrachten. Das ist mit der Praxis des „Austreibens" geschehen, in der vermutete Charaktereigenschaften und -mängel als Dämonen behandelt werden, statt als Sünde, die es zu bekennen oder Mängel, die es durch Gebet zu heilen gilt.

Auch hier müssen wir wieder nein sagen. Die Schrift sagt uns, daß solche Dinge „aus dem Herzen" des Menschen hervorgehen. Es ist das ungeheilte und/oder unbekehrte Herz, das das Dämonische zur Mitwirkung einlädt. Die Lehre von Mrs. Penn-Lewis führt entweder zur inneren Lähmung oder zu einem tiefen Mißtrauen bzw. einem Abgeschnittensein von dem, was authentisches Menschsein ausmacht. Ihre Ansichten laufen auf eine mänichäische Sicht der Leiblichkeit hinaus, nicht auf eine inkarnatorische; deshalb warnt sie auch besonders davor, die Gegenwart Gottes zu praktizieren. Die Konsequenz ihrer Lehren ist, daß Menschen nicht mehr in der Lage sind, aus dem Wissen heraus zu leben, daß Gott in uns wohnt; gleichzeitig aber müssen sie buchstäblich immer auf der Hut vor der Gegenwart der Dämonen sein. Eine traurige Ironie ist es, daß dadurch nicht nur die Inkarnatorische Wirklichkeit, die Gegenwart Gottes in uns, verlorengeht, sondern auch die Kraft, echte Dämonen zu erkennen und zu vertreiben.

Viele der heutigen Exzesse im Blick auf das Dämonische und den geistlichen Kampf gehen auf die Gedanken dieses Buches zurück. Ich habe lange genug im geistlichen Dienst gestanden und viele tragische Verluste gesehen, wenn Leiter und ganze Gruppen unter schwere dämonische Verblendung kamen, weil sie die Lehren dieses Buches logisch zu Ende gedacht und umgesetzt hatten. Eine ernsthafte Beschäftigung mit diesem Buch und die Übernahme seiner Gedanken führt dazu, daß man überall und in jedem Dämonen sieht – und somit wirklich die Gegenwart der Dämonen praktiziert.

Menschen, die voll für solche Lehren eintreten, werden auf jede nur denkbare Weise verletzt und lahmgelegt – ihre intellektuellen, intuitiven und imaginativen Wahrnehmungsfähigkeiten werden paranoid. Ihre Vorstellungswelt wird von dämonischen Mythen erfüllt – also genau das, was Penn-Lewis zu vermeiden suchte.

In vielen Fällen bekommen Menschen Angst vor anderen, werden zum Teil sogar paranoid; es kommt zu Verleumdung und pharisäischem Stolz. Alles das ist ein Ergebnis der Konzentration auf das Dämonische, statt auf Gott. Wer wissen will, wo viele der verleumderischen Sektenjäger ihre Theologie und ihre Vorbilder für ihre Hexenjagden herbeziehen, muß sich nur eine ungekürzte Ausgabe dieses Buches ansehen. Jeder, der ein inkarnatorisches Verständnis der Wirklichkeit hat und um die Kraft Gottes weiß, emotionale und seelische Krankheiten zu heilen, wird von solchen Leuten angegriffen. Auf diese Weise kommt es in den Reihen der Kirche zu einem sehr realen geistlichen Kampf, wenn das Werk des Heiligen Geistes und das Praktizieren der Gegenwart Gottes geleugnet und verdammt werden.

Weil die Gedanken dieses Buches weiterhin das Denken in bestimmten fundamentalistischen, evangelikalen und pfingstlichen Kreisen beeinflussen, entstehen immer wieder Bewegungen, die schwere Probleme im Leib Christi verursachen. Jessie Penn-Lewis' Schriftauslegung ist an wichtigen Punkten fehlerhaft. Wegen des weitreichenden Einflusses ihres Buches hoffe ich, daß qualifizierte Theologen und Psychologen alle seine Lehren einmal einer gründlichen Kritik unterziehen. Ich hoffe, diese Schriften werden dann auch für Laien verständlich sein, denn gerade sie wurden stark davon geprägt.

Zu der Zeit, als sie dieses Buch schrieb, hatte es einen gewissen Wert, weil es in einer Zeit die Existenz von Dämonen als selbstverständlich anerkannte, in der der Großteil der Kirche in dieser Hinsicht der Bibel keinen Glauben schenkte. Oft fallen Leute, wenn sie eine lange vernachlässigte Wahrheit neu betonen, in den entgegengesetzten Irrtum der Überbetonung. Und in diesem Fall hatte Jessie Penn-Lewis einfach nicht das nötige theologische und psychologische Verständnis, um diese Themen zu behandeln. Sie hatte schlicht Angst vor den Bedürfnissen emotionaler Heilung und Ausbildung, die die Vielzahl der von der Erweckung erfaßten Menschen hatten. Ihre Schriften über das Kreuz Christi haben hingegen eine große Zahl von Menschen gesegnet; so hoffe ich, daß meine Kritik ihres Buches über den geistlichen Kampf den Wert ihrer sonstigen Schriften nicht schmälert.

Es ist schwierig, die richtigen Worte zu finden, um verlorenge-gangene Konzepte und Vorstellungen einer neuen Generation zu erklären. Wenn wir heute Jessie Penn-Lewis lesen, können wir leicht die kulturell bedingten blinden Flecken sehen, mit der sie und andere zu kämpfen hatten. So wissen wir beispielsweise, daß man damals allgemein ein tiefes Mißtrauen gegenüber der Zur-schaustellung von Gefühlen gegenüber empfand. Sie wurden stark verdrängt. Wenn sie unter dem heilenden Wirken des Geistes wieder hervorbrachen, oder wenn der Körper physisch auf die Kraft der Gegenwart Gottes reagierte, dann erschien das den Augenzeugen als ungehörig, ja dämonisch. So mußten die Mani-festationen der Gegenwart Gottes durch die Scheuklappen der damaligen Zeit betrachtet werden. Das macht uns demütig, da wir wissen, daß keiner von uns selbst völlig der Blindheit unserer eigenen Zeit entgeht.

Die großen theologischen und geistlichen Schriftsteller schaffen es, die Fehler ihrer Zeit klar zu sehen und sie hinter sich zu lassen. Sie erkennen und beklagen ihre eigene Unzulänglichkeit; deshalb erlauben sie es anderen Zeiten, ein korrigierendes Wort zu sprechen. Möge der Herr uns in dieser Zeit des großen geistlichen Kampfes zunehmend mit solchen Schriftstellern segnen.

Die Wiederherstellung der Hoffnung auf den Himmel und der Gnade der Standhaftigkeit

Wohl den Menschen, die Kraft finden in dir,
wenn sie sich zur Wallfahrt rüsten ...
Sie schreiten dahin mit wachsender Kraft;
dann schauen sie Gott auf dem Zion.

(Psalm 84,6.8)

Liebe Brüder, jetzt sind wir Kinder Gottes. Aber was wir sein
werden, ist noch nicht offenbar geworden. Wir wissen, daß wir ihm
ähnlich sein werden, wenn er offenbar wird; denn wir werden ihn
sehen, wie er ist. Jeder, der dies von ihm erhofft, heiligt sich so, wie
Er heilig ist.

(1. Johannes 3,2-3)

Soll die Hoffnung auf den Himmel wiederhergestellt werden, dann
müssen wir zuallererst die großartige Hoffnung auf das Erscheinen
Christi und die unglaubliche Verheißung, daß wir ihm gleich sein
werden, wiedergewinnen. Hoffnung hat die geheimnisvolle Kraft,
uns Leben zu schenken. In der Schrift sehen wir darüber hinaus,
daß sie uns schon jetzt „reinigt". Das ist eine große Verheißung, die
für uns am Ende des zwanzigsten Jahrhunderts, wo der institutionalisierte Unglaube mit seiner Ungerechtigkeit in das christliche
Symbolsystem und die christliche Seele eingedrungen sind, eine
besondere Bedeutung hat.

Die Schrift ist voll von gewaltigen Verheißungen für alle, die auf Christus hoffen und dadurch zu Überwindern werden. Wir werden vom Baum des Lebens essen, wie es in Offenbarung 2,7 heißt, und wir werden uns von dem „verborgenen Manna" nähren (2,17). Eine der Verheißungen, die mich sehr anspricht, ist die des neuen Namens: „Ich werde ihm einen weißen Stein geben, und auf dem Stein steht ein neuer Name, den nur der kennt, der ihn empfängt" (2,17). Bekommen wir hier unseren endgültigen Namen? Vielleicht, denn er ist auf einen weißen Stein geschrieben. Alle christliche Heilung hat mit dem Herausrufen des wahren Selbsts zu tun, was nichts anderes bedeutet, als in der Gegenwart Christi den wahren Namen zu empfangen. Christus wird den Namen Gottes und der wahren Stadt auf uns schreiben (3,12), und wir werden Söhne Gottes sein (21,7), denen der „zweite Tod" „nichts anhaben" kann (2,11). Gott wird unser Gott sein (Offenbarung 21,7), und wir werden mit Christus auf seinem Thron sitzen (3,21). Kurz: wir werden alles erben (21,7). Es stellt eine wunderbare Heilung dar, wenn wir die Fähigkeit zur Hoffnung und zur Freude an diesen Dingen (und den sonstigen Verheißungen der Schrift) wiedergewinnen; sie gelten denjenigen, die in Christus ausharren.

Die wunderbare Kraft der Standhaftigkeit

> *In der Welt seid ihr in Bedrängnis, aber habt Mut: ich habe die Welt besiegt. (Johannes 16,33)*

> *Laß dich nicht vom Bösen besiegen, sondern besiege das Böse durch das Gute! (Römer 12,21)*

Es gibt weniges im Leben, was tröstlicher ist, als christliche Freunde, die verstehen, was es mit geistlichem Dienst auf einem gefallenen Planeten auf sich hat. Über Jahre hinweg war Carol Kraft, die Deutsch und Literatur am Wheaton College lehrt, solch eine Freundin gewesen. Sie ist eine kostbare Vertraute, der ich meine tiefsten Sorgen anvertrauen kann, denn sie ist nicht nur Freundin, sondern hat gelernt, zuzuhören. Sie *hört* und versteht wirklich, womit ich mich herumschlage, und hat das Talent, es auf den Punkt bringen zu können oder mir zu helfen, damit zurechtzukommen. Sie gab mir die hier abgebildete Karte als Beschreibung für die Wunder, die wir Christen so oft erleben.

© Desclozeaux

Diese Karikatur bringt für mich die Kraft der Standhaftigkeit zum Ausdruck, die uns mit der großartigen und einzigartigen christlichen Tugend der Hoffnung gegeben ist. Man wird schwerlich ein besseres Bild für die reine Gnade finden, die Gott uns nicht nur zum Überleben, sondern auch zur Überwindung des Unmöglichen gibt. Es ist genau die Art und Weise, wie wir diese Gnade erfahren, wenn wir uns Zentimeter um Zentimeter durch eine gefallene, feindselige Welt in Richtung auf unsere wahre Heimat vorwärtsschieben.

Ich bin mir sicher, daß einige, die diese Zeilen lesen, selbst schon vor dem Unmöglichen standen – oder es vielleicht gerade jetzt tun –, wenn es um ihre Berufung in Gott geht, um das, was sie sein und tun sollen. Vielleicht zeichnet sich die Katastrophe schon am Horizont ab, in Gestalt von Umständen, die so irrational und dunkel sind, daß sie nur von den Mächten der Finsternis stammen können; vielleicht kommt sie schon in Riesenschritten auf sie zu. Der Feind holt zum Schlag aus, um sie zu verstümmeln oder zu zerschmettern – zumindest aber, um sie in ihrem Weg zu blockieren. Aber Gottes Botschaft an seine Kinder ist immer die gleiche: „Meine Kraft und Stärke, die ich dir gebe, reichen aus. Rufe sie an, bitte darum, und sieh zu, ob ich dir nicht alle Gnade in überfließendem Maß gebe!"

Paulus wußte um diese Wahrheit und lehrte sie nach Kräften: „In seiner Macht kann Gott alle Gaben über euch ausschütten, so daß euch allezeit in allem alles Nötige ausreichend zur Verfügung steht und ihr noch genug habt, um allen Gutes zu tun" (2. Korinther 9,8). Es ist nicht einfach, „überströmend zu jedem guten Werke" zu sein, wie es in einer anderen Übersetzung heißt, wenn ganze Berge auf uns herabstürzen. Und doch können wir genau das tun, wenn wir unser Vertrauen nicht auf uns oder andere geschöpfliche Dinge, sondern ganz auf Gott setzen. Wir lernen es, mit dem Psalmisten zu rufen: „Du bist ein treuer Gott!"

Ein Wort, das Paulus verwendet, um diese Art von Gnade, Gottes Gnade, zu beschreiben, ist *polypoikilos,* was soviel wie „vielfarbig" heißt. William Barclay schreibt in seinem Kommentar zum Epheserbrief (3,8-13): „Die Vorstellung bei diesem Wort ist die, daß die Gnade Gottes zu jeder Situation paßt, in die uns das Leben bringen kann, und ihr gewachsen ist. Es gibt nichts, weder Licht noch Dunkelheit, Sonnenschein oder Schatten, dem sie nicht triumphierend gewachsen wäre." Egal, womit wir uns herumschlagen, sei es im geistlichen Dienst oder in unserem eigenen Leiden: wenn wir Vergebung und Heilung brauchen, reicht Gottes Gnade immer aus. Als Jesus auf seine bedrückten Jünger blickte, voller Glauben an den Vater, faßte er dies in die Worte: „Für Menschen ist das unmöglich, für Gott aber ist alles möglich" (Matthäus 19,26).

Hindernisse auf dem Weg der Hoffnung

Mancher, der bis hierher gelesen hat, mag schockiert sein, wie passiv er dem Ewigen gegenüber ist, und fürchten, daß nichts in ihm diese Hoffnung wecken kann. Anderen Christen ist der Materialismus der letzten Jahrhunderte fast irreparabel in die Seele gedrungen, vor allem, wenn sie nicht von dem erneuernden Wirken des Geistes berührt wurden und nicht an vorderster Front stehen, wo sie erleben, wie Gott Menschen tief anrührt und das Kranke heilt. Das hat, laut C. S. Lewis, dazu geführt, daß ihnen der Himmel vor den Augen weggenommen wurde. Anderen hat der Wunsch nach menschlicher Zustimmung die Hoffnung verdunkelt. Wir müssen uns mit diesem schlimmen Verlust näher beschäftigen, um Menschen die Gewißheit zu vermitteln, daß Gott gerne die Hoffnung für die Seele wiederherstellt. Auf einer natürlichen Ebene läßt sich die Hoffnung auf den Himmel vielleicht nicht wiederherstellen; deshalb müssen wir Gott vor allem anderen suchen und Ihn um diese Wiederherstellung bitten.

In bestimmter Hinsicht sind wir alle Opfer einer materialistischen Zeit, denn in einer gefallenen Welt gibt es immer irgendein großes äußeres Glaubenshindernis. Das allergrößte aber befindet sich im Inneren. In uns gibt es etwas, das wie Miltons Satan lieber in der Hölle herrschen will, als im Himmel dienen. Hier muß man, wie bei allen anderen seelischen Defekten den Stier bei den Hörnern packen: es ist der Stolz. Mit der uns von Gott gegebenen Kraft müssen wir hart dagegen ankämpfen.

Streben nach Ruhm statt Hoffnung auf Unsterblichkeit

Denen, die beharrlich Gutes tun und Herrlichkeit, Ehre und Unvergänglichkeit erstreben, gibt er ewiges Leben; denen aber, die selbstsüchtig nicht der Wahrheit, sondern der Ungerechtigkeit gehorchen, widerfährt Zorn und Grimm. (Römer 2,7-8)

Ein leidenschaftliches Streben nach irdischer Ehre und Herrlichkeit steht im Widerstreit zu der christlichen Hoffnung auf die Unsterblichkeit und die rechtmäßige himmlische Herrlichkeit; es macht sie zunichte. Es ist unglaublich, und doch stimmt es: das ewige Leben wird denen gegeben, die durch ihr standhaftes Tun des Guten nach Herrlichkeit, Ehre und Unsterblichkeit streben.

Amen, amen, ich sage euch: Wenn das Weizenkorn nicht in die Erde fällt und stirbt, bleibt es allein; wenn es aber stirbt, bringt es reiche Frucht. Wer an seinem Leben hängt, verliert es; wer aber sein Leben in dieser Welt geringachtet, wird es bewahren bis ins ewige Leben. (Johannes 12,24-25)

Was Christus hier lehrt, „schließt ehrgeiziges Streben aus", wie eine Fußnote der englischen NIV-Übersetzung bemerkt; es offenbart eindringlich, daß „die Konzentration auf den eigenen Erfolg den Verlust dessen bedeutet, was wirklich wichtig ist". Jesus spricht statt dessen von der Ehre, die von Gott kommt, und den Bedingungen dafür: „Wenn einer mir dienen will, folge er mir nach; und wo ich bin, dort wird auch mein Diener sein. Wenn einer mir dient, wird der Vater ihn ehren" (Johannes 12,26).

John Milton bezeichnete in seinem Sonett Nr. XXII (über seine Blindheit) den Ruhm als „der Welt eitle Maske" und hoffte, nachdem er ihn errungen hatte, darüber hinausgeführt zu werden. Er beschäftigte sich mit dem Streben der klassischen Dichter nach

Ruhm und erkannte, wie sehr das der großen christlichen Hoffnung auf Lohn unterlegen war. In *Lycidas* spielt er auf die Ruhmsucht mit den Worten an „die letzte Schwäche des edlen Gemüts", um dann fortzufahren:

> *Der Ruhm wächst nicht auf sterblichem Boden*
> *noch in der Welt glänzender Fassung . . .*

Tacitus spricht in seinen Historien von der „Ruhmsucht" als dem, „von dem sich auch weise Männer zuletzt befreien". Nichts zeigt die Schäbigkeit, den Stolz, ja die Gedankenlosigkeit dahinter so deutlich, wie der „berühmte Künstler" in der *Großen Scheidung* von C. S. Lewis. Ein heiliges, strahlendes Geistwesen, einer der triumphierenden Heiligen, war gesandt worden, um ihn einzuladen, sich für den Himmel mit seinem unglaublichen Licht und seiner Schönheit zu entscheiden; er aber ist nur daran interessiert, diesen Himmel zu malen. Darauf erwidert der Geist:

> „*Als du auf Erden gemalt hast – wenigstens in deinen jüngeren Jahren –, war es dir darum zu tun, einen Abglanz des Himmels in der irdischen Landschaft aufzufangen. Der Erfolg deiner Malerei beruht darauf, daß sie andern die Fähigkeit gab, diesen Abglanz auch zu sehen. Hier aber hast du die Sache selbst. Von hier sind dir die Botschaften zugekommen. Und von diesem Lande etwas zu erzählen, hat keinen Zweck, denn wir sehen es schon. Wir sehen es sogar besser als du.*"

Aber der arme Künstler kann kein Interesse am Himmel aufbringen; er ist nur an seinem eigenen „Umgang" damit interessiert.

> „,*Nein, du vergißt', sagte der Geist, ,so hast du nicht angefangen. Das Licht selbst war deine erste Liebe. Du hast das Malen nur als Mittel geliebt, vom Licht zu erzählen.'*
> *,Ach, das war vor Urzeiten . . . Man interessiert sich mehr und mehr für das Malen um seiner selbst willen.'*
> *,Ja, so ist's. Und ich mußte erst davon genesen. All das war ein Fallstrick. Tinte und Darmsaiten und Farbe waren da unten notwendig, aber zugleich sind sie gefährliche Reizmittel. Jeder Dichter und Musiker und Künstler wird, wenn ihm Gnade nicht hilft, abgezogen von der Liebe zur Sache, von der er erzählt, hin*

zur Liebe zum Erzählen, bis sie dann, in der tiefen Hölle, sich überhaupt nicht mehr für Gott interessieren können, sondern nur für das, was sie von ihm sagen. Denn, weißt du, mit dem Am-Malen-interessiert-Sein hat es nicht sein Bewenden. Sie sinken tiefer – sie fangen an, sich für ihre eigenen Persönlichkeiten zu interessieren und dann für nichts als für ihren eigenen Namen.'"

Der Künstler, der sich „in *diesem* Sinn" nicht für sehr gefährdet hält, fragt den leuchtenden Geist aber doch, ob er schon bestimmte Künstler im Himmel getroffen hätte, die auf Erden immer noch berühmt sind. Er ist betroffen, daß der Geist ihnen noch nicht begegnet ist, auch wenn sie da wären (schließlich sind ja viele Leute da, und er hat viele davon noch nicht getroffen):

„,Aber von Leuten von Rang würden Sie doch gehört haben?'
,Aber sie sind nicht von Rang – nicht mehr als irgend sonst jemand. Begreifst du denn nicht? Die Herrlichkeit flutet in jeden hinein und von jedem zurück wie Licht von Spiegeln. Aber das Licht – das ist's.'
,Wollen Sie sagen, daß es hier keine berühmten Leute gibt?'
,Sie sind alle berühmt. Sie werden alle gewußt, erinnert, erkannt von dem einzigen Geist, der fehlerlos urteilt.'" [1]

Aller eitle Ehrgeiz, der Anerkennung und Ehre bei Menschen sucht, ist nur ein Ersatz für die eigentliche Realität: die Hoffnung auf die himmlische Herrlichkeit und Unsterblichkeit. Diese Hoffnung wächst, wenn wir auf Gott ausgerichtet bleiben und so unsere erste Liebe bewahren: „Du sollst den Herrn, deinen Gott, lieben aus deinem ganzen Herzen und mit deiner ganzen Seele und mit deiner ganzen Kraft".

Es macht uns traurig, wenn wir von Zeit zu Zeit das Werk von Christen sehen, die die gleichen Schwierigkeiten zu haben scheinen, wie der Künstler bei C. S. Lewis. Ihrem „Sehen" fehlt die angemessene Gottesfurcht und die Hoffnung auf den Himmel – zumindest spiegelt sich das nicht in ihren Werken wider. Statt dessen finden wir Klagen über das Leiden in der Welt, offen zur Schau getragenes Selbstmitleid und die Bereitschaft, Gott die Schuld zu geben. Die wahre Kraft Gottes aber fehlt; an ihre Stelle tritt die Notwendigkeit, Gott auf das eigene Format, den eigenen

Intellekt und das eigene Vorstellungsvermögen zu reduzieren. Eigenartig ist, daß dem heute so wenig Christen widersprechen. Dies spiegelt über den Verlust der christlichen Hoffnung hinaus den Verlust der wahren Gegenwart Gottes, der Ehrfurcht und der Demut wider, die wir als Geschöpfe in Seinem Licht empfinden.

> *„Habe ich einen Dienst vom Herrn empfangen? Wenn ja, dann muß ich ihm gegenüber treu bleiben und mein Leben nur für wertvoll erachten, wenn es diesen Dienst erfüllt. Denke daran, welche Genugtuung es ist, wenn Jesus dann sagt: ‚Gut gemacht, du guter und treuer Knecht‘; zu wissen, daß du getan hast, wozu er dich gesandt hat.“* [2]

> *„Was für eine Revolution käme bei uns allen in Gang, wenn es das eine feste Ziel und Streben unseres Lebens wäre, vor Gott zu stehen und immer jene Dinge zu tun, die in Seinen Augen angenehm sind.“* [3]

Hoffnung ist ihrem Wesen und ihrer Bedeutung nach ein Geheimnis. Wer kann schon die folgenden Worte voll erfassen: „Christus in euch, die *Hoffnung auf die Herrlichkeit*" (Kolosser 1,27), oder daß wir einen Glauben und eine Erkenntnis „in der Hoffnung auf das ewige Leben haben", wie Titus 1,2 sagt.

„Herrlichkeit", ein weiterer Teil des echten christlichen Geheimnisses, ist eng mit der Hoffnung verknüpft. „Die eschatologische Herrlichkeit", so schreibt der Kommentar der englischen NIV-Bibel zu Römer 5,2, „ist die Hoffnung des Christen." Verherrlichung ist als theologischer Begriff gleichbedeutend mit Unsterblichkeit. Und christliche Hoffnung kann nur im Kontext der Herrlichkeit verstanden werden. Wir werden die Hoffnung besser verstehen, wenn wir die Schriftstellen über *Herrlichkeit, verherrlichen* und *verherrlicht* bedenken. Dabei meditieren wir zugleich über Christi Auferstehung und die christliche Hoffnung auf die Unsterblichkeit und bitten Gott, unser Verlangen nach dem Himmel mit allen seinen Gütern zu stärken; dann leben wir in der Erwartung einer Zukunft, in der wir einen neuen Leib in Entsprechung zu dem verherrlichten Leib Christi bekommen. Und wenn wir das Ansehen bei Menschen und die Dinge dieser Welt dem vorgezogen haben, was nur Gott geben kann, dann dürfen wir um die Gnade einer tiefen Umkehr bitten. Wir können umkehren, um wieder auf Ihn zu blicken. Wir sind nicht länger gezwungen, den Schatten für die Wirklichkeit zu nehmen, unsere Empfindungen in bezug auf die Herrlichkeit für die Sache selbst. [4]

Hoffnung ist mythisch

Einer der Gründe, warum wir Hoffnung nie allzu klar definieren können, ist ihr mythischer Charakter. Sie ist mythisch in ihrer Sehnsucht nach einem Gut, das zu groß für unsere Worte ist. Worte wie *Hoffnung* oder *Herrlichkeit* erfordern eine Reaktion der Imagination; die Schrift ist voll davon. Ein weiterer Grund ist, daß wir alle als Menschen mythische Wesen sind – mehr Mythos als Tatsache, wie Dr. Clyde Kilby gesagt hätte. [5] Wir haben zutiefst transzendente Dimensionen in uns, und Worte wie *Hoffnung* oder *Herrlichkeit* spiegeln das wider. Die folgenden Zitate aus den Werken von C. S. Lewis machen das klarer:

„Es ist sehr einfach, das ganze Leben über ständig Religion, Liebe, Moral, Ehre und Ähnliches zu erklären, ohne jemals in einem davon gelebt zu haben. Wenn man das tut, dann hantiert man einfach nur mit Spielgeld. Man erklärt immerzu eine Sache, ohne zu wissen, worum es sich wirklich handelt. Darum ist ein Großteil des modernen Denkens genaugenommen ein Denken über nichts – der ganze Apparat des Denkens arbeitet unaufhörlich in einem Vakuum." [6] *(Hervorhebung von mir)*

„Der menschliche Intellekt ist unheilbar abstrakt. Reine Mathematik gilt als der Prototyp des erfolgreichen Denkens. Doch sind die einzigen Realitäten, die wir erfahren, konkret – dieser Schmerz, diese Freude, dieser Hund, dieser Mensch. Während wir den Menschen lieben, den Schmerz erleiden, die Freude genießen, erfassen wir Freude, Schmerz oder Persönlichkeit nicht auf intellektuellem Weg. Wenn wir jedoch damit beginnen, dann sinken die konkreten Realitäten auf die Ebene

bloßer Vorfälle oder Beispiele herab: wir beschäftigen uns nicht mehr mit ihnen, sondern mit dem, wofür sie beispielhaft stehen. Das ist unser Dilemma – entweder zu schmecken und nicht zu wissen, oder zu wissen und nicht zu schmecken – oder, genauer, eine Form des Wissens nicht zu haben, weil wir eine Erfahrung machen, oder eine andere Form nicht zu haben, weil wir uns außerhalb davon befinden ... Man kann im Moment der ehelichen Umarmung nicht die Lust studieren, noch die Buße, wenn man büßt, sowenig wie man das Wesen des Humors analysieren kann, wenn man vor Lachen brüllt. Aber wann sonst kann man diese Dinge wirklich erkennen? ... Für dieses tragische Dilemma bietet der Mythos eine teilweise Lösung an. Im Genießen eines großen Mythos kommen wir dem am nächsten, daß wir etwas konkret erfahren, was sonst nur als Abstraktion verstanden werden kann. So versuche ich beispiels-weise in diesem Moment, etwas sehr Abstraktes zu verstehen – das Verblassen und Verschwinden einer geschmeckten Realität, wenn man versucht, sie mit dem diskursiven Verstand zu erfassen." [7)]

„Was aus dem Mythos in einen hineinfließt, ist nicht Wahrheit, sondern Wirklichkeit (bei der Wahrheit geht es immer um etwas, aber Wirklichkeit ist das, worum es in der Wahrheit geht); deshalb wird jeder Mythos auf der abstrakten Ebene zum Vater unzähliger Wahrheiten. Mythos ist der Berg, auf dem alle unterschiedlichen Ströme entspringen, die unten im Tal zu Wahrheiten werden: in hac valle abstractionis. Oder, wenn man so möchte, der Mythos ist die Landenge, die die Halbinsel des Denkens mit dem riesigen Kontinent verbindet, zu dem wir wirklich gehören. Er ist nicht, wie die Wahrheit, abstrakt; noch ist er, wie die unmittelbare Erfahrung, an das konkrete Einzelne gebunden.

Wie nun der Mythos das Denken transzendiert, so trans-zendiert die Inkarnation den Mythos. Das Herz des Christentum ist ein Mythos, der zugleich Tatsache ist. Der alte Mythos des sterbenden Gottes kommt vom Himmel der Legende und der Imagination auf die Erde der Geschichte herab, ohne aufzuhö-ren, Mythos zu sein. Er geschieht – an einem konkreten Datum, an einem konkreten Ort, mit feststellbaren historischen Konse-quenzen. Von einem Baldur oder Osiris, die sterben, niemand weiß wann oder wo, kommen wir zu einer historischen Person, die unter Pontius Pilatus gekreuzigt wird (es geschieht alles in der richtigen Ordnung). Dadurch daß er Tatsache wird, hört er nicht auf, Mythos zu sein; das ist das eigentliche Wunder. Ich vermute, daß die Menschen manchmal mehr geistliche Substanz aus Mythen bezogen haben, an die sie nicht glaubten, als aus der Religion, zu der sie sich bekannten. Um in Wahrheit Christen zu sein, müssen wir sowohl den historischen Tatsachen zustimmen, wie den Mythos in uns aufnehmen (auch wenn er Tatsache geworden ist), und ihm den gleichen imaginativen Empfang bereiten, den wir für alle Mythen bereithalten. Das eine ist kaum notwendiger als das andere ... Wir dürfen uns des mythischen Glanzes nicht schämen, der auf unserer Theologie ruht. "[8]

„Natürlich gab es sehr viele unterschiedliche Ansichten [was den Mythos anbelangt]. Mythen wurden als buchstäblich wahr akzeptiert, dann als allegorisch wahr (von den Stoikern); sie wurden für konfuse Geschichte gehalten (von Euphemerus), für Lügen von Priestern (von den Philosophen der Aufklärung), als ein bäuerliches Nachahmungsritual, das fälschlich für eine Lehraussage gehalten wurde (in den Tagen Frazers). Geht man vom Standpunkt einer naturalistischen Philosophie aus, dann wird das Ergebnis wahrscheinlich der Ansicht von Euphemerus oder Frazer gleichen. Aber ich bin kein Naturalist. Ich glaube, daß in der riesigen Masse der uns überlieferten Mythologie eine ganze Reihe Quellen ineinander gemischt wurden – echte Geschichte, Allegorie, Ritual, die menschliche Freude am Geschichtenerzählen usw. Aber zu diesen Quellen zähle ich auch das Übernatürliche, sowohl in seiner diabolischen wie in seiner göttlichen Form. Hier brauchen wir uns nur mit dem letzteren beschäftigen. Wenn meine Religion auf einem Irrtum beruht, dann sind ähnliche Motive, die sich in heidnischen Erzählungen finden, natürlich Fälle des gleichen oder eines ähnlichen Irrtums. Wenn aber meine Religion wahr ist, dann könnten diese Geschichten sehr wohl eine praeparatio evangelica sein, ein göttlicher Hinweis auf die gleiche zentrale Wahrheit in der Gestalt von Poesie oder Ritus, die sich später (sozusagen) in der Inkarnation konzentrierte und vergeschichtlichte. Für mich, der ich auf das Christentum zuerst deshalb *stieß, weil ich von Interesse, Begeisterung und Achtung für die beste heidnische Imagination gepackt war, und Baldur vor Christus und Plato vor Augustin liebte, war das anthropologische Argument gegen das Christentum nie überzeugend. Im Gegenteil, ich hätte dem Christentum nicht glauben können, wenn ich zu der Aussage gezwungen gewesen wäre, es gäbe eintausend Religionen, von denen 999 reiner Unsinn seien und die tausendste (zum Glück) wahr wäre. Meine Bekehrung hing weitgehend davon ab, daß ich das Christentum als die Erfüllung, die Verwirklichung, die Entelechie von etwas empfand, das nie völlig aus dem Denken der Menschen verschwunden war. ... Wenn man diskutiert, ob das Christentum wahr oder falsch ist, dann ist das anthropologische Argument mit Sicherheit eine petitio.*" [9]

Wir müssen den Begriff des Mythos wiedergewinnen. Viele sind verwirrt, wenn sie ihn in einem positiven Zusammenhang hören. Christen denken etwa an die Warnung in der Schrift, sich falschen Mythen hinzugeben; diese Warnung ist notwendig, denn falsche Religionen (der manichäische, gnostische und jüdische Okkultismus etwa) haben alle eigene Mythen – ihr eigenes Symbolsystem. Aber das gilt auch für das orthodoxe, jüdisch-christliche Weltbild.

„Diejenigen, die nicht wissen, daß dieser große Mythos Tatsache wurde, als die Jungfrau schwanger war, kann man nur bemitleiden. Aber auch Christen müssen daran erinnert werden, ... daß das, was Tatsache wurde, ein Mythos war, und daß es alle Eigenschaften des Mythos mit sich in die Welt bringt. Gott ist mehr als eine Gottheit, nicht weniger; Christus ist mehr als Baldur, nicht weniger. Wir dürfen uns des mythischen Glanzes nicht schämen, der auf unserer Theologie ruht. Wir dürfen über ,Parallelen' und ,heidnische Christusse' nicht nervös werden: es sollte sie geben – es wäre ein Anstoß, wenn dem nicht so wäre. Wir dürfen nicht aus einer falschen Spiritualität heraus den Willkommensgruß unserer Imagination zurückhalten ... Denn dies ist die Hochzeit von Himmel und Erde: Vollkommener Mythos und Vollkommene Tatsache: sie erheben nicht nur auf unsere Liebe und unseren Gehorsam Anspruch, sondern auch auf unser Staunen und Entzücken; sie richten sich gleichermaßen an den Wilden, das Kind und den Dichter in

jedem von uns, und zwar nicht weniger als an den Moralisten, den Gelehrten und den Philosophen." [10)]

Und das ernste Problem, das wir jetzt haben, ist der Verlust des Symbolsystems (des wahren Mythos) in der christlichen Welt, die sich jetzt eher an dem Symbolsystem eines atheistischen Materialismus orientiert – einem Mythos, der den Himmel, die unsichtbare Wirklichkeit, das Transzendente und das Übernatürliche zusammen mit dem moralisch Guten leugnet. [11)]

Unsere Pilgerschaft in der Zeit
Unsere Reise durch die Zeit ist dazu da, daß wir unser Leben und unsere Leidenschaften ordnen. Die Kirche hat in ihrer Weisheit eine spezielle Zeit innerhalb der Zeit ausgesondert, die Fastenzeit, damit wir innehalten, unser Leben im Angesicht der Ewigkeit betrachten, und unsere geistliche Temperatur messen, ob sich unsere Seele nicht einen weltlichen Virus eingefangen hat. Nicht zufällig geht diese Zeit der Osterzeit voraus und bereitet uns auf die folgenden Feste der Auferstehung und Erhöhung Christi vor:

Die Gnade der Enthaltsamkeit ist aufgeleuchtet,
die Finsternis der Dämonen zu bannen.
Die Kraft des Fastens nimmt unsere Gedanken in Zucht.
Die Fastenzeit bringt Heilung für unsere lähmende Weltlichkeit. [12)]

Wie Fr. Thomas Hopko schreibt, ist die Fastenzeit eine einzige Erinnerung daran, daß

„... wir im Exil leben. Wir sind unserem wahren Heimatland entfremdet.

Gott zu vergessen ist die Ursache aller Sünden. Zions nicht eingedenk zu sein ist die Quelle aller Schmerzen. Sich in dieser gefallenen Welt niederzulassen, die nicht Gottes gute Schöpfung ist, sondern vielmehr das Babylon, das die Bösen erschaffen haben, ist der Tod für die Seele.

Christen warten auf ‚die heilige Stadt, das neue Jerusalem, das aus dem Himmel herab von Gott kommt, geschmückt wie eine Braut für ihren Mann'; sie ist die wahre Heimat aller Menschen (Offenbarung 21,2) ... Sie leben schon in ihr in dem

Maß, wie sie ihr authentisches Menschsein, das zum Ebenbild Gottes und zur Ähnlichkeit Christi erschaffen ist, gefunden haben." [13)]

Es gibt bei uns eine gefährliche Vergessenheit, daß diese Welt nicht unser wahres und endgültiges Zuhause ist. Das wurde dadurch noch gewaltig verschlimmert, daß unsere Erziehungssysteme, die ihre Theorien aus einer materialistischen Philosophie beziehen, den Himmel zu einer verbotenen Zone erklärt haben, und uns beibringen, nach innen und zur Erde hin zu schauen, um das höchste Gut zu finden. Wie C. S. Lewis aufzeigt, führt diese fortschreitende Subjektivierung zu

„... einer bösen Verzauberung der Weltlichkeit, die uns seit nahezu hundert Jahren auferlegt ist ... Fast unsere gesamte Erziehung war darauf ausgerichtet, diese schüchterne und hartnäckige innere Stimme zum Schweigen zu bringen; fast alle unsere modernen Philosophien sind entwickelt worden, um uns zu überzeugen, daß das Gut des Menschen auf dieser Erde zu finden ist." [14)]

Ich denke, das erklärt, warum wir uns so schwer tun, die Fastenzeit zu verstehen und sie in nutzbringender Weise zu begehen. Wir sind uns im Innersten nicht mehr sicher, daß wir im Exil leben, daß dies nicht unser verheißenes Zuhause ist. Deshalb haben wir uns in Babylon eingerichtet und werden von Krankheit, Angst, Haß und Gewalt, die wir hier sehen, überwältigt. Es ist eine eigenartige Tatsache, daß Christen sich immer wieder von dem Anblick und dem Ausmaß des Bösen schockieren, ja sogar überwältigen lassen, das wir in der Welt sehen – als ob wir nicht wüßten, daß sie gefallen ist.

Die Fastenzeit soll uns daran erinnern, daß es einem allzu leicht fällt, sich hier niederzulassen; sie soll uns davor warnen, daß uns vielleicht eine „lähmende Weltlichkeit" überkommen hat.

Gebt acht, Brüder, daß keiner von euch ein böses, ungläubiges Herz hat, daß keiner vom lebendigen Gott abfällt, sondern ermahnt einander jeden Tag, solange es noch heißt: Heute, *damit niemand von euch durch den Betrug der Sünde verhärtet wird. (Hebräer 3,12-13)*

Das sollen die Schriftlesungen und die Lehren in der Fastenzeit in uns korrigieren. Sie sollen uns lehren, wie man mitten in Babylon leben kann, ohne zerstört zu werden, so wie Christus gebetet hat:

> *Ich bitte nicht, daß du sie aus der Welt nimmst, sondern daß du sie vor dem Bösen bewahrst. Sie sind nicht von der Welt, wie auch ich nicht von der Welt bin. (Johannes 17,15-16)*

Unsere geistliche Disziplin

Die Reise des Lebens verlangt, wenn sie erfolgreich sein soll, daß wir unser inneres und äußeres Leben ordnen. Wir tun das durch Gebet. Ein wirksames Gebetstagebuch ist das beste Mittel, das ich empfehlen kann. Denjenigen, die sich schwer tun, alles auf die Reihe zu bekommen, was mit ihrer Berufung zu tun hat, oder denjenigen, die in eine gefährliche Passivität, eine geistliche und mentale Lähmung verfallen sind, empfehle ich, die Bücher *Celebration of Discipline* [deutsch: *Nachfolge feiern*] und *Freedom of Simplicity* von Richard Foster, oder *Ordne dein Leben* von Gordon MacDonald in einer betenden Haltung zu lesen. Es ist wichtig, daß wir unser Leben und unsere „Vorlieben" diesseits der Herrlichkeit – in der Zeit – in Ordnung bringen.

Oft werden wir als Geschöpfe der Zeit bezeichnet, und das sind wir auch. Aber auch die Zeit selbst ist ein Geschöpf. Sie ist erschaffen. Sie wird nicht immer *sein*. Das ist, zumindest für mich, eine überwältigende Vorstellung, die ich mir immer wieder vor Augen halten muß; ich kann sie nicht wirklich „denken" oder erfassen. Aber die Wahrheit ist, daß Gott außerhalb der Zeit steht und ihr nicht unterworfen ist. Eines Tages werden auch wir nicht mehr länger der Zeit unterworfen sein. Inzwischen ist es auf unserer Pilgerschaft wichtig, die Zeit als *Geschenk zu sehen, als einen Schatz, den man nicht verschleudern sollte.*

Coleridge macht in seiner Abhandlung „Über die Methode" die folgende bemerkenswerte Aussage:

> *„Wenn die Müßiggänger als Menschen bezeichnet werden, die die Zeit totschlagen, dann kann man von ihm [dem methodischen Menschen] zu Recht sagen, er rufe sie ins Leben und in eine moralische Existenz, während er sie zum klaren Gegenstand nicht nur seines Bewußtseins, sondern auch seines*

Gewissens macht. Er organisiert die Stunden und verleiht ihnen eine Seele; und er nimmt das, dessen ureigenstes Wesen es ist, zu fliehen und für immer gewesen zu sein, in seine eigene Dauerhaftigkeit auf und verleiht ihm so die Unvergänglichkeit einer geistlichen Natur. Von dem guten und treuen Knecht, dessen solchermaßen ausgerichtete Energien so methodisch erfaßt werden, wird es nicht so sehr heißen, daß er in der Zeit lebt, als daß die Zeit in ihm lebt. Seine Tage, Monate und Jahre werden, wenn er innehält und pünktlich den Bericht seiner geleisteten Pflicht ihnen einprägt, den Untergang der Welten überdauern und bleiben, wenn die Zeit selbst nicht mehr sein wird ...“

Was für eine bemerkenswerte Vorstellung! Die Zeit in sich aufzunehmen. Möge Gott uns helfen, wenn wir es der Zeit erlauben, in uns zu leben.

Erinnerungen an den Himmel

Als Kind hatte ich das große Glück, unter der Obhut einer Mutter aufzuwachsen, die nicht nur das Evangelium lebte, sondern es jeden Tag geradezu „sang“, wenn sie ihre Arbeit im Haushalt tat. Sie hatte am liebsten die Lieder, die vom Kreuz und der Hoffnung auf den Himmel handelten. Auch wenn sie den größten Teil des Tages weg war, um unseren Lebensunterhalt zu verdienen, erklangen, wenn sie nach Hause kam und nicht völlig erschöpft war, die Lieder von der Sühnetat Christi und Seiner liebenden Einladung an die Sünder: „When I see the blood ... I will pass over you“ (etwa: „Wenn ich das Blut sehe ... werde ich an dir vorübergehen“), „There is a fountain filled with blood, drawn from Immanuel's veins“ (etwa: „Es gibt einen Brunnen, gefüllt mit dem Blut aus den Adern Immanuels“), „The Old Rugged Cross“ („Das altrauhe Kreuz“) oder „Jesus Paid it All, All to Him I Owe“ (etwa: „Jesus hat den Preis bezahlt, Ihm schulde ich alles“)

Diese Kirchenlieder gingen dann immer in solche über, die den Himmel und das ewige Leben feierten. Ihre unausgebildete Stimme erreichte schwindelnde Höhen, wenn sie, was sie oft tat, sang „When we all get to heaven, what a day of rejoicing that will be“ („Wenn wir alle in den Himmel kommen, welch' große Freude wird das sein“). Wenn sie sang, dann stieg der Himmel sozusagen zu uns herab und wurde für mich und meine kleine Schwester real. Wir sangen oft mit.

Besonders der Samstag war wunderbar, weil unsere Mutter dann, für eine längere Zeit zuhause war. Wir machten uns dann zusammen an den Hausputz, so daß sie mehr Zeit hatte für ihre Gebete und die Vorbereitung der Sonntagsschule am nächsten Tag. Die Fenster waren weit geöffnet, das Sonnenlicht strömte herein und wir schüttelten Bettdecken aus, wischten Staub und putzten, während wir die ganze Zeit die Geschichte der Rettung und des ewigen Lebens besangen.

Meine Schwester und ich kannten alle Geschichte der Bibel auswendig, die diesen Liedern zugrunde lagen, denn unsere Mutter hatte sie uns jeden Abend beim Zubettgehen erzählt. Sie tat das auf eine einzigartige, kreative Weise, wie ich jetzt weiß. Sie war von Natur aus eine begabte *Lehrerin* und Erzieherin (beide Gaben gehören zusammen) und sie lehrte uns immerzu – über Gott, über andere Menschen, einfach über alles. Es hat mich überrascht, daß die Kinder in dysfunktionalen Familien nicht gelehrt werden – fast so, als ob die großen Dinge knauserig abgewogen werden. Es scheint die Vorstellung oder sogar die Angst zu herrschen, daß Kinder mit Wahrheit nichts anfangen können.

Ich glaube hingegen, sie hungern nach positiven, bedeutungsvollen Inhalten. Auch wenn viele es nicht merken: Kinder ringen von klein an mit Gut und Böse und brauchen die Möglichkeit, diese Dinge zu verstehen und ihnen einen Namen zu geben. Nichts schien für Mutter zu hoch oder zu groß zu sein, um es uns zu erzählen. So gab sie uns schon früh die wirklich wichtigen Dinge weiter. In einer wunderbaren und doch einfachen, nüchternen Weise vermittelte sie meiner Schwester und mir die Hoffnung auf den Himmel, und ein Verständnis der ewigen (ontologischen) Dimension des *Seins,* dessen, was es bedeutet, zum Ebenbild Gottes in ewiger Ähnlichkeit erschaffen zu sein. All das tat sie mit Worten und Bildern, die wir behalten konnten. Als Witwe in ihren frühen Zwanzigern hatte sie das getan, wozu Paulus den Timotheus ermutigt hatte: „Ergreife das ewige Leben, zu dem du berufen worden bist" (1. Timotheus 6,12). Und sie gab uns das Wissen darum in Form von Geschichten weiter und darin die *eigentliche Sache an sich.* Sie war ein Kanal der Gnade Gottes, mit einem überaus kostbaren Glauben und einer tiefen Hoffnung.

Ich habe das alles erzählt, um unser Problem als moderne

Menschen deutlich zu machen. Selbst mit einem solchen Erbe bin ich ein Mensch des zwanzigsten Jahrhunderts, und werde von der Zeit und der Kultur, in der ich lebe, beeinflußt. Es ist eine Zeit, die die Hoffnung auf das ewige Leben verloren hat und deshalb keine Wegweiser aufrichten kann, die den Weg zum Himmel zeigen. Solch eine Zeit hat sogar die Fähigkeit verloren, von der Sehnsucht der Seele nach dem Himmel und der Unsterblichkeit auch nur zu sprechen. So brauche ich immer wieder besondere Erinnerungen an den Himmel. Ich muß mir persönliche Wegweiser aufstellen, die mich daran erinnern, immer für das Erscheinen Christi zu beten, und mich über das Ziel des ewiges Lebens in Christus und mein volles Erbe in ihm zu freuen.

Vor einigen Jahren war ich zu Tode erschöpft. Ich hatte die Bücher *Das zerbrochene Bild* [jetzt: *Du kannst heil werden*] und *Krise der Männlichkeit* fertiggestellt, und hatte dabei intensive geistliche Kämpfe und viel Widerstand erlebt. Ich kann mich noch gut daran erinnern, daß ich zu Gott schrie, als ich das letzte Manuskript kopierte und zur Post brachte: „Herr, ich werde ohnmächtig, ich brauche etwas Außerordentliches, einen Blick in den Himmel. Bitte Herr, wenn ich tun soll, wozu Du mich berufen hast, dann muß ich mit einem Fuß im Himmel stehen, und mit dem anderen hier unten! Ich brauche immer eine Erinnerung an den Himmel vor Augen!"

Dann kam mir der Gedanke: „Sei lieber vorsichtig, wenn du so etwas betest – sonst wirst du plötzlich in den dritten (oder war es der siebte!) Himmel entrückt, wie Paulus, und der Kontrast bringt dich vielleicht dazu, dort bleiben zu wollen – und dann taugst du nichts mehr für hier unten, und zwar auf Dauer!"

Natürlich wäre solch eine Erfahrung unglaublich heilend, aber offensichtlich war ich noch nicht soweit, Gott darum bitten zu können, und war mir nicht sicher, ob ich das sollte. (Normalerweise bitte ich Gott nicht um Erfahrungen als solche, denn da gibt es Fallen, wie ich in der *Heilenden Gegenwart* beschrieben habe. [15]) Ich vertraue dem Herrn, daß Er mir die Erfahrungen gibt, die ich brauche, und daß Er es nur tut, wenn es Seinem Willen entspricht.) So fragte ich mich, ob ich mit diesem Wunsch vielleicht die Grenze überschritten hatte. Aber Er erhörte mein Gebet – nahezu sofort – und das auf eine wunderbar erdverbundene Weise.

Plötzlich fiel mir nämlich zu meiner Überraschung im gleichen

Gebäude ein kleiner Juwelier auf – er war eine Woche zuvor noch nicht dagewesen. Als ich hineinging, sah ich, daß er nicht den üblichen teuren Schmuck aus Diamanten, Gold und Silber hatte, sondern innovative Stücke, die nicht unbedingt aus teuren Material gefertigt waren. Sie waren begeisternd: aus farbigen, perfekt geschliffen Steinen mit wunderschön gestalteten Fassungen; einige waren rund, andere quadratisch, wieder andere rechteckig. Alle diese Formen und Farben bekamen für mich sofort eine symbolische Bedeutung, die mit dem Himmel und dem ewigen Leben zu tun hatte.

Ein Ring und ein Armband stachen plötzlich unter allen anderen hervor. Der Ring hatte einen großen, runden, sonnenfarbigen Stein in der Mitte, sowie einen kleinen runden Rubin. Das Armband bestand aus quadratisch geschnittenen Steine der gleichen Art mit mehreren kleinen, quadratischen Rubinen. Die Fassung war aus wunderbar geschmiedetem Silber; ein kleiner dünner Goldfaden umgab sowohl die Steine im Ring wie auch die Außenseite des Armbands. Die Rubine symbolisierten das Blut Christi und Sein Kreuz – den Weg zur himmlischen Stadt, während die sonnenfarbigen Steine, ihre Form und die Metalle die Stadt selbst zum Ausdruck brachten. Sie bedeuteten für mich zugleich noch eine andere Art von Lohn, nämlich den unserer Werke, die dem Feuer der Gerichts standhalten.

Ich wurde stark an die Bildwelt des Apostels Johannes erinnert, mit der er in der Offenbarung die himmlische Stadt und ihre Tore beschreibt (21,18-21).

Diese irdischen Steine wurden für mich zu Symbolen der größeren Lichter, Formen und Straßen jener Stadt. Sie schienen mit der Herrlichkeit des Himmels zu leuchten. So kaufte ich Ring und Armband und freue mich immer wieder über sie – ich denke das wird auch immer so bleiben –, denn sie sind für mich zugleich Hinweis und Symbol, die mich täglich an unsere große christliche Hoffnung und an unseren ewigen Lohn erinnern.

Wenn ich irgendwo vor Hunderten von Menschen mit tiefen Nöten, die Gott heilen will, spreche und für sie bete, fangen die Steine meines Armbands und Rings manchmal plötzlich das Licht ein und sprechen zu mir vom Himmel. Die Gegenwart des Sohnes Gottes, des Lichts des Himmels selbst, segnet die unzähligen Facetten des irdischen Lichts in Ring und Armband; so wird es für mich zu einer gewaltigen Erinnerung an den Himmel.

Es braucht schon etwas Mut, diese Geschichte zu erzählen. Einmal, als ich dies vor einer Gruppe tat, rief ein Mann laut: „Jetzt werden alle unsere Frauen neue Ringe wollen!" Damit die Männer sich nicht Sorgen um ihren Geldbeutel machen müssen, lassen Sie mich hinzufügen, daß Gott nicht jeden durch die gleichen Symbole segnet! Niemand hat mir bisher von einer ähnlichen Erfahrung berichtet. Ich denke zudem, daß Gott nicht Edelsteine als Symbol des Himmels für mich gebraucht hätte, wenn ich sie in der Vergangenheit übermäßig oder aus den falschen Gründen begehrt hätte. Ich glaube, die reine Schönheit der Farben, Formen, der Steine, des Metalls und der Kunstfertigkeit liefert den Schlüssel. Gott liebt Schönheit. Er erschuf sie. Er freut sich an den wirklich schönen Dingen, die wir aus Schöpfung erschaffen; so können solche Dinge zum Symbol für Ihn und Seinen Heilsweg werden. Unsere symbolentfremdeten Herzen des zwanzigsten Jahrhunderts brauchen, ja verlangen verzweifelt nach den lebendigen Symbolen der ewigen Heimat; für sie wurde unser Herz erschaffen, danach sehnt es sich – in dieser unglaublichen christlichen Hoffnung.

Die Farben und Formen schön geschnittener Steine faszinieren mich zwar, doch sprechen mich die Grundsteine des himmlischen Jerusalems, von denen die Offenbarung redet, noch auf einer viel tieferen Ebene an. Letztlich sprechen sie von unserem Herrn, dem großen Grundstein – die Symbolik geht also noch weiter. Das große alte Lied „The Solid Rock" („Der Feste Fels") hat mich schon immer fast zu Tränen gerührt. Als Organistin war „Rock of Ages" („Fels der Zeiten"; deutsch: „Fels des Heils") eines meiner Lieblingsstücke und -präludien. Ich kann mich nicht erinnern, es je gespielt zu haben, ohne daß dem einen oder anderen die Tränen gekommen wären. Das war wohl so, weil das Stück mich selbst unfehlbar in Dank und Anbetung führte. Ein weiteres Lied ist „The Rock That Is Higher Than I" („Der Fels, der höher ist als ich") – hier spricht mich eine moderne Fassung des Liedes ganz tief an. Während ich diese Zeilen schreibe, höre ich es mir gerade an.

Jesaja schreibt bei seiner Vorschau auf das erste Kommen Christi:

Darum – so spricht Gott, der Herr: Seht her, ich lege einen Grundstein in Zion, einen harten und kostbaren Eckstein, ein Fundament, das sicher und fest ist: Wer glaubt, der braucht nicht zu fliehen. (Jesaja 28,16)

Er ist der mächtige Fels, der zugleich in den Bildern von Quelle und Zisterne gesehen wird, der Stein, der das Wasser des Lebens gleichzeitig einfaßt und es spendet.

Wer aber von dem Wasser trinkt, das ich ihm geben werde, wird niemals mehr Durst haben; vielmehr wird das Wasser, das ich ihm gebe, in ihm zur sprudelnden Quelle werden, deren Wasser ewiges Leben schenkt. (Johannes 4,14)

Denn mein Volk hat doppeltes Unrecht verübt: Mich hat es verlassen, den Quell des lebendigen Wassers, um sich Zisternen zu graben, Zisternen mit Rissen, die das Wasser nicht halten. (Jeremia 2,13)

Ring und Armband, die für mich die himmlische Stadt und unseren Christus symbolisieren, sprechen zu mir auch über unsere Werke in der Zeit. Paulus sagte über sein Werk im Reich Gottes:

Der Gnade Gottes entsprechend, die mir geschenkt wurde, habe ich wie ein guter Baumeister den Grund gelegt; ein anderer baut darauf weiter. Aber jeder soll darauf achten, wie er weiterbaut. Denn einen anderen Grund kann niemand legen, als den, der gelegt ist: Jesus Christus. (1. Korinther 3,10-11).

Er fährt dann fort und versinnbildlicht bleibende Werke durch Gold, Silber und Edelsteine. Nichts sonst besteht in der Prüfung durch das Feuer:

Ob aber jemand auf dem Grund mit Gold, Silber, kostbaren Steinen, mit Holz, Heu oder Stroh weiterbaut: das Werk eines jeden wird offenbar werden; jener Tag wird es sichtbar machen, weil er im Feuer offenbart wird. Das Feuer wird prüfen, was das Werk eines jeden taugt. Hält das stand, was er aufgebaut hat, so empfängt er Lohn. (1. Korinther 3,12-14)

Es ist tatsächlich nötig, eifrig darum zu bitten, daß unser Werk im Feuer des Gerichts besteht – ein wahrhaft würdiges Ziel. Als Haushalter des Reiches Gottes sind uns die Geheimnisse Gottes anvertraut; wir sind Verwalter einer Weisheit, „die menschliche Weisheit nicht finden kann".

Haben wir uns aufgemacht, diese Weisheit zu finden? Gott verheißt sie denen, die darum bitten. In dieser Schriftstelle symbolisieren die Steine die Reinheit des Wortes, das wir anderen weitergeben. Diese Steine ruhen auf Dem Wort, dem Grundstein, der Christus ist, und den reinen Worten, die Er Seinen Aposteln und uns weitergegeben hat.

Ich begann dieses Buch mit der Dunkelheit und dem Selbsthaß, die Christen wie mein Freund und Kollege Clay McLean erleiden können, bis sie schließlich die Heilung finden; und wir als Glieder des Leibes Christi haben das einzigartige Vorrecht, sie weitergeben zu dürfen. Jede Zeile dieses Buches ist in der Absicht geschrieben, verwundeten Menschen zu einer solchen Verwandlung zu verhelfen.

So möchte ich es mit einem von Clay McLeans Liedern beschließen. Wenige können solch ein Lied schreiben, das so tief und triumphierend zum Ausdruck bringt, was es bedeutet, aus der Finsternis ins Licht zu kommen. Es ist eine Frucht der heilenden Kraft unseres Herrn und eine Ermutigung an uns alle, „gegen die Nacht aufzustehen".

AGAINST THE NIGHT

When men have lost all reason and evil seems to win,
Then compromise is treason and silence is a sin.
Let all who hate the darkness prepare to stand and fight.
The children of the morning must stand against the night.

When all that wisdom treasures is treated with disgrace,
And idols of Damnation are set up in their place,
When every holy symbol is fading out of sight
The children of the morning must stand against the night.

We'll do the work of heaven against a setting sun
Until the final darkness when no work can be done.
Then watching for the Bridegroom with oil lamps burning bright,
We'll worship in the darkness and stand against the night

Against the final darkness no earthly strength can stand.
The evil shall be shattered, but not by human hand.

The Maker of the Morning will come in Holy Light
That burns in righteous anger and wrath against the night.

Then comes the final morning when all will be restored,
The shadowlands transformed by the glory of the Lord,
When every darkened memory is washed in Healing Light,
Where there will be no warfare, for there will be no night.

GEGEN DIE NACHT

Wenn die Menschen alle Vernunft verloren haben und das Böse
zu siegen scheint,
dann wird Kompromiß zum Verrat und Schweigen zur Sünde.
Alle, die die Dunkelheit hassen, sollen sich bereit machen,
aufzustehen und zu kämpfen.
Die Kinder des Morgens müssen gegen die Nacht aufstehen.

Wenn alle Schätze der Weisheit mit Verachtung behandelt
werden,
wenn die Götzen der Verdammnis an ihre Stelle treten,
wenn jedes heilige Symbol aus dem Blick gerät,
dann müssen die Kinder des Morgens gegen die Nacht
aufstehen.

Wir tun das Werk des Himmels, auch wenn die Sonne
untergeht,
bis zur endgültigen Finsternis, in der kein Werk mehr getan
werden kann.
Dann warten wir auf den Bräutigam, mit hell brennenden
Öllampen;
im Dunkel beten wir an und stehen gegen die Nacht.

Gegen die letzte Finsternis hält keine irdische Kraft stand.
Das Böse wird zerschmettert, doch nicht durch Menschenhand,
Dann kommt der Schöpfer des Morgens in Heiligem Licht,
es lodert in gerechtem Zorn gegen die Nacht.

Dann kommt der endgültige Morgen, wenn alles wiedergestellt wird,
das Land der Schatten von der Herrlichkeit des Herrn
verwandelt wird,
wo jede dunkle Erinnerung in Seinem Heilenden Licht
gewaschen wird,
wo es keinen Kampf mehr gibt, weil es keine Nacht mehr gibt.

GEBET

Herr, wir warten sehnsüchtig auf die Tore des Himmels, „jedes aus einer einzigen Perle erschaffen". Wir freuen uns darauf, durch solch eine Schönheit, Farbenpracht, ungeschmälertes Licht und Güte hindurchzuschreiten, um den Lohn derer zu empfangen, die durch das Blut des Lammes würdig gemacht wurden. Mögen wir sie in der großen Hoffnung durchschreiten, daß unser Werk überlebt, daß es auf Dir und in Dir, unserem Großen Grundstein, vollbracht worden ist.

Herr, wenn Du unsere Seele wiederherstellst, dann stelle auch die Hoffnung auf den Himmel in uns wieder her. Mögen wir wieder Blicke auf das ewige Jenseits erhaschen, das uns winkt, wenn wir diesen Lauf hier vollbringen, um uns aus dem Reich der Zeit zu einer Heilung zu führen, die nur die Ewigkeit mit Dir bringen kann. Amen.

Anmerkungen

Vorwort

1) Oswald Chambers, *My Utmost for His Highest,* New York: Dodd Mead 1935, S. 127.

2) F. B. Meyer, *Our Daily Walk,* Grand Rapids: Zondervan 1951, S. 45.

TEIL I: DIE TUGEND DER SELBSTANNAHME

1) Richard Lovelace, *Dynamics of Spiritual Life: An Evangelical Theology of Renewal,* Downers Grove, IL: Intervarsity Press 1979, S. 212.

Kapitel 1: Selbsthaß: Der Verräter in Zeiten der Versuchung

1) Oswald Chambers, *The Best from All His Books,* Bd. 2, Nashville, TN: Oliver-Nelson Books 1989, S. 318.

2) Ebd.

3) Ebd., S. 319.

4) Ebd.

5) Dieser radikale Gehorsam hat nichts mit sklavischer Gesetzlichkeit zu tun, sondern ist eine Beschreibung des „Lebens im Geist", einer Haltung, bei der wir Gott in erster Linie aus Liebe und Ehrfurcht heraus gehorchen.

6) Vgl. Kapitel 6 in meinem Buch *Heilende Gegenwart,* Neukirchen-Vluyn: Aussaat-Verlag 1994.

7) Oswald Chambers, *The Best from All His Books,* S. 318.

8) Ich empfehle hier Richard Lovelace, *Dynamics of Spiritual Life: An Evangelical Theology of Renewal,* Downers Grove, IL: Intervarsity Press 1979.

Heute ist es so, daß viele Christen, auch Leiter, ein bemerkenswert seichtes Verständnis der Sühne Christi haben; das gilt insbesondere für Rechtfertigung und Heiligung. Viele gehen von der Bekehrung gleich zu der Frage nach der Vollmacht über – also zu Themen wie Geistestaufe und geistlicher Autorität. Wenn wir Rechtfertigung und Heiligung ganz annehmen und ausleben, dann merken wir, wie sehr wir emotionale und seelische Heilung

brauchen. Damit erlangen wir zugleich auch die damit einhergehende Selbsterkenntnis. Wer diese Dinge leichtfertig überspringt,
dem darf man keinerlei geistliche Autorität und Vollmacht
anvertrauen; sein Umgang mit der Kraft Gottes („power") wird
immer problematisch bleiben.

In solchen Fällen kommt es dann zu einer Ausbeutung auch
echter geistlicher Gaben (sie werden zu einem „Spektakel") bis
dahin, daß sie das „Scheppern" anfangen (vgl. 1. Korinther 13,1)
und zu einem Werkzeug in den Händen des Feindes werden.
Unbesehen verliehene geistliche Vollmacht wird schnell durch
„Beimischungen" verdorben, wenn sie der Bedürfnisbefriedigung
des Ichs dient; das führt zu fleischlichen und sogar dämonischen
Einsprengseln. Unter solchen Umständen bleibt dann auch der
Heilige Geist nicht länger, so daß das, was gut begann, im
Fleischlichen oder sogar Okkulten endet. Solche Christen sind in
einem fleischlichen „Machtststreben" gefangen, das keinerlei
Verbindung zum Kreuz Christi und zu wahrer geistlicher Kraft hat.
In solch einem Fall bleibt der menschliche Stolz sowie das ganze
Ausmaß der Sünde im Herzen unangetastet – der Betreffende war
einfach zu stolz, die nötige seelische und geistliche Heilung zu
suchen und zu finden. Der umfassende Charakter der Kreuzesbot-
schaft wurde vernachlässigt; und letztlich wurde auch die Existenz
der Seele des Christen überhaupt geleugnet, die die Wiederherstellung braucht.

9) Vgl. *Heilende Gegenwart,* Kapitel 14; dort geht es um die
Absage an falsche Götter und die Aneignung des Heiligen.

10) Oswald Chambers, *The Best from All His Books,* S. 319.

Kapitel 2: Das erste große Hindernis:
Mangelnde Selbstannahme

1) Vgl. *Heilende Gegenwart,* Kapitel 12, wo es um den Gegensatz
von Selbstbespiegelung und wahrer Imagination geht.

2) Vgl. *Heilende Gegenwart,* Kapitel 4.

3) John Fawcett, ein Mitglied unseres Teams, der vor seiner
Heilung in Selbstanalyse und Selbsthaß gefangen war, drückt es
folgendermaßen aus: „Manche haben, wenn sie die Sprache der
Selbstannahme hören, Angst vor Narzißmus. Deshalb steuern sie
als Gegengift gefährlich nahe auf den Selbsthaß zu, als ob ein
tieferer Blick nach innen auf unsere eigene Schuld und Sünde uns
zu einer größeren Freiheit in Christus führen könnte. Aber Selbst-

haß ist nicht das Gegenteil von Narzißmus; er ist vielmehr die gleiche Ichzentriertheit in einem anderen Gewand – derselbe Spiegel für das Selbst, nur aus einem andern Blickwinkel betrachtet. Die Entdeckung des wahren Selbsts umfaßt zwar die Leugnung und Kreuzigung des Fleisches, aber sie ist weit mehr als ein negativer Prozeß. Wir finden unser wahres Selbst in positiver Weise in der Beziehung zu Gott. Indem wir Sein liebendes, bestätigendes Wort hören, werden wir frei, das neue Selbst, das Er erschafft, zu feiern. Wir lassen uns nicht von unseren eigenen Leistungen oder von unserer Unwürdigkeit, sondern allein von der Schönheit Jesu verzaubern. Durch Seinen Geist kommt Er in uns hinein. Das Ziel ist, daß Christus im Glauben in unseren Herzen wohnt (Epheser 3,17) und uns in Sein Bild verwandelt, von Herrlichkeit zu Herrlichkeit (2. Korinther 3,18)."

4) Michael Scanlon, *Inner Healing,* New York: Paulist Press 1974, S. 51-52.

Kapitel 3: Das Ringen um die Selbstannahme

1) *Die Annahme seiner selbst,* 5. Aufl. Würzburg: Werkbandverlag, 1969, S. 14, 16. Zitiert nach Walter Trobisch, *Love Yourself: Self Acceptance and Depression,* Downers Grove, IL: InterVarsity Press 1976, S. 9.

2) Vgl. Walter Trobisch, *Love Yourself,* Frank Lake, *Clinical Theology,* und Hemfelt, Minirth und Meier, *Love is a Choice: Recovery for Codependent Relationships* als solide christliche Beispiele.

3) Oswald Chambers, *My Utmost for His Highest,* S. 315.

4) C. S. Lewis, *Mere Christianity,* New York: Macmillan 1960, S. 190.

5) C. S. Lewis, *Experiment in Criticism,* Cambridge: Cambridge University Press 1969, S. 138.

6) Mehr darüber in meinem Buch *Heilende Gegenwart,* Kapitel 13.

7) Walter Trobisch, *The Complete Works of Walter Trobisch,* Downers Grove, IL: InterVarsity Press 1987, S. 659.

8) Walter Trobisch, *Love Yourself,* S. 680.

9) C. S. Lewis, *Letters of C. S. Lewis,* hg. von W. H. Lewis, New York: Harcourt, Brace and World 1966, S. 155.

10) Vgl. *Heilende Gegenwart,* Kapitel 8 und 9.

11) C. S. Lewis, *The Weight of Glory,* in: *The Weight of Glory,* Grand Rapids: Eerdmans 1972, S. 8-9.

12) David Seamans, *The Healing of Memories,* Wheaton, IL: Victor Books 1985, S. 102.

13) Leanne Payne empfiehlt hier folgende englische Bücher: Robert Frost, *Our Heavenly Father,* und das stärker theologisch orientierte *Testaments of Love* von Leon Morris. Außerdem: Bob Buess, *Favor,* (PO Box 7110, Tyler, TX 75711, USA); darin besonders der Aspekt von „Gott als dem großen Ja, als dem, der einem Seine Gunst erweist"; außerdem den Essay *The Weight of Glory* von C. S. Lewis in dem gleichnamigen Aufsatzband.

14) Wie Rebecca Manley Pipers sagt, gibt es ein Moment des Absichtlichen auch in unserer schlimmsten Täuschung und Verblendung; das ist der Grund „warum wir für unseren Zustand verantwortlich gemacht werden. Wir mögen getäuscht sein, aber wir sind nie völlig getäuscht" (*Hope Has Its Reasons,* San Francisco: Harper and Row 1989, S. 86).

15) Dafür gibt es ein gutes Beispiel im Leben von C. S. Lewis. In seiner geistlichen Autobiographie *Surprised by Joy* (deutsch: *Überrascht von Freude,* Gießen: Brunnen-Verlag 1992) beschreibt er die Trauer, die ihn beim Verlust seiner Mutter durch Krebs befiel. Er berichtet, daß sein Vater damals nicht nur seine Frau, sondern auch seine Söhne verlor. Lewis rang einen Großteil seines Lebens damit, die tiefe Antipathie seinem Vater gegenüber zu verstehen. Sein Leben mit Mrs. Moore und ihrer Familie kann man nur richtig verstehen, wenn man seine Reaktion auf den frühen Verlust der Mutter und die damit verbundene Unfähigkeit, seinen Vater annehmen zu können, wahrnimmt. Lewis hatte nie eine volle Einsicht in diese Zusammenhänge, wie George Sayer, einer seiner langjährigen engen Freunde beobachtete. Vgl. *Fifth Annual Marion E. Wade Lecture* vom 28.9.1979, The Marion E. Wade Center, Wheaton College, Wheaton, IL.

16) Zitiert aus einem Vortrag an der Pastoral Care Ministries School.

17) Karl Stern, *The Third Revolution: A Study of Psychiatry and Religion,* Image Books Edition, Garden City, NY: Doubleday 1961, S. 152.

18) Romano Guardini, *The Virtues,* Chicago: Regnery Company 1967, S. 6.

19) Das sind in erster Linie *storge*-Bedürfnisse, also nach familiärer Liebe. Für eine nähere Beschreibung der vier Arten von Liebe vgl. C. S. Lewis, *The Four Loves* (deutsch: *Was man Liebe nennt,* Gießen: Brunnen-Verlag 1995).

20) Vgl. *Heilende Gegenwart,* Kapitel 12.

21) Wie ich in *Du kannst heil werden* (Aßlar: Schulte & Gerth/ Projektion J, 1998 – früherer Titel: *Das zerbrochene Bild*) gezeigt habe, haben alle Formen von Homosexualität ein gemeinsames Problem: Der Betreffende ging aus der Pubertät als unbestätigte Person hervor, die zu keiner wahren Selbstannahme gefunden hat. Bei allen ist ein Mangel an Bestätigung ihrer geschlechtlichen Identität festzustellen; sie sind einer falsche Form von Selbstliebe verfallen.

Da Selbstbefriedigung immer ein Teil der männlichen Homosexualität und oft auch des lesbischen Verhaltens ist, ist es äußerst wichtig, zu erkennen, ob diese Gewohnheit in einem frühkindlichen Trauma wurzelt und mit schwerer Angst verbunden ist; diese Gefühle sind Begleiterscheinungen von schwersten seelischen Verletzungen bei Kleinkindern. In einem solchen Fall kommt es zu einer angstbesetzten Form von Selbstbefriedigung (im Unterschied zu einer lediglich lustvollen Form). Mehr darüber in *Du kannst heil werden,* Kapitel 3 und 4.

22) C. S. Lewis, *Surprised by Joy,* New York: Harcourt, Brace and World 1955, S.71.

23) Karl Stern, *The Third Revolution,* S.149.

24) Ebd. S. 150.

25) Vgl. mein Buch *Krise der Männlichkeit,* Neukirchen-Vluyn: Aussaat-Verlag 1991, S.125-134. Wenn die Kirche ihre Aufgabe wahrnimmt und Männer und Frauen lehrt, ihre Identität in Christus zu finden, dann werden sie keine Schwierigkeiten mit ihrem Rollenverständnis haben. Aber es ist gefährlich, über Rollen von Männern und Frauen als solche zu lehren.

26) Vgl. *Du kannst heil werden,* S. 122–139.

27) Vgl. *Heilende Gegenwart,* Kapitel 4.

28) Vgl. *Krise der Männlichkeit,* Kapitel 3; dort finden sich Gebete, die es uns ermöglichen, auch dem Elternteil zu vergeben, den wir am wenigsten ehren und dem wir am schwersten vergeben können.

Kapitel 4: Die Bedeutung von Bestätigung und wie man sie empfängt

1) In der Seelsorge ist die Erkenntnis wichtig, daß das Verhalten eines verletzten „inneren Kindes" oftmals dem eines unvernünftigen Kindes gleicht: „Der Weg des Unvernünftigen ist richtig in

seinen Augen, aber der Weise hört auf Rat" (Sprüche 12,15). Mit dieser Unvernunft dürfen wir uns auf keinen Dialog einlassen; Dialog führen wir nur mit der authentischen Person. Der Verfasser der Sprüche bringt es auf den Punkt; Seelsorger sollten sich diese Einsicht unbedingt zu eigen machen: „Antworte dem Toren nicht, wie es seine Dummheit verdient, damit nicht auch du ihm gleich wirst" (Sprüche 26,4).

2) Der Begriff „trockener Alkoholiker" bezieht sich auf jemanden, der die charakteristischen Persönlichkeitsmerkmale eines Alkoholikers hat. Eine solche Person weiß nicht, was normal ist; sie ist vielleicht auch von irgendwelchen Mitteln abhängig. Einige der offensichtlicheren Wesenszüge umfassen manipulatives und kontrollierendes Verhalten.

3) Oswald Chambers, *My Utmost for His Highest*, S. 68.

4) Ebd. S. 333.

5) Vgl. mein Buch *Real Presence: The Christian Worldview of C. S. Lewis as Incarnational Reality*, Wheaton, IL: Crossway Books 1979, Kapitel 7 („The Great Dance"); dort findet sich C. S. Lewis' Sicht des Willens. Vgl. auch das Gebet um die Heilung des Willens in meinem Buch *Heilende Gegenwart*, Kapitel 4.

Kapitel 5: Hörendes Gebet:
Der Weg der Gnade und das Leben im Geist

1) Dick Keyes, *Beyond Identity*, Ann Arbor, MI: Servant Books 1984, S. 97.

2) C. S. Lewis, *The Problem of Pain*, London: Collins Fontana Books 1959, S. 63.

3) C. S. Lewis, *Experiment in Criticism*, S. 138.

4) C. S. Lewis, *Poems*, New York: Harcourt, Brace and World 1964, S. 92-93.

5) C. S. Lewis, *The Problem of Pain*, S. 140.

TEIL II: DIE VERGEBUNG DER SÜNDE

1) F. B. Meyer, *Our Daily Walk*, S. 142.

Kapitel 6: Heilung der Erinnerungen:
Die Vergebung der Sünde

1) Vgl. mein Buch *Heilende Gegenwart*, Kapitel 9.

2) Ebd. Kapitel 10.

3) Agnes Sanford, *The Healing Gifts of the Spirit*, Philadelphia/ New York: Lippincott 1966, S. 126-127.

4) C. S. Lewis, *Letters of C. S. Lewis*, hg. von W. H. Lewis, S. 155.

5) Empfohlene Lektüre: Kapitel 4 („Spirit, Soul and Body") in meinem Buch *Real Presence*, sowie H. D. McDonald, *Evangelical Dictionary of Theology*, hg. von Walter A. Elwell, Grand Rapids: Baker Book House 1984; dort die Einträge „Soul" (S. 1036-1037), „Spirit" (S. 1041) und „Man, Doctrine of", (S. 676-681).

6) H. D. McDonald, *Evangelical Dictionary of Theology*, S. 678.

7) F. B. Meyer, *Our Daily Walk*, S. 169.

8) Robert M. Doran, S. J., *„Jungian Psychology and Christian Spirituality: II"*, in: *Review for Religious*, 38 (1979/4), S. 510.

9) Karl Stern, *The Third Revolution*, S. 70-71.

10) C. S. Lewis, *Letters to Malcolm: Chiefly on Prayer*, New York: Harcourt, Brace and World 1963, S.121-122 (deutsch: *Du fragst mich wie ich bete*, Einsiedeln: Johannes Verlag 1978/2)

11) Als Beispiel für die Heilung von Erinnerungen der Vorfahren vgl. Davids Geschichte in meinem Buch *Krise der Männlichkeit*, Kapitel 3.

12) C. S. Lewis, *Letters to Malcolm: Chiefly on Prayer*, S. 109.

13) C. S. Lewis, *The Problem of Pain*, S. 61.

14) Kenneth McAlls Buch *The Healing of the Family Tree* war Ursprung dieser Lehre; *Healing the Greatest Hurts* von Matthew und Dennis Linn und Sheila Fabricant machten diese Gedanken einem breiteren Publikum bekannt.

Kapitel 7: Das zweite große Hindernis:
Mangelnde Vergebung

1) Näheres dazu erfahren Sie auf Audiokassetten (in englischer Sprache) von Pastoral Care Ministries, P. O. Box 17702, Milwaukee, Wisconsin 53217.

2) Oswald Chambers, *The Best from All His Books*, S. 345.

3) Leanne Payne, *The Healing Presence*, S. 89.

4) Ebd. Kapitel 13.

5) Oswald Chambers, *The Best from All His Books*, S. 345.

6) Ebd. S. 344.

7) Siehe beispielsweise mein Buch *Du kannst heil werden* [früher: *Das zerbrochene Bild*], Kapitel 4, S. 78-81 („Geburtstraumata und Unterdrückung der Maskulinität") und Lorens Geschichte, S. 77-78.

8) Vgl. *Du kannst heil werden,* Kapitel 1.

9) Frank Lake, *„The Origin and Development of Personal Identity Through Childhood to Adult Life: And Its Significance in Clinical Pastoral Care",* in: *Second Year Syllabus, no. 4, Clinical Theology,* The Clinical Theological Assn., Hawthornes of Nottingham Ltd. o. J., S. 5.

10) Ebd.

Kapitel 8: Wenn die Heilung der Erinnerungen länger dauert: Probleme mit Verlassenheit und Verdrängung

1) Leanne Payne, *The Healing Presence,* S. 173-174.

2) Frank Lake, *Clinical Theology,* gekürzt von Marin H. Yeomans, New York: Crossroad Publishing 1987, S. 4-5.

3) Frank Lake, *„Clinical Theological Training and Care",* in: *Second Year Syllabus, no. 4, Clinical Theology,* The Clinical Theological Assn., Hawthornes of Nottingham Ltd. o. J., S. 5.

4) Frank Lake, *Clinical Theology,* (gekürzt), S. 101.

5) Ebd. S. 41.

6) Ebd. S. 103-104.

7) Der *hysterische* Versuch, das eigene unsichere Selbst in einem anderen zu finden oder es ihm aufzuzwingen, wodurch der Helfer in die Problematik des Leidenden hineingezogen wird.

8) Die Unfähigkeit eines Menschen mit *schizoiden* Neigungen, in einer gesunden, gegenseitigen Abhängigkeit mit anderen zu leben.

9) Ich empfehle Frank Lakes Buch *Clinical Theology* als umfangreichste, am stärksten christuszentrierte Darstellung für die Entstehung eines defizitären Seinsgefühls in den ersten Lebensmonaten. Beide Ausgaben, die gekürzte wie die ungekürzte sind gut; die gekürzte läßt seine ausgezeichneten Ausführungen über homosexuelle Abwehrmechanismen weg. Fallbeispiele dafür finden sich in meinem Buch *Du kannst heil werden* [früher: *Das zerbrochene Bild*] Kapitel 5.

10) Frank Lake, *Clinical Theology,* (gekürzt), S. 99.

11) Ebd. S. 107-108.

12) Ebd. S. 65.

13) Mira Rothenberg, *Children with Emerald Eyes,* New York: E. P. Dutton 1987, S. 27-30.

14) Hetero- wie homosexuelle männliche Cross-Dresser werden herkömmlicherweise als „Transvestiten" bezeichnet, aber wir

reservieren diesen Begriff für Menschen mit homosexueller Orientierung. Nach David G. Benner (Hg.), *Baker Encyclopedia of Psychology* machen Homosexuelle lediglich einen Anteil von 10 bis 11 Prozent der Cross-Dresser aus. Deshalb verwenden wir den Begriff „Cross-Dresser" für die restlichen 89 Prozent heterosexueller Männer. Cross-Dresser wie Transvestiten erleben durch das Anlegen vor Frauengewändern vorübergehend Trost und Angstabbau. Für den Cross-Dresser werden sie aber zugleich zum Fetisch – er wird durch diese Handlung sexuell stimuliert. Diese Unterscheidung ist wichtig für das Verständnis der Symbolverwirrung im Leben des Betroffenen und das Gebet. (Wir haben nicht feststellen können, daß Männer mit einer homosexuellen Orientierung durch das Anlegen von Frauenkleidern sexuell stimuliert werden, aber die *Baker Encyclopedia* berichtet in seltenen Fällen davon.

15) Manchmal leugnet oder tarnt der heterosexuelle Cross-Dresser sein Verlangen, eine Frau zu sein. Das Verlangen kann beispielsweise von Angst und Haß auf die Mutter überlagert sein, die den Sohn zwar nicht akzeptieren und lieben kann, ihm aber gleichzeitig besitzergreifend, kontrollierend und übermächtig gegenübertritt. Ein Cross-Dresser, mit dem ich betete, schien unbewußt seine eigene Mutter sein zu wollen, um stark zu sein und die Auswirkungen ihrer mentalen Krankheit überleben zu können. Er hatte einen ausgesprochen schwachen Vater, der ihr keinen Widerstand leistete oder seinen Sohn beschützte. Um mit der Frustration und dem Schmerz fertigzuwerden, wählte der Sohn schließlich in einem Zustand von Angst den Weg, ihre Unterwäsche anzuziehen. Indem er ihre Kleider anlegte, zog er symbolisch ihr „Geschlecht" an. Das Anziehen ihrer Unterwäsche bedeutete quasi, *sie zu sein,* um sie zu überleben. Seine Angst davor, ihr gegenüber ohnmächtig und in aufreizender, erstickender Weise „unter ihr" zu sein (emotional von ihr vergewaltigt zu werden), führte zu sexueller Erregung. Diese Erotisierung wurzelte in Angst und Unsicherheit. – Er hatte dann für eine Reihe von Jahren sein Cross-Dressing abgelegt; als aber seine Verlobte die Verlobung mit ihm auflöste, kam der Zwang wieder.

Auch hier wiederholte sich das gleiche Muster. Er wollte nicht bewußt Frau sein, soweit ich das sehen kann, sondern wurde unbewußt zum Cross-Dresser, um sie zu sein (diesmal seine Verlobte). Das war auch diesmal gleichbedeutend damit, die Kraft zu haben, ihrer Ablehnung seiner Person widerstehen zu können.

Diese Einsicht bewirkte zusammen mit dem Heilungsgebet, daß er frei wurde.

16) Es gibt Transvestiten (homosexuelle Cross-Dresser), die Frauen imitieren und ein Netz von Wahnvorstellungen um sich herum spinnen. Geraten sie tiefer in dieses Verhalten, können sie einer dämonischen Täuschung verfallen, daß sie tatsächlich eine Frau seien. Solch eine illusionäre Identität kann ein echtes dämonisches Eigenleben annehmen und in einer schweren Dämonisierung resultieren. (Vgl. *Heilende Gegenwart*, Kapitel 6 und 9.)

17) Die Geschichte ihrer Heilung ist auf einer (englischsprachigen) Kassette erhältlich bei: Pastoral Care Ministries, P.O. Box 1313, Wheaton IL 60189, USA.

18) Frank Lake, *Clinical Theology*, London: Darton, Longman & Todd 1966, S. 9. Empfohlene Lektüre: Frank Lake, *Clinical Theology*, und John Bowlby, *A Secure Base*, Basic Books.

Kapitel 9: Das dritte große Hindernis:
Vergebung nicht annehmen

1) C. S. Lewis, *Reflections on the Psalms*, New York: Harcourt, Brace and World 1958, S. 31-32.

2) Alexander Solschenizyn, Der Archipel Gulag, Bd. 2 (Teil IV, Kapitel 1), München 1974, S. 593.

3) R. A. Torrey, *How to Pray*, Chicago: Moody Press o. J., S.25.

4) C. S. Lewis, *Letters to Malcolm: Chiefly on Prayer*, S. 82.

5) F. B. Meyer, *Our Daily Walk*, S. 374.

6) Richard Lovelace, *Dynamics of Spiritual Life: An Evangelical Theology of Renewal*, S. 88-89.

7) Vgl. mein Buch *Heilende Gegenwart*, Kapitel 11.

8) Eine ausgezeichnete Behandlung dieses Themas bietet Richard Lovelace, *Dynamics of Spiritual Life: An Evangelical Theology of Renewal*, v. a. Kapitel 4, „*Primary Elements of Continuous Renewal*".

Kapitel 10: Ergänzende Bemerkungen zum Thema
Heilung der Erinnerungen

1) Vgl. *Heilende Gegenwart*, Kapitel 7.

2) Vgl. *Heilende Gegenwart*, insgesamt und besonders Kapitel 9.

3) Vgl. *Du kannst heil werden* [früher: *Das zerbrochene Bild*], Kapitel 6

4) Vgl. *Heilende Gegenwart*, Kapitel 12.

5) Ebd.

6) Ebd.

7) Vgl. *Krise der Männlichkeit,* Kapitel 3, S. 63 ff.

TEIL III: DER GEISTLICHE KAMPF – DIE GABE DES KÄMPFENS

Kapitel 11: Der Gebrauch von Weihwasser und anderen christlichen Symbolen

1) Vgl. *Heilende Gegenwart,* Kapitel 11; dort findet sich mehr zum Thema, wie unsere geistlichen Augen geöffnet werden, um das Unsichtbare zu sehen.

2) Mehr zu dem Thema, wie die sakramentale Wirklichkeit das Prinzip der Inkarnation verdeutlicht, findet sich in Kapitel 3 („Sacrament: Avenue to the Real") von Leanne Payne, *Real Presence: The Christian Worldview of C. S. Lewis as Incarnational Reality.*

3) Vgl. *Heilende Gegenwart,* Kapitel 14, wo Jungs Gnostizismus und seine Auswirkung auf die Kirche ausführlicher erläutert werden.

4) John Richards, *But Deliver Us from Evil: An Introduction to the Demonic in Pastoral Care,* New York: Seabury Press 1974, S. 28.

5) Phallische Dämonen, die sich im Kontext der Baalsverehrung manifestieren. Vgl. *Heilende Gegenwart,* Kapitel 14.

6) Michael Green, *I Believe in Satan's Downfall,* Grand Rapids: Eerdmans 1981, S. 141-142.

7) Vgl. *Heilende Gegenwart,* Kapitel 7, für die Definition von dämonischer *Bedrückung* im Unterschied zu dämonischer *Besessenheit.*

8) Mark Pearson, „*Counterfeit Christianity*", in: *Mission and Ministry 7,* no. 2 (Herbst 1989), Ambridge, PA 15003; Hervorhebung von mir.

9) Michael Green, *I Believe in Satan's Downfall,* S. 141.

10) Oswald Chambers, *My Utmost for His Highest,* S. 262.

11) Ebd. S. 291.

12) W. K. Lowther Clarke, Charles Harris (Hg.), *Liturgy and Worship: A Companion to the Prayer Books of the Anglican Communion,* London: Literature Association of the Church Union, London SPCK 1932, S. 472-615.

343

Kapitel 12: Die Gabe des Kampfes

1) Oswald Chambers, *My Utmost for His Highest*, S. 19.
2) Ebd. S. 196.
3) Donald Bloesch, *Crumbling Foundations,* Grand Rapids: Zondervan 1984, S. 125.
4) Ebd.
5) C. S. Lewis, *The Problem of Pain,* S. 28.
6) William Barclay, *The Gospel of Matthew,* Louisville, KY: Westminster John Knox 1975, S. 318.

Kapitel 13: Kosmische Dimensionen: geistlicher Kampf in christlichen Organisationen

1) Oswald Chambers, *My Utmost for His Highest*, S. 258.
2) Vgl. Leanne Payne, *Real Presence: The Christian Worldview of C. S. Lewis as Incarnational Reality,* Anhang: „The Great Divorce"; *Heilende Gegenwart,* Kapitel 14.
3) C. S. Lewis, *The Problem of Pain,* S. 85.
4) Vgl. mein Buch *Krise der Männlichkeit.*
5) Richard Lovelace, *Dynamics of Spiritual Life: An Evangelical Theology of Renewal,* S. 384, vgl. S. 381-386.
6) Vgl. *Krise der Männlichkeit,* Kapitel 4; dort mehr über die Verbindung von wahrer Maskulinität und der Kraft, die Wahrheit zu sagen.
7) Vgl. *Heilende Gegenwart,* Kapitel 12.
8) Ein Mönch der Ostkirche, *On the Invocation of the Name of Jesus,* London: The Fellowship of St. Alban and St. Sergius, S. 9.
9) Ebd. S. 2.

Kapitel 14: Falsche Formen des geistlichen Kampfes

1) C. S. Lewis, *Die Böse Macht,* Heyne Verlag München, S. 284.
2) Vgl. *Heilende Gegenwart,* Kapitel 7.
3) Vgl. ebd. Kapitel 13.
4) Fr. John Gaynor Banks, *The Master and the Disciple.* St. Paul, MN: Macalester Park Publishing 1954, S. 135.
5) William Barclay, *The Gospel of Matthew,* S. 108.
6) Ebd. S. 110.
7) *New International Version Study Bible,* Grand Rapids: Zondervan 1985. S. 12.
8) Auch wenn sich Dämonen eingenistet haben, werden sie in den meisten Fällen durch ein solches „Gebet" nicht vertrieben – oder

aber sie kehren zurück, weil die Sünde bzw. die Wunde nicht in der angemessenen Weise behandelt wurde. Wir müssen es lernen, die Gegenwart des Dämonischen zu erkennen (also die authentische Gabe der Geisterunterscheidung zu praktizieren) und den „Finger Gottes" ins Spiel zu bringen. Ein dämonisches Wesen kann das Licht Gottes nicht aushalten und muß auf unseren Befehl hin verschwinden. Gott läßt in Seiner Barmherzigkeit alle möglichen „uninformierten" Gebete zu, aber wir sind als Christen zur Weisheit und zu einem rechten Verständnis der menschlichen Seele berufen.

9) C. S. Lewis, Dienstanweisung an einen Unterteufel, Herder Verlag Freiburg 1977[17], S. 7.

10) Diese Theologie leitet sich von E. W. Kenyon her.

11) Ich kenne Menschen, und habe auch schon für sie gebetet, die mit einer ganzen Mythologie der bösen Mächte ankommen; diese stammen von Dämonen, auf die sie gehört und deren Gegenwart sie zu praktizieren gelernt haben. Sie waren deshalb voller Aberglauben und Angst. Einige gingen sogar zu einer Form von „christianisierter" Hexerei über. Alles und alle, die sie nicht kontrollieren konnten, wurde schließlich mit dem Etikett „dämonisch" oder „Hexerei" versehen. Wer das Unglück hatte, ihnen in die Hände zu fallen, wurde mit einem Netz dämonischer Mythen umgarnt. Solche verblendeten Personen können zu selbsternannten, dilettantischen Sektenjägern werden, die echte Diener Gottes beschuldigen, in der Kraft von Dämonen zu dienen. Ihre Verleumdungen sind dabei immer von der übelsten Sorte.

12) „Geistlichen Kampf zu tun" heißt, die Werke Christi zu tun; es bedeutet, in der Kraft Seines Namens (Seiner Gegenwart) zu predigen, zu lehren und zu heilen. Dadurch werden die Menschen aus der Finsternis in das Licht Gottes gebracht.

Kapitel 15: Die Wiederherstellung der
Hoffnung auf den Himmel und der Gnade der Standhaftigkeit

1) C. S. Lewis, *Die Große Scheidung*, Einsiedeln-Freiburg: Johannes Verlag 1996, S. 86-89.

2) Oswald Chambers, *My Utmost for His Highest*, S. 65.

3) F. B. Meyer, *Our Daily Walk*, S. 76.

4) Empfohlene Lektüre: C. S. Lewis, *„The Weight of Glory"*, ein Essay von C. S. Lewis, der in dem gleichnamigen Aufsatzband

veröffentlicht wurde. Wie seine Erzählung *The Great Divorce* ist dies ein Klassiker über die Sehnsucht nach dem Himmel und nach der Unsterblichkeit, wie auch über die Ehre und die Bestätigung, die Gott uns so gerne geben möchte. Eine der großartigsten Darstellungen der Herrlichkeit in der westlichen Literatur stellt *Der Herr der Ringe* von J. R. R. Tolkien dar; hier besonders die Schilderung von Lothlorien, die Krönung Aragorns und die Rückkehr Gandalfs von den Toten mit einem verherrlichten Leib.

5) Vgl. *Heilende Gegenwart,* Kapitel 12.

6) C. S. Lewis, *God in the Dock,* Grand Rapids: Eerdmans 1970, S. 214 (deutsch: *Gott auf der Anklagebank,* Gießen: Brunnen-Verlag 1995).

7) Ebd. S. 65-66.

8) Ebd. S. 66-67.

9) Ebd. S. 131-132.

10) Ebd. S. 67.

11) Wer mehr über den Mythos als literarisches Genre lesen möchte, sei auf J. R. R. Tolkiens berühmten Essay *„On Fairy Stories"* verwiesen, der ebensogut den Titel *„Über den Mythos"* tragen könnte. Er findet sich in *The Tolkien Reader.* Eine deutsche Ausgabe findet sich in J. R. R. Tolkien, *Baum und Blatt,* Berlin-Wien (Klett-Cotta im Ullstein Taschenbuch): Ullstein 1982, unter dem Titel *„Über Märchen".*

Lewis und Tolkien haben ausgezeichnete christliche Mythen verfaßt. Ihre Erzählungen spiegeln ein christliches Universum und eine christliche Gesamtwirklichkeit wider, und ihr imaginatives Genie hilft dem modernen Leser, ein so dringend benötigtes, echtes jüdisch-christliches Symbolsystem wiederzufinden.

In neuerer Zeit haben Frank Perettis Bücher *Die Finsternis dieser Welt* und *Licht in der Finsternis* diesem tiefen Bedürfnis vieler Christen entsprochen. Seine Bücher haben es möglich gemacht, sich Engel und die Welt des christlichen Übernatürlichen wieder vorzustellen. Viele Leser beten jetzt mehr und effektiver in dem Bewußtsein, daß Gott als Antwort auf unsere Gebete Engel in Aktion treten läßt. Das ist eine Auswirkung der *Remythologisierung,* der Wiederherstellung der Fähigkeit unserer Imagination, auf das großartige Evangelium in einer entsprechenden Weise zu reagieren. Auch die Kapitel 8 bis 11 der *Heilenden Gegenwart* sowie die Kapitel 10 und 11 von *Real Presence* beschäftigen sich mit diesem Thema.

12) Fr. Thomas Hopko, *The Lenten Spring,* Crestwood, NY: St. Vladimir's Seminary Press 1983, S. 9.
13) Ebd. S. 21, 24, 25.
14) Vgl. C. S. Lewis, *The Discarded Image: An Introduction to Medieval Renaissance Literature,* Cambridge: Cambridge University Press 1964, S. 42, und *Real Presence,* Kapitel 9 („The Whole Intellect").
15) Vgl. *Heilende Gegenwart,* Kapitel 2.

Anhang

Glossar
– von Manfred Schmidt –

Viele der von Leanne Payne geprägten oder verwendeten Begriffe
sind im Deutschen nur schwer adäquat wiederzugeben, da sie eine
Fülle von psychologischen, theologischen und philosophischen
Bedeutungen in sich vereinen. Deshalb sollen einige der wichtigsten davon im Folgenden noch einmal erläutert werden, um ein
besseres Verständnis zu ermöglichen.

„Die Gegenwart Gottes praktizieren" („Practicing the Presence of
God"): Diese von Leanne Payne geprägte Wendung stellt das
Zentrum ihres therapeutischen Ansatzes dar. Es wird im Deutschen
durchgängig mit *Praktizieren der Gegenwart Gottes, Christi usw.*
übersetzt. Gemeint ist ein Einüben und ein lebenslanges Hineintreten in die Gegenwart Gottes. Dabei stellt sich der Mensch
innerlich ganz bewußt vor Gott, streckt sich zu ihm hin aus,
schüttet ihm sein Innerstes aus und hört auf sein Reden. Damit
begibt er sich, bildlich gesprochen, in eine „aufrechte" Position
und löst sich aus der „Verkrümmung" bzw. der horizontalen
Fixierung auf andere Geschöpfe hin, in denen er bisher seine
Identität gesucht hat. Diese findet er nur im Hören auf Gott. Tut er
das, so „praktiziert" er damit zugleich die „Gegenwart des wahren
Selbsts", wie es von Gott erschaffen ist; er zieht damit, neu-
testamentlich gesprochen, „den neuen Menschen an".
  Entsprechend kann der Mensch auch „die Gegenwart des alten
(falschen) Selbsts praktizieren"; er gibt dabei einem falschen
Selbstbild Raum, hört auf die falschen Stimmen aus seinem
kranken Inneren oder von außen, und fixiert sich damit auf eine
falsche Identität, die im Widerspruch zu seiner schöpfungsmäßi-
gen, gottgegebenen Identität steht. Dies führt zur fortschreitenden
Fragmentierung und zum Gebundensein des eigentlichen Menschen.

„Seinsgefühl", *„Seinsempfinden", „Daseinsgefühl", oder „Gefühl
für die eigene Daseinsberechtigung"* („sense of being"): Einer der

zentralen Begriffe für Leanne Paynes Ansatz, in dem viele Komponenten mitschwingen. Sie reichen vom „Sein" bzw. der „Existenz" im philosophischen Sinn, um das man auch in der Tiefe des eigenen Wesens weiß, bis hin zu einem psychologischen Gefühl der eigenen Daseinsberechtigung. Ist das Seinsgefühl intakt, so führt es zu einer Grundannahme des eigenen Wesens; im Falle einer Schädigung entstehen grundlegende Problemen mit dem eigenen Ich. Es wird entwicklungspsychologisch gesehen in der frühen Kindheit durch die Eltern, v. a. die Mutter geweckt, und äußert sich in einem tiefen inneren Frieden, dem Gefühl, daß alles gut ist. – Umgekehrt stellt das *„Gefühl des Nichtseins"* („sense of nonbeing") die Störung bzw. das Fehlen dieses Seinsgefühls dar, was eine schwere Schädigung der Person zur Folge hat. Oft in einer frühkindlichen Deprivationsneurose (Mangel an Mutterliebe) begründet.

„Ganzheitliches Heil in Christus", manchmal auch *Ganzheitlichkeit, Heil(-werden),* („wholeness", „wholeness in Christ"): Der englische Begriff wird je nach Kontext unterschiedlich übersetzt; er hat bei Leanne Payne verschiedene Aspekte, die sich im Deutschen nicht gebündelt wiedergeben lassen. Zum einen meint er das Moment der Ganzheit bzw. *Ganzheitlichkeit:* ein „gesunder" Mensch hat alle (von Gott geschaffenen) Teile und Bereiche seiner Person integriert, ist „ganz" geworden. Damit ist man dann einerseits bei dem Aspekt des von Gott gewollten und geschenkten *„Heilseins"* der Persönlichkeit (was wiederum eng mit dem „Heil" verbunden ist), und andererseits beim Aspekt der *„Integrität"*. Psychologisch bedeutet wholeness dann die *Reife* einer abgerundeten Persönlichkeit.

„Werden" („becoming"): Aufgrund der Trennung von Gott hat und verwirklicht kein Mensch sein ihm von Gott geschenktes „wahres" Wesen. Er lebt statt dessen in Unwahrheit, und das heißt immer auch in Un-Wirklichkeit; er ist seinem eigentlichen Wesen bzw. Sein entfremdet. Deshalb muß er *„werden"*, d. h. in die Wahrheit seines eigentlichen Mensch-Seins, so wie Gott es geschaffen hat, hineinwachsen – m. a. W.: er muß *Person* werden, seine Gottesebenbildlichkeit entdecken und *„ver-wirklichen"*. Dieser Prozeß geschieht durch Abkehr vom alten, falschen Selbst und Hinkehr zu Gott durch das „Praktizieren seiner Gegenwart"

„Selbstzentriertheit" („self-consciousness"): Nicht „Selbstbewußtsein" im landläufigen Sinn, sondern ein negatives, egozentrisches „Nur-auf-sich-selbst-Schauen"; oft mit „Selbstzentriertheit" übersetzt. Im Unterschied zu dem umfassenderen Begriff „self-centeredness", mit dem er praktisch identisch ist, liegt der Akzent dabei auf dem Bewußtseinsvorgang. Das positive Gegenstück bildet das „God-consciousness", das Gottesbewußtsein bzw. die „Gottzentriertheit".

„Verkrümmung", „verkrümmt" („bentness", „bent"): bezeichnet bei Leanne Payne die in sich selbst verschlossene Haltung des Menschen ohne Gott. Er ist auf andere Geschöpfe hin „verkrümmt" und fixiert, in denen er seine Identität sucht, statt aufrecht vor Gott zu stehen. Auch Augustin und Luther hatten ja von dem gefallenen Menschen als einem „homo incurvatus in se", einem „in sich gekrümmten Menschen", gesprochen. Der Gegensatz ist eine „aufrechte" Haltung, die von sich selbst wegschaut („hinaus") und sich in Anbetung und Gehorsam auf Gott hin orientiert („hinauf").

„Imagination", „imaginativ" („imagination", „imaginative"). Es handelt sich um eine besondere Form der menschlichen „Vorstellungskraft" bzw. „Fantasie", doch treffen diese Begriffe im Deutschen nicht das, was Leanne Payne meint. Inhaltlich am nächsten käme *„Ein-Bildung (-skraft)",* wenn man den Begriff in seinem ursprünglichen Sinn versteht, daß nämlich Ab*bilder* der gottgeschaffenen Wirklichkeit in die Seele des Menschen „*ein*fallen" und dort wahrgenommen werden. Nachdem aber „Ein-Bildung (-skraft)" heute etwas völlig anderes meint, muß zum Notbehelf der Übersetzung mit „Imagination" gegriffen werden. Gemeint ist damit immer die rezeptive Fähigkeit des menschlichen Herzens, aus der unsichtbaren Realität „Bilder" bzw. *Symbole* zu empfangen; nicht gemeint ist eine „billige Fantasie", die beliebige – banale oder destruktive – Bilder selbst produziert. „Imagination" ist also die Fähigkeit des menschlichen Geistes, eine (in Symbolen vermittelte) Schau des Wirklichen im Bereich der Natur, des Übernatürlichen, oder, auf der höchsten Ebene, aus dem Bereich der absoluten Realität Gottes zu empfangen.

Sakramentalien: In der katholischen und anglikanischen Kirche Bezeichnung für Gegenstände (oder Handlungen), die sich ähnlich wie die Sakramente aus zwei Teilen zusammensetzen: dem äußeren Zeichen (z. B. Wasser) und dem Wort (etwa in Form eines Weihegebets). Nach katholischer Definition sind sie „ihrem Wesen nach Sachen oder Handlungen, deren sich die Kirche in einer gewissen Nachahmung der Sakramente zu bedienen pflegt, um dadurch auf Grund ihres Gebets bestimmte Wirkungen, bes. geistlicher Art, zu erlangen" (Corpus Iuris Canonici, c. 1144, zitiert nach: *Die Religion in Geschichte und Gegenwart,* 3. Aufl., Bd. V, Sp. 1318). Leanne Payne verwendet in ihrer Arbeit vor allem Salböl, Weihwasser und Kruzifix.

Resymbolisierung („resymbolizing"): Werden die entstellten Symbole der Realität durch die wahren ersetzt, spricht Leanne Payne von Resymbolisierung: das Herz/die Imagination wird mit neuen Symbolen ausgestattet.

„Wirklichkeit" („the Real", „Reality"): Wirklichkeit in einem sehr tiefen Sinn. Alles, was von Gott erschaffen ist, ist „wahr", „real" – „gegen-ständlich" und „wirk-lich" und deshalb letztlich nicht subjektiv manipulierbar; versucht der Mensch dies trotzdem (indem er sich „seine" eigene, subjektive „Wirklichkeit" zurecht-zimmert), so scheitert er mit seinem ganzen Leben. In diesem Sinn, der unverfügbaren, vorgängigen Wirklichkeit ist auch Gott „wirk-lich"; von ihm her bezieht alle Wirklichkeit ihr Sein. Diese unterschiedlichen Ebenen von „Wirklichkeit" können auf unter-schiedliche Weisen „geschaut" bzw. „erkannt" werden, vor allem in Form von Symbolen.

„Die Wirklichkeit der Inkarnation", „inkarnatorische Wirklich-keit" („Incarnational Reality"): Der inkarnatorische Charakter der Realität. Für alle von Gott geschaffene Wirklichkeit ist ein Prinzip grundlegend, das seinen dichtesten und stärksten Ausdruck in der Menschwerdung Gottes (der „Inkarnation") gefunden hat. Der Begriff bezeichnet zum einen die Tatsache, daß Gott immer konkret handelnd, also verifizierbar, in die Wirklichkeit der Welt und die Geschichte der Menschen eingreift. Zum anderen wird damit auch ausgesagt, daß die gesamte Schöpfung von Gott durchdrungen und benutzt wird; „geistliche" Vorgänge beispiels-weise spielen sich eben nicht nur im „geistigen" Bereich, sondern auch im Bereich der Materie ab. Deshalb benutzt Gott im

Heilungsprozeß auch die Materie als Mittler für seinen Segen, etwa in Gestalt von Weihwasser.

„Symbolverwirrung", „Symbolstörung" („symbolic confusion"): Das Herz (bzw. das Unbewußte) enthält Bilder oder Symbole der Wirklichkeit (wie „Vater", „Mutter", vom Männlichen, vom Weiblichen, von der Familie, von Gott, usw.). Diese Bilder sind oftmals aufgrund negativer oder traumatischer Erfahrungen entstellt oder „verwirrt". Das geläufigste und gravierendste Beispiel ist das entstellte, pervertierte Bild, das in vielen aufsteigt, wenn von Gott als „Vater" die Rede ist. Störungen der männlichen und weiblichen Symbole haben starke Auswirkungen im Bereich der geschlechtlichen Identität; sie liegen beispielsweise der Homosexualität zugrunde.

Koabhängigkeit („Co-dependency"; Definition laut Glossar eines PCM-Seminars): Das Verhalten eines Menschen, das durch bestimmte Reaktionsmuster auf die Sucht bzw. Abhängigkeit eines anderen geprägt ist. Ursprünglich bezeichnete dieses Wort das Verhalten von Menschen im Umfeld von Alkohol- oder Drogenabhängigen. Heute wird als koabhängig bezeichnet, wer von den Verhaltensweisen eines anderen in Mitleidenschaft gezogen wird und deshalb zwanghaft versucht, das Verhalten dieser Person zu kontrollieren (oftmals durch den Versuch des Helfens um jeden Preis).